Matthias Penzel & Ambros Waibel
Rebell im Cola-Hinterland – Jörg Fauser

Matthias Penzel, geboren 1966 in Mainz. Einige Semester Philosophie, Germanistik und Soziologie in Köln. Zehn Jahre in London als Korrespondent und Chefredakteur diverser Zeitschriften. Seit 2000 in Berlin, journalistisch tätig für *Spiegel-Online*, *Wired*, *Financial Times Deutschland*, über Literatur vornehmlich für *Frankfurter Rundschau* und *Rolling Stone*.

Ambros Waibel, geboren 1968 in München, studierte deutsche und italienische Literatur in München, Marburg und Venedig und schloss das Studium mit einer Monographie über Jakob Arjouni ab. Als Regisseur und Regieassistent an freien und staatlichen Bühnen, tätig für *jungle world, kulturnews* u.a. Drei Erzählungsbände: »Schichten«, 1999, »My private BRD«, 2002, »Imperium Eins«, 2003.

Edition
TIAMAT
Deutsche Erstveröffentlichung
Herausgeber:
Klaus Bittermann
1. Auflage: Berlin 2004
© Verlag Klaus Bittermann
Grimmstr. 26 – 10967 Berlin
Druck & Bindung: Fuldaer Verlagsanstalt
Buchumschlag unter Verwendung eines Fotos von Jörg Fauser
Mit freundlicher Genehmigung von Gabriele Fauser
ISBN: 3-89320-076-2

Matthias Penzel & Ambros Waibel

Rebell im Cola-Hinterland

Jörg Fauser – Eine Biographie

**Critica
Diabolis
121**

**Edition
TIAMAT**

»Aber die Ruhe ist trügerisch... in verlassenen Hangars abbruchreifen Hinterhäusern Wellblechhütten im Niemandsland des Raums in allen aufgegebenen Lunaparks von Cola-Hinterland trainieren unsichtbare Rebellen der schwarzen Revolution...«
    Jörg Fauser 1971 in »Schwarze Zelle Junk«

INHALT

Vorwort
Auf der Suche nach der verborgenen Wahrheit
7

I.
1944-1974
»Hier bist du her, dies ist dein Land.«

Kapitel 1 – Kindheit und Jugend	12
Kapitel 2 – *Tophane & Aqualunge*	36
Kapitel 3 – Leben und Sterben in Frankfurt	72

II.
1974-1980
»Ich bin Geschäftsmann, das ist mein Business.«

Kapitel 4 – Multimedial: Profi unterwegs	96
Kapitel 5 – München: Alles völlig normal	119
Kapitel 6 – Der versilberte Strand	132
Kapitel 7 – Gedicht, Prosa & Song	154

III.
1980-1985
»Angestellt beim Verfassungsschutz für Sprache und Zweifel.«

Kapitel 8 – *Der Schneemann*	166
Kapitel 9 – Als Journalist in Berlin	191
Kapitel 10 – Kunstwerk *Rohstoff*	207
Kapitel 11 – Drei im roten Kreis	212

IV.
1985-1987
»Verheiratet, aber sonst unabhängig«

Kapitel 12 – Kein vierter Akt	234

V. Anhang

Danksagungen	255
Zeittafel	257
Bibliografie	259
Anmerkungen	264
Register	281

Auf der Suche nach der verborgenen Wahrheit

Vorwort

Jeder wächst doch in irgendeinem Iserlohn auf und entfaltet sich in einem Castorp-Rauxel und geht in einem Wanne-Eickel vor die Hunde. Und die Entfaltungsmöglichkeiten sind eher geringer, wenn dein Talent sich darin erschöpft, einen halbwegs ordentlichen deutschen Satz herzustellen.
Jörg Fauser in *Alles wird gut*

Am 16. Juli 2004 wäre Jörg Fauser sechzig Jahre alt geworden. In der deutschen Literatur nach 1945 ist er einer der bedeutendsten Autoren. Literaturwissenschaftler und -betriebler mögen zu ihm schweigen, es bleibt unbestreitbar, dass Jörg Fauser über die charakterliche und intellektuelle Radikalität verfügte, seine Gaben voll auszuschöpfen. Was er beschrieb, wollte er zumindest gesehen, wenn nicht erlebt haben. Seine Recherche beschränkte sich nicht auf den akademischen Mittelbau, Fauser ging dahin, wo er das wahre Leben vermutete. Die Existenz der Menschen in den Stehausschänken, Krebskliniken und B-Ebenen war für ihn genauso literaturfähig wie die von ihm porträtierten Politiker, Polizisten und Schriftsteller. Nicht zuletzt deswegen war er ein Rebell. Als Schriftsteller bezeichnete er sich selbst als mittleres Talent, weshalb er hart und unnachgiebig arbeitete. Davon profitierte sein Werk – und die Leser.

Der Begriff Cola-Hinterland, in dem dieser Rebell gegen den status quo anschrieb, stammt von Jürgen Ploog, einem zeitweilig engen Freund und literarischen Weggefährten Jörg Fausers. Für beide war der Einfluss der US-amerikanischen Kultur auf Westdeutschland prägend. *Rebell im Cola-Hinterland* ist daher nicht nur eine Biografie über Jörg Fauser, sondern auch ein Stück Geschichte – die von Westdeutschland bis 1987, seiner Gegenbewegungen, Medienlandschaft, Schriftstellerei usw.

Jörg Fauser war Junkie, und als er damit aufhörte, Trinker. Er starb unter nicht bis ins Detail aufzuklärenden Umständen. Hier gründet der Mythos Fauser, den zu bekritteln dieses Buch nicht antritt. Jeder große Mensch schafft seinen Mythos. Jörg

Fauser wollte Schriftsteller sein, er richtete seine gesamte Existenz auf die Produktion aus. Als wirklicher Gegenwartsautor ging er dorthin, wo im nationalen wie internationalen Kontext sich das Neue manifestierte: in den Städten – in London, Istanbul, Berlin, New York, München... Ein spannendes, ein exemplarisches Leben also, immer in Bewegung, das zu recherchieren und nachzuerzählen uns der Mühe wert schien – und außerdem viel Spaß gemacht hat.

Jörg Fausers Fans finden hier mit Sicherheit Ergänzungen zu ihrem eigenen Blick auf den Mann, der sich Harry Gelb nannte. Und doch: »Erstbiographien haben ein Recht auf Lücken und Irrtümer!« schrieb Arno Schmidt in *Fouque und einige seiner Zeitgenossen*. Um den Umfang nicht zu sprengen, mussten wir eine Auswahl aus dem vorliegenden Material treffen. Für sachdienliche Hinweise zu unserem Versuch über Jörg Fauser sind wir dankbar – nach dem von Fauser vielzitierten Motto seines besten Freundes Carl Weissner: »Wer weiß, wozu es noch mal gut ist.«

Ein Jahr mit Jörg Fauser gehört zu den fordernden Erfahrungen, denen man sich aussetzen kann. Wir bedanken uns bei allen, die uns geholfen und die uns ertragen haben, bei Jörg Fausers Verwandten, Freunden und Weggefährten und bei unseren Familien.

»Ich habe, was die Schreiberei angeht, viel geholfen bekommen und helfe auch, wo ich kann. Aber das ist ja selbstverständlich«, schrieb Jörg Fauser seinen Eltern am 7.11.1979. Zu Beginn unserer Arbeit war der Briefband »*Ich habe eine Mordswut*« besonders hilfreich. Außerdem danken wir all jenen, die uns mit Informationen versorgten. Einige kommen mehrfach zu Wort, andere bleiben im Hintergrund – als Wegbegleiter oder Zeitzeugen oder auch als Kenner von Dichtkunst und Verlagswesen, Krimi- und Kneipenkultur. Mancher bestätigte nur den Namen eines Manuskriptentwurfs, andere unterstützten uns mit Dokumenten und Wissen, nicht zu vergessen: gelegentlich mit einem ermutigenden Schulterklopfen an grauen Tagen oder einem erwählten Drink nach Mitternacht. Diese Mitwirkenden in eine Hierarchie zu zwängen, wäre unangemessen, daher in alphabetischer Reihenfolge:

Armin Abmeier, Dr. Menachem Amitai, Arnfried Astel, Uli Becker, Helmut Bednarczyk (†), Pieke Biermann, Detlef B. Blettenberg, Udo Breger, Benjamin Buchloh, Linda Bukowski, Peter O. Chotjewitz, Martin Compart, Eva Demski, Rüdiger Dilloo, Daniel Dubbe, Peter Faecke, Gabriele Fauser, Maria Fauser, Ralf Firle, Joschka Fischer, Stephan Franke, James Grauerholz, Ulrich Gresch, Anette Groethuysen, Walter Hartmann, Ulrike Heider, K.P. Herbach (†), Hans Herbst, Reinhard Hesse, Martin Hielscher, Barbara Hirschfeld, Ingo Hooge, Karl Günther Hufnagel, Klaus Humann, Reinhard Jahn, Eduard Jakobsohn, Brigitta Jankowicz, Matthyas Jenny, Pierre Joris, Pociao Kadabra, Benno Käsmayr, Sylvia Kekulé, Werner Klippert, Lionel von dem Knesebeck, Peter Knorr, Wolfram Knorr, Karl Kollmann, Klaus Kother, Bernd Kramer, Michael Krüger, Antje Landshoff-Ellermann, Tom Lemke, Dagobert Lindlau, Y Sa Lo, Joachim F.W. Lotsch, Werner Mathes, Axel Matthes, Matthias Matussek, Abraham Melzer, Nadine Miller, Michael Molsner, Michael Montfort, Renate Nelson, Viktor Niemann, Heinz van Nouhuys, Monika Nüchtern, Raimund Petschner, Jürgen Ploog, Charles Plymell, Matthias Politicky, Thorwald Proll, Kathrin Razum, Achim Reichel, Dorothea Rein, Henning Richter, Gretel Rieber, Alexandra von Rosenberg, Patrick Roth, Harry Rowohlt, Wolfgang Rüger, Hartmut Sander, Aurel Schmidt, Marianne Schmidt, Frances Schoenberger, Margit Schönberger, Jörg Schröder, Charles Schumann, Ingo Schütte, Hanna Siehr, Rudolf Sievers, Peter Skodzik, Horst Stähler-May, Kurt Stalter, Erwin Stegentritt, Winfried Stephan, Franjo Terhart, Werner Thal, Horst Tomayer, Jochen Veit, Anthony Waine, Rainer Weiss, Carl Weissner, KD Wolf, Wolf Wondratschek, Thomas Wörtche und Katharina Zimmer.

Matthias Penzel und Ambros Waibel
Berlin im April 2004

I.
1944-1974
»Hier bist du her, dies ist dein Land.«

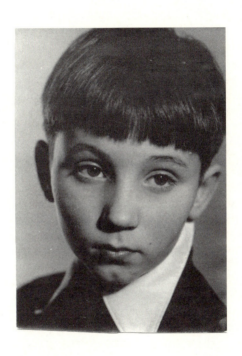

Kapitel 1

Kindheit und Jugend

Vor-Geschichte

...daß ihr wahrscheinlich die besten Eltern seid, die ich mir für mich denken kann...   Jörg Fauser 1963

Es ist Sommer, es ist genau gesagt der 16. Juli 1944, und in vier Tagen wird im »Führerhauptquartier Wolfsschanze« eine Bombe hochgehen. Der Mann, dem das Attentat gilt, wird überleben, der Attentäter nicht. Der Krieg wird weitergehen, und der Holocaust wird weitergehen.

An diesem 16. Juli 1944 wird – in einem Geburtsheim mit dem Namen »Goethehaus« – in Bad Schwalbach/Taunus Jörg Christian Fauser geboren. Bis zum siebten Monat hat seine Mutter Maria noch in Frankfurt Theater gespielt, dann ist sie zu ihren Eltern in die Nähe des Kurstädtchens gezogen. Dank ihrer Schwangerschaft ist sie von Arbeiten in Rüstungsbetrieben befreit. Bis zum Kriegsende wird sie dort bleiben: »Wer in Bad Schwalbach lebt, wird dankbar empfinden, daß es in Zeiten von Hast und Hektik noch Oasen der Ruhe und Erholung gibt, zu denen diese Stadt uneingeschränkt gezählt werden muß.« So wirbt die Stadt heute für sich. Für Jörg Fausers Eltern gibt es einen solchen Ort in ganz Deutschland nicht. Denn die beiden gehören einer Minderheit an: Sie sind entschiedene, tätige Antifaschisten.

Kennengelernt haben sich Maria und der Maler Arthur Fauser in Berlin, kurz vor der Pogromnacht vom 9. November 1938. Sie werden ein Liebespaar. Wenig später bringt Arthur Fauser eine jüdische Freundin – Brigitte Schönberg – zu Maria, die sie bei sich aufnimmt. Daraus entsteht eine innige Freundschaft. Der Freundin gelingt es 1939 gerade noch rechtzeitig zu emigrieren. Nach dem Krieg findet sie die Fausers durch eine Zeitungsanzeige in Frankfurt wieder. Die mit ihr verwandte Nadine Miller wird später eine wichtige Rolle in Jörg Fausers Leben spielen: Sie ist »Sarah« aus *Rohstoff*!

Die 1916 in Herborn geborene Maria Weisser weiß, was sie tut, welche Gefahren ihr drohen. Ihr Vater Richard Weisser ist von den Nazis 1933 aus seinem Amt als Rektor der Frankfurter Glauburgschule gejagt worden. Nur wegen des durch die Einberufungen akuten Lehrermangels erhält er später wieder eine Stelle, zunächst als einfacher Lehrer in Strinz Margarethä bei Bad Schwalbach, nach Kriegsende in Bad Schwalbach als Rektor. Jörg Fausers Großvater mütterlicherseits ist ein aufrechter, »sehr lieber Mann«[1] und neben seiner Lehrtätigkeit auch als Schriftsteller tätig – Jörg Fauser wird mit seinen historischen Werken lesen lernen. Mehr noch: Der Großvater sorgt dafür, dass Jörgs neun Jahre älterer Bruder Michael an der von ihm geleiteten Realschule von Bad Schwalbach Latein lernen kann, damit er beim geplanten Übertritt auf ein Frankfurter Gymnasium keine Wissenslücken hat. Bis zum Tod Richard Weissers 1950 bleibt Jörg bei den Großeltern – ein für die Nachkriegszeit nicht untypisches Kinderschicksal.

Jörg Fausers Mutter wächst in Bad Wildungen auf und kommt mit 11 Jahren nach Frankfurt. Dort besucht sie auch die Schauspielschule und erhält ihr erstes Engagement, dort heiratet sie in erster Ehe den Journalisten und Theaterregisseur Hannes Razum (1907-1994). 1935 wird der gemeinsame Sohn Michael Razum geboren, der später zwar in Frankfurt studiert, allerdings nur kurz mit der neuen Familie seiner Mutter zusammenwohnt: Der neun Jahre jüngere Jörg wächst bis zu seinem sechsten Geburtstag bei den Großeltern, dann als Einzelkind bei den Eltern auf; für eine engere Bindung zwischen den Brüdern spricht nichts. Michael Razum wird Lehrer für Deutsch und Englisch, heiratet früh und zieht nach Karlsruhe. 1978 stirbt er mit 43 Jahren an Krebs.

Maria Fauser ist eine außergewöhnlich attraktive Frau – und es ist bemerkenswert, wie Arthur Fauser sie in den späteren Porträts darstellt: Maria Fauser ähnelt in diesen Bildern eher Helene Weigel[2] als sich selbst, ein duldendes, leidendes, weises Gesicht von großer Schönheit. Das leichte und lustige, das ihr bis heute eignet, kommt in diesen Porträts nicht an die Oberfläche. Als Maria Weisser-Razum ihrem zweiten Mann begegnet, hat der schon eine Odyssee durch Verstecke in Nazideutschland und Abschiebegefängnisse in Italien und in der Schweiz hinter sich.

Arthur Fauser, 1911 in Kollnau/Baden geboren und in Reutlingen aufgewachsen, engagiert sich bereits Mitte der zwanziger Jahre in der kommunistischen Arbeiterbewegung. Auch er hat ein Erbe zu tragen: Am vorletzten Tag des Ersten Weltkriegs wurde sein Vater, der als Matrose diente, wegen angeblicher Meuterei hingerichtet. Arthur Fauser schließt eine Banklehre ab und lernt drei Monate bei einem Malermeister. Schon auf der Oberrealschule hat er zu zeichnen begonnen – mit Erfolg: 1931 stellte er in Berlin aus. 1933 erhält er Ausstellungsverbot. Er versucht, in die Schweiz zu emigrieren, wird verhaftet und wegen unerwünschter politischer Betätigung ausgewiesen, taucht im Hafen von Genua unter, tippelt durch Norddeutschland – »on the road«, aber nicht aus Laune oder Mode. Kurz findet er in der Werkstatt von HAP Grieshaber in Reutlingen Anstellung und Unterschlupf, aber auch dort wird seine Lage unhaltbar. In Berlin, wo er 1937 untertaucht, indem er ständig die Wohnung wechselt, und sich mit einem Job als Karteiführer durchschlägt, gründet er zusammen mit dem Schriftsteller und Widerstandskämpfer Günther Weisenborn das literarische Kabarett »Die Dachluke« – 1938 wird es nach zehn Vorstellungen verboten. 1939 folgt er Maria nach Frankfurt, 1940 wird er Soldat, als »Wehrunwürdiger« in einer Strafkompanie. Er wird verwundet und heiratet während der Zeit in der Genesungskompanie im Dezember 1941 Maria in Frankfurt. Die Ehe wird halten, zwei Menschen verbunden in ihren Überzeugungen und durch ihre künstlerische Arbeit. Arthur Fausers gesamtes Œuvre und seine Bibliothek (darunter Werke von Lenin, Engels, George Grosz, den Expressionisten) geht im Krieg verloren, geplündert, zerbombt, von der Gestapo zerstört. Am 2. September 1945 kehrt Arthur Fauser aus Kanadischer Kriegsgefangenschaft heim und sieht zum erstenmal seinen schon mehr als einjährigen Sohn.

Die traumatischen Erlebnisse in Widerstand und Krieg haben Arthur Fauser als Mensch und als Künstler geprägt. »Die Vergangenheit«, sagt er 1983, »ist offenbar nicht vergangen, nicht so lange ich lebe; die Zukunft erscheint als Erinnerung, und alles wird zur dauernden Gegenwart: im Bild.«[3] Den Fakten und Mythen dieser Vergangenheit etwas Neues und Eigenes entgegenzusetzen – damit und dagegen tritt Jörg Fauser an, das ist sein Erbe.

My generation

Im übrigen habe ich ein starkes Bewusstsein von dieser meiner Zeit, meinen Möglichkeiten in ihr, mich zu verwirklichen; und ein halbes Dutzend Leute, mit denen ich über Jahre verbunden bin: meine Generation. Jörg Fauser 1970

In den letzten Kriegsjahren kommt die Generation von Schriftstellern auf die Welt, die 1968 in Deutschland hervortritt, auch wenn sie die vorangehende nie wirklich als Meinungsführer abgelöst hat: Noch immer bestimmen Leute wie Günter Grass, Martin Walser, Hans Magnus Enzensberger die öffentliche Debatte. 1946 wird Elfriede Jelinek geboren, 1945 Rainer Werner Fassbinder, 1944 Botho Strauß und Peter-Paul Zahl (und Gerhard Schröder), 1943 Wolf Wondratschek (und Andreas Baader), 1942 Peter Handke und Günter Wallraff, 1940 Rolf Dieter Brinkmann, Peter Schneider und Carl Weissner – Fausers Generation, seine Weggefährten als Freunde und Feinde. Fauser hat sich oft zu diesem Komplex geäußert. Auf die Frage, was für ihn die 68er Generation ausmache, antwortet er 1985:

Viel. Mehr als viele Leute glauben. Das war für mich erstens meine Jugend. Und dann war das eine immerwährende Diskussion, darüber, wie man leben könnte, was es über den Tellerrand hinaus noch gibt. Einfach ein unheimlich intellektueller Reiz. Da war in den Köpfen was los, und das vermisse ich heute. Wobei man sich ja auch anders entwickeln kann. Ich würde auch nie bei einem, der rechts ist, anzweifeln, daß in seinem Kopf nichts los ist. Solange überhaupt im Kopf etwas los ist, finde ich das toll. Ich diskutiere auch mit jedem. Und damals hat man auch mit jedem diskutiert. Man hat versucht, eine Art Leben herzustellen, von dem man glaubte, daß sich das drastisch von dem, was vorher war, unterschied. Was natürlich nicht stimmte. Wurde auch sofort von mir als lächerlich erkannt. Aber es war doch zumindest der Versuch. Und dazu bekenne ich mich.[4]

Fausers Generations-Emphase hat jedoch ein literarisches Vorbild, sie ist eben nicht schlicht der »Wirklichkeit« entnommen, sondern artifiziell. Es sind die ihm von Kindheit an nahen Expressionisten, »eine Generation jäh blitzend, stürzend, von

Unfällen und Kriegen betroffen, auf kurzes Leben angelegt«[5], wie Fausers Hausgott Gottfried Benn 1955 resümierte. Erst vor diesem avantgardistisch-traditionellen Hintergrund wird Fausers literarische Entwicklung verständlich. Er tritt ja eben nicht mit dem Mainstream seiner Generation hervor. Seine ersten Bücher bleiben weitgehend unbeachtet und zwar nicht nur vom alteingesessenen Literaturbetrieb, sondern vom Großteil der doch angeblich so nahen Generationsgenossen selbst. Wie nah ist es an Fauser, wenn Kurt Pinthus, der Herausgeber von *Menschheitsdämmerung* – der zuerst 1920 erschienenen »klassischen« Sammlung expressionistischer Lyrik – für die Neuausgabe 1959 vermerkt, fast alle expressionistischen Dichter hätten sich später einfacheren, herkömmlichen Formen zugewandt. Fauser folgt diesen Spuren: Wie der anfangs expressionistische Romancier Hans Fallada wandelt er sich vom Verfasser experimenteller Prosa zum bekennenden Klartext-Autor.

Vater, Mutter, Kind

> *Daß man aus seinem Leben etwas machen mußte, war mir ziemlich früh eingebleut worden.* Jörg Fauser in *Rohstoff*

Arthur Fauser ist ein aufrechter, kompromissloser Mann mit einem leicht verletzbaren Stolz, unerbittlich nachtragend. Er hasst nette, glatte Höflichkeit und hält nie mit seiner Meinung hinterm Berg, auch wenn er sich damit Feinde schafft. Ihm ist durchaus bewusst, wie schwierig der Umgang mit ihm sein kann, bedauert wohl auch selber mitunter seinen barschen Ton. Er ist aber auch ein humorvoller Mensch mit großer Neigung zu Ironie und Satire[6], schlicht »ein guter Typ« (Werner Mathes).

Jörg Fauser wächst zwischen zwei starken Persönlichkeiten heran, die aus dem Mainstream Adenauer-Deutschlands herausfallen, als Künstler und als widerständige, hochmoralische Menschen.

1945 ist der Krieg endlich vorbei. Frankfurt ist eine der am stärksten zerstörten Städte Deutschlands, ein Land, das Fausers enger Freund und Kollege Martin Compart so charakterisiert: »Amoralische Spießer krochen aus den Bombenlöchern, um das Wirtschaftswunder zu erfinden. Blue Jeans und Lederjacken waren Werkzeuge des Teufels, und Rock'n'Roll war seine Musik. Das Land gehörte weiterhin den Kreaturen, die die Barbarei wissenschaftlich gemacht hatten. Die Bundesrepublik war nicht die Nachfolgerin der Weimarer, sondern der Friedhof des 3. Reichs, auf dem die Zombies rumirrten.«[7]

In einer notdürftig reparierten Ruine gibt es eine Ausstellung: »Neue Kunst in Frankfurt«. Rudi Seitz, ein fünfzehnjähriger städtischer Lehrling und späterer Mitarbeiter des Frankfurter Kulturdezernenten Hilmar Hoffmann, berichtet:

> Ich ging neugierig hin – und war befremdet. Mein Verständnis von Schönheit wurde verletzt durch die kantigen Farbflecken, die als Kunst ausgegeben wurden. Unter einem besonders irritierenden Bild stand der Name des Malers: Arthur Fauser. Die Mittagspause war vorüber, mein erster Tag in der städtischen Lehre bald vorbei. Er war ein Tag des Umbruchs für mich geworden – die Rätsel dieser ungewohnten Bilder ließen mich nicht mehr los. An diesem Tag begann meine Liebe zur Kunst – ausgelöst durch ein Bild von Arthur Fauser.[8]

Seitz lernt auch Maria Fauser kennen, als Schauspielerin der Rhein-Mainischen Landesbühne, die im Börsensaal spielt, denn Oper und Schauspielhaus sind zerstört. Ebenfalls an der Landesbühne arbeitet zu dieser Zeit Arthur Fauser, der schon vor dem Nationalsozialismus zu schreiben begonnen hatte, als Dramaturg. Hörspiele von ihm sendet der Rundfunk, eines seiner Stücke wird in Hamburg aufgeführt.

Den Hauptteil des Lebensunterhalts der kleinen Familie bestreitet Maria durch Arbeiten für den Rundfunk und später für das Fernsehen, damit Arthur sich vor allem der Malerei widmen kann. Das tut er mit zunehmenden Erfolg, doch an der grundlegenden Situation wird sich nichts ändern. Noch Ende der siebziger Jahre schreibt er an seinen Sohn:

> ...immer habe ich gedacht, ich hätte einen Schutzengel, damals, als ich nichts wie Unrat war und in Genua von keinem der besoffenen finnischen Seeleute versehentlich abgestochen wurde, und in kein KZ kam, und nicht mal im Krieg, bei soviel Chancen, irgendwo liegen blieb, und heute werde

ich sozusagen von Deiner Mama ernährt, und nicht erst seit heute, und wenn in zwei Jahren deine Mutter Rentenempfängerin wird, wird sie mich von ihrer kärglichen Rente ernähren müssen – eine Vorstellung, die mich nachts vor Scham fast erstickt, und diese Scham ist für meinen Stolz ein zu hoher Preis. Deshalb also hat mich der Schutzengel vor dem Krepieren bewahrt: es war kein Engel, sondern ein heimtückischer Teufel.[9]

Maria Fauser kommentiert, handschriftlich, am Rand: »Papi hat völlig antiquierte Anschauungen, aber ich kann sie ihm nicht nehmen. Dieser Männlichkeitswahn! Als wenn das nicht wurscht wäre, wer das Geld verdient.«

Geld und Erfolg spielen also durchaus eine Rolle bei den Fausers – nicht zuletzt ist Arthur Schwabe. Kunst ist hier hart erarbeitet, mit Abscheu vor dem Betrieb und seinen Moden, das Ergebnis nie ablösbar von moralischen Kriterien: Keine Kompromisse. Es ist dieses Berufsethos, das Jörg Fauser von beiden Eltern, aber im besonderen von seinem Vater aufgetragen wird. Er wird es nie verleugnen, im Gegenteil, sogar dem Vater gegenüber darauf insistieren, dass beider künstlerische Arbeit in einer intensiven Verbindung steht: »Nur Dinge malen, die ich erlebt habe, die ich gesehen habe«[10] – eine Gesamtfausersche Maxime, gewiss, aber ursprünglich eine Arthursche.

Diese Eltern werden dem Sohn genug Anlass zu Protest, zu radikalen Abkopplungsbemühungen und libertären Experimenten geben. Aber das Gespräch wird nie abbrechen. Ihre politische und künstlerische Integrität bleibt von ihm unbestritten. Das unterscheidet Jörg Fauser wesentlich vom Mainstream seiner Generation. Er unterzieht sein Elternhaus, seine Erziehung, sein Heranwachsen keiner öffentlichen Kritik. Er, der sein Leben als Rohstoff seines Schreibens sah, wollte oder konnte in seiner Kindheit davon nichts entdecken. Seine Analyse bleibt scheinbar unpersönlich, abstrakt:

Wohl nie war der Abstand zwischen zwei Generationen so groß wie der zwischen den um 1910 Geborenen [Arthur Fauser geb. 1911, A.d.V.] und ihren Kindern. Wohl nie können diese Kinder vergessen, dass sie mit 12 oder 14 oder 16 Jahren sich bewusst zu werden hatten, Deutsche und umstellt von Mördern zu sein. Und wohl nie werden sie den Schrecken, die Scham und die Furcht vergessen können, die sie empfanden, als sie hörten, dass viele, ja die meisten ihrer Kameraden nichts wussten von den Mördern, von den Öfen, von den Opfern.[11]

Der Schrecken, die Scham, die Furcht: Es ist – will man die Passage nicht einfach als in sich widersprüchlich abtun – Jörg Fausers ganz eigene Erkenntnis der Isolation, der eingeschränkten Zugehörigkeit zu seiner Generation. Zu wissen, dass man von Mördern umgeben ist und zu ahnen, dass sich die erst ahnungslosen, dann aufbegehrenden Kinder dieser Mörder nur allzu bald wieder mit ihren Eltern werden versöhnen wollen – hier liegt genug Anlass für das Misstrauen und die Paranoia, denen man in Jörg Fausers Texten so oft begegnet. Aber die Angst – »Immer wieder aufflackernde melancholische Schüttelfröste beim Anblick der Kartoffelfeuer auf den öden Feldern im Herbst, der Raben, die in den Bäumen hingen, der roten Haare eines Mädchens in der Nachbarschaft«[12] – hat noch andere Quellen.

Guten Tag, Doktor Freud[13]

...daß eine Fahrt zurück in diese Wälder, ein Schluck an Schleckers Grab, der endgültige Abschied von seiner Kindheit sein würde, von den Alpträumen dieser Kindheit in den dunklen Wäldern, von denen ihm nichts so sehr geblieben war wie die Angst vor ihnen.
Jörg Fauser in der Erzählung »Das Tor zum Leben«

In der Erzählung »Das Tor zum Leben« besucht der Protagonist Robert seinen Geburtsort, den er »im Gegensatz zu den anderen Kindern schon als Knabe endgültig hatte verlassen können.«[14] Anlass ist die Beerdigung eines seiner Kindheitsfreunde, Schlecker, der unter mysteriösen Umständen – »Unfall im Suff? Selbstmord?« – gestorben ist. Das Städtchen ist unschwer als Bad Schwalbach, das Fauser mit sechs Jahren verließ, zu erkennen. Die Landschaft, von Frankfurt kommend aus dem Taxifenster betrachtet, ist wüst, konsumzerstörte, zersiedelte westdeutsche Gefilde:

»Sind Sie hier zuhause?« hatte der Taxifahrer gefragt, als Robert ihn bezahlte.

Robert hatte sich umgesehen, oben am Waldrand die Kühe, hinten am Kurpark die Rheumatiker, die mit zitternden Fingern das dumpfe Heilwasser durch die Trinkhalme saugten, und über den Dächern der Philister glänzte der vergoldete Hahn auf der Martin-Luther-Kirche im Wind.

»Ich denke schon«, hatte er gesagt und war an der Kirche vorbei zum Friedhof gestiegen.

Es ist das Christlich-Verlogene, das Robert fertig macht, das um »Führe uns nicht in Versuchung« fleht, wo doch »die große Lockung der Versuchung darin bestand, zu sterben. Einfach aufhören zu leben.« Wenn man Fausers Neigung zur Apathie – dem Nicht-Mehr-Leiden – auf die Spur kommen will, dann fängt es dort an, in Bad Schwalbach, einem deutschen Kurstädtchen im Tal hinter Wiesbaden, wo ewig die Wälder singen – »Mein Herz ist grün vor Wald«, sagt Grabbe. Hier beginnt Fauser Haltung zu dem ganzen Land, das dieses Städtchen bereits in sich einschließt, die Robert zusammenfasst: »Hier bist du her, dies ist dein Land«, dieser komplexe Patriotismus Fausers, dem es vor allem darum geht, nichts zu verleugnen, was sich nicht verleugnen lässt.

Woher aber kommen Jörg Fausers »Trauer und Melancholie« – so der Titel eines Essays Sigmund Freuds? Nach Freud hat man den Schlüssel zur Erklärung der Melancholie in der Hand, indem man die Selbstvorwürfe als Vorwürfe gegen ein Liebesobjekt erkennt, die von diesem weg auf das eigene Ich gewälzt sind. Die Klage des Melancholikers ist Anklage. Den Melancholikern gelingt es, »auf dem Umweg über die Selbstbestrafung Rache an den ursprünglichen Objekten zu nehmen und ihre Lieben durch Vermittlung des Krankseins zu quälen, nachdem sie sich in die Krankheit begeben haben, um ihnen ihre Feindseligkeit nicht direkt zeigen zu müssen.«[15]

Eine Darstellung der Kindheit und Jugend Jörg Fausers wird zu einem hochsensiblen, überaus belesenen, frühreifen jungen Erwachsenen mit einem harten Blick auf die Realität führen; einer, der weiß, dass zum Leben Leiden und Tod gehören; und dass man nicht leben kann, ohne dem Tod im Rausch der Wörter und Getränke für Augenblicke von der Schippe zu springen.

Überleben in sick city

... nur wuchs ich in Frankfurt/M. 50 auf
Jörg Fauser in *Rohstoff*

1950 kommt Jörg Fauser rechtzeitig zur Einschulung zu seinen Eltern nach Frankfurt. Es wird das, was man eine Heimatstadt nennt.

Frankfurt am Main ist die boomende, relativ liberale Hauptstadt des Wirtschaftswunders. Hier hat ein linksintellektuelles, am klassischen Bildungskanon festhaltendes Bürgertum die Nazizeit überdauert. Kaum einer dieser Leute ist in der Nazizeit als Jude oder Kommunist verfolgt worden, ist emigriert oder hat sich dem Widerstand angeschlossen – im Gegensatz zu Arthur Fauser. Aber es ist auch keiner Parteimitglied gewesen. Man engagiert sich in der Deutschen Friedensunion gegen den Atomtod, für die Anerkennung der DDR und der Oder-Neiße-Grenze, kämpft gegen die Wiederbewaffnung, immer in Erwartung eines dritten Weltkriegs; man geht selbstverständlich davon aus, dass die Telefone vom Verfassungsschutz abgehört werden.[16] Jörg Fauser wird dieses Milieu – wohl das beste, das die fünfziger Jahre zu bieten hatten – später immer unter »die Rollkragenpullover« abbuchen. In diesen Kreisen kennt jeder jeden. Fauser Heimatstadt ist zudem Sitz der Frankfurter Schule und wird neben Westberlin die Hochburg der Studentenbewegung. Das Frankfurter Schauspiel fungiert als westdeutsche Außenstelle des Berliner Ensembles Brechts, und Suhrkamp ist sein Verlag.

Maria und Arthur Fauser versuchen, sich in der zerbombten Stadt eine Existenz aufzubauen. Von einer aus der Not der Umstände geborenen »WG« mit vier Familien in einer Wohnung ziehen sie in zwei Mansardenzimmer in der Grillparzerstraße, eines davon ist das Atelier Arthur Fausers. 1956 räumen die amerikanischen Truppen als letztes beschlagnahmtes Viertel die in den zwanziger Jahren angelegte, acht Kilometer vom Zentrum entfernte Siedlung Römerstadt. Die Fausers ziehen in den modernistischen Bungalow ein, in dem Maria Fauser heute noch lebt, mit Jörg Fausers Kinderzimmer, dem Wohnzimmer mit Blick auf einen kleinen Garten und der Küche im Erdgeschoss, einem Schlafzimmer und dem Atelier Arthur Fausers im ersten Stock: Ein weder wirklich beengtes noch besonders großzügiges Wohnen in einer Frankfurter Vorstadt.

1955 erwächst der Familie die regelmäßige, wesentliche Einnahmequelle: Maria Fauser spricht von da an bis 1980 einen morgendlichen fünfminütigen Ratgeber, dessen Anmoderation »Guten Morgen, meine lieben Hausfrauen« sie zu einer lokalen Berühmtheit macht – nicht zu Jörgs Gefallen. Nach und nach drängen die Arbeiten beim Funk ihre Theaterarbeit in den Hintergrund, aber noch in den fünfziger und sechziger Jahren ist sie in kleinen Rollen im Fernsehen zu sehen.[17] Obwohl Arthur Fauser für seine Malerei Auszeichnungen erhält (Darmstädter Kunstpreis 1956, Aufenthaltsstipendium in der Villa Massimo, Rom 1958, Hans-Thoma-Staatsgedenkpreis 1959), regelmäßig im In- und Ausland ausstellt und auch verkauft, zusätzlich als Autor für den HR arbeitet, ist eine weitere Einnahme nicht unwillkommen: Jörg Fauser wird – durch Vermittlung der Mutter – als »Purzel« ein Kinderstar in der ersten Kindersendung des Hessischen Rundfunks, zunächst beim Radio[18], dann beim 1953 gegründeten Fernsehen.[19] Während der fünfziger Jahre, besonders 1953-1956, wirkt er bei zahlreichen Produktionen mit. Als er auch in Werbespots Rollen spricht, verdient das Kind eine Zeitlang mehr Geld als seine Eltern.

Überhaupt ist er ein frühreifes, auch ein wenig altkluges Wunderkind, zart, oft krank, verschlossen. Wie besessen zeichnet er blutige Römer- und Ritterschlachten, schreibt Gedichte und dramaturgisch ausgefeilte, recht brutale Theaterstücke, bis hin zu kompletten – dem Spiegel-Layout nachgestalteten – Zeitungen. »Er war wenig auf der Straße, muss ich sagen, da hat er wenig gespielt. Er hat viel zu tun gehabt mit seinem Schreiben. Das war ihm ein Bedürfnis.«

Seine Mutter ist froh, als er beim Eintritt in die Grundschule einen starken Freund – Polizistensohn – gewinnt, der ihn beschützt. Scheinbar im Gegensatz dazu erinnert die Schriftstellerin Eva Demski ihren Schulkameraden und »Purzel«-Kollegen durchaus als einen sich prügelnden Jörg mit nicht unerheblichem Gewaltpotential, ein »aggressives Purzel«.

Nachdem die Begabung des Kindes schon in der Grundschule aufgefallen ist, empfehlen die Lehrer den Übertritt auf ein humanistisches Gymnasium. Es wird das Lessing-Gymnasium sein, das älteste in Frankfurt. Maria Fauser: »Ich hatte mal mit dem Gedanken gespielt, soll er auf die Waldorfschule, weil die doch sehr musisch ist, und da sagte mein Mann: ›Nein, er muss gerade auf eine gewöhnliche Schule, denn musisch ist er ja, da braucht er nicht noch unterstützt zu werden.‹«

In welchem konkreten Umfeld Jörg Fauser seine nächsten Jahre absitzen muss, schildert Fausers Mitschülerin, die Autorin Ulrike Heider in ihren Erinnerungen so:

»Wir bei Lessings«, war eine bei Lehrern wie Schülern beliebte Phrase, aus der der »Geist« dieser Lehranstalt wehte. [...] In den späten 50er Jahren betrachtete man sich »bei Lessings« als geistige Elite und blickte [...] auf die »Neureichen« herunter, die mit ihrem Geld protzten, aber eigentlich dumm und vor allem »ungebildet« waren. [...] Tatsächlich mußten die Oberschüler nirgendwo in Frankfurt so viele Hausaufgaben machen, so viel strenges Abfragen über sich ergehen lassen und so schwierige Klassenarbeiten schreiben wie am Lessing-Gymnasium.
Bei der Einschulungsfeier schließt der Direktor mit den Worten: »Jetzt sehe ich noch viele von euch. Wenn euer Jahrgang Abitur macht, wird nur noch ein Drittel übrig sein.«

Die soziale Auslese ist rigide, in Ulrike Heiders sieben Schuljahren am Lessing-Gymnasium nehmen sich mehrere Schüler das Leben.[20]

Dementsprechend schnell schwindet die anfängliche Begeisterung Jörg Fausers für seine neue Schule – er schreibt lateinische Verse, lernt gern Griechisch – und wandelt sich mit der Pubertät zu einer ausgeprägten Verweigerungshaltung.

Wichtige Zeugnisse Fausers eigenständiger Entwicklung finden sich in der von Maria Fauser und Wolfgang Rüger herausgegebenen Briefsammlung »*Ich habe eine Mordswut*« – *Briefe an die Eltern 1956–1987*. In ihnen spricht sich nicht zuletzt die innige Liebe Jörg Fausers zum Vater aus, sein ihm Gefallen-, sich an und mit ihm Messen-Wollen, bis hin zum früh eintretenden Widerspruch und zur Abgrenzung. »Ob ich ein guter

Politiker werde, wird die Zukunft und werde ich entscheiden!!!!!!!!!! Und niemals Du!!!!!!!!!!«, schreibt er ihm 1958.

Mit Mann und Sohn zu Hause auf dem Sofa sei sie nie zu Wort gekommen, erinnert sich Maria Fauser, die beiden hätten immer über Politik und Literatur debattiert – deswegen rede sie jetzt um so lieber. Sie beschreibt ihren Mann als »Autorität«, als vom Habitus, nicht von den politischen Ansichten her »rechts« – was seinen Sohn nicht davon abhielt sich sein Leben lang mit ihm und seinem Œuvre intensiv auseinanderzusetzen.

Das alles zusammengenommen – war Jörg Fausers Kindheit nun glücklich, unglücklich, prägend, eintönig, bedeutungslos? Abzuzeichnen scheint sich jedenfalls ein Leben zwischen unbedingtem künstlerischem Ehrgeiz, mit Willen zur Leistung, und gerade der Verweigerung dieser Lebens-Leistung: Apathie, »Trauer und Melancholie«. Die Welt, die das Kind vorfindet, ist nicht ausreichend, nicht weit genug, sie ist eine Lüge. Fauser wird so bald wie möglich andere Welten suchen – um immer wieder zurück zu kommen in das bis heute unverändert zur Verfügung stehende Kinderzimmer. Aber zuvor findet er ein anderes Mittel, den Horizont über die Römerstadt hin auszuweiten: Die Literatur.

Frühe Fluchten

Mit Grabbe hatte ich praktisch lesen gelernt
Jörg Fauser, *Kein schöner Land*, 1979

Walter Gußmann[21] ist Schauspieler, Neffe Arthur Schnitzlers und ein Freund der Fausers. Als er aus Nazideutschland fliehen muss, bittet er sie, seine Bibliothek zu verwahren. Nach dem Ende des Krieges kehrt er zurück und nimmt sie wieder an sich – mit einer Ausnahme: Seine zweibändige, von Schnitzler signierte Grabbe-Ausgabe schenkt er dem begeisterten Leser Jörg.

»Die Lebensangst, das Auffangen von Niederlagen und einfach was tolles bringen«[22] – das ist die bleibende Faszination. In einer Schülerzeitung gibt Fauser 1957 seiner Begeisterung für Grabbe, »der zu Unrecht heute zu verkannt ist«,[23] Ausdruck. Grabbe ist der Urschriftsteller Fausers, ein »Irrwisch, der im biedermeierlichen Muff seiner Umgebung krepiert war wie der sprichwörtliche arme Hund«, der »Held meiner Kindheit, der Genosse meiner schlaflosen Nächte«,[24] der »im finalen Säufer-Koma gelegen und an den Folgen der Welt krepiert war.«[25] Grabbe ist der im Provinzmief eingesperrte Schriftsteller, der seine gesamte Existenz in den Ring wirft, der aus der gelebten Radikalität schöpft, der größenwahnsinnige Hypersensible, der die Spannung hält, bis es ihn zerreißt. Bei Grabbe lernt Fauser, dass Befreiung möglich ist und was sie kostet.

Fauser darf lesen, was er will und entwickelt eine Vorliebe für Geschichtsdramen, »Penthesilea« von Kleist, das er der Zugehfrau der Fausers beim Bügeln vorliest, und Shakespeare, den er als Krimiautor rezipiert, indem er die Plots nacherzählt. Hier lernt er auch den Namen Caliban kennen, der »Wilde«, der »brutale Charakter« aus dem »Sturm«, mit dem er in den achtziger Jahren seine *Tip*-Kolumnen anonym zeichnen wird, bis er sie »Wie es euch gefällt« betitelt.

Hinzu kommen früh Autoren wie William Carlos Williams und Ezra Pound, die Hausgötter Gottfried Benn und Joseph Roth, Else Lasker-Schüler und andere Expressionisten, Arthur Rimbaud und Charles Baudelaire – der nach Maria Fausers Vermutung die erste Neugier auf Rauschgift weckt.

Als Jörg Fauser in die Erwachsenenwelt eintritt, ist ihm das klassische und moderne Erbe vertraut. Er muss sich nach Neuem umsehen: Das Neue heißt Jack Kerouac.

Krise als Chance

Mein Leben ist traurig, ist schwer, eintönig, weil ich ein Künstler bin
        Anton Čechov, Motto von Jörg Fausers *Alles wird gut*

Der Gymnasiast Jörg Fauser ist ein »Eigenbrötler« »sehr kritisch«, »sehr bohrend« (Eva Demski). In der 6. Klasse schreibt er in einem Aufsatz zum Thema »Was bedeutet: Gott schuf den Menschen zum Bild Gottes?«

> Früher und heute gab es Menschen, die absolut an Gott glaubten, aber grausam waren. Denken wir an die Spanier, als sie die uralten Schätz der Inkas raubten, Städte zerstörten, Greueltaten verübten. Es waren alles gottesfürchtige Leute, aber waren es Ebenbilder Gottes? Dann müßte ja Gott grau-

sam und böse sein. Und er ist ja ziemlich grausam, denn diese Menschen können ja nicht dazu, wenn sie so böse sind, denn Gott schuf ja den Menschen! Wenn es so steht, möchte ich kein Ebenbild Gottes sein. Und deshalb ist es meiner Meinung nach falsch, wenn die Leute sagen, wir wären das Bild Gottes![26]

Der Kommentar des Vierzehnjährigen zur Bundestagsdebatte über die von Franz Josef Strauß geforderte atomare Aufrüstung der Bundesrepublik endet mit dem Diktum: »Aber sowie ich die Macht habe, lasse ich sie alle aufknüpfen. Und dann wird der Bundestag geschlossen. Nur kein Parlament!« Im selben Jahr 1958 hört er bei Richard Kirn, Vater eines Schulkameraden und Journalist bei der *Frankfurter Neuen Presse*, »zum ersten Mal die Internationale« – »Ein erhebender Augenblick!« 1959 und 1960 erscheinen in dieser Zeitung zwei Berichte Fausers über Klassenreisen nach Frankreich.[27]

Kirn versorgt ihn mit politischen Büchern *Die Geschichte der Deutschen Revolution* von 1918/19, erschienen 1929 im Internationalen Arbeiterverlag. Er liest auch *Mein Kampf*. In der Schülerzeitung betitelt er einen Leitartikel über die SPD: »Vorwärts Genossen, wir müssen zurück!«[28] Rückblickend ordnet Fauser diese Phase politischen Erwachens so ein:

Als ich beschloß, Politiker zu werden und nach Bonn zu gehen, war ich knapp vierzehn. Es war die Zeit der großen Bundestagsdebatten über die Atombewaffnung, und ich konnte mich kaum noch vom Radioapparat trennen, wo ich an einer Art politischem Initiationsfieber litt: »Ruhig! Jetzt spricht Wehner!« Ja, Herbert Wehner war mein Abgott, obschon ich nach soviel Jahren nicht mehr recht nachvollziehen kann, was in meinem Kopf vorging, [...] Schauer liefen mir über den Rücken, wenn ich in Kürschners *Volkshandbuch Deutscher Bundestag – 3. Wahlperiode* blätterte und entdeckte, daß es da oben in Kassel einen Abgeordneten gab, der noch keine dreißig war, Holger Börner, Betonfacharbeiter: Noch vierzehn Jahre, dachte ich dann, und du sitzt hinter Herbert Wehner und verteidigst ihn gegen diese Lümmel in der Mitte und rechts – und wenn du auch Betonfacharbeiter wirst.[29]

Mit jedem Jahr geht es nun mit den Schulleistungen bergab. Flattern Weihnachten die blauen Briefe ins Haus, strengt er sich ein bisschen an. Die naturwissenschaftlichen Fächer interessieren ihn nicht, bei den geisteswissenschaftlichen sind ihm die Lehrer nicht gewachsen. Eine Aura von Lethargie und Verweigerung umgibt ihn. Schließlich muss er 1961 eine Klasse wiederholen.

Sein politisches Interesse verschiebt sich von der kommunistischen Arbeiterbewegung hin zum Anarchismus. »Aus freien Stücken interessiert der Anarchismus alle, die die Beruhigung brauchen, dass es schon immer Unruhe gegeben hat, gibt und geben muß. Anarchismus interessiert und packt diejenigen, die noch keine Rezepte haben, noch keine sicheren Positionen, nirgendwo Fuß gefaßt haben – und das alles auch gar nicht wollen«,[30] heißt es im Vorwort der Werke Bakunins, die 1975 im – aus der Berliner Linkeck-Komune hervorgegangenen – Karin Kramer Verlag erschienen sind. 1968 werden wir im Umfeld dieser Kommune Jörg Fauser begegnen – Bakunin selbst sagt ja: »Die wahre Schule für das Volk und alle erwachsenen Leute ist das Leben.«[31] Bakunin ist der einzige politische Theoretiker, der Fauser prägt und sein Leben lang (auch als Buch- und Filmprojekt) beschäftigt – und das nicht zuletzt deswegen, weil er eben vor allem ein Praktiker, ein Revolutionär ist. Was Fauser bei ihm, bei den Anarchisten überhaupt findet, hat Enzensberger in *Der kurze Sommer der Anarchie* geschildert, wenn er über die Veteranen des spanischen Bürgerkriegs schreibt:

> Diese Revolutionäre aus einer anderen Zeit sind gealtert, aber sie wirken nicht müde. [...] Ihre Würde ist die von Leuten, die nie kapituliert haben. Sie haben sich bei niemandem zu bedanken. Niemand hat sie ‚gefördert'. Sie haben nichts genommen, keine Stipendien verzehrt. Sie sind unbestechlich. Ihr Bewußtsein ist intakt.[32]

Es entstehen Gedichte, Fauser liest die Autoren des französischen Nouveau Roman und die deutschen der Gruppe 47. Aber dort ist nicht, was er sucht, »die paar vertrockneten Progressiven, Böll, Gott ja, Konkret so aufregend wie Kirchenfunk, die Rollkragenpullover bei der Humanistischen Union, na und? Kultur als Käsestulle.«[33]

Wenn er nach der Schule mit Freunden in den Cafés am Opernplatz sitzt, sieht er abenteuerliche Tramps aus allen möglichen Ländern. Einen – links die Gitarre, unter dem rechten Arm den Schlafsack und im Gepäck eine Schallplatte mit einer Aufnahme von Allen Ginsbergs »Howl« – nehmen er und seine Freunde schon einmal für ein paar Nächte auf.

Sylvester 1962/63 – da ist er 18, volljährig war man bis 1974 erst mit 21 – lernt Jörg Fauser auf einer Party in Frankfurt eine junge Engländerin aus proletarischem Milieu kennen. Er verliebt sich in Stella Margrave. Im Sommer 1963 reist er zu ihr nach London – und er hat nicht die Absicht, so schnell zurückzukommen. Davon zeugt der erste zugängliche Brief des erwachsenen Jörg Fauser an die Eltern vom 13.7.1963, der sich auch als eine Bilanz der vergangenen 19 Lebensjahre lesen lässt:

> Ich weiß genau, daß mein Vater, er vor allen, davon überzeugt ist, ich sei einzig und allein nach London gefahren, um mich hier herumzutreiben, und wegen Stella.
> Diese Annahme ist falsch. Es wäre glaube ich, ziemlich gefährlich, auf ihr zu beharren: ihr könnt mich zwar mit gesetzlichen Mitteln dazu zwingen, noch zwei Jahre in Frankfurt und bei euch zubringen zu müssen: aber seid davon überzeugt, daß ich, sooft es nur ginge, wieder das täte, was ich gerade getan habe. Allmählich werde ich unempfindlich gegenüber anderer Leute Meinung von mir, auch eurer (da ich ohnehin weiß, daß mein Vater mich für eine Niete und einen Taugenichts und Versager hält, womit er, aus seiner Sicht, völlig recht hat.) Ich bin hier zum ersten Mal in meinem Leben glücklich, auch ohne viel Geld, ohne warmes Essen und sonstigen Luxus. Ich könnte es überall sein, wo ich für mich leben kann und nicht für andere Leute. Soll ich euch zu Liebe etwas tun, das ich hasse? Die Zeiten sind vorbei.

Obwohl Jörg Fauser diesen Fluchtversuch nicht durchhält, dem Druck des Vaters nachgibt und ihm verspricht, das Abitur zu machen, ist die Kindheit nun vorbei. Im November 1963 veröffentlichen die SPD-nahen *Frankfurter Hefte* – auf Vermittlung seiner Freundin Dorothea Rein[34] – die Rezension einer von Hans Magnus Enzensberger herausgegebenen Gedichtsammlung des Barockdichters Andreas Gryphius – Titel: *Und was sind unser Taten*, Autor: Jörg Christian Fauser: Sein erster Text in einer überregionalen Zeitschrift, seine erste »richtige« Veröffentlichung, die Würdigung eines Dichters, der sich durch seine Radikalität nicht »für einen Platz an der Sonne in der Gunst der Nachwelt« empfohlen habe. In der Nachfolge von Gryphius stünden sie alle, »von Brecht das Gefälle hinab zu Rühmkorf.«

Enzensberger, »der die verletzte Trauer und den stolzen Zorn über die Erbärmlichkeit seiner Zeit mit Gryphius teilt«, kommt gut weg in dieser Besprechung, die einen hohen Ton anschlägt, den verkannten Poeten preist und versteckt-keck in der Schlussformel – einen Vers Enzensbergers aufnehmend – auf die eigentliche Berufung des Rezensenten verweist: »Wer immer diese ›unerhörte schrift‹ schreibt, wir haben sichere Hoffnung, daß er in künftigen Düsternissen ebenso wie in vergangenen irgendwo einige wird betroffen machen.«[35]

In der selben Ausgabe ist unter dem Titel »Die Wende?« die beginnende Emanzipation einer anderen, nicht-natürlichen Person, angezeigt: Im Oktober 1963 ist nach vierzehnjähriger Amtszeit und mit 87 Jahren Bundeskanzler Adenauer zurückgetreten. Langsam kommt Bewegung auf. Jörg Fauser geht erst mal wieder zu Schule.

Die großen Städte und der kleine Tod

London, du weißt, ich muß noch eine Weile sein in der Speck-
öde, wohinein mich mein Unglück geboren hat
Jörg Fauser 1964

Stella Margrave ist mit Fauser aus London zurückgekommen. Er will sie heiraten. Sie ist schwanger, aber nicht von ihm. Arthur Fauser toleriert diese Beziehung nicht, er schmeißt das »Flittchen« raus, Jörg hinterher. Dorothea Rein nimmt die beiden erstmal auf, Maria Fauser renkt alles wieder ein. Stella geht zurück nach England. Für den Rest seiner Schulzeit macht Jörg Fauser sich auf der Suche nach einem Milieu, das ihn der Öde entkommen lässt. Er besucht regelmäßig Lokale wie den

»Künstlerkeller«, auch den »Jazzkeller«, wo Chet Baker und John Coltrane gastieren. Hier verkehrt die sich bildende lokale Subkultur, darunter GIs – und Dealer. Jörg Fauser über die Unauffälligkeit damaliger Drogen-Konsumenten: »Die liefen mit Baskenmützen rum und waren getarnt.« Er probiert den Hustensaft Romilar, den es in jeder Apotheke frei zu kaufen gibt und der in bestimmten Dosen »besser als Acid«[36] wirkt.

Arthur Fauser hat seinen Sohn in dieser Zeit gemalt, ein junger, modisch gekleideter Mann im Aufbruch in die Nacht, die Klinke der Tür zum elterlichen Schlafzimmer in der Hand, ein ergreifendes, inniges Bild, das auch den Abschied eines Vaters von seinem Kind festhält, ein Abschied in seine eigene, den Eltern nicht zugängliche Erwachsenenwelt.

Am 23. Juni 1964 wird Jörg Fauser als Kriegsdienstverweigerer anerkannt. Seine Eltern, die eine Stellungnahme abgeben müssen, unterstützen ihn bei dieser Entscheidung. Arthur Fauser argumentiert, möglicherweise taktisch bedingt, recht geschickt: Er habe im Krieg thüringische Kameraden gehabt und lehne es ab, dass sein Sohn in die Situation gerate, auf die Kinder seiner ehemaligen Kameraden schießen zu müssen. Die Verweigerung ist zu dieser Zeit weder üblich noch einfach – selbst Leute wie der Grünen-Politiker Hans-Christian Ströbele (Jahrgang 1939) leisteten um 1960 noch ihren Kriegsdienst ab.[37]

Im Sommer 1964 verbringt Fauser die Ferien wieder in London bei Stella, wo er nun »durch Zufall«, aber nicht unvorbereitet mit leibhaftigen Anarchisten in Berührung kommt:

> Sie waren mir bald sympathisch. Die besten waren Proletarier oder Intellektuelle, die einem proletarischen Broterwerb nachgingen. Einige waren erstklassige Professionals in der Tradition libertärer Kopfarbeiter, die den Anarchismus vorteilhaft von dem weltfremden Gebetsmühlenklappern marxistischer Akademiker abhob.[38]

Für das im Eastend verlegte Anarchisten-Blatt *Freedom* schreibt er 1964 und 1965 mehrere Artikel.

»London: da bin ich zu Haus« heißt es im Gedicht »An London«, das die *Frankfurter Hefte* im Juli 1964 veröffentlichen – ein stilistischer Mix aus Benn, Brecht, Rühmkorf und Enzensberger. London ist hier eine kaputte Geliebte mit einem Herz aus Stein, der aus der »Specköde« der »Sozialen Marktwirtschaft, / wohin ich gehör laut Personalpapier« geflohene Dichter ist »leider etwas verseucht«.

Von den dreizehn Beiträgen, die Fauser ab 1963 in den *Frankfurter Heften* veröffentlicht, beschäftigen sich gut die Hälfte mit Lyrik, von Gryphius über Lasker-Schüler bis schließlich – 1976 – Bukowski. In all diesen Rezensionen erklärt sich ein klar hervortretendes »Ich«, das der eigentlichen Kritik einen Prolog sowohl allgemeiner als eben auch ganz individueller Art voranstellt: Hier spricht der Schriftsteller Jörg Fauser darüber, was ihm gefällt und was nicht, wer er ist – das ist Botschaft und Methode seiner Literaturkritik und wird es bleiben.

Was die Veröffentlichung und ihren Ort, die *Frankfurter Hefte*, angeht, sagt Fauser im Gedicht, »Zehn Jahre später«: »[...] und da war diese Zeitschrift/ziemlich Establishment und etepetete / aber sie hatten ein Gedicht von mir gedruckt / und eine halbe Minute / kam ich mir vor wie der Größte / [...]«[39]

Im März 1965 hat er endlich sein Abitur. Unmittelbar danach reist er nach Spanien, sucht den Kontakt zu Veteranen des Bürgerkriegs, dann weiter nach England. Aus einem Gedicht von 1975:

Irgendwie hatte es mich nach Brest verschlagen / unterwegs nach London blieb ich da hängen / ich hatte kein Geld fürs Hotel und / trieb mich einfach am Hafen rum / und landete schließlich im Café de la Paix. /// Es gab da ein paar ältliche abgebrannte Nutten und auch eine jüngere, mit langem gebleichten Haar / [...] und während sie ab und zu mal / ein paar Kohlen machte / schrieb ich ihr in meinem schlechten / Französisch ein paar Gedichtchen / Kinkerlitz, was man eben so schreibt / wenn man 20 ist /// [...] und ich erzählte ihr von Stella in London / und nach dem sechsten oder siebten Glas / sagte sie, wenn du magst, brauchst du / nichts zu zahlen, ich schluckte zwei Preludin / die kannte sie natürlich, ich schenkte ihr / ein Röhrchen, aber als sie mit mir hochgehen / wollte, kam zahlende Kundschaft, Kerle / von der Eisenbahn, so wurde dann nichts draus[40]

Im Mai ist er wieder in Frankfurt, um sich, in Ermangelung eines besseren Zukunftskonzepts, an der Johann Wolfgang Goethe-Universität für Ethnologie und Anglistik, späteren Angaben zufolge auch für Philosophie einzuschreiben. Nach kurzer Zeit besucht er keine Veranstaltungen mehr, bleibt aber immatrikuliert. Von August bis November 1965 ist er bei Stella Margrave in Watford/Hertfordshire. 1966 trampt er (der nie den Führerschein machen wird) im Frühjahr mit Barbara Hirschfeld – der Tochter Brigitte Schönbergs, der emigrierten Freundin der Fausers – nach Griechenland und in die Türkei, erstmals auch nach Istanbul, eine Antizipation künftiger Ereignisse: »Am liebsten würde ich für einige Jahre in dem kleinen Hotel, drei Minuten von der blauen Moschee bleiben.«

Am 5.10.1966 bricht er das Studium ab und tritt seinen Zivildienst im Bethanien-Krankenhaus Heidelberg-Rohrbach an. Der Ersatzdienst soll bis März 1968 dauern. Er wird dort, im Winter 1966/67, drogenabhängig – für sechs lange Jahre.[41] Über sein Befinden in dieser Zeit schreibt er 1971:

Hätte ich irgendeinen Grund gesehen, nicht dorthin zu gehen, wäre ich wohl kaum gegangen. Es gab aber nichts. Stella war irgendwo in England und hatte gerade unsere Tochter zur Welt gebracht [Petra, geboren am 11.6.66]; Barbara, mit der ich im Frühjahr in der Türkei und in Griechenland gewesen war, wo ich zum erstenmal Opium genommen hatte (Heroin kannte ich seit 1964, London), war zurück in den Staaten. Es gab nichts zu tun. Ich fing an zu trinken.[42]

Von der Existenz der Tochter erfahren die Eltern erst fünfzehn Jahre später. Jörg Fauser sieht sich bei der Geburt Petras nicht in der Lage, die Vaterrolle einzunehmen. Zudem intensiviert sich zu dieser Zeit seine Beziehung zu »einem Mädchen, in das ich – wie ich annahm: hoffnungslos – verliebt war«[43]: Nadine Miller hat er am Wohnzimmertisch der Eltern kennengelernt. Sie ist die Enkelin des Schwagers der in die USA emigrierten Brigitte Schönberg (Mutter von Barbara Hirschfeld).

Obwohl Fauser sich seine Dienststelle nicht ausgesucht hat, weiß er, auf welchen Spuren er wandelt. In Gottfried Benns Gedicht »Mann und Frau gehn durch die Krebsbaracke« heißt es: »Hier diese Reihe sind zerfallne Schöße / und diese Reihe ist zerfallne Brust. Bett stinkt bei Bett. Die Schwestern wechseln stündlich. [...] Den Neuen / sagt man: hier schläft man sich gesund.«[44] »Gesund oder krank, sie wußten nicht, daß das hier keine Rolle mehr spielte«,[45] ist auch die Schlussfolgerung Fausers.

Was er vom ersten Arbeitstag in den Briefen an die Eltern als reich an »vielen fantastischen Eindrücken« (5.10.66) darstellt, nimmt durch den Druck der Umstände (seinen Forderungen an sich selbst nicht genüge zu tun: nichts Rechtes zu schreiben) schon bald eine andere Dimension an. Zunächst ist Rollenspiel angesagt:

> Ich begriff sofort, daß ich hier nur über die Zeit kommen konnte, wenn ich mir eine Rolle zulegte – »Der-stille-fleißige-nette-kränklich-Bub«. Ich spielte sie mit Erfolg. Auch noch ein knappes Jahr später, als sich nicht mehr verheimlichen ließ, daß jemand die Opiat-Bestände plünderte, kam niemand darauf, daß ich der einzige war, der dafür in frage kam – ich fehlte dauernd, und jeder Arzt hätte mir eigentlich ansehen müssen, daß ich nur noch von Opiaten lebte.[46]

Drei Monate hält er durch. Dann flieht er – denn als Réchercheeise eines Jungschriftstellers ist dieser zweite, sechswöchige, Istanbultrip gewiss nicht abzubuchen. Am 26.1.1967 schreibt er seinem Vater:

> Ich will nicht versuchen, mich verständlich zu machen. Das würde mich nur dem Irrsinn näher bringen, dem ich bald zu erliegen drohe. [...] Jetzt sitze ich und schneide mir mit den Scherben meines zerbrochenen (oder vielleicht verbrochenen?) Lebens in die Finger. In Rohrbach wurde ich verrückt, und hier merke ich, daß ich mich nicht heilen kann. Ich konnte nicht schreiben, und hier sitze ich und platze und dreh mich im Kreis und fluche und spucke und krepiere an mir selbst und bringe kein Wort heraus. Ich weiß daß ich endlich etwas schreiben muß, und schaffe es nicht. Ich konnte mit euch nicht mehr reden. [...] Jeden Tag will ich zum Konsul und mich stellen, und ich werde es auch tun, wenn Du es mir sagst. was sollte ich auch sonst tun, als wieder zu kapitulieren?

Ende Februar 1967, wieder in Rohrbach, erwartet ihn ein Disziplinarverfahren – mit harmlosem Folgen: drei Wochen Ausgangssperre. Mühsam passt er sich wieder ein, »alles geht weiter seinen unabänderlichen Trott«. Er erneuert den Kontakt zu den *Frankfurter Heften* über den ihn sehr fördernden Redakteur Walter Maria Guggenheimer, der wohl nicht zuletzt auf Grund seines eigenen abenteuerlichen Lebensweges mit ihm sympathisiert. Das Doppelleben als Krankenpfleger und Autor klappt aber nicht, Gedichte scheitern wie auch ein »Jazzspielerroman«, der »das Aufheulen aller vom Volkswartbund bis zur Horror-Kommune« – das ist die am 1.1.67 gegründete Kommune 1 – provozieren soll. Die Redakteure legen ihn in ihrem Zettelkasten ab mit dem gnädigen Hinweis, sich »bei Gelegenheit gern« seiner zu erinnern – »manchmal kommen mir vor Wut und Erschöpfung fast die Tränen«. Doch in all dieser Misere behält er im Dialog mit den Eltern klare Sicht auf die politischen Dinge. Zum Tod von Benno Ohnesorg schreibt er im Juni 1967:

Ja, die Deutschen und ihre Polizei. Wieso ein stiernackiger, wohlgenährter, im Judo ausgebildeter, bis an die Zähne bewaffneter Schupo nicht mit einer handvoll bebrillter, ungeschickter, vergammelter Studenten fertig wird, ausser er greift zur Pistole, leuchtet mir nicht ein. Im übrigen kenne ich die Mentalität dieser Herren ja aus eigner internationaler Demonstrationserfahrung, und ich weiss, wie sehr dieses Pack danach lechzt, es diesen Intellektuellen mal ordentlich zu geben. Dass es der SDS zu nichts bringen wird, ist klar, steht aber auf einem anderen Blatt.

Überhaupt ist, auch wenn er selbst an sich verzweifelt, der spätere Schriftsteller, Intellektuelle und Moralist Jörg Fauser mit seinen Sympathien und seiner Verachtung hier schon unverkennbar – etwa wenn er angesichts einer Fernsehdiskussion zwischen Klaus Harprecht und Heinrich Böll deutlich Partei ergreift für den zwar nicht geliebten, aber wenigstens aufrichtigen und bescheidenen Schriftsteller im Gegensatz zum dummdreisten Feuilletonisten (Brief vom 9.7.1967).

Arbeiten, lesen, schreiben – schreiben? – allabendlich eine Spritze, und dann noch ein deutscher Winter dazu – ist das das Leben? Fauser findet seine Antwort. Diesmal wird es kein kurzer Fluchttrip, diesmal lässt er Rohrbach-Deutschland endgültig hinter sich. Im Dezember ist er endlich da, am Sehnsuchtsort, in Istanbul, »etwas oberhalb der Blauen Moschee.«[47]

Kapitel 2

Tophane & Aqualunge

Brachland BRD, Hoffnung USA

Die sechziger Jahre: Blick zurück ohne Zorn oder Trauer [...] Für meine Generation war es die Jugend. Und im Zauber des bengalischen Feuers unserer Jugend brach sich der neue Morgen einer Rebellion, und seither zittert die Dämmerung manchmal noch vom Echo der Trommeln, aber keine Sorge, was blieb war Europas lange Nacht.
Jörg Fauser in *Der versilberte Rebell*, »Wigwam«[48]

Luftangriffe und Bombardements sind vorbei, Trümmerhaufen aus dem Weg geräumt, auch aus dem Bewusstsein vieler. Fünfzehn Jahre nach Kriegsende werden in der BRD Politik und Alltag jedoch immer noch vom Dritten Reich überschattet. Bundestag und Auswärtiges Amt unterzeichnen Wiedergutmachungen mit Frankreich, Griechenland, auch Schecks für Norwegen, Dänemark, Holland, wobei die Zwangsarbeiter im Osten leer ausgehen, schließlich handelt es sich hierbei auch um Wiedereingliederungsmaßnahmen des Westens, die neue Ordnung im Kalten Krieg. Die USA beenden ihr Hilfsprogramm CARE. Erste Anzeichen der schönen alten grauen Normalität zeichnen sich ab. Genau betrachtet ist sie nur selten schön, umso stetiger grau und von Alteingesessenen reglementiert – jetzt wo die Vergangenheit Nazideutschlands mit den Überweisungsdurchschlägen abgeheftet wird.

Kurz nach Jörg Fausers sechzehntem Geburtstag geschehen zwei Dinge, die die Jugend verändern, die westliche Welt und in der Folge fast alles: Am 18.8.1960 kommt die erste Antibabypille, Enovid, auf den Markt. Tausende Kilometer entfernt schlucken Stunden später ein paar Engländer andere Pillen und betreten erstmals die Bühne des Kaiserkellers in St. Pauli. Die Band wird eines Tages berühmter als Jesus,[49] Hamburg zur Vor-Schule für britische Musiker wie Van Morrison, Screaming Lord Sutch, Pretty Things, Spencer Davis usw. Für die Boys auf den Brettern, die die Welt verändern – John, Paul,

George, Stu und Pete – sind die Pillen der Treibstoff, mit dem sie sich bis ins Morgengrauen auf den Beinen halten, mit dem die *working class heroes* aus Liverpool Seeleuten und neugierigen Nachtfaltern einheizen. »Jeder war auf Speed«, erinnert sich Paul McCartney, »und ich entschied mich oft dagegen, war ohnehin völlig aufgedreht. Oder vielleicht warf ich eine Pille ein, während die anderen, vor allem John vier oder fünf nahmen.«[50]

Auch die großen Bühnen des Weltgeschehens werden nun anders ausgeleuchtet. Was der Kühlschrank in den Fünfzigern, wird in den USA der Sechziger das Fernsehgerät. Das bald omnipräsente Haushaltsutensil ermöglicht es, dass der neue Präsident der USA von fast jedem seiner Wähler zwar nicht in echt aber in Bewegung erlebt wird. Nach einem TV-Duell unterliegt der im Fernsehen starr und leblos wirkende Republikaner Richard Nixon am 8.11.1960 John F. Kennedy, dem mit 43 Jahren jüngsten Präsidenten der USA.

»Kennedy stand für einen Abschied von der Vergangenheit, einen Neustart in die Zukunft«, erinnert sich einer der Chronisten der Neuen Welt, Don DeLillo. »Seine drei Jahre als Präsident waren geprägt von einer gewissen Zuversicht, Hoffnung. In der Administration gab es vieles, wovon wir nichts wussten, andererseits verlieh er Amerikanern das Gefühl, dass wir an einer progressiven Zukunft teilhaben werden. Vietnam veränderte diesen Optimismus, den wir alle spürten, den die meisten von uns spürten. Für mich waren die Sixties eine unglaubliche Zeit. Jede Woche passierte etwas Außerordentliches. Mitten in amerikanischen Städten standen Panzer, es gab mehrere Attentate und Attentatsversuche, dann Vietnam, was alle unglaublich aufwühlte. Dann Nixon, Watergate Anfang der Siebziger...«[51]
Die Worte von DeLillo, allseits verehrter Seismograph amerikanischer Träume und Ängste, decken sich bis ins Detail mit denen, die Jörg Fauser schon 1978 in *Der versilberte Rebell*[52] äußert.

Nicht so laut wie die Sounds im Kaiserkeller, genau belauscht aber wilder und nicht nur im Gestus avantgardistischer ist das, was um Mitternacht in der Kleinen Bockenheimer Straße floriert. Im Dunkel des »Domicile du Jazz«, im Jazzkeller befreit sich ein Genre von eigenen Traditionen und Zwangsjacken, von Bigband und Konventionen. Der Doppelbonus daran: Schon vor den Nazis wurde Jazz in Deutschland als Negermusik verhöhnt, nach 1933 verboten, zugleich in Übersee von F. Scott Fitzgerald für ganz neue Kadenzen geschätzt, einen neuen Beat, Rhythmus. Und die neuesten Jazzmusiker reiten nicht auf alten Traditionen, sondern schauen weiter nach vorne, einer wilden Zukunft entgegen. Der Laden ist voll, Louis Armstrong bahnt sich einen Weg durchs Publikum, verschüttet Rotwein auf seinem Tuxedo, Dizzy Gillespie kann nach den vielen Drinks kaum stehen. Statt Bebop nun Cool Jazz, dann Hard Bop, Free Jazz... Chet Baker und Coltrane sorgen für unvergessliche Nächte – auch für die Dealer härterer Betäubungsmittel. Im Publikum dabei: Jörg, Dorothea Rein und Jürgen Klausenitzer. *Sweet Little Sixteen*, Körper voller Hormone, Romilar im Blut, den Kopf voller scheinbar nagelneuer Gedanken...

Alles ganz normal und natürlich für Sechzehnjährige. Für Fauser im Jazzkeller Frankfurts allerdings mehr – zur rechten Zeit am rechten Ort.[53] Der Sound stimmt, der Background der rot getünchten Backsteinwände inspiriert, das Leben ist die Wucht, die Alten haben einen Knall. Jörg wettert gegen den kleinbürgerlichen Mief des Elternhauses, Römerstadt und Konventionen. Mit einer Rhetorik, die er jenseits des Gymnasiums geschult hatte, einer Bildung, die von der elterlichen und großväterlichen Bibliothek genährt worden war, mit dem Wissen über Muse und Amerikanismus, die seinen Halbbruder bewegten. Seine Bühne ist außer dem Künstlerkeller das Domicile du Jazz, sein Publikum Dorothea Rein.

Dorothea Rein, in Frankfurt Geschäftsführerin beim Verlag Neue Kritik, der 1965 vom Bundesverband des SDS (Sozialistischer Deutscher Studentenbund) gegründet wurde, wehrt Interviewanfragen ab. Wenn sie aber ins Erzählen kommt, verhält sie sich wie die meisten Zeitzeugen und Weggefährten Fausers: Ausführlich und mit Genuss marschiert sie *down memory lane*.

Sie erinnert sich an Jörg als einen »sanften Poet mit politisch radikalen Sprüchen«.[54] Im Nachhinein betrachtet, so Dorothea Rein, war vieles reine Pose, das »Spiel einer multiplen Persönlichkeit«. Auch Jörgs Faible für Jazz sei eher aufgesetzt gewesen, mitsamt Barett, dem ganzen frankophilen Gestus. Die Häutungen – zumindest die äußerlichen – dokumentiert das

Cover der CD *O-Töne* sehr gut. Für Dorothea ist und bleibt Fauser ein von Natur her zarter Typ, der »nach Entzug und von Alkohol aufgedunsen diese Bukowski-Schiene« nie hätte verfolgen sollen. »Das war ein Fehler.« Das Bild des zarten nach Tönen und Rollen suchenden Poeten ist eins von vielen. Nicht mehr, nicht weniger.

There's a Beat goin on: London

Adenauer spielte noch Boccia, Willy Brandt versprach blauen Himmel über der Ruhr [...] das Buch wie ein Stoß in die Rippen, ein lockeres Schnalzen mit der Zunge, purer Jazz: Go man, go! Jörg Fauser in *Sounds* 12/1976

Mit ungefähr 17, 18 liest Jörg Fauser zum ersten Mal *On the Road* von Jack Kerouac, 1966 dann Nelson Algren, der Jahre als Wanderarbeiter verbrachte, bevor er sich an die Schreibmaschine setzte. Und schließlich stößt er auf einen Schriftsteller, dessen Lebenswandel und dessen Werk ihn für immer prägen wird: William S. Burroughs.

Die Welt da draußen ändert sich in den Sechzigern radikal, Nonkommunikation vertieft den Graben zwischen Ost und West, im September 1961 wird Berlin durch die Mauer geteilt, mit der Kubakrise läuft der Kalte Krieg auf Hochtouren. Während sich UdSSR und USA mit Drohgebärden duellieren, hält die Welt den Atem an. Adenauer & Co. weigern sich, die DDR als eigenen Staat – und damit Deutschlands Teilung – anzuerkennen, die *Bild*-Zeitung stülpt typografische Plastikhandschuhe über und setzt die »DDR« stets in Anführungszeichen. Je mehr sich die Welt ändert desto deutlicher wird, wie starr vieles geblieben ist. Die Welt da drinnen, die des Teenagers – der Maria Fauser zufolge »wahrscheinlich im Jazzkeller zum ersten Mal mit Drogen in Kontakt kam« –, und das Treiben und Leben da draußen: im Kosmos der Bücher wird klar, wie alles zusammenpasst. Auch hier ist alles im Wandel, in Bewegung. Ohne Absätze, atemlos, original auf einer Rolle Endlospapier getippt, liest sich *Unterwegs* wie ein Appell: »›Let's go, man, go!‹ So wirkte Kerouac«, erinnert Fauser in *Sounds* 1976.

Als er im Sommer 1963 nach London aufbricht, treibt ihn allerdings mindestens zu gleichen Teilen Abenteuerlust wie die ganz normale Lust, der Trieb eines Achtzehnjährigen (zwei Jahre später schreibt er den Eltern: »zum Abenteurer tauge ich recht schlecht«). Mit Sicherheit verlässt Jörg Fauser spätestens hier den Pfad des übermächtigen Vaters und beschäftigt sich verstärkt mit angloamerikanischem Lesestoff und Lebensstil. *Hello England, au revoir frankophilia.*

Für neue Lebens- und Ausdrucksmöglichkeiten ist London der ideale Ort. Londons Licht und Schatten wurden dem Maler William Turner in die Wiege gelegt, wurden Charles Dickens zum Thema, Oscar Wilde zum Verhängnis. Das Anecken hat hier genauso Tradition wie das Dulden wildester Exzentriker. Zur selben Zeit, da Stella Margrave ihren deutschen Freund bei der Hand nimmt, ihm die wichtigsten Ecken und die dunkelsten Gassen zeigt, auch die Innenstadt und das Eastend, schreibt darüber Rudolf Walter Leonhardt in *77mal England*. Leonhardt, für *Die Zeit* Feuilletonchef von 1957 bis 1973, respektiert als Förderer Graham Greenes (dem er die Berliner Mauer zeigte), isoliert aufgrund seines »Eintretens für den Kaufhaus-Brandstifter Baader, den späteren RAF-Terroristen, und für die Freigabe von Haschisch«,[55] schreibt Anfang der sechziger Jahre:

> In England ist auch das Gegenteil richtig. Man kann im Schlafanzug vom Londoner Piccadilly Circus zum Oxford Circus spazieren, zehn Minuten durch die prächtige und sehr verkehrsreiche Regent Street, ohne dass sich irgendwer um einen kümmert. Man beobachtet andererseits, dass jemand, der in einem der großen Geschäftshäuser der City arbeitet, es nicht wagt, die obligatorisch schwarz-weiß gestreiften Hosen mit einem Gürtel statt mit Hosenträgern in der angemessenen Höhe zu halten, denn er fürchtet mit Recht, dass seine Karriere durch solch wilden Extravaganzen Schaden leiden könnte.[56]

Von Jörg in seiner ersten Gedichtveröffentlichung »An London« fast besungen, im für seinen Vater zu Weihnachten 1964 verfassten Gedicht »Spaziergang in Hackney«[57] eher skeptisch vermisst, bietet die Stadt in ihrem Gewühl aus verschlampten und versnobten Existenzen, immer schon und immer noch und immer wieder eins: Zuflucht. Zuflucht für die Hugenotten, die kontinentales Flair nach Soho brachten, für Karl Marx und

Friedrich Engels und im Dritten Reich für Sigmund Freud, Elias Canetti, Sebastian Haffner, etliche Unbekannte... und R.W. Leonhardt.

Gerade im Londoner Postleitzahlenbereich N16, wo sich Fauser aufhält, ist das Nebeneinander der Kulturen und Religionen bis heute phänomenal: In Gewändern aus weinroter Seide, bronzefarbener Brokat und gülden-glitzerndes Fummelgarn wandern ein Paar schwere schwarze Frauen aus dem Neonlicht des Tesco-Supermarkts am Eck, an Alt-Freaks mit Handzetteln für die Arbeiterbewegung vorbei, einem auf Plateausohlen balancierenden Gruftie, das Ohr mit Ringen so durchstanzt, dass man mühelos eine Gardinenstange einfädeln könnte, hinter ihm ein paar Armenier mit fein ausrasierten Bärten, Garderobe wie aus einem Jesus-Film; und die Straße runter, auf der Highstreet von Stamford Hill die orthodoxen Juden, Schläfenlöckchen, verdellerte Volvos, am Sabbat kein Drücken für das grüne Ampelmännchen...

Doch statt sich näher mit dem zu beschäftigen, was hundert Jahre zuvor schon Dostojewski als »kraß in seiner Eigenart« erstaunen ließ, macht der junge deutsche Dichter im folgenden Sommer erste Erfahrungen mit Heroin und synthetischen Opiaten. Eher zufällig trifft er 1964 auf Proletarier sowie Veteranen des im Spanischen Bürgerkrieg praktizierten Anarcho-Syndikalismus, die ihn so beeindrucken, dass er noch Jahre später in dem Orwell-Porträt »Beruf: Rebell« von ihnen schwärmt. Während diesem zweiten Besuch jobbt er auf dem Fischmarkt im Eastend. Mehr noch als die vor Vielfalt zerberstende Metropole ist er von der Haltung dieser Menschen fasziniert, von der Konsequenz und Würde, mit der sie politisch aktiv und zugleich im Alltag fest verankert sind.

Nach dem Abitur macht er sich im März 1965, Schlafsack unterm Arm, wieder auf den Weg. Diesmal nach Spanien. Weil er nicht findet, was er sucht – nämlich weitere Veteranen des so kurzen Moments in der Geschichte der Menschheit – fährt er erneut zu Stella Margrave, studiert ab April an der Frankfurter Uni. Im Sommer studiert er aber schon wieder seine englische Freundin. Diesmal nicht in Hackney/London, sondern nördlich davon in Watford. Den Moloch London sieht er nur noch, wenn er zum Jobben als Pfleger in die Stadt fährt. Das Gedicht »Samstag im Siechenheim« beschreibt diese Eindrücke, ebenso wie die Reportage »Ein englisches Krankenhaus«, sein erster redaktioneller Beitrag für den Hessischen Rundfunk.

Soweit der Lowdown in London: »Ein englisches Krankenhaus« demonstriert, welchen Eindruck die Lektüre von Orwells Essays und Reportagen, beispielsweise »Wie die Armen sterben«, auf ihn gemacht hat. Doch was in den Kellern und Clubs von Chelsea abgeht, wer in Soho soliert, auf Carnaby Street flaniert... das alles findet ohne ihn statt. Zwei Dilemmata, fast das Thema von Fausers Leben während der kommenden Jahre: Er ist zur richtigen Zeit in der richtigen Stadt am verkehrten Ort. Es zieht ihn an Orte, die nicht sein Talent fördern. Des Dichters Traum wird zum Trauma (»Ich werde verrückt vor Angst, die Qualen eines Schriftstellers erleiden zu müssen, ohne ein Schriftsteller zu sein«); seine Flucht vor Konventionen gerät zu einem Selbstmord auf Raten.

Trotzdem hinterlässt England bei Jörg Fauser mehr als ein paar Stempel im Reisepass. Die Selbstverständlichkeit, mit der hier Hochkultur und Unterhaltung vermengt werden, ist in allen seinen Arbeiten von Bedeutung.

In dem Kontext verwundert es kaum, wenn zwei Literaturwissenschaftler in einem Aufsatz über die deutschen Beats Wondratschek, Brinkmann und Fauser den kulturellen Nährboden hierzulande – in all seinem flachplanierten Grau – so beschreiben: »Deutschlands jüngere politische Geschichte war nicht das einzige besorgniserregende Erbe für deutsche Autoren. Darin enthalten waren auch bestimmte Vorstellungen, was der Dichter in seinem Leben auszurichten und welche soziale Funktion er zu erfüllen hat. Die weit verbreitete Annahme ging von einer eher entrückten Person aus, die in einer Welt des Geists lebt, die auf romantische Art über Fähigkeiten verfügt, wie sie nicht in den Niederungen zitierbarer Realität und kommerzieller Imperative zu finden sind, sie ging aus von einem Bild des Künstlers, der sich ganz dem höheren Ziel einer ätherischen Sphäre voll Kunst und Sein widmet.« Die beiden, die das schreiben, mussten nicht das Elfenbeintürmchen des universitären Betriebs verlassen, denn obwohl vollberuflich Wissenschaftler, leben und arbeiten Anthony Waine und Jonathan Woolley doch in einem Land, in dem die Trennung von U und E kaum je bestand. Schon zu Shakespeare ging das Volk, um unterhalten zu werden. Diese Haltung, U- und E-Kultur neben-

und miteinander gelten zu lassen, zieht sich bis Dickens, bis hin zu den Beatles, die 1966 mit *Revolver* Karrierekorsetts des alten Musters zerschossen (also Singles zum Mitpfeifen, Pop als Heute-hier-morgen-dort-Suppe der schnellen Töne), und weiter zu Punk und den Sex Pistols... Einer der interessantesten Aspekte des Aufsatzes »Blissful, Torn, Intoxicated«[58] dürfte Dogmatiker heftig verschrecken. So stellen Waine und Woolley fest, dass die amerikanische Beat-Bewegung vor einem historischen wie kulturgeschichtlichen Hintergrund entstand, der mit dem der Gruppe 47 durchaus vergleichbar ist: Beide wollten nicht an das anknüpfen, was ihre Vorgänger hinterlassen hatten – und beide waren letzten Endes dem Spirit ihrer Vorgänger gar nicht so fern: Die Gruppe 47 mit ihrer oligarchischen, starren Struktur, der in die Rituale verankerten Erniedrigung des vorlesenden Autors (»Die Gruppe kredenzte den ›elektrischen Stuhl‹. Sie wollte Literatur machen wie die in Wolfsburg ihren Volkswagen«, so Wondratschek[59]); dagegen »verkörperten die Beats eine anarchischere Sicht der Welt und entwickelten daher auch nie Strukturen wie die Gruppe 47 [...] Die Beat-Bewegung schien kein Problem damit zu haben, wenn sie mutierte und sich zerstreute, geographisch, künstlerisch und als Kollektiv.«[60] Die einen werden von Verlagen und Medienmachern hofiert, die in Übersee zunächst vom Publikum.

Wie man es auch dreht und wendet, Beat mit oder ohne The Beatles, in den USA oder Frankfurt: Die Sache kommt ins Rollen. Auf allen Ebenen, in allen Lebensbereichen – auch weil zu der Zeit nicht vorhersehbar ist, wie das eines Tages mit der »VW Golf Rolling Stones Collection« ausrollen wird. Schon 1960 konstatiert die *Financial Times*, Teenager seien als Konsumenten zu einer ernsthaften Größe herangewachsen: Sie geben jährlich um die £500 Mio. aus.[61] Für eine Coverstory des amerikanischen *Time* Magazins erfindet die New Yorkerin Piri Halasz den Begriff des »Swinging London«, und zum Ende der Dekade sind die Teenager zu Twens geworden, glücklich und verflucht, dieser Generation anzugehören, gezwungen, aus ihrem Leben etwas Aufregenderes zu machen als ihre Eltern, Politiker und andere Autoritäten.

Auch in der deutschsprachigen Literatur mehrt sich der Eindruck, eine kopernikanische Wende finde statt. Handke führt die Gruppe 47 schließlich 1967 ad absurdum. Alte Formen fliegen über Bord. In der nach einem Charlie-Parker-Song benannten Zeitschrift *Klactoveedsedsteen*, »einer der ersten deutschsprachigen Underground-Zeitschriften, stellt der Schriftsteller und Übersetzer Carl Weissner amerikanische Literatur jenseits des Mainstreams vor. Er ist damit neben dem früh verstorbenen Dichter Rainer Maria Gerhardt und dem Berliner Literaturwissenschaftler, Zeitschriftenherausgeber, Erzähler, Essayisten und experimentellen Lyriker Walter Höllerer einer der Pioniere des deutsch-amerikanischen Kulturtransfers. In der ersten Nummer seines Undergroundblatts vom 28. Februar 1965 gibt Weissner in einem Statement den Kurs an: ›gegen eine avantgarde, die nach deutscher eiche riecht‹.«[62] Auf etablierteren Ebenen, nämlich beim öffentlichen Rundfunk, in Universitäten und dem Verlag Kiepenheuer & Witsch schnipselt Rolf Dieter Brinkmann an den Zöpfen der Kulturkonservierer, konzentriert sich auf den Stoff und verwirft die Idee von Literatur als Kunst. In Frankfurt demontiert Jürgen Ploog Sprache, Orthografie und Konventionen mit Cut-ups. 1968 schließlich reüssiert Wolf Wondratschek mit Gedichten, deren Referenzen sich nicht auf ätherische Sphären, also vergeistigte Luftschlösser beziehen, sondern auf Highways und Popsongs.

Beat ist angekommen, selbst zwischen den Buchdeckeln *made in Germany*.

Maybe Topkapi, vielleicht Tophane: Istanbul

Junk city, late at night / room without windows, naked light / too late to start again / too afraid to make it end.
The Angels: »Junk City«

Dem heranwachsenden Jörg Fauser ist klar, dass viele der alten Wahrheiten gar keine sind. Das Glück auf Erden ist nicht davon bestimmt, nach der Schule einen anständigen Beruf zu erlernen, den vierzig Jahre lang auszuüben, zu heiraten, nach Feierabend im Eigenheim zu bewundern, wie Kinder und Geranien gedeihen. Vielleicht lernt er auch schon relativ früh, dass die Mär der giftigen Pilze kaum mehr ausdrückt als Ignoranz, fehlendes Wissen über Magic Mushrooms. Mit Sicherheit lebt er in einer Zeit, da alle illegalen Drogen über denselben alten

Kamm geschoren werden, alle legalen über einen anderen. Die Unterscheidung, welche Rauschmittel erlaubt sind, ist abhängig von Zeit, Ort und Kultur. Das Kriminalisieren von Drogenkonsum, allerdings nicht Alkoholismus, ist inkonsequent. Der Kampf gegen den Drogenhandel stärkt seit jeher den Überwachungs-, nebenbei den Repressionsapparat der Industrienationen.[63]

Aufklärung ist vonnöten, Desinformation die Norm. Noch 1970 ist in einem Freak-Touristen-Führer für London neben vernünftigen Tipps und Infos zu lesen, der »einzige körperliche Effekt« von Heroin sei »ein Erweitern der Pupillen«.[64] Das ist so natürlich nicht korrekt.

Vielleicht nimmt Fauser im Frankfurter Jazzkeller Drogen erstmals wahr, dann zu sich, neugierig gemacht durch die Gedichte von Rimbaud oder den Lebenslauf Falladas. Vielleicht geht es zunächst um Bewusstseinserweiterung, Zersprengung herkömmlicher Werte und Normen. Später geht es ihm offenbar um Genuss, bis ihn die Sucht befällt, die Krankheit, Stoffwechselkrankheit. Nach Auswertung wissenschaftlicher Untersuchungen gehen Psychoanalytiker zur selben Zeit davon aus, dass Konsumenten harter Drogen »überwiegend aus gestörten Familienverhältnissen stammen und eine labile psychische Konstitution aufweisen.«[65]

Das Vehikel, mit dem eingefahrene Bahnen verlassen werden sollten, der Orient Express gerät aufs Abstellgleis, verliert sein Momentum. Mit Trips auf Trips? Keine Spur. Sicherlich kam für Fauser mehreres zusammen.

Im April 1966 packt er seine Sachen, diesmal nicht um nach England zu reisen, sondern mit Barbara Hirschfeld in den Süden, in den Orient. Aufgewachsen in New York und 1965/66 für ein Semester in Göttingen, erinnert sie sich: »Ich traf Jörg das erste Mal, als ich während dem Jahr in Deutschland seine Eltern besuchte. Von denen hatte ich schon viel gehört – die Bilder seines Vaters hingen bei uns überall –, und ich wusste, dass die Fausers mit meiner Mutter sehr eng waren. Als ich sie dann traf, war das dann wie bei einer lange verlorenen Familie. Jörg war ein sehr nachdenklicher stiller Typ, der im Hintergrund wie glühende Kohlen glimmte. Sein Vater wurde für mich zu dieser Zeit wie ein Vater.«

Im April 1966 trampen Jörg und Barbara durch Griechenland in die Türkei. Er verwertet dies später in der Erzählung »Touristen I.«, mit deren Veröffentlichung er vermutlich zu der Zeit von *Mann und Maus* spielt. Noch vorher – in »Junk City I« von 1971 – beschreibt er mehr sachlich als literarisch, wie auf den Istanbul-Trip seine Sucht folgt: In England bringt Stella seine Tochter Petra zur Welt, Barbara fliegt zurück in die Staaten, und er injiziert sich erstmals Dolantin, Codein und andere Opiate. Zu ihrer Abreise nach New York begleitet er im Sommer Barbara nach London – wo »wir wilde Sachen machten, auch nahmen, Metamphetamine um genau zu sein. Einer seiner Freunde war schwer auf Speed. An einen anderen kann ich mich erinnern, der uns am Bahnhof traf, mit einem langen, leuchtend grünen Mantel, irrem Hut... Jörgs Freunde dort waren alle sehr politisch. Aber stärker ist die Erinnerung daran, wie wir dauernd Stones hörten und Speed nahmen.« An ihr letztes Treffen, in München 1976, erinnert sich Barbara Hirschfeld, die heute einen Laden für indonesische Möbel in Santa Rosa/Kalifornien betreibt, so: »Da hatte er sich verwandelt von der dünnen stillen leidenden Seele in eine kräftige Frohnatur, die lauter Storys erzählte. Wir tranken ein paar Bier zusammen, und er ermutigte mich, auch zu schreiben. Für mich war Jörg wie ein Bruder oder Cousin, weshalb sich unsere Intimitäten immer ein wenig seltsam anfühlten.«

Einmal Junkie immer Junkie, im Oktober wird er rückfällig. Es geht wieder nach Istanbul, diesmal Tophane, diesmal für fast ein Jahr. TÜRKIYE HOŞ GELDINIZ. Der Kontakt zu den Eltern bricht ab. In Istanbul zumindest vorübergehend dabei: Helmut Spielmann[*], der sich 1971 im Gefängnis umbringen wird, und Annette[**], die so aussah wie Marlene Dietrich – blond und traurige Pierot-Augen. Eine der bleibenden 1001 Erinnerungen, ist die an einen Opiumhändler, der Fauser an seine eigentliche Liebe erinnert: den Stoff, den er sein Leben und Leiden lang in sich aufsaugen und exhalieren wird: die Literatur. Wie im Vorspann zu *Der versilberte Rebell* beschrieben, gewährt ihm der Opiumhändler irgendwann Einblick in seine Schatzkiste, sein »in sechzig, siebzig Jahren in den Slums von Istanbul akkumuliertes« Hab und Gut. Neben von Fauser minutiös aufgezählten

---
[*] Hermes in *Die Harry Gelb Story*, R&B Bd. 5, S. 38 u. 40.
[**] Lili Marleen in *Die Harry Gelb Story*, R&B Bd. 5, S. 40.

Devotionalien ist das »ein abgegriffenes Taschenbuch: John Steinbecks *Jenseits von Eden* in türkischer Übersetzung mit einem gelben Umschlag, auf dem ein sehr türkisch wirkender James Dean prangte, und dieses Buch war Husseins eigentlicher Schatz, er las fast jeden Tag darin und konnte ganze Partien, wie andere vom Koran, auswendig hersagen – es war sein Traum, es war die Kunst.«[66]

Während Eltern und Sohn versuchen, die Nabelschnur zu durchtrennen, schickt er Nadine Miller[*] Postkarten und Gedichte. Sechs Jahre jünger als Jörg, in München kurz vor dem Abitur – und schon als Kind mit den Fausers bekannt –, ist sie das Licht in *Rohstoff*, die Liebe und das Elixier, das kein Leser des Romans vergisst. »Man muss sich vor Augen halten, dass die Zeit in vielem noch sehr viel unschuldiger war«, so Nadine Miller heute. »Viele Dinge waren nicht so bekannt und abgedroschen wie heute. Istanbul war noch der Orient und nicht dieses verpanschte Europa, außerdem sehr weit weg – drei oder vier Tage mit dem Zug – und voller Geheimnisse. Die türkischen Gastarbeiter waren gerade neu in Deutschland angekommen. Man konnte in der Kneipe Joints drehen und wurde höchstens gefragt, warum man sich denn Pfeffer in den Tabak streue. Tophane ist ein Stadtteil von Istanbul auf der anderen Seite der Galatabrücke, man wohnte damals immer in kleinen Hotels im Sultan Ahmet Viertel. Ich hatte überhaupt keine Ahnung, was sich da abspielte, ich war unter zwanzig und sah das wahrscheinlich als romantisches Abenteuer an. Es schmeichelte mir, dass sich jemand mit mir abgab, und ich ihm irgendwie die Stange halten konnte, sollte. Ich erinnere mich, ihm einmal Geld in einer Füllfederkappe geschickt zu haben, weil ich das irgendwo gelesen hatte. Das kam natürlich nie an. Außerdem wusste ich nichts von der Fixer-Realität, woher denn – ich hielt das sicher alles für die reinste Poesie.«

Statt den Eltern wie zuvor mindestens einmal monatlich zu berichten, was er liest und zu schreiben versucht, nur noch wenige Briefe, in denen er um Geld bittet. Das will ihm der Vater geben. In Frankfurt. Persönliche Übergabe.

Alles unendlich weit entfernt von Schriftstellerei. Mit dem großen Roman, dem über einen Ersatzdienstleistenden in einer

---

[*] Sarah in *Rohstoff*, R&B Bd. 2, S. 42

Lungenklinik, geht es nur in Zeitlupe voran. »Ich nähere mich dem Abschluß meines ersten Romanes«, schreibt er den Eltern im Sommer '68. Irgendwann und irgendwo bleibt eine Fassung liegen, ein paar Blätter werden verheizt, verlegt, vergessen. Vielleicht gut so, vielleicht auch nicht. Vielleicht auch alles nur halluziniert. Nahtlos schreibt er weiter, nun Aufzeichnungen aus einem Totenhaus der lebenden Leichen, direkt rausgezogen, live aus Afyon-City/Opium-Stadt. Um die überfällige Miete – zwei Mark am Tag – abzustottern, tippt er für den Concierge Briefe. Durch mehr als den Bosporus getrennt von Eric Ambler, der für *Topkapi* den Edgar-Allan-Poe-Preis erhielt, sitzt der deutsche Dichter in Tophane, tippt Briefe, verslummen andere im Puddingshop, stoned, dicht, dichter. »Was passiert, wenn ein mieser kleiner Ganove in einem Hotelzimmer beim Durchwühlen einer fremden Aktentasche erwischt wird? Mr. Harper hätte die Polizei holen müssen, aber eine handfeste Erpressung liegt ihm näher...«[67] Schnitt, Klappe, Buch zuklappen und weg. Istanbul als Drogenmekka wird sogar für *Die Zeit* ein Thema. *Der Spiegel* widmet der »übertriebenen Generation – Jugend 1967« den Titel:

Zehntausende Hippies – Amerikas exotenbunte und drogenfromme innere Emigration aus dem Mittelklassen-Way of life – lagern sich zu »Love-ins« und »Human Be-ins« in die großen Parks von San Francisco und New York, bewerfen Polizisten mit Blumen und fordern. »Macht Liebe, nicht Krieg!« Sie bemalen sich wie Indianer, preisen Buddha, gesellen sich in Kommunen und hören im LSD-Rausch die »Symphonie des Universums mit Gott als Solovokalist und dem Heiligen Geist am Schlagzeug« (Hippie-Experte Hunter S. Thompson) – und Marshall McLuhan, 56, Amerikas Denker der Stunde, preist sie als »Pioniere neuer Lebensweisen«.[68]

Ende Juli, kurz nachdem Jörg Fauser Zeuge brutaler Ausschreitungen zwischen der Militärpolizei und einigen Einheimischen wird, weiß er, dass er »in einigen Wochen, vielleicht [...] Oktober, dann gewiß, in Mitteleuropa sein« wird. Bei einer Razzia landet er schließlich hinter Gitter, im Vorhof des Orients ein Alptraum, dem er sich zu entziehen weiß, indem er flüchtet, flüchtet in die Welt der Phantasie. Kraft seiner Imagination sagt er sich – zumindest in der Rolle seines alter ego Harry Gelb in *Rohstoff*: »Was konnte einem Schriftsteller Besseres passieren, als in diesem Dreck zu sitzen und das Überleben zu trainieren? Es waren Orte wie dieser, wo Schriftsteller hingehörten. Es waren Orte wie dieser, wo Mythen entstanden, sich fortsetzten und triumphierten. Ich dachte an Gorki, an Algren, an Fallada.«[69]

Im Oktober 1968 kehrt er zurück nach Deutschland. Andere werden oder wurden durch die Umstände gezwungen, extreme Situationen durchzumachen, Dostojewski zur Zwangsarbeit in Sibirien, Arthur Fauser im Dritten Reich auf die Flucht in den Untergrund, Barbaras Mutter weiter weg... und er hat sich seinen Weg selbst zuzuschreiben. Nun gut, immerhin kommt er mit Ideen zurück, die seine eigenen sind, anders als die des Vaters, anders als Dostojewskis *Aufzeichnungen aus einem Totenhaus*.

Als der 24-Jährige im Burgfeld vor der Tür steht, fast unverändert die Häuser, die Nachbarn, Geranien und Gesichter hinter den hurtig vorgezogenen Gardinen, als er da steht und klingelt, die Mutter öffnet, weiß die zunächst kaum, wen sie vor sich hat. »Ich wog noch 45 Kilo.« Das entspricht zwei Drittel des Idealgewichts eines erwachsenen Mannes seiner Statur – von ein Meter fünfundsiebzig; es liegt 35 Kilogramm unter dem Gewicht, das er später und fülliger auf die Waage bringt.

Ich möchte Teil einer Jugendbewegung sein: Berlin 1968/69

Den Studentenbewegungen schenkte ich keinerlei Beachtung. Ich wusste, das es nur Theater war. Diese Leute gingen doch nicht den Hauch eines Risiko ein. Sie setzten nicht einmal die Freiheit eines einzigen Tages aufs Spiel. Über den Vietnamkrieg habe ich keinen einzigen Artikel gelesen. V. S. Naipaul

Ein paar Fakten über die Welt im Aufruhr hat Jörg Fauser schon in Istanbul aus der *Times* erfahren, andere eher nicht: Am 16. März 1968 massakrieren US-Soldaten die 500 Bewohner des südvietnamesischen Dorfes My-Lai. Knapp einen Monat später, am 3. April 1968, zünden Andreas Baader, Thorwald Proll, Gudrun Ensslin und Horst Söhnlein Brandsätze in zwei Frankfurter Kaufhäusern, um gegen die Gleichgültigkeit der Gesellschaft zu demonstrieren: »Burn, Warehouse, Burn.« Schon am nächsten Tag werden sie verhaftet und im Oktober wegen Sachbeschädigung zu jeweils drei Jahren Gefängnis verurteilt. Die Todesstrafe ist auch in der am 30. Mai vom Bundestag verabschiedeten Notstandsverfassung nicht vorgesehen. Josef Bachmann aus München findet das inkonsequent:

> Selbstverständlich habe ich jeden Morgen die *Bild* gelesen: Fast jeden Morgen fand ich in ihr die richtigen Worte für die Radaubrüder in Berlin und daß sie ausgemerzt werden müssen, wenn wir unsere deutsche Kultur erhalten wollen. Aber ich konnte und mußte fuchsteufelswild werden darüber, dass jeder, der die *Bild* beim Wort genommen hat, von der *Bild*zeitung verraten worden ist. Auch gegen das, was ich getan habe, standen beschämende Schimpfwörter. Ich verstehe das nicht.[70]

Noch auf allgemeine Zustimmung bauend, hat Josef Bachmann am 11. April 1968 in Westberlin auf Rudi Dutschke geschossen, der damit schwerverletzt als Studentenführer ausscheidet. Bachmann bleibt seinem Glauben an die Todesstrafe treu und bringt sich 1970 um. Karl Heinz Kurras dagegen, der Polizist, der Benno Ohnesorg erschoss, wird vom Vorwurf der fahrlässigen Tötung freigesprochen. Berliner Taxifahrer, die schon Anfang des Jahres über Funk eine Hetzjagd auf den in einem Auto erkannten Dutschke organisierten, werden gar nicht erst belangt; und aus einer am 17.2.1968 vom Berliner Senat und dem DGB organisierten anti-studentischen, pro-amerikanischen Demonstration hat sich eine Jagd auf junge Menschen entwickelt, von denen einer Dutschke ähnlich sieht. »Luncht ihn!« »Hängt ihn auf!« Der Mann kann sich retten, dreißig andere werden verletzt.

Das ist Westberlin, Hochburg der Revolte, ein explosives Gemisch von Rentner- und Studentenmassen, eine ökonomisch tote Stadt, von einem hilflosen SPD-Senat unter alliierter Oberhoheit verwaltet, die verknöcherte Freie Universität ein Abschiebegleis für Professoren, die in Westdeutschland niemand haben will. Und das ist der Zustand der Revolte, »das letzte

Hurra der alten Weltrevolution«, vom Fernsehen weltweit übertragen, ein Aufstand der »ersten Menschheitsgeneration, für die schnelle und billige Flugverbindungen und Telekommunikation etwas völlig Normales waren«:[71] Vietnam ist Frankfurt; während im Pariser Mai die Barrikadenkämpfe toben, spricht Daniel Cohn-Bendit im Berliner Audimax. Ein Sieger steht jedenfalls fest: Die Globalisierung.

Nach Jörg Fauser in seinem Berliner Winter 68/69 zu fahnden, ist eine spannende Angelegenheit. Bernd Kramer etwa – gelernter Drucker und einst »Boss« der Linkeck-Kommune, heute Verleger in Berlin – spricht vom »Gespenst« Fauser. Hartmut Sander – 1969 für den März-Verlag Herausgeber der großartigen Dokumentation *Subkultur Berlin*[72] – scheint manchmal für eine ganze Generation zu stehen, wenn er sagt: »Ich erinnere mich an nichts – ist vielleicht auch besser, wenn man sich nicht erinnert.« Und doch spielen beide eine Rolle in Fausers Kommunardenleben in Berlin.

Am 29. Februar 1968 erscheint die erste Ausgabe der Undergroundzeitung *Linkeck*, anti-autoritäres, SDS-kritisches Organ der gleichnamigen Kommune, die zunächst in einem Fabrikgebäude in Neukölln, später in der so genannten Bülow-Kommune in der Bülowstraße 17, 1. Stock, daheim ist. Die Verfolgung und Beschlagnahmung der Zeitschrift setzt gleich mit der ersten Nummer ein, wegen Beleidigung, Aufruf zu Gewalttaten, Verstoß gegen das Warenzeichengesetz, Verbreitung von Pornographie. Bei einigen Ausgaben werden Geldstrafen verhängt, in den meisten Fällen werden die Angeklagten jedoch freigesprochen, oder die Verfahren werden eingestellt.

Die Herausgabe der Zeitung und Druckaufträge aus dem linken Umfeld sollen als gemeinsame Arbeit die Formen des Zusammenlebens bestimmen. Allerdings scheitert die Sache in Neukölln, als einer der Kommunarden, Hartmut Sander, das gemeinschaftliche Produktionsmittel Druckmaschine reprivatisiert, d.h. sie mitnimmt und auszieht. Im Juli 68 ziehen acht Leute – unter ihnen Karin und Bernd Kramer – in die Bülowstraße. Das Zusammenleben wird schwierig, als sich die beiden Paare der Kommune weigern, sämtliche Türen der Wohnung auszuhängen und ihr Eheleben öffentlich abzuwickeln, »um auf diese Weise falsche Schambarrieren und egoistisches Eigenleben abzubauen und völlig offene Kommune-Kommunikation zu erreichen.«[73] Hier kann man sich noch verständigen. Keine Einigung kann allerdings erzielt werden, als es darum geht, einen für alle obligatorischen, gemeinsamen Schlafraum einzurichten. Kramer, der »zu den anderen Frauen nun mal kein sinnliches Verhältnis« hat, zieht im November 68 aus.

Anfang Dezember landet Jörg Fauser aus Frankfurt in Berlin-Tempelhof, fährt mit der U-Bahn nach Schöneberg und betritt die Bülow-Kommune: »Wir haben gerade beschlossen, daß wir alle zusammen schlafen. [...] Sonst werden wir diesen bürgerlichen Scheiß nie los«,[74] so die hübscheste der Kommunardinnen in *Rohstoff*. Fauser ist einer der zahllosen Besucher, ein Teilnehmer jenes Revolutionstourismus, »der fast den Charakter einer Belagerung annahm«,[75] ein Fahnder nach neuen Lebensformen, ein verdeckt ermittelnder Schriftsteller. Aber es ist wohl ein anderer Beruf, der Fauser im Berliner Winter 68/69 eher zurückhaltend agieren läßt: Jörg Fauser wird Dealer.

»Jörg mit 1000,- dm nach Istanbul durchgebrannt«, heißt es in *Subkultur Berlin* in einem Beitrag über die in Auflösung begriffene Bülow-Kommune. Nur vage erzählt Fauser die Episode in *Rohstoff*.[76] Es sei einfach so gewesen, erzählt Nadine Miller, dass Fauser »in diesem nicht enden wollenden sibirischen Winter Kontakt aufnahm zu all diesen revolutionären Chargen, und diese so zu manipulieren verstand, dass sie ihm den Auftrag anvertrauten, den großen Deal durchzuziehen. Wir trafen uns am Flughafen Tempelhof, als er aus Istanbul einflog.«

Trotz dieses Deals ist die Bülowstraße nicht zu halten. Ende des Jahres wird dem »Hippie-Durchgangslager mit Besuchern, deren einzige Moral das Abstauben war«[77] gekündigt, obwohl die Kommune I – mit Rainer Langhans und Dieter Kunzelmann der prominente Urahn der Berliner Kommunen – noch etliche Exemplare von Wilhelm Reichs *Funktion des Orgasmus* gespendet hatte; allerdings als ungebundenen Stapel bedruckter Blätter: »Das Stapeln von *Funktion des Orgasmus* erinnerte mich an Strafarbeiten in der Schule. Schreib 100 x den Satz: Ich will es nie wieder tun.«[78]

Time to go. Noch dazu ist 68 vorbei. 1969 wird das Jahr der Irrungen und Wirrungen, die sich bildenden K-Gruppen fordern die Liquidierung der antiautoritären Phase, die Spaßguerilla hat die Gesellschaft nicht verstanden, die Polizei hat aufgerüstet, last not least: »Und da waren noch die Drogen, keine harmlosen wie Marihuana und Haschisch, gefährliche, lebenszerstörende Drogen.«[79] Sylvester 68/69 ist der Stichtag für Absturz und Verwirrung. Der Frankfurter Schriftsteller und Kommunarde Hadayatullah Hübsch ist danach ein paar Tage auf STP unterwegs, Fauser ist live dabei: »Hübsch flippt aus in der K 1 / der Film läuft ab / wie jeder Film abläuft, / überall werden Einsätze verpaßt, / Harry kocht in der Küche einen Schuß.« (*Die Harry Gelb Story*) Nach acht Tagen Irrlauf durch ein sibirisches Berlin trifft Hübsch in der Bülow-Kommune Fauser: »Jörg Fauser saß da und sah mich an, unsre Froschgesichter klebten an den Schatten, die eine einsame Lampe warf. Ich legte eine Platte auf, es war Birthday von den Beatles.« Dann will Hübsch endgültig aus allem aussteigen, Cream soll den Suizid-Soundtrack liefern: »Und Jörg rang mit mir und hinderte mich, diese Platte aufzulegen.«[80] Schließlich wird Hübsch aus der Wohnung geschmissen, 1969 kann beginnen.

Die neue Operationsbasis Fausers heißt Anarsch-Kommune, liegt in Charlottenburg, Knesebeckstraße 12, am Savigny-Platz: Sechs Zimmer, vier Frauen, sechs Männer – mit kommuneüblicher Fluktuation. Unter ihnen gibt es einige, die bereits in anderen Kommunen gelebt haben und im Berliner subkulturellen Leben schon Rang und Namen hatten, bevor sie zu Anarsch kamen. Heike Proll (28), Grafikerin, deren Mann Thorwald im Frankfurter Knast sitzt; Hartmut Sander (28), der schon vor Linkeck als Herausgeber von *Oberbaumblatt* im Berliner Underground einen Namen hatte; Ulrich Christians (22), der mit Sander *Subkultur Berlin* herausgibt; Benjamin Buchloh (27), einer der aktiven Linkstheoretiker, der nebenher in Germanistik promoviert. Heute ist Buchloh Professor an der Columbia-Universität, Kunsttheoretiker und free-lance-Kurator, etwa für Ausstellungen Gerhard Richters. Auf ihn, der Fauser »sehr geschätzt« hat, scheint vor allem zugeschnitten, was Fauser Anfang der Achtziger in *Rohstoff* resümiert:

In meinen Augen waren das die angenehmsten Leute, mit denen ich in Berlin in Berührung gekommen war. Sie sahen gut aus, sie waren gebildet, ohne es besonders herauszustreichen, sie waren herumgekommen, sie hatten künstlerische Neigungen, ohne auf Künstler zu machen. Ihr Anarchismus war eine intellektuelle Provokation, aber sie hatten auch schon Steine aufgelesen und vor Gericht den Staat wissen lassen, was sie von ihm hielten. Und eines Tages würde die Gesellschaft ihnen selbstverständlich den Platz einräumen, den sie beanspruchten.[81]

Nicht verschwiegen werden soll allerdings, dass in Fausers zeitgenössischen Gedichten die Beurteilung weniger positiv ausfällt, wenn er etwa vom »Hickhack / der Gelatine-Schwulen vom Savigny-Platz«[82] schreibt, oder, nicht weniger homophob: »mit ihrer Tuntenkultur konnten sie dich nicht einwickeln.«[83]

Dass bei Anarsch die Kühlschränke gefüllt sind und die Wohnung nicht im Müll versinkt, hat auch praktische Gründe. Im Gegensatz zu anderen Kommunen ist hier für die materielle Grundlage des Zusammenlebens, für Geld, gesorgt. Zwei der Mitglieder sind Programmierer-Ausbilder bei Siemens, »ein seltener und einträglicher Beruf« wie es in der zeitgenössischen Quelle heißt; und für die Haushaltskasse da ist auch »Jörg, der zeitweise als Dealer fungiert.«[84] Man inszeniert sich und profitiert von dem Hunger nach Erfahrungen aus zweiter Hand, indem man mit Journalisten nur gegen erhebliche Beträge in DM spricht. Erfahrungen verkaufen: Genau das ist der Weg des Schriftstellers Fauser.

Dass der Mensch hinter dieser literarischen Verwertungsabsicht zurückbleibt, dass er eigentlich nicht dazugehört zur Szene der Schönen, Klugen und Hippen, hat Fauser sehr genau gesehen. Schonungslos verortet er sich selbst auf der Gegenseite, er ist ein Teil der Spießer-Welt, gegen welche die fröhlich-lärmende Subkultur revoltiert:

> Victor dachte an die Verbrechen, die sein Land verwüstet hatten, wie sie jetzt andere Länder verwüsteten, und er spürte, wie eine ihrer Ursachen, das zwanghafte Bedürfnis nach einem Leben in einem geschlossenen System, in ihm selbst angelegt war, er ahnte, daß er zu denen gehören konnte, die ganze Länder zu Friedhöfen machten, bis jedes Wispern verstummte und Ruhe herrschte.[85]

In der Anarsch-Kommune fühlt er sich wie »ein kleiner dreckiger Dealer aus Tophane«, wie »ein Klumpen gefrorener Spaghetti«.[86] Das ist insofern problematisch als Fauser bei Anarsch seine große Liebe Nadine Miller an sich binden will. Sie ist aus Göttingen, wo sie Medizin studiert, »zum Zwecke der Revolutzerei in den Semesterferien nach Berlin gekommen«; und um Fauser zu treffen, der aber zunächst noch unterwegs ist »in Sachen Beschaffung von Mitteln zur Auswanderung der inzwischen zerstrittenen Bülow-Kommune auf die Seychellen« – dass aus letzerem nichts wurde, ist in *Rohstoff* nachzulesen. Schließlich treffen sich die beiden und ziehen zusammen in die Knesebeckstraße. Die sexuellen Verhältnisse sind im Gegensatz zur Bülow-Kommune bei Anarsch kein Problem: »Es liegt in der Praxis lediglich fest, wer nicht mit wem schläft. Alles andere ist offen. Promiskuität nach Bedarf, Zweierverhältnisse werden toleriert.«[87]

Als eine Entscheidung zu treffen ist, in der Anarsch-Kommune weiter an der Utopie zu arbeiten oder Nadine an ihren Studienort zu folgen, fast rührend altmodisch als Dichter in Paarbeziehung zu leben, ist die Sache klar: Zu Beginn des Sommersemesters zieht Fauser im April 1969 nach Göttingen.

Im Gepäck hat er eine Empfehlung Hartmut Sanders, sich mit seinem in Berlin neu begonnenen Manuskript *Top-Hane* an den März-Verlag Jörg Schröder zu wenden: Was er im Herbst 69 tut. Als im Februar 1970 die endgültige Absage kommt, schreibt er seinen Eltern über »den März-Verlag, dessen Programm meiner Arbeit nicht entspricht« und auf Sander bezogen: »in Berlin werde ich, ich nehme es an, hören, daß der, der mich damals an März empfahl, inzwischen mit dessen Chef nicht mehr intim ist.« Die Sorge der Welt soll sein, ob Jörg Fausers erstes Buch veröffentlicht wird – jeder echte Schriftsteller muss so denken. Aber Hartmut Sander hat 1969, in diesem »Jahr der Großen Konfusion« (Dieter Kunzelmann), ganz andere Sorgen. Nach einem verzweifelten, in der Szene gefeierten Auftritt in der Berliner Kaiser-Wilhelm-Gedächtniskirche, bei dem er das mächtige Altarkreuz durch den Kirchenraum schleudert und das Taufbecken zertrümmert, wird er festgenommen und in die Psychiatrie eingeliefert. Der Sachschaden ist beträchtlich. Das Wirtschaftswachstum der BRD liegt in diesem Jahr, als mit der proletarischen Revolution ernst gemacht werden soll, bei 12 Prozent.

Heute lebt Hartmut Sander in einem Pflegeheim in Berlin. Vielleicht ist er der Boleslaw aus *Rohstoff*, bei dem Fauser an seinem ersten Göttinger Tag anruft, um sich zu beklagen, »wie grauenhaft dieses Göttingen ist.« »Was du hast, ist ein Kulturschock. Das vergeht«,[88] ist die kluge Antwort. Dauernde Freundschaften hat Fauser in Berlin nicht aufgebaut. Was er gesucht und gefunden hat, war Rohstoff jeder Art – und eine große Liebe seines Lebens.

Back in the BRD: Göttingen

Du hast Angst vor dir selbst, und du akzeptierst dich nicht so, wie du bist. Warum willst du kein richtiger Polizist sein, hm? Du bleibst immer auf halbem Wege stehen. Der typische Vertreter unserer Generation, der »verborgenen Generation«, [...] einer Generation ohne Gesicht, die weder ihren Platz gefunden noch gelernt hat, sich durchzuboxen.
Leonardo Padura: *Ein perfektes Leben*

In Göttingen widmet sich Nadine Miller wieder dem Studium der Medizin, Jörg Fauser der Schriftstellerei. »Unsere Beziehung ergab sich mehr oder weniger aus einer gegenseitigen Erwartungshaltung«, sagt sie dreißig Jahre später. »Es war soviel im Vorfeld geschehen, dass man kaum noch drumrumkam. Die Sehnsucht war natürlich echt, aber auch das Potential zur Selbsttäuschung.« Für ihn ist Göttingen das »Szenarium eines mittleren deutschen Miefs«, für sie die Stadt, in die sie zum Studieren gezogen ist. In der Düsteren Straße wohnt sie in einer Dachmansarde, er hat – wie er den Eltern in einem Brief beschreibt – eine »Stube unten, mit Blick auf Garten, Wäsche an der Leine, Nachbarshof- und Haus; ein paar Kinder, sonst Vögel, wenig Radio; grünes Gras; das Klo ist jetzt nur noch ein paar Fuß fort. Man steht zunächst in unsrer Kochnische, oder Korridor; dann geht die Tür auf, und da ist ein Bücherbord, am Bett entlang ein Teppich an der Wand, eine indische Göttin, um deren Hals sich eine Schlange ringelt, während der Mond weiß über weißen Bergen steht und auf die Heilige Kuh scheint, die sehr zufrieden ausschaut mit dem Häkeldeckchen auf dem Kopf und der Glocke um den Hals. (Ein Plakat aus Delhi, natürlich.) Unter dem Fenster links, neben Waschbassin, Handtüchern, Rasierspiegel, der Tisch aus groben langen Brettern; da hat viel Platz, was man will. Die Uhr tickt, die elektrische Birne summt, eine Amsel schirpt; von ziemlich weit und sehr diffus wäscht irgendjemandes Radio leichte Musik.«

Nadine besucht Vorlesungen und Seminare zu Pathologie, Fachwerkhäuser vor der Tür sehen aus wie Fassaden aus Disneyland, alles wie im Puppenstübchen – und vollkommen entgegengesetzt zu dem, was ihn beschäftigt: Stoff, egal ob narkotisch oder literarisch. In Istanbul war er oft genug, Junkie ist er noch genug, um das alles zu destillieren, irgendwie zu verdealen. Monatelang tüftelt er an verschiedenen Versionen des Buches, das schließlich als *Tophane* erscheinen wird. Ende August glaubt er, etwas mehr als die Hälfte geschrieben zu haben, für ein Buch, dessen Umfang er bei etwa fünfzig Seiten sieht. Die Form, merkt er im Laufe der Monate, genährt durch Lektüre, ermutigt durch Burroughs' total ausgeklinktes *Soft Machine*, aber auch überwältigt von dessen linear und straight erzählten *Junkie*, die Form muss dem Inhalt entsprechen. Kein Cut-up, wohl aber ein vergleichbar zersplittertes Mosaik soll sein Buch werden.

Um Nadine nicht auf der Tasche zu liegen – Alptraum des Vaters, der Sohn ein Schmarotzer! – schreibt er für den Hessischen Rundfunk die Reportage »Abenteuer Droge«, die am 31.8.1969 gesendet wird. Kurz darauf macht er sich an ein journalistisches Genre, in dem er bis heute unvergessen ist: Das Porträt. Weder Algren, Fallada noch Burroughs, auch nicht Bukowski, sondern über die Anarchistin Emma Goldmann berichtet er im Hessischen Rundfunk – was 250 Mark einbringt. Auch wenn er sich nur mit knirschenden Zähnen auf die Macher und Machenschaften in Öffentlich-rechtlichen Rundfunkanstalten einlässt, so wird er für den Frauen-Funk des HR von 1972 bis '75 jährlich ein Porträt schreiben, allesamt über starke Frauen (die Civil-Rights-Aktivistin Angela Davis, die irische Sozialistin Bernadette Devlin, die Dichterin Sidonie Gabrielle Colette und die Stalinistin Clara Zetkin).

Im Januar 1970 ist er »immer noch dabei, an meinem Manuskript rumzufeilen, umzustellen, zu streichen und zu ergänzen etc.pp.« Die starke Frau an seiner Seite, die ihm durch alle Stilmutationen und Häutungen von *Tophane* die Stange hält, hört das letzten Endes recht sperrige Werk ganz genau: Dostojewski diktierte seiner späteren Frau seinen Suchtroman *Der Spieler* (laut Fauser »das beste Buch, das je über das Spielen geschrieben wurde«[89]), im Rollentausch liest Nadine die letzte Fassung von *Tophane* laut vor, und Fauser tippt. Nadine Ruth Miller gilt denn auch die Widmung. Überhaupt gilt ihr viel, der Dank für Lektüretipps, Erinnerungen an das Hohelied Salomos... Aber weiter: »Und mit zuckenden Fingern diese Nächte zwischen Schmargendorf City und Tophane zu überleben, an den Wracks vorüber ohne hinzusehen, mit den blutigen Fetzen von Tauben, Cinderella, Tikis und alles intravenös«,[90] tippt und tippt und tippt er an seiner Komposition unterschiedlichster Töne und Akzente, Halluzinationen und türkischer Originaltöne.

Dann muss das Buch nur noch weggeschickt und von einem Verlag gedruckt werden. *Nur* noch?

Der Offset-Blues: Schreiben – und verkaufen

> *Die Verlagsbranche schien mit guten Vorsätzen für das neue Jahrzehnt aus dem Winterurlaub zurückgekommen zu sein, jetzt wurden die Schreibtische aufgeräumt und die Luschen retourniert, die sich im Herbst angesammelt hatten. Ah ja, da war ja noch dieser* Stamboul Blues, *30 Seiten, was glaubt der Mann eigentlich, wer er ist?*   Jörg Fauser in *Rohstoff*

Der Verkauf des Manuskripts, wie später in *Rohstoff* geschildert, gehört zu den eindrucksvollsten Sequenzen des Romans. Genauso wenig wie auf den *Stamboul Blues* von Harry Gelb warten Verlage 1970 auf Experimentallyrik von Jörg Christian Fauser. So wie bei vielem in *Rohstoff* entsprechen Situationen und Gefühle der Realität, wogegen die tatsächliche Chronologie anders verläuft. Dem Leben mangelt es an dem Drama, das ein Roman braucht, auch fehlt dem Leben die durch Distanz ermöglichte Ironie, deren gezielt abgefeuerten Salven *Rohstoff* so lesbar und immer wieder lesbar machen.

Ende Oktober 1969 schickt er Auszüge von *Top-hane* (so der Titel zu diesem Zeitpunkt) an den neu gegründeten März Verlag in Darmstadt. Deren Geschäftsführer Jörg Schröder sucht nach progressiven Autoren, wie Fauser in Berlin von Hartmut Sander erfahren hat. Mit der Anthologie *ACID* ist März ein Meilenstein gelungen. Auch Günter Amendts Sachbücher *Sucht Drogen Sucht* und *Sexfront* passen exakt in die Auf- und

Umbruchzeit. Sie sind unvergessen (nicht zuletzt der knalligen Verpackung wegen, der geradlinigen Sprache und ebenso direkten Illustrationen, Statements zu verschleiernder Drogenpolitik im einen, Homosexualität, Pille und Polygamie im anderen Buch). Doch der für das Lektorat zuständige KD Wolff »hatte von Lektoratsarbeit keinen Schimmer«.[91] Wolff, von 1967-68 Bundesvorsitzender des SDS und mit Roter Stern/Stroemfeld noch heute aktiv, kann sich an die Details kaum erinnern. Im März 1970 kommen jedenfalls kurz nacheinander die Absagen vom März Verlag, Peter Schifferlis Die Arche und Hanser. Das nagt am Selbstbewusstsein. So wie jeder, der sein Ego schützen will, schimpft und lästert der junge Dichter ob dieser Ignoranz. Was auch heute die wenigsten wissen: Ohne vorherigen persönlichen Kontakt, beispielsweise im Rahmen von Lesungen oder Literaturwettbewerben, kommen vernichtend wenige Titel zustande. Dass auch Arthur Fauser von *Tophane* wenig hält, macht den Schmerz der fast seriellen Abweisungen nur noch schlimmer. Was der Vater von seinem Schaffen hält, wird dem Sohn im Lauf der Jahre – mit zunehmender räumlicher wie zeitlicher Distanz – unwichtiger, gleichgültig wohl nie.

Einen Ansprechpartner bei einem etablierten Verlag vermittelt Horst Bienek. Beim Carl Hanser Verlag, so Bienek[*], sitze »einer, der ›immer weiß woher der Wind weht und die beste Nase im Geschäft hat‹«: Michael Krüger. Der hat mit Bienek intensiv gearbeitet, vor allem an dessen Texten. Fauser kennt die Gedichtbändchen, die Bienek seit 1962 bei Hanser veröffentlicht hat, auch die für 1970 geplante Essaysammlung *Bakunin, Eine Invention*. Hanser war mit Sicherheit eine gute Adresse, beispielsweise auch für Wolf Wondratschek, der dort 1969 *Früher begann der Tag mit einer Schusswunde* vorlegt. Mit *Ein Bauer zeugt mit einer Bäuerin einen Bauernjungen, der unbedingt Knecht werden will*, Startauflage 10.000, wird Wondratschek zu einer der wichtigsten Stimmen im alternativen Kanon. Dennoch schickt Michael Krüger im Februar 1970 Fausers Manuskript zurück, »findet das alles der Mühe nicht wert«. Immerhin ist er so freundlich, einen anderen Verlag zu empfehlen, den Melzer Verlag.

---

[*] »Der Schriftsteller« in *Rohstoff*, R&B Bd. 2, S. 64.

Mit Melzer[*] assoziiert Fauser Schund. »Als ob ich ein Quentchen mieser trivialer Pornographie-Imitation gemacht hätte«, empört er sich seinen Eltern gegenüber. Als Spezialist beataffiner Texte ist der Joseph Melzer Verlag wirklich nicht etabliert, sein Programm zu dieser Zeit aber zum Teil schon *hip & happening*. Vor allem ist in dem Haus, wie Fauser kaum wissen kann, viel in Bewegung. Das marode Geschäftsmodell eines von Kredit zu Kredit hangelnden Verlegers brachte von 1966 bis 1969 jener Jörg Schröder in Schwung, der dann das Kollektiv des März Verlags in Eigenverantwortung geleitet hat, im selben Haus, Souterrain.

Zurück zu Melzer, eine Etage weiter oben. Durch die Tür spaziert ein Typ, der von dem Gemache da unten die Schnauze voll hat. Carl Weissner:[**]

Ich war in London bei Burroughs gewesen. Der Agent von Burroughs hat dem Melzer nicht so recht über den Weg getraut und hat sich deshalb für Schröder entschieden; auch wegen dessen Kontakt zu Girodias, der ja mit Olympia Press nicht nur Burroughs' *Naked Lunch* gemacht hatte, sondern mit Schröder jetzt eine deutsche Dependance aufmachen wollte... Aber irgendwann haben Schröder und ich uns nicht mehr leiden können, ich hatte schon angefangen, Burroughs zu übersetzen, und nach einigem Hin und Her hab ich mich ein Stockwerk höher mit Melzer zusammengesetzt...

Weissner ist ultracool, ein Vollprofi. Er empfing in seiner Heidelberger Studentenbude schon 1966 William S. Burroughs, als Macher von *Klactoveedsedsteen* ist er mit schrillen Typen in aller Welt seit Jahren in ständigem Kontakt. Für Jörg Fauser ist er ein Freund auf Lebenszeit. Mehr noch. Ein Förderer und Ermutiger, einer der Kontakte verschafft, Manuskripte lektoriert – und das nicht nur zu Lebzeiten. Die von Rogner & Bernhard veröffentlichte achtbändige *Jörg Fauser Edition* wurde von ihm herausgegeben, ebenso der Ergänzungsband *Das leise lächelnde Nein*.

Zurück nach Darmstadt, Carl Weissner wechselt zu Melzer, macht mit ihm gemeinsame Sache »weil er sich für Leute wie

---

[*] Gutowsky in *Rohstoff*, R&B Bd. 2, S. 75.
[**] Lou Schneider in *Rohstoff*, R&B Bd. 2, S. 77.

Ploog[*] und Fauser eingesetzt hat«. Der inhaltliche Zickzack-Kurs auch dieses Verlags ist auf seine Art bezeichnend für Westdeutschland nach '45: Ende der Fünfziger mit Sitz in Köln, dann Düsseldorf verlegt Joseph Melzer *Das Wesen des Judentums*, Thomas Manns *Sieben Manifeste zur jüdischen Frage*, *Nahost-Konflikt*, auch *Juden und Judenfeinde* und mehr zu der Thematik. Mit Jörg Schröder und dem Umzug nach Darmstadt, kommen ab 1966 zusätzlich neue amerikanische Stimmen, zunächst LeRoi Jones, dann Kerouac... Die Sache läuft, 1968 folgen Reader wie *Burn Baby Burn*, auch *Wo ist Vietnam? 89 Amerikanische Dichter gegen den Krieg in Vietnam*, Ronald Steels *Pax Americana* und die von Ralf-Rainer Rygulla herausgegebene Anthologie *Fuck you!*. Alles so gut und neu und aufregend, dass Rygulla mit Rolf Dieter Brinkmann beginnt, die definitive Underground-Anthologie für den Verlag zusammenzustellen, *ACID*. Parallel dazu verlegt Melzer das traditionelle Programm und – seit dem Überraschungserfolg von *Geschichte der O*. – Geldbringer wie Edward Reavis' *Groschenpornographie in den USA*, als Imprint bei Zero Press »erotische Romane« wie *Das Freudenmädchen*, *Violette* usw. Noch vor der Veröffentlichung von *ACID* kommt es zum Eklat, am 16. März 1969 zu »Schröders Coup«, Tags darauf zur Gründung des März Verlags.

Vier Punkte sind an dem Spagat zwischen Pornografie und ernster progressiver Literatur beachtenswert. Erstens: Mitte der Sechziger war es »nahezu unmöglich«,[92] für *Die Geschichte der O*. eine Druckerei zu finden. Zweitens: Nach einem Artikel im *Spiegel* wird der Titel zum Bestseller. Drittens: Laut Schröder hat hierzulande nicht Olympia Press den Weg für Pornografie freigeschlagen, sondern *Die Geschichte der O*. Viertens: »Als Schröder im Frühjahr 1969 die deutsche Zweigstelle der Pariser Olympia Press eröffnet, sichern die Kapitalerträge aus pornografischer Literatur fortan nicht unwesentlich das Programm des März-Verlages.«[93] Die Subventionierung neuer oder experimenteller Literatur durch Pornografie spielt für Leute wie Jörg Fauser eine wichtige Rolle – und zwar bis hin zu Geldgebern wie *Playboy* und *lui* (letzteres beim NewMedia Verlag, der das Kulturmagazin *TransAtlantik*, Hrsg. Enzens-

---

[*] Anatol Stern in *Rohstoff*, R&B Bd. 2, S. 80.

berger, mit einer Million jährlich bezuschusste). Undenkbar in der heutigen Medienlandschaft, die auch in dieser Hinsicht durch Privatfernsehsender – bzw. deren Mitternachtsprogramm – für immer verändert wurde.

Um klarzustellen, wie eine neue deutsche Literatur ausfallen könnte und worum es Burroughs geht, compiliert Carl Weissner für den Melzer Verlag *Cut Up. Der sezierte Bildschirm der Worte*, das allerdings nicht für den Aufruhr sorgt, der Jürgen Ploogs *Coca-Cola-Hinterland* zuteil wird: Der Titel wird von einem Brauseshersteller verboten, das Buch erscheint seither als *Cola-Hinterland* und nicht mehr in dem in *Rohstoff* bewunderten »silberglitzernden Umschlag«.[94] Weissner füllt nicht den von Schröder verlassenen Posten, sondern überredet Melzer zu einem Cut-up-Programm, übersetzt J.G. Ballards *Liebe & Napalm – Export USA*, darunter so Perlen wie »Plan für ein Attentat auf Jacqueline Kennedy«, »Warum ich Ronald Reagan ficken möchte«, »Du: Koma: Marilyn Monroe«, außerdem von Mary Beach *elektric banana*. Und er trifft Fauser, um die Veröffentlichung von *Tophane* im Hause Melzer zu planen. »Wir haben mit ihm viel vorgehabt«, erinnert sich Abraham Melzer. »Wir wollten sein Verlag werden, haben auch einen Coverentwurf gemacht, an den ich mich genau erinnern kann. Warum es nicht zu der Veröffentlichung gekommen ist, kann ich heute nicht mit hundertprozentiger Sicherheit sagen. Ich nehme an, es ist nicht dazu gekommen, weil der Verlag '71 pleite gegangen ist; kurz nach dem März Verlag.«

Das Techtelmechtel führte dazu, dass Jörg Christian Fauser 1970 immerhin einen literarischen Text veröffentlicht: In dem für die Frankfurter Buchmesse erstellten *Melzer's Surf Rider* erscheinen Auszüge und Variationen von *Top-Hane* als »Anfang der dreißiger Jahre fährt sich Bogey mit dem Daumen über die Lippen und tritt die Tür nach Eden ein«. Die extrabreite Überschrift wird schon im ersten Satz der Cutup-Textmontage getoppt. Mit mehr als zweihundert Worten unterwandert der Einstieg jede herkömmliche Lesart.

Eine Neonröhre summt, keine Amsel schirpt, und die Uhr tickt: mehr als zwei Jahre sind vergangen, als Jörg Fauser 1972 erneut einen Umschlag mit Exposé und Probekapitel verpackt, beim Belecken des Umschlags wieder diesen ranzigen Geschmack auf der Zunge spürt, im Kopf die Frage, was sonst noch alles zu lecken wäre, um das Buch in die Läden zu kriegen. Schließlich landet *Tophane* in den Händen des Studenten Benno Käsmayr: »möglicherweise kam das über Wintjes*«. In Gersthofen betreibt er den kleinen Maro Verlag, dem schon mit einem seiner ersten Titel ein den Umständen entsprechender Hit gelungen ist: Tiny Strickers *Trip Generation* wird auf der Mainzer Minipressenmesse 1970 zum Alternativbuch des Jahres gewählt. Daraufhin gelingt es Stricker als erstem in der Szene, »mit einem Buch, das in der Alternativpresse erschien, alsbald in die Taschenbuchreihe eines kommerziellen Verlags übernommen zu werden«,[95] nämlich Rowohlts. Maro, für Käsmayr bis zur Magisterprüfung 1974 mehr Hobby als Beruf, ist bis heute eins der wenigen zu jener Zeit entstandenen Pflänzchen, das weiter gedeiht, allerdings nach wie vor auf vollkommen anderem Level als die Majors. Mit Danny Sugarmans Jim-Morrison-Biografie *Keiner kommt hier lebend raus* wird zu Beginn der Achtziger erneut vorgeführt, wie verschlafen die Konzerne oft sind. Harold Norse' *Beat Hotel*, genauso wie Maros Bukowski-Editionen sind kleine Klassiker für sich, beachtenswert auch Kerouacs *Traumtagebuch*, Titel von Uli Becker, dem in Tanger ansässigen Beats-Außenposten Paul Bowles, Richard Brautigan, John Fante, Denis Schecks Autorenporträts in *Hell's Kitchen*... Doch über die Runden kommt der Verlag vor allem wegen seiner Druckerei – in der auch die erste Ausgabe von *Gasolin 23* das Licht der Neonwelt erblickt.

Mindestens einen Maro-Autor kennt Fauser persönlich, und zwar P.G. »Ich hatte zu Neujahr 68/69 eine Überdosis STP genommen«, erinnert sich P.G. verschwommen, »war 7 Tage und Nächte durch Berlin geirrt, landete schließlich in der Linkeck-Kommune, wo mich Jörg Fauser anschnauzte, und kurz darauf bei der Polizei.«[96]

P.G., englisch ausgesprochen als »Pidschi«, hatte bereits zwei Büchlein veröffentlicht und erhielt kurz nach dem Trip »von Luchterhand 1000 Mark Vorschuss, das war damals sehr viel Geld«. Die Wege Fausers und Pidschis – der seinen bürgerlichen Namen Paul-Gerhard Hübsch im Juni 1970 in Hadayatullah Hübsch ändern wird – sollten sich noch mehrmals kreuzen.

---

* Aldo Moll in *Rohstoff*, R&B Bd. 2, S. 119

Nach Käsmayrs Entscheidung, im Februar 1972 *Tophane* zu machen, dessen Veröffentlichung im August, schreibt Hübsch im November in der *Frankfurter Allgemeine Zeitung*, »das Sterben einer Generation ist in deutscher Sprache selten so eindringlich beschrieben worden wie hier.«[97]

Dr. Morgan – oder wie ich Cut-up leben lernte

Von allen Bäumen des Gartens darfst du essen, doch vom Baum der Erkenntnis von Gut und Böse darfst du nicht essen; denn sobald du davon ißt, wirst du sterben. Genesis 2, 16-17

Noch bevor *Tophane* gedruckt wird, noch während das Manuskript durch die bundesdeutsche Verlagslandschaft wandert, macht sich Jörg Fauser an dessen konsequente Fortsetzung. Bei einem Treffen in London hat ihm William S. Burroughs *APO-33 Bulletin* in die Hand gedrückt, außerdem einiges zu Drogen-Entzug mit Hilfe von Apomorphin erzählt, und so öffnen sich ganz neue Horizonte. *APO-33* offeriert neue Gedanken und Ausdrucksweisen im Format eines Pamphlets, näher an einem vollgeklebten scrapbook als dem Buch, das sich in Look und Aufmachung seit Gutenberg ja wenig entwickelt hat. Apomorphin ermöglichte es Burroughs, »Opium Jones«, den Affen / *monkey on my back* loszuwerden. All das bildet die Grundlage zu *Aqualunge*[*], das 1971 als Report im Verlag Udo Breger[**] in Göttingen erscheint. Die Information über das Mittel zum Entzug von der Opiatsucht führt zu Fausers Abkehr von harten Drogen.

Anfang der Siebziger ist Jörg Fauser noch voll drauf, ein »hauchdünnes Männchen, ein unsichtbarer Mensch«,[98] erinnert sich Udo Breger. »Das erste, was er fragte, war: Kann ich mal eben das Bad benutzen? Da blieb er eine ganze Weile, und später – als er wieder weg war – habe ich dann die Wattebausche gefunden, die ihm runtergefallen waren und die voller Blut waren. Da hat er sich gefixt. Das war ganz eindeutig.« Ähnlich erinnert sich Ploog an sein erstes Treffen mit Fauser zu dersel-

---

[*] *Eisbox* in *Rohstoff*, R&B Bd. 2, S. 97.
[**] Clint Kluge in *Rohstoff*, R&B Bd. 2, S. 97.

ben Zeit: »Wie viele damals tauchte Fauser aus dem Nichts der Zeit auf, selten allein, und ich schätze, er war der einzige, der mein Klo ohne Hemmung in eine Schießbude umfunktionierte. Tauchte auf, sagte Hallo, und verschwand wieder...«[99]

Im Sommer 1970 zieht Fauser mit Nadine Miller von Göttingen ins Umland, nach Groß-Lengden. Seit April arbeitet er an seinem zweiten Buch – »das aus etwa 5/6 längeren Geschichten bestehen wird. Ich hoffe mit der ersten in einem Monat fertig zu sein, etwa 35/45 Seiten.« Zugleich sieht er langsam und widerwillig ein, dass er sich nach einem anderen Job umsehen muss, um die Haushaltskasse etwas aufzubessern, nicht zu vergessen: seinen Gebrauch an Genussmitteln. Trotz Landluft und Nadines anhaltender Geduld, auch Verständnis für seine sperrigen anti-kommerziellen Texte, wird nach mehr als einem Jahr des Zusammenlebens immer deutlicher, was Fauser in der Erzählung »Sommeranfang« Jahre später festhält: Ihre Geduld währt nicht ewig, seine Sucht und Eifersucht nagen und zernagen: »Sie war müde, denn seiner Angst war jede Liebe unterlegen. Sie lächelte traurig.«[100]

Auch den Kontakt zu *twen* verdankt er Nadine Miller. Der *twen*-Redakteur Rüdiger Dilloo lebt mit einer ihrer Schulfreundinnen – Renate Just – zusammen und lernt so Fauser kennen. »Treffen mit ihm habe ich immer noch relativ lebhaft vor Augen«, so Dilloo heute, »weil sie in der wichtigsten Umbruchphase meines Lebens stattfanden; sagen wir mal, von dem liberal denkenden und erzogenen, auch snobistischen Jungredakteur mit Ambition fürs Alt-Feuilleton, der Karriere bei *Die Welt* gemacht hatte – zum Aussteiger, der das alternative Selbstversorgerleben auf dem Land sucht. Zu diesem Umdenken hat Renate und ihr Kreis, darunter Nadine und Jörg, wesentlich beigetragen. Und auf Parties, da kam von ihm dann dieser interessierte Spott: auf einer Matratze mit einem Springer-Karrieristen. Er hat einen dann nicht abgewiesen, wie ja viele andere, auch weil er überhaupt nicht ideologisch war.«

Fauser kommt gerade wieder von einer Istanbul-Reise zurück, Opiumkugel noch in der Hand, da bestellt Dilloo – inzwischen bei *twen* – eine Istanbul-Reportage. Das mit mehrseitigen Fotostrecken einst aufregende Magazin, zumindest hinsichtlich Optik und Grafik des Artdirectors Willy Fleckhaus, druckt den Bericht nicht. Doch der Kontakt führt zu einem Artikel über harte Drogen. Fauser und Nadine ist die Zeitschrift suspekt. Den von Dilloo beschriebenen Umbruch hat *twen* nicht vollzogen, von Wirtschaftswunder, beswingt in den Sechzigern und jung, hübsch und reich zu sein – hin zu Hendrix in Berkeley, Molotow-Cocktails und Sexparties. Noch im November 1967 fragt *twen* ganz ernsthaft: »Wie kommen Unverheiratete an die Pille?« Dem gegenüber der wirklich legendäre Ruf der Illustrierten unter Grafikern weltweit. Nadine lapidar: »Die popschicke Glanzpapierszene berührte mich nicht wirklich, noch dazu besaß ich weder Ambition noch Tauglichkeit zum Groupie.« Mit seinem tadellosen Nadelstreifen schlüpft Fauser in die Rolle des Star-Reporters und nimmt die Recherche für »Junk – Die harten Drogen« ernst genug, um zum Jahreswechsel 1970/71 in Hamburg, Berlin und Heidelberg sowohl Fixer als auch die neuen Entzugs- und Selbsthilfegruppen RELEASE aufzusuchen. Alternativ: In einem Dreiteiler wie von Burroughs schlüpft er in die Rolle des Junk-Veteranen, packt die Gelegenheit beim zeitgeistig schulterlangen Schopf und begutachtet auf Spesenkosten die harten Drogen und Connections in den Cities der BRD.

Auf professioneller Ebene, in der Rolle des Reporters, ein echter Coup. An dem Thema der Recherche, seiner Sucht, leidet das Private weiter. Die Frau, von der Junkie-Kumpel Ede in *Rohstoff* sagt, »Wenn dich jemand aus der Scheiße zieht, dann sie«,[101] schafft es nicht, ihn von der Nadel zu lösen – und so packt er nach weiteren Istanbul-Eskapaden seine Sachen und zieht Anfang 1971 zurück nach Frankfurt. Markant: Im vorigen Herbst, während er in den Gassen und Kaschemmen von Tophane nach Stoff sucht, wird in Frankfurt Geschichte gemacht: In der Eppsteiner Straße 47 kommt es zu einer Hausbesetzung, vermutlich der ersten in Nachkriegsdeutschland.[102]

Kaum hält Jörg Fauser im März 1971 die neueste Ausgabe von *twen* in den Händen, sieht er: Auch hier haben die Sechziger ihre Spuren hinterlassen – nach 124 Ausgaben mit Schwarz als Grundton ist die März-Ausgabe die zweite mit einem »weißen Titel«.[103] Seit Monaten ziert jedes *twen*-Cover mindestens eine nackte Frauenbrust. Fausers Artikel hat einen gewissen Sozialarbeiter-Ton, der Rest des Hefts pendelt zwischen Krampf und Softporn à la Hamilton.[104] Kurz nach dem Erscheinen zeigt sich, dass Jörg Fauser zwar nicht am so gern herbeizitierten Puls der Zeit sitzt, dass allerdings seine Zeilen, mehr noch seine Informationen Menschen berühren, Menschen in aller Welt. »Wir bekamen Anrufe aus Kanada«, erinnert sich Maria Fauser. »Mitten in der Nacht riefen Leute an, die sich für diese Art des Entzugs interessierten, die wissen wollten, wo man mit Apomorphin entziehen kann.«

Dr. med. Dipl.-Psych. Menachem Amitai, damals an der Burghof Klinik in Bad Nauheim, heute Gutachter für tiefenpsychologisch fundierte und analytische Psychotherapie bei Erwachsenen: »Zu der Zeit veröffentlichte ich mit Dr. Hasenknopf und Dr. Dickhaut in einer Fachzeitschrift den Artikel ›Behandlung des Entzug-Syndroms bei 'Fixern'‹.[105] Dr. Dickhaut – der Klinikchef in Bad Nauheim – und ich haben damals in Burroughs' *Naked Lunch* von Apomorphin erfahren, und dann haben wir auch damit gearbeitet. Fauser haben wir gesprochen, weil er offenbar Erfahrung damit gemacht hatte.«

Doch der namenlose Arzt in *Rohstoff* (»Der Mann war Israeli. Ein Deutscher hätte das nie getan«[106]) ist keine Chiffre für Dr. Amitai: »Ich bin zwar aus Israel, und ich glaube, er hat jemanden mit mir kombiniert, aber leider bin ich das nicht. Er hat in Bad Nauheim keine Apomorphinbehandlung gemacht; er war ganz sicher kein Klient der Burghof Klinik. In der Zeit, in der ich ihn kannte – und ich kann jetzt nicht sagen, ob es '71 oder '72 war –, war er nicht mehr opiate-abhängig. So wie ich ihn in Erinnerung habe, glaube ich nicht, dass er danach von Opiaten gefährdet war. Jedenfalls habe ich nie mitgekriegt, dass er rückfällig geworden ist.«

Fest steht, dass Fausers Besuch bei Burroughs den Stein ins Rollen bringt, der zum Entzug mit Apomorphin führt. Auf den Besuch bei Burroughs folgt der zum Jahreswechsel 1970/71 recherchierte und verfasste Artikel für *twen*, darauf der Kontakt zu Dr. Amitai und Dr. Hasenknopf, die er für einen im Mai 1971 verfassten Beitrag in *UFO* interviewt, und die sich ihrerseits in ihrem Artikel »Behandlung des Entzug-Syndroms bei ›Fixern‹« in *Der Nervenarzt* auf Details aus Fausers Reportage in *twen* beziehen. Vertraut man Dr. Amitais Eindrücken – und Fausers Darstellung in *twen* –, so müsste er 1970/71 erste Erfahrungen mit Apomorphin gesammelt haben. Er kennt und beschreibt Dosierung und Effekte des Programms, das zu einem

Ekel vor der vorherigen Sucht führt und jegliches Bedürfnis nach einem Fix abwürgt.

William S. Burroughs, von Fauser zitiert in *twen*: »Apomorphin ist das einzige Mittel, das die ›Suchtpersönlichkeit‹, meinen alten Freund Opium-Jones, vertreibt.«

Dr. Amitai in *Der Nervenarzt*: »Subjektiv und objektiv war die Tatsache am eindruckvollsten, daß das Verlangen nach einem ›Schuß‹ von Morphium oder anderen Rauschmitteln nahezu vollständig unter der Apomorphin-Behandlung aufhörte.«[107]

Dr. Dent, von Fauser zitiert in *UFO*[108]: »Apomorphin beseitigt nicht nur das zwanghafte Verlangen nach Alkohol, sondern auch Barbiturat-, Morphium- und Heroinsucht.«[109]

Im Widerspruch zu diesen Indizien und Eindrücken steht Fausers Mitteilung an Weissner im September 1971, in der er die Entstehung von »Junk City I« kommentiert: »Letzten Donnerstag habe ich mich sofort hingesetzt & ein paar Seiten in die Maschine gehauen, von denen ich dir jetzt mal 3 schicke, vielleicht kannst du was damit anfangen. Alles ganz straight, teils aus älterem Manuskript (1970), teils Kommentar heute. Am Freitag war ich so down, daß ich der Versuchung erlegen bin & 3 Tage gejunkt habe. Hm.«[110]

Es ist anzunehmen, dass zumindest phasenweise das Verlangen den Ekel übertönt hat.

Ansichtskarte aus der Interzone:
Aqualunge

> *Es verändert sich die Wirklichkeit; um sie darzustellen, muß die Darstellungsart sich ändern.*   Bertolt Brecht

Jörg Fausers zweites Buch wird in jeder Hinsicht sperriger und radikaler als das erste. *Aqualunge* unterscheidet sich nicht nur in Inhalt und Erzählton von allem diesseits von Burroughs: auch das DIN-A4-Format, das flugblatt-artige Layout, Telegrammatik und reinkopierte Verpackungsbeilagen und Zettel, Impfpassbescheinigungen usw. stellen sicher, dass das Werk nie im Establishment ankommen wird.

Nichts stimuliert die
Brechzentren besser als
ein flotter IBM-let-kiss
24 cuts pro Sekunde in
der dünnen Luft/Geruch
biologischer Permutatio
nen im Flipperdunst 5
Uhr zu früh mit dem letz
ten Eukodal/blättert zit
ternde Hände as Mr Jones
Herr Fadalla unter den
Rändern der Angst/mit den
Brothers 3 Bier bis zur
Grenze long time ago/sie
fischte vom Fenster nach
Travellerschecks einer
Ära blauer Aborte/Perdido
unter den Markisen am Str
and wer jetzt stirbt/kommt
wieder/Schleier von Rauch
wo ich sitze/entlang blut
iger Straßen frierende Jun
kies Piccadilly where once/

ICH WAR EIN ECHTES
KIND ANSLINGERS sch
rie Tiki/Auf dem Ka
lender für Zeit &
Raum war seine letz
te Vene ausradiert

Und schon gar keine
Möse---Cinderella in
Antipolis als Kontakt
mann für südliche Drog
en---Die cut-Methode
arbeitet ohne Narkose--
ein Kosmos kaputter
Aqualungen ruft nach.
If you have any suggestions to
improve the packing etc. please
return this ticket to your whole-
saler with your comments which
will be greatly appreciated by the
shipper.

Packer N.° 10

letzten Möglichkeiten
des Überlebens---2000
Jahre Bewußtseinstrüb
ung 'Call Me Hiroshima
If You Like'---Tanzte
den Koks-Horror-Tango
quer über den Bildschir
m im Flipperdunst ver
fallener Sprachen---Bei
Ankunft Tot---Lüleburg
az in letztem Sperma

(Fauser, Jörg: *Aqualunge*, Verlag Udo Breger 1971, S. 31)

Versandet ist das zweite Buch, von dem er seinen Eltern ein Jahr zuvor berichtet hat. Stattdessen im März 1971 *Aqualunge*, »ein inzwischen fast schon legendäres Beispiel«, so ein Aufsatz in dem Text+Kritik-Sonderband zur *Pop-Literatur* im Jahr 2003, »nimmt dieses Junkie-Debüt eine Reihe verwandter Drogendokumentationen auf eindringliche Weise vorweg.«[111] In kleiner Auflage, auf 36 beidseitig kopierte Seiten vervielfältigt, erscheint *Aqualunge* vor Fausers erstem Werk, *Tophane*, im Verlag Udo Bregers.

Warum Sucht und Entzug zu der experimentellen Prosa Fausers so passt wie die Spitze der Kanüle auf die Vene der Zeit, in der Fauser lebt, beschreibt Jürgen Ploog 1993 in »Zeit der Reisen«:

Fauser war kein euphorischer Ausprobierer. Das Experiment interessierte ihn, und er hat selbst damit gearbeitet (in seinem Bericht über die Abhängigkeit, *Tophane*), aber seine Erfahrungen hatten ihn auf das Handfeste ausgerichtet, nach langwierigen Entdeckerreisen war ihm nicht der Sinn. Man kann es auch anders sagen: Cut-up war nicht schlecht, um über die Hölle der Wirkungen von Opiaten zu berichten, aber kaum war Fauser mit Hilfe von Apomorphin (über das er von Burroughs gehört hatte) über seine Abhängigkeit hinweg, paßte der alkoholische (literarische) Stil von Bukowski mehr zu seinem Lebensgefühl. Dieser Affinität verdanken wir einige der schönsten Kurzgeschichten der siebziger Jahre. Das war die Zeit, als Fauser im *Schmalen Handtuch* in Bornheim herumhing und an seiner Lebensphilosophie zimmerte [...] In dieser Zeit waren wir uns so nah wie Brüder. Wir haben zusammen am Tonband experimentiert, haben jeweils eigene Texte miteinander verschnitten. Was fehlte, war ein Forum, diese Ergebnisse zu publizieren. In Göttingen fand sich in Udo Breger ein Verleger, der mit seinem Einmannbetrieb genug Mut aufbrachte, sich an eine eigene Zeitschrift zu wagen, die Fauser, Carl Weissner und ich zusammenstellten. Wir trafen uns an einem Wochenende in Göttingen, schnipselten an den Beiträgen, klebten sie zusammen und gaben das druckfertige Layout Breger. Es war unser erstes gemeinsames Produkt und nannte sich UFO. Untertitel: Revolution durch Information.[112]

Bevor es im Juli 1971 zu *UFO*[*] kommt, nutzt Jörg Fauser zu Beginn des Jahres die Gunst der Stunde und wird verantwortlicher Redakteur bei der von einer Diskothek finanzierten Zeitung *Zoom*,[**] deren kurzes Auf- und Ableben auch seinem Kontostand und dem Standing bei seinem Vater gut tun.

Mit dem Umzug nach Frankfurt und dem endgültigen Entzug von Opiaten beginnt für Fauser – ermutigt durch Breger, Ploog und Weissner, jeder einige Jahre älter und erfahrener – nun intensives Networking. Auch außerhalb der Main-Necropole sucht und findet Fauser Gleichgesinnte, mit denen er beginnt, die eigene Szene zu propagieren. Im März 1972 macht er sich, nach dem Versand des *Tophane*-Manuskripts zu Maro auf den Weg »nach Österreich, Wien, u. zu einer mit mir lange liierten Frau die dort auf Land z.Z. wohnt. Ich brauche unbedingt ande-

---

[*] *Ufo* in *Rohstoff*, R&B Bd. 2, S. 116.
[**] *Zero Zeitung* in *Rohstoff*, R&B Bd. 2, S. 121.

re Atmosphäre für kurze Zeit. Hier viel Arbeit mit Funk usf. aber alles zähflüssig u. wenig Geld. Und zuviel Saufen.«[113]

In Wien trifft er mit der lange liierten Frau – Nadine Miller – den Experimental-Dichter Reinhard Priessnitz sowie Karl Kollmann, mit dem er später die Cut-up-Textmontage »The Vienna Festival« für *The Rappottenstein Oracle* erarbeitet. »Wir haben uns damals öfters gesehen, auch in München und Frankfurt. Irgendwann war er mit einer Freundin in Österreich, wir haben uns Wien angeschaut und sind dann zurück über Rappottenstein. So ist dieses *Rappottenstein Oracle*[114] entstanden.« Heute Universitäts-Professor an der Kammer für Arbeiter und Angestellte in Wien, wagt Kollmann einen Blick zurück ohne Zorn und Trauer: »Zu der Zeit herrschte wirklich eine Aufbruchstimmung... Die 68er- oder Post-68-Zeit wird viel romantisiert, und darum geht es mir nicht. Aber gerade mit literarischem Bezug gab es viele kleine Aktivitäten.«

Das 2000-Seelenkaff Rappottenstein bewirbt sich via Website als »Paradies für alle Erholungssuchende, das Eldorado für Kinder und deren Eltern und das Zentrum für Abenteurer und Romantiker«, hat also für jeden etwas im Angebot. *The Rappottenstein Oracle* hat einen nicht gar so großen Bauchladen der alten bewährten Begriffe. *Pot* (Pot=Permanent on travel) von Kollmann, für den Fauser die Cassette »The Austria Connection« aufnimmt und »Wartezimmer von Tox & Co« tippt, passt da genau. Oder doch nur reine Spielerei? Pose? Oder glaubte man 1973, dass das alles eine große Zukunft hat, so wie die Klassische Moderne in den zwanziger Jahren? »Das haben alle gemeint«, so Kollmann. »Dass man also so was entwickeln könnte wie die Beats in den USA, Kerouac und so; dass man in der Art eine eigene Subkultur entwickeln kann.«

Kapitel 3

Leben und Sterben in Frankfurt

Mein Haus, dein Haus: Leben in Frankfurt
1971-74

Daß ich hier mittun durfte, beruhte auf nichts als Zufällen und Mißverständnissen. Jörg Fauser in *Rohstoff*

»1971-1974 Frankfurter Häuserkampf« heißt es lapidar in Uwe Wesels entspannt erzählter Geschichte *Die verspielte Revolution* über 1968 und die Folgen. Das ist genau der Zeitraum von Fausers zweiter Frankfurter Periode. 25 von 43 *Rohstoff*-Kapiteln spielen in diesen Jahren. Fauser ist nun im Mittelpunkt der Ereignisse. Er ist Zivi in Heidelberg, als in Berlin Benno Ohnesorg erschossen wird; im heißen Jahr 1968 lebt er – unter wenig beschaulichen Umständen – im für die mitteleuropäische Revolte peripheren Istanbul; in der Kommunebewegung hält ihn nichts; im provinziellen Göttingen, das zwar durchaus zu den Zentren der APO zählt, ist kein Platz neben dem Dreigestirn Nadine – Tophane – Drogen. Wenn Fauser 1984, bei Erscheinen von *Rohstoff,* den Begriff »Abgesang« zurückweist, darauf insistierend, was er erzähle, sei die Geschichte seiner Jugend, der schönsten Zeit im Leben – dann sind es vor allem diese Frankfurter Jahre, von denen die Rede ist. Eine eigene Haltung zu den Geschehnissen bis hin zum Deutschen Herbst 1977 formt sich hier.

Nadine hat sich von ihm getrennt, in Frankfurt trennt er sich im Winter 71/72 von den Drogen – eine Leistung, auf die er sein Leben lang stolz sein wird. Die große unglückliche Liebe und die Selbstzerstörung auf der Überholspur sind danach – als Erfahrungen – abgehakt; ebenso verflogen die Hoffnung, die Subkultur könne eine eigene, »alternative« Infrastruktur aufbauen, die einem sich ihr zurechnenden Autor das materielle Überleben ermöglicht; und drittens scheitert der schon verzweifelte Versuch, nun doch noch im etablierten Betrieb – mit einem Volontariat beim HR – einen Fuß in die Tür zu kriegen.

Die Freiheit Frankfurt zu verlassen, ist für Fauser nur ein anderes Wort dafür, dass er nichts mehr zu verlieren hat. (Eine der ersten bedeutenden Arbeiten Fausers am neuen Wohnort München 1974 ist dann ein Artikel über Joseph Roth, »was programmatisches«, »eine ernste Sache«: »Man kann eben nicht *Hiob* schreiben und dann mit den ›Linken‹ paktieren«, teilt er den Eltern mit.) Von Frankfurt etwa wieder nach Berlin ziehend, wäre Fauser der linksradikalen Politik nicht entkommen. München dagegen, wo Jürgen Habermas als Professor unerwünscht ist; wo im Herbst 74 eine Veranstaltung der Bayerischen Akademie mit dem Titel »Tendenzwende« eine Renaissance konservativer Leitmotive und Wertvorstellungen einläutet – München ist Programm.

Seltsam an dieser Entwicklung ist, dass der Frankfurter Häuserkampf ein politischer Erfolg war: »Da drüben hat der Cohn-Bendit gewohnt. Dem und seinen Sympathisanten verdankt ihr, dass eure Villa jetzt so schön restauriert ist und dass das Westend nicht ganz vor die Hunde gegangen ist. Die Hausbesetzungen haben das Westend gerettet. Nichts anderes hätte dazu beigetragen.«[115] Das ist die Bilanz des zu Häuserkampfzeiten amtierenden Frankfurter Polizeipräsidenten Knut Müller 25 Jahre nach der letzten großen Schlacht 1974! Damals hatte er auf einer Pressekonferenz noch abgestritten, dass es dabei zu irgendwelchen Übergriffen seitens der Polizei gekommen sei.[116]

In Frankfurt kommt Jörg Fauser zunächst – und in den folgenden Jahren immer mal wieder – bei seinen Eltern unter. Sein Studentenstatus und die Beziehungen seines Vaters verhelfen ihm zu einem Job bei der Bundesbank. Entscheidend für die Ortswahl dürfte aber die Nähe zu Ploog und Weissner gewesen sein. Die drei bilden eine literarische Mannschaft nicht nur in den nächsten Jahren.

Nachdem er sich in von Frankfurter Witwen vermietete, verwanzte Dachkammern vorgearbeitet hat, ergibt sich etwas Neues. Am 2. Oktober 1971 steigt die Gruppe Revolutionärer Kampf (RK) um Daniel Cohn-Bendit und Joschka Fischer in die – bisher als »zu subjektivistisch«[117] verachtete – Häuserbewegung im Frankfurter Westend ein. Man wählt die Villa in der Bockenheimer Landstraße 111. Der Besitzer ist Ignatz Bubis, d.h. die ihm Kredit gebende Bank – eine jener Großbanken, die einst federführend war bei der Arisierung genannten Ausplünderung des den Stadtteil bis 1933 prägenden deutsch-jüdischen Bürgertums. Das Haus wird als Sitz für den »Rat der besetzten und bestreikten Häuser«, kurz »Häuserrat«, zum Zentrum der Bewegung. In kurzen Abständen folgen weitere Besetzungsaktionen in der Nachbarschaft.

In einem dieser Objekte – wahrscheinlich Bockenheimer Landstraße 96 – bezieht Jörg Fauser ein Zimmer auf der Anarchistenetage. Die anderen werden vom Kommunistischen Studentenverband (KSV) und der Roten Zelle Jura (Rotzjur) belegt, bei der es »einige etwas unabhängigere Köpfe« gab, »in deren Nähe Freiräume existierten, in denen man auch abweichlerische, ironische oder ausgefallene Ansichten äußern konnte, ohne gleich als Agent, Clown oder Kleinbürger beschimpft zu werden.«[118] Zu diesen Köpfen zählt sich Rudolf Sievers, im Lauf der Frankfurter Kämpfe auch noch Mitbewohner von Joschka Fischer. Der Rest der Belegschaft ist verschwunden wie große Teile des Stadtviertels, um das es ging.

Das grüne und großbürgerliche Frankfurter Westend, strategisch günstig zwischen Hauptbahnhof, Innenstadt und Universität gelegen, hatte schon seit den fünfziger Jahren Werbeagenturen, Redaktionen und andere Bürobetriebe angezogen. Nach 1960 geben sich Banken und Stadt der unverdrossen weiterboomenden Stadt Frankfurt nicht mehr mit der Umwandlung zufrieden, sondern planen großzügige Abrisse und hochgeschossige Neubauten. Ein von den bösen alliierten Bombern so gut wie unzerstörter Stadtteil soll ästhetisch seiner Umgebung angepasst werden – ein Vorgang, der sich ähnlich in allen bundesdeutschen Städten abspielt und oft als deren »zweite Zerstörung« bezeichnet wird.[119] Der Widerstand gegen diese Pläne formiert sich zunächst aus der durchaus konservativen ansässigen Bevölkerung des Westends – wie doch die Erhaltung von Gründerzeitvillen, ja die Ziele jedes »Häuserkampfes« überhaupt, eher als ein konservierendes Anliegen sich präsentieren, ein »Aufstand der Heinzelmännchen«, »eine Mischung aus freiwilligem Arbeitsdienst und Rebellion«, »eine Synthese aus Barrikadenkämpfern und Trümmerfrauen«.[120] Mit dieser Doppeldeutigkeit erklärt der Autor Wolfgang Pohrt die gespaltene Reaktion – also die durchaus auch vorhandenen Sympathie für einen klaren Rechtsbruch – bei Behörden und Bevölkerung.

Was diese, von den Strategen des RK einkalkulierte »Sympathie« des deutschen Bürgers so alles mit sich bringt, konnte den Beteiligten von Anfang an klar sein: »Wenn ihr was gegen die Spekulanten tun wollt, dann müßt ihr erst die Juden wegjagen«, ist die Reaktion eines Passanten auf die erste Hausbesetzung im Westend am 19. September 1970.[121] Das Problem der Häuserkampfbewegung war nicht der bei den Besetzern individuell vorhandene oder nichtvorhandene Antisemitismus; das Problem war eine populistische Taktik, mit der eine radikale Minderheit um die Sympathien einer antisemitischen bürgerlichen Öffentlichkeit in Frankfurt und in der ganzen BRD warb, die wiederum von Anfang an der APO und dem SDS »SA-Methoden« bescheinigt hatte, obwohl sie sich doch aus eigener Praxis noch genau erinnerte, wie die wirklich funktionierten.

Die nach und nach besetzten Häuser rund um die Bockenheimer Landstraße 111 bilden bald den »Block«, das Zentrum der ganzen Szene. Dort auch wirklich zu wohnen, dazu kann sich allerdings keiner der Spontiführer der Gruppe »Revolutionärer Kampf« entschließen – Daniel Cohn-Bendit, Joschka Fischer, Matthias Beltz, Thomas Schmid – sie alle bleiben in bürgerlichen Mietverhältnissen.[122]

Im Westend entwickelt sich, was Wolfgang Kraushaar eine »Topographie der Mythen« nennt, von Orten bestimmt, deren Namen nur den Dazugehörigen etwas sagten. Ein solcher Ort ist etwa der sogenannte »Kolb-Keller«, in dem am Beethovenplatz gelegenen, nach dem früheren Frankfurter Oberbürgermeister Walter Kolb benannten Studentenheim, der als eine Mischung aus Versammlungsort und Wochenend-Disco dient und nach der Besetzung eines weiteren Hauses in der Bockenheimer Landstraße 93 vom »93-Keller« abgelöst wird.[123]

Diese Orte sind für ein gutes halbes Jahr auch die schriftstellerischen Mythen Jörg Fausers. Der bunkerartige Kolb-Keller etwa:

Eine Gruppe von Heim-Kapos organisierte diese Samstagabende im Keller, die Platten, das Bier, die Limo, den Schnaps, ansonsten war von Organisation nichts zu spüren. Es war ein Hexenkessel. (...) Die Damen der linken Schickeria kamen her, um sich ihren Asozialen für die Nacht zu suchen, und ihre Männer, die tagsüber in der Robe oder im Nadelstreifen das System bekriegten, indem sie nicht genug davon kriegen konnten, bezogen Samstag nacht im Kolbheim ihren Adrenalinstoß, wenn sie mit schneidender Stimme Maos Diktum von der Macht, die aus den Gewehrläufen kommt, untermauerten und dabei mit begehrlichen Blicken Palästinenser, Vietnamesinnen oder entlaufene Fürsorgezöglinge umgarnten. Action für jeden.[124]

Fauser nimmt den Spaß und die Action mit und die Kenntnis der »tausend Mundarten der politischen Lüge.«[125]

Denn die Theorie dient in der Praxis der Studentenbewegung auch nur wieder als Machtinstrument der Prominenten. Die rhetorisch brillante Beherrschung des Jargons wirft die Sex- und Herrschaftsmaschine an: »Ich will keine Autorität sein, ich will keine Autorität sein...«, stammelt dann auch der Musiker und Studentenpolitiker Frank Wolff, Bruder von KD Wolff, Mitte der siebziger Jahre auf dem Podium einer politischen Veranstaltung, packt sein verstaubtes Cello wieder aus und wird musikalischer Kabarettist.

Fauser hat den ressentimentgeladenen Instinkt des radikalen Antiautoritären, des bewußten Nichtstudenten, er weiß, dass er für die neue Elite »die unterbelichtete triste Vorstadtmoräne«[126] bleibt. Er muß aber selbst sich politisch-radikal gerieren, um im Kampf um Attraktivität mitzuhalten, solange er sich nicht als das ausweisen kann, was er weiterhin fühlt und anstrebt zu sein: Ein anerkannter Schriftsteller. »Der Beat bleibt links«, schreibt Hadayatullah Hübsch in seinem Erinnerungsbuch *Keine Zeit für Trips*[127] und das ließe sich auf Fauser übertragen: Er bleibt links, in der Opposition, da die Bürgerkinder in die revolutionäre Parallelregierung drängen.

Ulrike Heider, Mitschülerin Fausers aus dem Lessing-Gymnasium, ist damals eine begeisterte Bewohnerin des Kolbheims, gehört sogar zu den von Fauser so genannten »Heim-Kapos«. Dennoch erinnert sie sich an Fauser weder »bei Lessings« noch in der kleinstädtischen Frankfurter Szene der siebziger Jahre. Wahrscheinlich, vermutet sie, wären man einander auch kaum sympathisch gewesen – nicht nur wegen des Sexismus, den sie in Fausers Werk sieht. Ulrike Heider ist Anfang der siebziger Jahre eine junge Studentin und Anarchistin, die im Kolbheim wirklich den richtigen Platz für sich gefunden hat – ganz im Gegensatz zu Fauser.

Jörg Fausers Existenz in der Hausbesetzerszene rund um den Block – zu dem »sein« Haus nicht gehört – hat auch weniger gefährliche Seiten. Regelmäßig bringt seine Mutter ihm frisches Bettzeug vorbei, das allerdings umgehend der Kollektivierung anheim fällt – Maria Fauser sagt etwas altmodisch »geklaut«. Im Club Voltaire – der auf lange Zeit einzigen linken Szenekneipe Frankfurts – und beim »Nutten-Ludwig«, wo schon der geniale Frankfurter SDS-Chef Hans Jürgen Krahl bei doppelten Doppelkorn Busfahrern den Fetischcharakter der Ware erklärte, entzieht sich Fauser der elitären Spritze und gibt sich der Volksdroge Alkohol hin.

Bukowski statt Burroughs: Das verändert ihn in jeder Hinsicht. Er wird massig, jovial, legt den Sechziger-Jahre-Intellektuellen-Schick und -Habitus ab. Den alten Freundinnen Dorothea Rein und Nadine Miller ist der sich neu erfindende Fauser fremd und wird es bleiben.

Daheim in der Bockenheimer erwartet ihn nun die korsische Trotzkistin Genevieve, die in *Rohstoff* als »Bernadette« firmiert. In Fausers vielleicht populärstem Gedicht *Trotzki, Goethe und das Glück* heißt sie dagegen »Louise, hatte unglaublich schmale Hüften, blitzende Augen, flatterndes schwarzes Haar.«[128]

Dass er dabei zu durchaus radikalen Tönen aufgelegt ist, bestätigt Kurt Stalter[*], ein enger Freund, als Herausgeber des Anarchoblatts *Frankfurter Gemeine* auch Literaturkumpan Fausers. Er hat mit ihm an der *Zoom*-Zeitung gearbeitet, einen Bericht über die Black Panther geschrieben, die sich gerade zu einem der Top-Themen der Frankfurter Linken entwickeln. Fauser engagiert sich mit ihm im Vorfeld der Hausbesetzung bei der Schwarzen Hilfe, Anarcho-Pendant zur Roten Hilfe für politische Gefangene oder solche, die es werden wollen. Eine Schwarze Zelle wird gegründet, das Ganze bleibt aber ein Debattierzirkel, man beschäftigt sich mit anarchistischer Literatur, für Fauser »zu intellektuell«. Fauser, betont Kurt Stalter, wollte immer aktiv sein, was machen, »ein Sportler«, er hatte keinen Sinn für studentisches Gequatsche: »Theorie, Theorie, Theorie,

---

[*] Bramstein in *Rohstoff*, R&B Bd. 2, S. 118.

selbst das Wort Praxis klingt im Mund dieser Leute wie Theorie.«[129] Auf einer Straßenschlacht habe man Fauser allerdings nie getroffen, im Gegenteil: Unter Alkohol habe »der Kampftrinker« Fauser zwar zu verbalem Radikalismus geneigt, sei überhaupt sehr aggressiv gewesen, aber wenn ihm wirklich mal einer eine verpasst hätte, wäre er wohl ganz erstaunt gewesen, wie das jetzt eigentlich möglich sei. Fauser sympathisiert mit der RAF, mit den Panthers, er hätte gern eine Waffe, aber letztlich, erzählt Kurt Stalter, war er naiv. Jörg Fauser will immer noch Schriftsteller werden und nicht Terrorist, sein Feind ist nicht der Staat, sondern der Kulturbetrieb, der eher selbst mit Mordinstrumenten operiert:

> Mittlerweile setzt sich der deutsche Alptraum, Kultur, in den Hirnen unserer Pop-Bastarde munter fort, und kein Wunder, der Apfel fällt nicht weit, bei uns wird mit Begriffen grundsätzlich wie mit Feuerwaffen, Mordwaffen operiert, der Mief der Analyse, das politische Teutonentum, das »Kapital« verqualmt die Köpfe, legt die Vagina der Imagination trocken, klägliches Jammerspiel, diese Jasminorientierte Knautschlack-Bohème zwischen »Zoom« und Jazzhaus, der gleiche germanische Erbswurst-Furz auch wenn der Arsch in Jingle-Jeans steckt und der Mund Hasch-Rauch an die Scheißhaus-Decke bläst. Pseudo Unser. Einen Alltag erfahren diese Schreckgespenste eines troglodytischen Alptraums nicht, greifen ihre Finger doch stets und wie gehabt nach Höherem. Für sie unbeschreibbar, vollzieht sich der Alltag an ihnen um so zerstörender: wenn sie ihn nicht zur Boutique stilisieren können, jagt er sie in die Latrinen der Theorie.

Das ist Fausers Resümee im Vorwort »Stakkato ohne Maschinengewehr« zu Kurt Stalters Buch *Frankfurter Depressionen* im Sommer 1972. Da ist er schon raus aus dem besetzten Haus, hat vergeblich ein letztesmal um Nadine geworben, auf Besuch in ihrem neuen Wohnort in Österreich. Alle machen Filme, also hat auch er sich hier umgesehen, es kommt nichts dabei raus. Porno wäre das große Geschäft der Stunde, aber damit hat er nichts zu tun. Während sich der RK langsam von der »Betriebsarbeit« verabschiedet, heuert Fauser bei der Gepäckabfertigung am Flughafen Frankfurt an. Er will niemanden agitieren, er orientiert sich am Dichter der Stunde, Charles Bukowski. Malochen, Saufen im Bornheimer erweiterten Stehausschank »Schmales Handtuch«, manchmal eine Frau und sonst abends kurz vorm Wegpennen ein Gedicht, eben »Frankfurts Alltag. Draußen am Airport oder drinnen in der Bornheimer Stehbierhalle.« Die Frau heißt – in *Rohstoff* – eine Zeitlang »Anita«, ist im wirklichen Leben Rechtsanwaltsgehilfin. Sie erinnert Kurt Stalter an Uschi Obermaier von der auch schon vergangenen Kommune 1. Und so wie Jörg Fauser ganz ernsthaft überlegt, ob er nicht das Angebot annehmen soll, am Flughafen als Vorarbeiter die Karriereleiter hochzuklettern, so ist er auch Feuer und Flamme, »Anita« zu heiraten und eine Familie zu gründen. Kurt Stalter spricht von der Schizophrenie Fausers, »enfant terrible« der Frankfurter Literaturszene, »absolut kein Genusstrinker«, sondern hart rauschorientiert, und dann aber Sehnssucht nach Sinn und Idylle. Die Frauen nehmen ihm das nicht ab. Nicht er verlässt sie, sondern sie verlassen ihn, so bleibt das erstmal.

    Was auch bleibt, was nie weg war, ist der Standpunkt: Als Dichter bei denen zu sein, die unten sind, die keinen Bausparvertrag haben, ohne sie deswegen als geborene Helden des antikapitalistischen Widerstand zu idealisieren – das überlässt Fauser dem SDS und seinen Nachfolgeorganisationen. Im Frankfurter Milieu sind es die »Staffelberger«, die noch von Andreas Baader und Gudrun Ensslin gemeinsam mit Frankfurter SDS-Genossen aus dem üblen Erziehungsheim in Staffelberg bei Marburg befreit worden sind, sich nun aber in der Mehrzahl nicht korrekt verhalten, sondern eben wie gequälte, psychopathische Kleinkriminelle. Speedy etwa, der – wie der Frankfurter Autor Heipe Weiss in seinem Roman *Fuchstanz* erzählt – ein von ihm okkupiertes Kellergeschoß im besetzten »Block« zu einem privaten Kinderbordell umfunktioniert. Diesen Keller beschreibt auch Fauser in *Rohstoff*. Ihn, den Schriftsteller, müsse das doch an Dostojewski erinnern, legt ihm ein Saufkumpan nahe. »Aber ich wußte, daß es nicht wie bei Dostojewski war, und ich wußte, daß wir hier auch nicht hingehörten. Gehörte irgend jemand hierhin?«[130] Eine moralische Frage, die politisch beantwortet werden muß: »Die Politik war ein haarsträubender Wahnsinn, andererseits war sie da, sie wurde gemacht, sie war notwendig. Zwei Menschen zusammen, das war schon Politik.«[131]

Am 21. Februar 1974 wird der »Block« gewaltsam geräumt und zerstört. Zwei Tage später zertrümmern Polizisten bei der fälligen Großdemo einem guten Freund Fausers das Schienbein – Günther Sare. Damit ist die Partie »Häuserkampf« abgepfiffen, es beginnt die depressive Phase der Frankfurter Spontis, die dauert, bis Ende der Siebziger die grüne Sonne aufgeht. »Wir sind traurig, weil wir nicht wissen, was wir sein und werden wollen. Es gibt eine Ahnung, daß unsere Krise in der überwundenen Vergangenheit besteht. Daß wir, und das ist keine Altersfrage, unsere Zukunft schon hinter uns haben, die sieben fetten Jahre in Frankfurt, von 1967 bis Frühjahr 1974«,[132] formulierte der RK-Mann und spätere Kabarettist Matthias Beltz 1977.

Das Nachspiel findet gut zehn Jahre später statt. Im Verlauf einer Demonstration gegen die NPD in Frankfurt wird im August 1985 Günther Sare von einem Wasserwerfer überrollt und stirbt. Zur gleichen Stunde führen die noch recht frischen Grünen-Chefs um Joschka Fischer mit der SPD Verhandlungen über eine Koalitionsregierung in Hessen. Als sie diese nach dem Tod Sares nicht abbrechen wollen, werden sie beim »allerletzten, fast gespenstischen Spontiplenum«[133] im Adorno-Hörsaal VI der Universität mit Eiern und Tomaten beworfen. So treffen sich Realpolitik und Militanz noch einmal wieder. In der Zwischenzeit hat sich Jörg Fauser auf seine Art daran gemacht, »Konsequenzen aus den Gegebenheiten zu ziehen, wie sie hier sind.«[134] Nicht umsonst stellt ja Harry Gelb in seiner Story fest: »So leicht / lassen sich Irre nicht umlegen.«[135]

Allerdings kann man, kann Fauser die Logik auch umdrehen. Die Irren, die Outsider, der Underground ziehen den Vernichtungswillen der Gesellschaft ja geradezu an, was für einen »irren« Literaten ganz unspektakulär, aber um so wirkungsvoller abläuft: Ignorieren statt Eliminieren. Im Interview mit Arnfried Astel – am 1.6.1974 beim Saarländischen Rundfunk in *Auskünfte, Autoren im Dialog* – hat Fauser sich dazu schon Gedanken gemacht. Nach *Tophane* (1972) ist im September 1973 mit *Die Harry Gelb Story* sein zweites Buch bei Maro erschienen: »Ein Buch wie *Tophane* ist nicht in einer größeren Auflage... Also ich glaube nicht, dass das so eine Resonanz finden würde. Aber die Sachen, die ich jetzt schreibe, die also nicht mehr so expressionistisch, so betont außenseiterisch sind, die – sagen wir mal – breiterem Publikum zugänglich sind, die werde ich sicher nicht mehr bei Maro verlegen.«

Im Juli 1973 hat Fauser noch dem Freund Walter Hartmann, der für die Coverillustration engagiert ist, geschrieben, das Buch werde *Der kaputte Kontinent* heißen. Ein expressionistischer, ein »Heroin-Titel« wird ersetzt durch eine straighte *Story*, durch einen »Alkoholtitel«. Den Namen seines Helden leiht sich Fauser bei einem alten Junkie-Bekannten: Rudolf Ditzen, der sich aus Begeisterung für die Figur des Lord Harry Wotton aus Oscar Wildes Roman »Das Bildnis des Dorian Gray« Harry Ditzen nennt, bis er seinen bürgerliche Namen ganz ablegt und Hans Fallada wird. Eine Übergangsstory: Fauser alias Harry Gelb ist in diesen Gedichten noch voll drauf, die ganze Anti-Drogen-Power des Willensmenschen Fauser ist hier in die Maschine hackt. Schreiben statt Sterben: Für Leute, die ein paar Erfahrungen mit dem Tod auf Raten gemacht haben, ist und bleibt *Die Harry Gelb Story* Fausers bestes und wahrhaftigstes Buch.

Endstation *Zoom*, Zwischenstop *UFO*

Wir wollten kein Hobby-Magazin für Eleven irgendwelcher Avantgarde-Kränzchen: nix mehr für die Cliquen, für die Sub-Kultur, für die sog. SCENE, die es gar nicht gibt.
Jörg Fauser zum Thema *UFO* und *ZOOM*, Ende 1971[136]

Der Umzug von Groß-Lengden nach Frankfurt markiert – wie jeder Ortswechsel im Leben Jörg Fausers – mehr als einen Wandel äußerer Lebensumstände. Nadine trennt sich von ihm, zieht nach Niederösterreich, und er ist zurück im Bauch der Großstadt. Zum Sound Frankfurts tippt, klebt und arrangiert er im Februar und März 1971 *Aqualunge*, kurz darauf schreibt, redigiert und agiert er für *Zoom* als verantwortlicher Redakteur. Die Herausgeber – Volker Dahl, Hans-Jürgen Schmidt und Peter Sieke – betreiben im Haupt- und Nachtjob das Rock-Lokal Zoom. Hervorgegangen aus dem für Oldtime-Jazz zuständigen Storyville in der Stiftstraße, als Sinkkasten in der Brönnerstraße mit neuen Klängen reanimiert, ist die Geschichte des

Zoom typisch für das Verebben der Sechziger: Jazz ist out, die Revolution ein Verkaufsrenner, Rock kommt, Rock geht in die Arena, Rock & Rolling Stones fressen ihre Kinder auf. Das Experiment ist geglückt, missglückt, abgeschlossen, je nach Perspektive: Wie in *Rohstoff* dargestellt, geben die Alternativkapitalisten der Diskothek Fauser die Chance, nicht nur Leitartikel und als Auftakt zu Claude Pélieus »Amphetamin-Terror« über Cut-up zu schreiben, sie lassen ihn gleich eine ganze Zeitung gestalten. Die andere Perspektive, mehr als ein Jahrzehnt vor *Rohstoff* geäußert, nämlich zum Jahresende 1971 in Josef Wintjes' Literatenorgan *Ulcus Molle Info* zeigt sich desillusioniert, aber auch auf geradezu frühreife Weise realistisch, was die Einschätzung derer betrifft, »für DIE auch der UNDERGROUND nur ein Geschäft und ein Mittel zur Pazifizierung potentieller Opposition«[137] ist.

Auf sechzehn großformatigen Seiten versammelt der 26-jährige Fauser in *Zoom* etablierte Namen wie Pélieu, Burroughs und Dylan. Die Übersetzungen und Kontakte vermittelt Carl Weissner. Weitere Mitwirkende bei *Zoom* sind laut Impressum Bernhard Höke, als Korrespondenten Pierre Joris (London), Armin Abmeier (New York) und Carlo Povigna (Cosseria/Italia). Der Hinweis, für Anzeigenakquisition sei Edgar Allen Poe zuständig, lässt gewisse Rückschlüsse zu. »Der Vermerk ist irreführend«, bestätigt denn auch der *Korrespondent (New York)* Armin Abmeier. »Ich war nicht ruhmreicher Glücksbringer, das Ganze ein Fake. Ich war zwar eine Zeitlang in Amerika, wollte auch immer zurück, aber dazu kam es nie. Der Kontakt zu Jörg verlief über Melzer; auf einer Haschischparty bei mir zuhause wurde ich deren Vertriebsleiter. Jörg war ein eher zurückhaltender Mensch, der trank; von anderen Sachen wusste ich zu der Zeit nichts. Mit Melzer ging das etwa ein Jahr lang, dann fuhr ich wieder in die USA, zu Ferlinghetti von City Light Books, und als ich zurückkam, habe ich mit Franz Greno den Makol-Verlag gemacht. Makol steht für Marxismus-Kollektiv. Da machten wir also entsprechende politische Schriften, nebenher aber auch Porno.«

Die anderen Komplizen – ob nun mit- oder nicht-wirkend – sind keine Nobodies: Dylan und Burroughs, der Neo-Beat Claude Pélieu sowie Weltenbummler Pierre Joris, der Poetik-Performer und Akademiker an der University of Albany/USA.

Auf Bernhard Höke war bereits *Der Spiegel* aufmerksam geworden, als der auf der Heidelberger Intermedia 69 neben dem »exilbulgarischen Einpack-Künstler Christo« über die Trip-Therapie dozierte, die »Revolutionierung durch den Genuß von Halluzinogenen. Hökes Methode: ›Die Sucht entprivatisieren und zur Sucht nach dem Sozialismus machen‹.«[138] Wie man mit Hilfe der Entprivatisierung von der Sucht zum Sozialismus kommt, geht aus *Zoom* zwar nicht hervor, wohl aber der Pfad von den großen Themen über die BRD-spezifischen zu den ganz kleinen: Nach Geboten des molekularen Zeitalters, »Jörg's 1. Mai«, einem Poster in der Heftmitte endet *Zoom* auf Seite 16 mit Aufrufen, sowohl in eigener wie wichtiger Sache: Über den Adressen von Suchthilfestellen wie Release Frankfurt, Heidelberg und Hamburg steht: »Welches Mädchen hilft regelmäßig 3 Stunden täglich bei der Redaktionsarbeit? Redaktion ZOOM«. Weiter unten eine verlassene einzelne Kleinanzeige mit dem Text »JÖRG sucht i.d. Innenstadt ein Zimmer in relaxter Atmosphäre (als Zweit-Bleibe)«. Was genau sich die Betreiber der Rock-Diskothek von der Zeitung versprachen, ist unklar, bekannt nur, dass sie im Frankfurter Nachtleben aktiv blieben und es publizistisch bei diesem einen Heft beließen. Probleme mit dem Rauschgiftdezernat vereiteln die Auslieferung der zweiten Ausgabe. Im September wird dies in der ersten Ausgabe von *Germania*, einem sich radikal gerierenden Blatt, so dargestellt: »Nr. 2 vom 2. Juli 1971 erschien zwar pünktlich, schlug aber einen so rebellischen Ton an, daß die Geldgeber Kookie und Hans die ganze Auflage einstampfen ließen. Offenbar wähnen Kookie und Hans immer noch, sie könnten sich mit dem System arrangieren, denn sie haben anscheinend garnicht gemerkt, daß sie mit einem System in Konflikt gekommen sind.«

Genauso wie die *Zoom Zeitung* ist auch *UFO* – Hrsg.: Breger, Fauser, Ploog, Weissner – weniger eine literarische als eine politische Schrift; politisch im Sinne von Drogenaufklärung. Nach »Apomorphin« und dem Interview mit Dr. Amitai veröffentlicht in der zweiten Ausgabe »J. Fauser / Harry Gelb« das reichlich krause »Schwarze Zelle Junk: Partisanen gegen das Gift-System«. Der Inhalt beider Ausgaben ist beachtlich – Bukowski, Ginsberg, Corso in der 16-seitigen Nummer 1, in der folgenden ein Artikel darüber, wie in England Felix Dennis' Zeitschrift *Oz* der Prozess gemacht wird, außerdem Timothy Leary und Pierre Joris. An der dritten Ausgabe, die als Cassette erscheint, wirkt Fauser nicht mehr mit. Frisch geknüpfte Allianzen nach Österreich ermöglichen die Veröffentlichung von Cutup-Textmontagen in Karl Kollmanns *POT – permanent on travel* sowie die Kooperation *The Rappottenstein Oracle*, außerdem in Dortmund die auf Matritzen vervielfältigten Ausgaben von *Big Table*, *Spökenkieker* und in Frankfurt *AQ*, der von Silke Paull und Erwin Stegentritt herausgegebenen Kunstzeitschrift *Anti-Quarium* (*»Situationen der zeitgenössischen Kunst und Literatur«*), an deren Cut-up-Sonderausgabe Udo Breger maßgeblich mitwirkt.

»Es hatte für viele gar nicht mal so sehr mit Literatur zu tun, war mehr inspiriert von den Situationisten«, vermutet Pierre Joris, gebürtiger Luxemburger, Celan-Übersetzer und seit 1965 in Paris, USA, London, Constantine/Algerien, Ostküste, Westküste, Ostküste/USA ... und nächste Woche noch mal das ganze von vorn. Joris war der ominöse *Korrespondent (London)* von *Zoom*, tatsächlich eine Zeitlang in England, in einem Haus mit Claude Pélieu und Mary Beach, abends mit Burroughs zum Wodka, dann Dinner im Black Angus Steak House. »Weil ich Mitte der Sechziger in Paris war, danach in New York, weil ich 1968 also beides kannte, auch immer hin- und herpendelte, befragte mich Jörg zu diesem transatlantischen Jojo, vereinfacht ausgedrückt zu diesem Marx/Revolution auf dieser Seite des Atlantiks, Rock'n'Roll und sexuelle Befreiung in den USA. Das interessierte ihn unheimlich, und er verstand sofort, was ich meinte, wenn mir die Theorien hier zwar nahe aber auch zu verstaubt waren, und wenn ich drüben fand, dass etwas mehr an theoretischem Rückgrat gut wäre. Darüber haben wir viel geredet. Bei den Situationisten war er eher auf der Linie solcher Briten wie Alexander Trocchi, also mehr auf dem Warhol-Streifen, und nicht dem von Guy-Ernest Debord. Cut-up und die Aktionen, das alles verlief sich dann. Man machte das eine Zeitlang, vieles im Kollektiv. '68 glaubten wir, dass wir die Welt verändern, aber nach einer Weile kristallisierte sich heraus, dass zum Beispiel Burroughs immer viel ernster war, dass ihm immer daran gelegen war, Schriftsteller zu sein; genauso Ginsberg, der sich in einer Tradition mit Walt Whitman und Ezra Pound sah. Für die anderen in der Bewegung war das eher diese Situationistensache, ein Affront gehen die Hohe Kultur, das Establishment. Das machten sie eine Zeitlang mit, dann machten sie etwas anderes, wurden Banker oder Terroristen oder sonst was.«

Neuanfang mit Gasolin 23

Ich bin nicht für die Bescheidenheit, ich bin für Ansprüche [...] Es ist schon ein Teil des allgemeinen Grauens, daß die Freude am Bewußtsein, die Freude an Büchern, am Lesen so sehr verneint wird, es ist ein unsichtbares Ausrottungskommando am Werk, es arbeitet hinter den Wörtern und Bildern...
Rolf Dieter Brinkmann[139]

UFO, *6pack*, *Anti-Quarium*, *Big Table*, *Spökenkieker*... Alles Fanzines, größtenteils vergessen, in winzigen bis kleinen Auflagen, Abdruck honorarfrei, schwarz-weiß und immer wieder mit denselben Verdächtigen, Burroughs, Ginsberg, Pélieu, zudem Ploog, Kollmann, gelegentlich Kurt Stalter, Joris, Breger, Weissner.

Finanziell bringt das alles nichts. Etwas mehr bringt das, was sich im Juni 1972 anbahnt, als der *Tophane*-Verleger Benno Käsmayr (Hrsg. der Zeitschrift *Und*, noch ein »Little Mag«) von Jörg eher nebenbei erfährt: »Ich hätte vielleicht ein paar Gedichte (schreib ich hin und wieder).«[140] So entsteht Fausers letzte Veröffentlichung bei Maro. Im folgenden Sommer geplant als *Der kaputte Kontinent*, erscheint die Gedichtsammlung im September 1973 als *Die Harry Gelb Story* mit einem Vorwort von Carl Weissner, Umschlagdesign von Walter Hartmann, allerdings ohne das vorgesehene Counterscript von Jürgen Ploog. Jedes der fünfundzwanzig darin enthaltenen Gedichte ist eine Erstveröffentlichung. Das bringt was, aber nicht viel. Fausers Guthaben bei der Bank für Gemeinwirtschaft, Frankfurt-Nordwestzentrum, beläuft sich auf »noch 5-Mäuse«.[141] Drei Wochen später geht es von der Ebbe in die Dürre: »Wenn Du mir Geld schickst«, so der Autor an seinen Verleger, »vielleicht doch besser bar, mit der Bank ist immer son hassle, geh ich nicht gern hin...«[142]

Statt nur ungern geht er bald gar nicht mehr zu der Bank, »weil die zu weit weg ist & der Typ hinterm Tresen ein supermanisches Arschloch, kurz ein Drecksack ist, bis ich ein neues Konto hab, überweis da nichts mehr hin.«[143] Zwei Jahre nach dem Umzug nach Frankfurt ist es nun fast amtlich: Im Leben Fausers muss sich etwas ändern. Wenn schon ehrenamtliche Zeilenschinderei, dann für eine gute Sache; wenn schon malochen, dann so wie es sich für einen Dichter gehört: als Schreibtischtäter.

Soweit der Stand der Dinge in Frankfurt: Ploog pilotiert Boeings nach Bangkok, Fauser schiebt auf dem Flughafen Gepäckwagen zum Sammellager in Terminal A, packt bei *Pardon* Pakete für den Versandhandel, da reift in den beiden eine Idee. An langen Abenden, wenn zum Sound von Velvet Underground die Nächte tiefer und die Gedanken verschwommener werden, wenn der Rauch von Ploogs Zigarillos mit dem eines Joints verwischt, dann reden sie über die Idee. Schließlich hören sie mit dem Reden auf, machen sich an die Arbeit, planen ihre eigene Postille. An dem Tag, an dem Jimi Hendrix dreißig geworden wäre, steht der Name des Kindes fest: *GASOLIN/23*. Die Sache läuft an, Freunde und Bekannte hauen Autoren an, Maros Tiny Stricker soll was schreiben, auch Hadayatullah Hübsch schickt Texte. Genauso werden Weissners Connections in die USA genutzt, die transnationalen Kontakte Ploogs. Im April 1973 liegt die erste Ausgabe vor. Schon in dieser »No. 2« ist die Crème de la Crème des literarischen Paralleluniversums versammelt: Bukowski, Ginsberg, Kerouac, Norse, Pélieu, Wondratschek sowie natürlich die Herausgeber Fauser, Ploog, Weissner. Getürkte Leserbriefe (von R.D. Brinkmann, Dr. Helmut Kasarek [sic!]) und Referenzen zu Ausgabe Nummer 1 machen nicht nur neugierig, sondern sehr gierig auf mehr. Nicht alle Versprechungen werden realisiert, doch Geist und Witz überzeugen: »Wondratschek versucht ein lesbisches Fotomodell im Rucksack durch den Zoll zu schmuggeln«, »Fauser begleitet die Stones auf einer Tournee durch türkische Opiumhöhlen«, »Bukowski kriegt in L.A. Schwulitäten, weil er sich der Mutter eines Bullen unsittlich genähert hat«. Eine Nummer 1 hat es nie gegeben, einen Dummy, das Testheft existierte nur in den Köpfen und Gesprächen, die nachts durch Ploogs Wohnung geisterten.

Gasolin 23 avanciert zur »schlitzohrigsten, originellsten und sinnlichsten unter den schlitzohrigen, originellen und sinnlichen literarischen Zeitschriften in der Bundesrepublik«, schwärmt *Pardon*:[144] »Für Leser, die bei der Lektüre anderer Literaturzeitschriften einschlafen, ist *Gasolin 23* ein wirksames Aufputschmittel.« Als Abgrenzung zum etablierten Theater der bürgerlichen Feuilletons, dem Geleier der Gebetsmühlen, die davon zu leben scheinen, dass die Literatur wieder mal tot ist, aber eben auch als Abgrenzung zu Hippie-Gelaber und dem »Streber-Kultur-Müll«[145] vermeintlich ähnlich-gesinnter Trittbrettfahrer wird *Gasolin 23* eine gediegene kleine Literaturzeitschrift. »Keine *UFO*, mehr Rückblende Beat & Neuanfang, Neu Realism«, so Fauser, »weg von ästhetischem Gelaber und theoretischem Gefasel, abstrakten Positionen, Da-seins-Berichten.«[146]

Doch nach einer Ausgabe ist Fauser schon woanders, neben New Realism reizen ihn auch alte Werte, Stories vom verschütteten Leben, wie man sie in dem Bornheimer Politfreak-Ausschank »Schmales Handtuch« hört oder in der Rosenberger Straße, »Zur Traube«, am Tresen neben einem manischen Geschichtenerzähler. Zwischen Feierabend und Kneiptour wandelt Fauser bereits auf den Spuren eines neuen Idols, Charles Bukowskis: »Ich habe einen ganz neuen Nervenkitzel, neu für mich, aufgetan, playing the horses. Sonntags beim Buchmacher oder draußen auf der Rennbahn, das ist wirklich eine Welt, die mir noch gefehlt hat.«[147] Da ihn mit Ploog mehr verbindet als die Herausgabe von *Gasolin 23* ist nach der schweren Geburt der ersten Nummer ihre Freundschaft nicht beendet, der Zenit allerdings erreicht. Ab Nr. 3, im September 1974, sind Jürgen Ploog und Walter Hartmann die Herausgeber von *Gasolin 23*.

Jürgen Ploog, Jahrgang 1935, tritt mit *Coca-Cola Hinterland* erstmals 1969 als Schriftsteller in Erscheinung. Zu diesem Zeitpunkt hat er Jahre als Langstrecken-Pilot der Lufthansa hinter sich. Raumzeit-Erfahrung. Bezeichnende Widmung des schnell verbotenen und als *Cola Hinterland* neu veröffentlichten Werks: »Für Raum und Zeit.« Es geht ihm, in Gesprächen ebenso wie Büchern und Hunderten Artikeln um die »zerstückelte Chronologie«, in der sich Technik mit anderem Tempo entwickelt als das menschliche Bewusstsein. Nach Jahrzehnten als Pilot geht es ihm auch um die Relativität des Zeitbegriffs: »Immer wenn ich mich mit eurem Zeitbegriff zurechtfinden will, kommen Raumerinnerungen dabei heraus...«. Ploog ist oftmals sehr spannend und überraschend – zum Querlesen, Rückwärtsblättern und vor allem auch zum Immer-wiederlesen so geeignet wie nur ganz wenig. Vor allem Dank dieser spürbaren Energie und Kompromisslosigkeit, wie sie sich einer leisten kann. der vom Schreiben nicht leben muss.

Carl Weissner, interviewt von *Kozmik Blues*: »Das fällt nicht nur aus dem Rahmen dieser ganzen Clique von Leuten, die nur Einseraufsätze schreiben – so mit Ärmelschonern, gehen alle total auf Nummer Sicher, fast alle. Ploog ist um Klassen besser als das, was man von Autoren mit ähnlichem Anspruch kriegt, Bodo Kirchhoff oder wie sie alle heißen. Das ist eine recht brave, graue Sauce im Vergleich zu der Farbigkeit und gekonnten Sprache, wie Ploog sie drauf hat.«

Bei aller Gesellschafts- und Medienkritik bleibt Ploog ein Kosmopolit, kennt sich aus mit neuesten Trends aus den skurrilsten Ecken der Welt und Technologie, ob das dann um Hip-Hop oder Techno geht, den Lit-Rebellen Dave Eggers und dessen Magazin *McSweeney's*, um Kathy Acker oder ploog.com.

Cut-up bedeutet Ploog mehr als Fauser – wie der Essay »Der Raum hinter den Worten« aufzeigt. Doch Ploog und Fauser verband ohnehin mehr als die Experimente mit Tonband und Skalpell, Schere und Ponal. Sie flankierten ihr Schreiben gegenseitig, in Fanzines mit Counterscripts (Fausers »Good Night Ladies oder Das aussichtslose Ich« im Untertitel ein »Counterscript zu ›Good Afternoon / Dream Road‹ von Jürgen Ploog«, dito »Wer erschoß Graham Greene? – Counterscript zu ›Wer erschoß Salvador Dali‹ von Jürgen Ploog«, beide 1973). Außerdem publizieren sie jahrelang fast parallel, kreieren in der außerliterarischen Opposition ihre eigene Galaxie.

Betrachtet man, wem Jörg Fauser seine Bücher widmete – so er dies tat –, dann wird schnell deutlich, dass er dies nicht aus einer spontanen Laune heraus machte, sondern für Menschen, die in seinem Leben wirklich bedeutende Rollen einnehmen – in *Tophane* ist es Nadine Ruth Miller, *Der versilberte Rebell* gilt »Den Frauen des Südens«, *Requiem für einen Goldfisch* Carl Weissner, *Mann und Maus* seiner Tochter Petra, und seinen Eltern widmet er *Rohstoff*. *Der Strand der Städte* ist »Für Jürgen Ploog«.

Als im September 1974 die zweite Ausgabe von *Gasolin 23* erscheint, hat Jörg Fauser Frankfurt endgültig verlassen. Er wird in die Stadt nur noch für Besuche zurückkehren, Aufenthalte bei der Buchmesse, bei seinen Eltern. *Gasolin 23* bleibt er zusammen mit Weissner als ständiger Mitarbeiter erhalten. Seinen Beitrag für Nr. 3, die Erzählung »All you need is Istanbul«, schickt er auch Klaus Bär in Berlin, Herausgeber der *Volks-Revue*, der »Illustrierten für Ausgeflippte u. alle anderen Verrückten«, der sie 1975 abdruckt. In diesem Jahr schreibt er für den Hörfunk und die links-liberale Basler *National-Zeitung*, nach einem Besuch bei den Anonymen Alkoholikern Anfang August offenbar auch Passagen der Erzählung »Alles muß ganz anders werden«.

Und dann war da noch der 23. April 1975, für die deutschen Beats ein außerordentlicher Tag. Pierre Joris erinnert sich daran, als sei es gestern geschehen. Der vermeintliche London-Korrespondent von *Zoom* wohnte nun richtig und fest in der englischen Hauptstadt: »Ich übersetzte damals noch Celan und hatte ein paar Abende zuvor in Cambridge eine hitzige Diskussion mit Rolf Dieter Brinkmann. Das war am letzten Abend der ersten Cambridge Poetry Festivals. Er hielt es für völlig überholt, noch Paul Celan zu lesen, der sei nicht mehr relevant, nicht zeitgemäß... Und er ließ auch keins meiner Argumente gelten. Er war da so stur. Wirklich völlig stur, bis er sagte: ›Bin doch Nord-Deutscher‹. Das sei wohl was Deutsches an ihm, diese Sturheit. Ein paar Tage später waren wir zum Abendessen verabredet, bei mir zuhause – doch dazu kam es nie. Stunden nach unserem Gespräch kostete ihn diese Sturheit das Leben: dass er eben nur schnurstracks geradeaus ging und nicht nach links oder rechts schaute. Es war ein Spiegel, Mann! ... der Seitenspiegel eines Taxis erwischte ihn im Gesicht. Wie ein Knockout beim Boxen. Keine Wunde, kein Blut, es war gespenstisch. Dann musste seine Frau, nun Witwe, benachrichtigt werden. Sie kam, und ich half ihr mit den Papieren für die Überführung der Leiche – was sehr penibel durchgeführt werden musste, und dann noch in der Deutschen Botschaft, die wie ein Bunker war, war das doch noch die Zeit der Baader-Meinhof-Psychose...«

1975 erscheint *Gasolin 23* nicht, im Jahr darauf ein Chandler-Sonderheft. Weissner damals zu dem Abschied von Cut-up:

»Wir schminken uns die Sache langsam ab, damit's nicht langweilig wird.« Fauser liefert »Die Nacht, als mir keiner glaubte, daß ich Philip Marlowe war« und »Marlowe City«, eine Gemeinschaftsarbeit mit Ploog und Weissner. Die Musikzeitschrift *Sounds* staunt: »Bei *Gasolin* macht das Lesen wirklich wieder Spaß.«[148] Fast analog dazu schwärmt Wintjes' *Ulcus Molle Info*: »Viele dieser Stories haben etwas vom Drive eines guten Rock-Albums.«[149]

September 1977, in England tobt der Punk, in Köln wird Hanns Martin Schleyer entführt. Beides verändert die westliche Welt unwiderruflich, im größeren wie im kleineren, im trivialen Modekontext wie dem der BRD-Innenpolitik. Die No. 5 von *Gasolin 23* widmet sich, wie Monate zuvor entschieden, der Neuen Story. Immer noch *cutting edge*, mit den Fingern am Puls der Zeit, ganz nah dran, das Gegenteil der Museumsmentalität, mit der Kulturdienstler ihre Ikonen hegen und pflegen, entstauben und aufs Neue bewundern (gleichgültig übrigens, ob es sich bei den Ikonen nun um Thomas Mann handelt, Günter Grass oder Michael Jackson bzw. die Rolling Stones die Angst vor Risiko und eigener Meinung ist die gleiche). An der Zwischenbilanz, die Ploog und Hartmann in ihrem Editorial ziehen, ist ablesbar, wie sehr sich die Herausgeber zwar nicht einschüchtern, schrittweise aber ernüchtern lassen: »Wir wollten diese No. 5 der Neuen Story widmen, dem, was sich da, wo wir uns orientieren, an Möglichkeiten der Kurzprosa profiliert. Wie sich zeigte, sollte die Realisierung hinter der Projektierung zurückbleiben ... zwar gibt es Ansätze neuerer, befreiter und befreiender deutschsprachiger Schreibweise, aber uns schien, hier hat sich die Form noch nicht gesetzt, um Vorgänge und Abläufe sichtbar werden zu lassen: das Diskontinuitive in der Erarbeitung von Wirklichkeit drängt sich meist in den Vordergrund, was uns aber durchaus ins Programm paßt: eine vitale Alternative zur ungesunden Sterilität dessen, was hier so an handelsüblicher Literatur produziert und gefördert wird«... Nach Beiträgen von Sam Shepard, Ploog, Burroughs, Jack Micheline, Charles Plymell, einem Brief Neal Cassadys an Kerouac, Matthyas Jenny, Kollmann und Bukowski, dann Fausers Beitrag: »Requiem für einen Goldfisch«.

Im Rahmen von *Pop Sunday* beim Bayerischen Rundfunk mehr als ein Jahr zuvor gelesen, im Sommer '76 beim Saarländischen Rundfunk (verewigt auf der Doppel-CD *Fauser O-Ton*), ist »Requiem für einen Goldfisch« sicher eine der wichtigsten Fauser-Stories. Die Geschichte von Carl alias Johnny Tristano und der Königin von Saba ist schräg, in ihrem Genremix weit weg von der klassischen Shortstory, zugleich lodert die schnell angefächelte Spannung mit der Vehemenz eines Thrillers bis in die letzten Zeilen. Autobiografische Elemente und von Rausch verzerrte Wahrnehmung wechseln selbstverständlich und nachvollziehbar. Unvergesslich die Sachbearbeiter im Arbeitsamt, der »Türke, der eigentlich in die metallverarbeitende Branche wollte«, später der »trübe weißlich schimmernde kalte Haß in dem Auge« des Goldfisches – und eben die Königin von Saba alias Lola Love, die Königin im Exil: »und was hat sie? – 'n Wi scher.« Veröffentlicht in den Erzählbänden *Requiem für einen Goldfisch* und *Mann und Maus*, erscheint die Story sogar in den USA – 1983 in der Autoren aus Ost- und West-Deutschland vereinigenden Anthologie *Ber!in*.

»Gedichte, Poetry, Poésie, ausgewählt von Jörg Fauser« ist das Motto von No. 6, wo neben den üblichen Verdächtigen Beiträge von neuen und Münchner Bekanntschaften Fausers wechseln, darunter Helmut Maria Soik, für dessen *Exkurs über die mögliche Existenz der Hölle* er später das Nachwort schreibt, der Heidelberger Michael Buselmeier, der später *Trotzki, Goethe und das Glück* für *Die Zeit* rezensiert,[150] außerdem Jürgen Theobaldy, der in der Anthologie *Und ich bewege mich doch* fünf Gedichte Fausers präsentierte (neben Brinkmann, Zahl, Enzensberger, Delius, Grass, Höllerer und anderen); außerdem Helmut Eisendle (1939–2003).

Für den anhaltenden Status von *Gasolin 23* gibt es nachvollziehbare Gründe. Schon in der Hand fühlt es sich an wie das Werk von Profis, weit weg vom Look wilder Flugblätter, aber auch ohne Klimmzüge zu Hochglanz. Wie bei den Lit-Zines in Schwarzweiß zahlen letzten Endes die Macher drauf. Der langjährige Co-Herausgeber Walter Hartmann: »Bezahlt wurde immer nur der Drucker, soweit ich mich entsinne. Die drei Herausgeber hatten wohl beim ersten Heft eine entsprechende Einlage geleistet, und Abi Melzer hatte einen günstigen Drucker an der Hand. Wenn genug Geld durch Verkäufe da war, konnte man eine neue Nummer ins Auge fassen. Der Druck wurde ja nicht billiger, es gab später dann auch mehrfarbige und sogar mal ein Vierfarb-Cover. Nach der letzten Nummer wurde vorhandenes Geld an Autoren verteilt... wie das nun genau ablief, weiß ich nicht mehr.«

Trotzdem, nach Feierabend unter den Trinkern und Jung-Alt-68ern im »Schmalen Handtuch« und »Zur Traube« beginnt schrittweise die Entfernung von Ploog und Cut-up. Zu dem Einzug in ein möbliertes Zimmer in der Wiesenstraße 50 in Frankfurt-Bornheim im Sommer '72, unweit seiner neuen Kneipenszene, sagt Harry Gelb in *Rohstoff*: »Ich war daheim.« Fauser bleibt nicht lange in der Wohnung, zieht im Februar 1973 in die Wittelsbacherallee 97, zunächst, um die Wohnung der mit Theo Romvos[*] befreundeten Anne Wich zu hüten, dann in eine Dachmansarde im fünften Stock. Hier schließt Fauser mit Frankfurt ab, mit Cut-up, eines Abends beendet er hier sogar fast sein Leben.

Nirwana im Norden: Letzte Tage in Frankfurt

In jedem Schriftsteller steckt ein Kritiker, und der ist wichtig für seine Arbeit. Er mag wohlwollend sein, zu wohlwollend, aber er kann auch ein strenger Zuchtmeister sein. Wenn die Forderungen dieses inneren Kritikers die Zahlungsfähigkeit seines Gastgebers übersteigen oder wenn die Bezahlung in einer ungewöhnlichen Währung gefordert wird, kann es zum Bankrott kommen.

Eric Ambler in »Der Romanautor und die Filmleute«[151]

Zusätzlich zu Berichten und Erinnerungen der Weggenossen Jörg Fausers bieten seine Briefe in »*Ich habe eine Mordswut*« wertvolle Einblicke in das Innenleben des Schriftstellers. Zwischen der Rückkehr nach Frankfurt und dem letzten Abschied von der Stadt im Sommer '74 klafft in der Korrespondenz zwischen Sohn und Eltern eine drei Jahre währende Lücke. Gleichzeitig beginnt ein reger Briefwechsel mit Benno Käsmayr.[152]

In seinem vorletzten Brief an den Maro-Verleger – *Tophane* und *Die Harry Gelb Story* sind ausgeliefert – ist im März 1974 klar, dass im Leben Fausers ein Kapitel zu Ende geht. Das Fun-

---

[*] Dimitri in *Rohstoff*, R&B Bd. 2.

dament für die folgenden Jahre ist gelegt: Carl Weissner hat Aurel Schmidt von der Basler *National-Zeitung* vorgeschlagen, Fauser über den bei Maro und Kiepenheuer & Witsch veröffentlichten Bukowski schreiben zu lassen – der Beginn einer finanziell und kreativ erfolgreichen Phase. Das letzte Projekt mit Udo Breger – die Cassette *Junk City Express* – ist im Kasten, und dann folgt in dem Brief an Käsmayr der telegrammatische Endspurt: »Im Lauf des Jahres kleines Buch *Nirwana im Norden* (schon fertig) evtl. klappt es mit dem Hörspiel beim WDR [...] Bin mit dieser Stadt hier fertig. Ansonsten große Flaute, nichts wie Ablehnungen.«[153]

Zu den letzten Experimental-Projekten zählen Cassetten für Kollmanns POT »9-3«, die mit Theo Romvos erarbeitete Audio-Revue *Road to Morocco* und eben *Junk City Express. Eine Reise mit Harry Gelb und John Coltrane* für Udo Bregers expanded media editions. Danach muss es anders weitergehen, muss alles ganz anders werden. Fauser hat die Nase gestrichen voll. Nicht nur von Experimenten nach Feierabend hat er genug, auch von Gelegenheitsjobs und der Agit-Guerilla Frankfurts: »Es war kurz, nachdem wir *Junk City Express* gemacht haben«, vermutet Udo Breger. »Da rief er abends an, völlig niedergeschlagen und sagte: ›Pass auf, Udo, ich vermach' dir all meine Manuskripte, ich mach jetzt Schluss.‹ Ich habe gesagt: ›Mach mal keine Witze‹, aber er bestand darauf, er wollte ernst machen. ›Ich springe aus dem Fenster‹, hat er gesagt. Er wohnte damals in der Wittelsbacherallee, wahrscheinlich fünfter Stock, zwei Zimmer unterm Dach. Mit einem geschickten Sprung hätte man sich umbringen können. Und dann... Das erste Gespräch habe ich nicht ganz so ernst genommen, aber nachdem wir aufgelegt hatten, habe ich gedacht: Oh Scheiße, das hörte sich ernst an. Dann habe ich ihn wieder angerufen, und so haben wir uns mehrmals angerufen, das ging stundenlang, und zum Schluss waren wir beide so müde, dass ich dann eingeschlafen bin, und er war zu müde um sich umzubringen. Außerdem war aus der Situation, was immer den Anlass gab, dann die Luft raus. Ich habe ihn dann am nächsten Tag angerufen, vormittags, und da war er ein bisschen verkatert, und dann war diese Situation ausgestanden.«

Als Katalysator für den Drogenentzug war für Jörg Fauser Apomorphin sicher essenziell, Cut-up auf literarischer Ebene vermutlich instrumental, Freunde wie Breger, Hartmann, Ploog, Weissner ebenso wichtig und ermutigend wie der Umstand, dass Benno Käsmayr sowohl *Tophane* als auch seine Gedichte in *Die Harry Gelb Story* veröffentlichte. »Wie Fauser gelebt hat«,[154] so Wolf Wondratschek*, »habe ich erst später erfahren. In der Frittenbude, bei der Bornheimer Finnin und in irgendwelchen Löchern... Auf dem Sprung nach Istanbul und wieder zurück. Ein Mann, dem das Schreiben so wichtig war – er wäre nie clean geworden, wenn er nicht das Schreiben gehabt hätte. Und für das lohnte es sich, clean zu werden, und das war er dann.« Nach drei Jahren ist die Zeit der Kaschemmen und Milieustudien vorbei. Wer ernsthaft schreiben und davon leben will, der kann nicht nur nach Feierabend dichten. Im November 1973 weiß Jörg Fauser, dass er Frankfurt verlassen wird. Der Plan: Sobald er sein erstes Hörspiel verkauft hat, will er sich mit dem Honorar aus dem Staub machen, das Ziel: London. Eine der letzten Cutup-Textmontagen, ein Auszug aus den Aufnahmen mit Breger, wird zur Eintrittskarte in die Wochenend-Beilage der *National-Zeitung*. Am 4. Mai 1974 erscheint dort »One-Way Ticket«. Die Bukowski-Rezension[155] befindet sich bereits im Stehsatz. »Auch später«, so der verantwortliche Redakteur Aurel Schmidt, »hat er seine Texte meistens gleich geschickt. Wir haben nie lange über Themen diskutiert. Er schrieb, was er schreiben wollte, schickte das, und wir brachten das, so gut wie unverändert.«

---

* Fritz in *Rohstoff*, R&B Bd. 2.

II.
1974-1981
»Ich bin Geschäftsmann, das ist mein Business.«

Kapitel 4

Multimedial: Profi unterwegs

Spiel mir das Leben vorm Tod
(Hörspiele)

Vorbei die Zeit der schnellen Deals, der Undergroundfilme, der kiffenden »konkret«-Autoren, der durchreisenden Modelle, der freigebigen Autodiebe, der schlauen Imams. Die Party war aus. Jörg Fauser in »Der Weg nach El Paso«[1]

Anders als bei Leuten, die in einem Elternhaus aufwachsen, in dem Geld zwar nicht in Unmengen vorhanden ist, aber doch in einem Ausmaß, dass nicht ständig darüber geredet wird, gehört Jörg Fauser zu denen, für die ökonomische Zwänge immer eine Rolle spielen. Sein Vater war zumeist erwerbslos. Auch beim Sohn richtet sich der Blick immer wieder auf den Kontostand. Wer nicht von seinen Eltern subventioniert werden kann oder will, lebt selten von der Kunst alleine. Der Blätterwald ist nicht dürr, aber wer auf großen Bühnen mitspielt – d.h. für überregionale Tageszeitungen schreibt –, der kann seine Texte nicht mehrfach verkaufen; wer für viele kleinere Zeitungen schreibt, der schreibt irgendwann vor allem Rechnungen und Mahnungen. Aus diesem Grund ist für bundesdeutsche Autoren vor allem eine Geldquelle interessant. Ihre Produkte werden weniger beachtet, beworben oder besprochen als die in Schaufenstern ausliegenden Bücher, finanziell bringen sie mehr: Die Rede ist vom Hörspiel. Im föderalistisch organisierten öffentlich-rechtlichen Rundfunk gibt es hierzulande – gerade im internationalen Vergleich – viele Abnehmer, auch Mehrfachauswertung ist möglich, da sich die Ausstrahlungsgebiete kaum in die Quere kommen.

Dies diskutiert Fauser schon 1970 mit Carl Weissner, der seit »The Cutup Conspiracy«, »Dutch Schultz« und »Crash« weiß, dass man für einen Beitrag 3500 Mark bekommt. Das ist mehr als das Zehnfache von dem, was bei den Porträts für den Frauenfunk beim HR rausspringt. Im selben Jahr nimmt Fauser Kontakt auf zu Klaus Kuntze, beim WDR Klaus Schöning und auf Weissners Empfehlung hin zu Nikolaus Klocke beim Hessischen Rundfunk. Doch: nada. (Wobei anzumerken ist, dass er für Schöning später ein Theaterstück adaptieren und übersetzen wird, Louis Phillips' *Arbuckle's Rape* dessen Hörspielbearbeitung der WDR 1979 produziert.)

Radio ist – im Vergleich zu Print und TV – vermutlich das am wenigsten glamouröse Medium: Nix von der Aufregung, wenn Stunden nach dem Verfassen einer Story die Zeitungsstapel ausgeliefert werden, nichts von dem Kick, den ein Schreiber bekommt, wenn in seinem Lieblingscafé jemand in der entsprechenden Zeitschrift blättert, die Leute in der Straßenbahn über das Fernsehen vom Vorabend sprechen... Radio, das sieht man schon beim Betreten eines Senders, funktioniert und finanziert sich wie jedes Amt, jede öffentliche Behörde: Statt Mitarbeitern, die für Kicks Zeit und Leben verspielen, begegnen einem hier in endlos langen Korridoren, das Linoleum an den Rändern hochgebogen, Angestellte, die in der Kantine ausdiskutieren, wie Senderzusammenlegungen vermieden, Betriebsräte gestürzt werden können.

Durchaus mit der Öde großer Tageszeitungen vergleichbar, den von Fauser lautstark gehassten Hochschulstudiumsabsolventen und ihrer »Kulturjauche, in die sich so nett scheißen und an deren Scheiße sich so flott verdienen ließ«,[2] sind die Claims bei Sendern klar abgesteckt. Zumeist sind die Ressorts und ihre Aufgabengebiete durch mehr als Betonwände voneinander getrennt. Zwar horcht Arnfried Astel vom Saarländischen Rundfunk schon bei *Tophane* auf, lädt den Autor mehrfach ein, zwar schätzt auch Peter Faecke vom WDR den Dichter: »Daher habe ich auch ein-, zweimal, vielleicht sogar dreimal Sendungen mit ihm gemacht.« Doch Faecke ist wie Astel Literatur-Redakteur; für Hörspiel sind andere zuständig. Glücklicherweise entspricht immerhin im Saarland der kleine Dienstweg der Größe des Landes. Das wird sich auszahlen.

Der Kontakt zu Sendern besteht, und Fauser macht sich daran, Hörspiele zu verfassen. Das im Herbst 1973 fertige *Café Nirwana* wird vom WDR ein Jahr später aufgenommen (unter den Mitwirkenden neben Rolf Becker: Ploog und Weissner), im Dezember gesendet – und direkt danach diskutiert. Der

Form nach setzt Fauser auf ein ihm bekanntes Pferd, kein Favorit, aber eben ein vertrautes Biest: Ohne klare Narrative kommen mehrere für '68 typische Stimmen zu Wort. Konzipiert als Doku-Drama, tritt neben anderen ein Drugstory-Cowboy auf, der viel rumgekommen, an manchem fast umgekommen ist und für den die Welt ein Haufen Scherben ist, so zerstückelt wie die kommentierenden Stimmen. Der Titel identisch mit einem früheren Text Ploogs, ist *Café Nirwana* formal mit dem *Tophane/Aqualunge*-Doppel verwandt, thematisch jedoch vielschichtiger. »Die Münze für das Hörspiel«, informiert er Walter Hartmann am Tag der Ausstrahlung, »habe ich schon viel früher bekommen und davon praktisch das halbe Jahr bestritten. Wenn Du wissen willst, was ich zB letzten Monat reinbekam: so ca 350 Eier, ich muß 200 Miete zahlen, diesen Monat wirds kaum mehr, aber der Typ der damals mich gelinkt dh nicht bezahlt hat, hat sich aus Spanien gemeldet, er will die Münze schicken....«[3]

Nach der Aufnahme am 30. Oktober 1974 geht es mit einigen WDR-Leuten weiter zu einer Ton-Technikerin, wo nachts alle gebannt vorm Fernseher sitzen: Nachdem ihm sieben Jahre zuvor der Titel aberkannt worden war, weil er sich weigerte, in Vietnam für die USA seine Brüder abzuknallen, begibt sich Muhammad Ali in den Ring – für einen seiner legendärsten Fights. Im Januar hatte er Joe Frazier in zwölf Runden besiegt, nun tritt er in Zaire an gegen den amtierenden Champion George Foreman. Favorit ist Foreman, ein unbesiegter, junger harter Kerl, der Frazier in der zweiten Runde mit K.O. besiegte. Promoter Don King hat die Werbetrommel für den »Rumble in The Jungle« gerührt, Autoren wie Norman Mailer und Hunter S. Thompson sind gekommen, um an dem Mythos zu stricken, noch bevor Ali seine Reputation als der Größte untermauert – mit der Strategie des »rope-a-dope« hängt er wiederholt in den Seilen, steckt ein, was Foreman austeilt. Vergessen der tänzelnde Schritt Alis, Runde um Runde lässt sich der Rückkehrer zuhämmern. Als seinem Gegner in der sechsten Runde Luft und Kraft ausgehen, beginnt Ali mit seiner bislang eher passiven Führungshand – und streckt Foreman zwei Runden später zu Boden. So unvergesslich wie die Übertragung der ersten Mondlandung. Alle Welt lernt bei dem Fight, dass neben dem Austeilen auch das Durchhalten, das Einstecken und das unermüdliche Wiederaufstehen nicht zu unterschätzende Qualitäten sind. Außerdem lernt Jörg Fauser an diesem Abend die WDR-Redakteurin Gretel Rieber kennen. Wochen später zieht er bei ihr in Köln-Zollstock ein. Mit dem Regisseur Joachim Sonderhoff betreut sie unter Mitarbeit von Henryk M. Broder, Tom Schröder, Hans-Jürgen Haug u.a. beim WDR-Hörfunk die Reihe *Panoptikum*, bei der collagenartig O-Töne mit Musik und Kommentaren vermischt werden, zusammengehalten von einer durchgehenden Stimme. »Jeder bekam 500 Mark, über jedes Manuskript wurde abgestimmt. Die Männer hatten alle Bärte, auch Broder, der der hübscheste von allen war, mit Fedora auf dem Kopf«, erinnert sie sich. »Wenn man sich die Beiträge heute anhört, überrascht es einen, wie frisch die immer noch sind.« So ergibt es sich, dass Fauser für *Panoptikum* ein paar Texte schreibt, bevor Rieber im Frühjahr '75 nach Marokko und er nach mehreren Beiträgen für den *Panoptikum*-Nachfolger *Radiothek* zurück nach München geht. Mit Gretel Rieber bleibt er in Kontakt. Er besucht sie während ihres einjährigen Marokko-Aufenthalts im Sommer '75, was er für einige Gedichte und Reisereportagen auswertet, außerdem für die Erzählung »Touristen II.«, die genauso wie »Touristen I.« – über den Griechenland/Türkei-Trip mit Barbara Hirschfeld – verschollen ist.

Als das Hörspiel *Café Nirwana* über den Äther geht, lebt Fauser – abgesehen von dem Kölner Zwischenspiel – seit einem halben Jahr in München. Beim SR, WDR und BR versucht er ein im Sommer mit Broder Boyksen geschriebenes Hörspiel zu verhökern. *Die von der Reservebank, oder: Wenn wir drankommen, ist das Spiel hoffentlich verloren* will als ironischer Küchenrealismus verstanden werden, die beiden Autoren »waren jetzt dreißig oder darüber, wir spürten, daß wir unsere Zähne nun auch in ein Stück des Kuchens schlagen und den dann auch essen müßten.« Boyksen, überregional bekannt als Undergroundfilmer Dimi, in seiner Zeit im Herzog-Haus über die Grenzen Münchens hinaus legendär aufgrund nicht verebbender Vorräte an Betäubungsmitteln, aber auch dank der davon angezogenen Freaks, Hippies, Irr- und Wirrköpfe ist im Sommer der Fußball-WM mehr als ein Schreibkollege, mit dem Fauser im Garten unter Birnbäumen fabuliert und plant und träumt. Dimi ist eine Inspiration, unheimlich belesen, war freier Autor bei *konkret*, als dort noch Ulrike Meinhof ihre Kolumnen verfasste. Seine Berliner Polit-Vergangenheit reicht weiter zurück als Fausers – und beinhaltet vergleichbare Schattenseiten. Boyksen und Fauser beschäftigen sich kaum mit der Vergangenheit, beispielsweise Dimis tête-à-tête mit dem Callgirl im Café Kranzler, »quer durch eine Ansammlung tortenessender Schlußverkäuferinnen schritt sie – schwebte sie – direkt auf mich zu, peilte meine karierte Jacke an, die ich wie verabredet trug. Ich erhob mich zur Begrüßung, stieß ihr einen Stuhl in die Kniekehlen. Zigaretten anbieten. Lieber die eigene Marke? Handtasche auf, Handtasche zu. Feuer geben, erstes Streichholz bricht, zweites brennt. Serviererin winken: Kaffee? Tee? Kakao? Kuchen? – Kaffee! – Mit Sahne? Nein, ohne.«[4]

Vielmehr erkennen Boyksen und Fauser Parallelen, vergleichbare Zwischenstopps auf dem Weg zum heute, zu dem Hörspiel. Zwiespältig ihre Berlin-Erfahrungen, mehr jenseits als innerhalb der Grenzbereiche westdeutscher Normen verlaufen ihre Lebensläufe. Schon 1965 schrieb Boyksen über Rauschgift und Komparsen seiner Berliner Subkultur-Clique (u.a. Axel Bullert, Christian Blechschmidt, Natias Neutert) – in *konkret*. Sowohl Dimi als auch dessen Artikel kommentiert Hubert Fichte,[5] selbst weder in Berlin noch in der Szene noch Teil dieser Generation. Der mehr dokumentierende als erlebende Fichte ehrt Broder alias Dimi alias Dimitri alias Dimitrius Boyksen auch mit einem weiteren Spitznamen: »Zitadelle«, in Anspielung auf eine Zitierfreude, der eine außerordentliche Belesenheit zugrunde liegt. Von Leuten aus jener Zeit kann man über Boyksen viel hören, sehr sehr viel, das meiste aus den Nebeln narkotischer Nächte, Reminiszenzen in Technicolor-3D, Erinnerungen ans Herzog-Haus, wo Ende der Sechziger anscheinend jeder Drogenkonsument einen Zwischenstopp eingelegt hat.

Mit diesem Boyksen sitzt Fauser im Sommer 1974, ernüchtert aber nicht zynisch, weder verbittert noch naiv in Ramersdorf am Stadtrand Münchens und schreibt ein Hörspiel, skizziert ein weiteres. Als Fauser von diesem Sommer und diesem Literaturkenner »D.« erzählt, Jahre später in »Der Weg nach El Paso«, ist sein Ton denn auch anders als der von Fichte. *Die von der Reservebank* handelt von Münchens Dichtern der Nacht, von Träumen und Wünschen, die zwischen Viktualienmarkt, Geltungs- und Alkoholsucht schwanken. Sie sind, so das Exposé zu dem Hörspiel, »die Reserve einer schweigenden Minderheit, die hofft, in kein ›verlorenes Spiel‹ geschickt zu werden.«

Alles schön und gut, das Schreiben und Umschreiben und Tippen und Träumen ist noch zu bewältigen, aber das beim Rundfunk vermeintlich so leicht gemachte Geld verdient dann doch keiner am Schreib-, sondern am Verhandlungstisch. Nach langem Hin und Her willigt schließlich Werner Klippert vom SR ein. Jörg will das Stück mit ein paar erfahrenen Leuten in Eigenregie produzieren. »Es geht ja darum«, erinnert Fausers Freund Carl Weissner, »dass einer aus der Psychiatrie ausbrechen will. Und das hat sich hingezogen... Ich kann mich vor allem daran erinnern, wie ich mit dem Text dauernd die Treppe rauf- und runtermarschierte... und immer fast auf die Füße des Toningenieurs, der auf Socken mitlief.« Weissner gehört zu den »erfahrenen Leuten«, die bei der Produktion mitwirken. »Wir haben das alles außerhalb aufgenommen, nicht im Studio. Der Klippert hat sicher nicht gewusst, dass ich in meinem ganzen Leben noch nie Regie geführt hatte. Und später, als er das fertige Tape gehört hat, sagt er: Wissen Sie was, Herr Wiessner [sic!], ich reich das zum Prix Italia ein!«

Unter Kennern sorgt vor allem der Beitrag des WDR-Musikredakteurs Heinz Trenczak für Hochachtung: »Er hat einen Irrenhäusler dargestellt, der auf der Blockflöte immer dasselbe merkwürdig nervige Stück spielt: fängt an mit den ersten Takten von *El Condor Pasa*, die Melodie schraubt sich hoch, und eh sie ganz oben ist, geht sie über in Beethovens *Albumblatt für Elise*. Völlig abgedreht. Der Junge war nicht mal auf Drogen. Hat eben Musik studiert und bot uns diesen wunderbaren Einfall an. Als das die Musikkenner im Funkhaus gehört haben, sind sie vom Stuhl gefallen. Wir hatten überhaupt eine ausgefallene Crew beisammen. Monika Baumgartner vom Mannheimer Nationaltheater war dabei, und Manfred Sexauer musste in eine Kneipe mit feindseligen saarländischen Trinkern reinkommen und ein kommunistisches Kampfblatt anpreisen. Und jeden Abend wurde ein Teil des Honorars in diesem französischen Ausflugslokal gleich hinter der Grenze verprasst. Das war eine Spitzenadresse, ist es wahrscheinlich heute noch.«

Weder bei der Produktion noch abends bei »Schneider« in Wölfingen ist Co-Autor Broder Boyksen anwesend. Monate bevor das Stück über die auf der Reservebank Sitzengebliebenen gesendet wird, ist er tot. In Fausers Worten ein »Schriftsteller, obwohl er nie ein Buch veröffentlicht hat«, setzt Boyksen seinem Leben am 2. März 1975 ein Ende. Er erhängt sich mit einer Telefonstrippe. »Der Literarischste« aus der von Fichte beäugten Berliner Subkultur-Clique ist nach Bullert und Blechschmidt der dritte, der sein Leben eigenhändig beendet. Fichte, der 1935 in Perleburg geborene, zeitlebens wie ein Ethnologe dokumentierende Beobachter, Archäologe des Underground, inzwischen selbst verschüttet gegangen und vergessen trotz Mitgliedschaft im Club der Hochkultur, stirbt 1986 in Hamburg an den Folgen von Aids.

Zum Jahreswechsel 1974/75 arbeitet Jörg Fauser an einem »Kerouac-Hörspiel«, von dem er im Januar etwa die Hälfte (zwanzig Seiten) hinter sich hat. Jürgen Ploog teilt er im November mit, es sei »praktisch unverkäuflich. Beredtes Schweigen. Dafür hab ich einen ganz schönen K-Artikel für *Sounds* geschrieben, ziemlich umfangreich, wird denen schwer im Magen liegen.«[6] Wieder zeigt sich, dass Printmedien zwar weniger Honorar einbringen, dass sich im Blätterwald aber eher Abnehmer finden lassen. Den »ganz schönen K-Artikel« sendet der Süddeutsche Rundfunk, druckt *Sounds* in abgewandelter Fassung als Zweiteiler 1976/77. »Die Legende des Duluoz« ist einer der Highlights des Literatur-Reporters Jörg Fauser. Der schleppend angelaufenen Zusammenarbeit mit *Sounds* gehen eine Abrechnung mit dem Landhaus- und Kaffeekränzchen-Krimi englischer Manier voraus, außerdem die Kritik einer Ginsberg-Lesung in München.

Fast ein Jahr nachdem Fauser mit dem Klinkenputzen in der Sache aufgegeben hat, plant der Saarländische Rundfunk die Produktion des Kerouac-Hörspiels *Der Tod der Nilpferde* unter der Regie von Peter M. Ladiges, der für den SWF die Hörspiele Hubert Fichtes hauptberuflich betreut – an die vierzig Produktionen von 1968 bis 1987. Aufbauend auf Kerouacs Roman *Die Verblendung des Duluoz* kolportiert das Hörspiel die Beat-Clique von New York City – in deren Zentrum sich Jack

Kerouac, Allen Ginsberg[*], William S. Burroughs und Herbert Huncke befinden. Eine Montage aus authentischen Echtaufnahmen, nur eben dass diese Schnappschüsse zwar von Fauser entwickelt, original jedoch von anderen gemacht worden sind: *Der Tod der Nilpferde* – benannt nach dem von Burroughs mit Kerouac skizzierten Roman *And the Hippos were Boiled in their Tanks* – spielt im Geburtsjahr Fausers, 1944. Es ist ein klassischer Stoff: Die Identitätskrise und Sinnsuche der Neuen Wilden, entrückt aber nicht unberührt vom Zweiten Weltkrieg. Burroughs' Frau Joan Vollmer ist noch am Leben, dann folgt im Sommer die Ermordung des homosexuellen Dave Kammerer durch Lucien Carr[**] – der Burroughs, Ginsberg und Kerouac einander vorgestellt hatte. Der Stoff von Legenden, in der Tat so aufregend, dass er mehr als zwei Jahrzehnte nach Fausers Hörspiel erneut aufgegriffen und mit Kiefer Sutherland und Courtney Love als *Beat*[7] verfilmt wird (»Vier Dichter. Zwei Morde. Eine wahre Geschichte«) – wobei die von Fauser behandelte Episode hier lediglich den ersten Akt ausmacht. Was für Fauser lange nach Drei-Dichter-Vier-Fassungen-Zwanzig-Ablehnungsschreiben aussieht, das »praktisch unverkäufliche« Hörspiel wird 1978 von Matthyas Jenny in einem »Burroughs Special« der Zeitschrift *Nachtmaschine* komplett abgedruckt und auch nach Fausers Tod wiederholt gesendet. Anlässlich einer Ausstrahlung im Jahr 2001 resümiert die *FAZ*:

> Fraglich ist, warum dem Hörspiel selbst das Schicksal der Nilpferde zuteil wurde, da es seit vierzehn Jahren im eigenen Saft schmort. Gerade dreimal wurde es bisher gesendet. An der Inszenierung mit ihren flüssigen Dialogen, dem latenten Bebop und den hervorragenden Sprechern kann es nicht liegen. Das meckernde Lachen Claudes (Christoph Quest) wirkt ungekünstelt, seine Abneigung gegen den notorischen Besserwisser Kammerer macht Walter Hilsbecher verständlich. Der unvermeidliche Christian Brückner als Irwin darf ausgelassen im Hintergrund rufen und später ernsthafte Lyrik vortragen. Matthias Ponnier als Jack gibt sich bald als väter-

---

[*] Irwin in *Der Tod der Nilpferde*.
[**] Claude in *Der Tod der Nilpferde*.

licher Erzähler, bald als irritierter Mitläufer, der die Geschichten aufschreiben möchte, die die anderen erleben.[8]

Ähnlich der Entwicklung des Dichters verlaufen die Stilmutationen seiner Hörspiele: Erst Mosaik, dann Kollaboration,[9] dann Hommage, letztendlich naturalistisches Erzählen; analog der inhaltliche Bogen: Drogen, Generation '44 und US-Beats hin zu der Welt der kleinen Leute mit ihren Träumen und Trinkhallen. Set und Personal haben sich in *Für eine Mark und acht* endgültig von Unruhen und Agitation der 68er Generation abgenabelt; zugunsten der Nebenwelt und –bühne kleinbürgerlicher Stehimbisse und Wasserhäuschen. Unpolitisch oder gleichgültig sind Fausers Beobachtungen auch in diesem Milieu nicht – Rassismus, Rollenverteilung und Medienkritik kommen am Rande vor, ganz ohne Ausrufezeichen. In den Kneipen Bornheims, vor sich ein Bier für eine Mark und acht, wägt Harry diverse Selbstmordmethoden ab, und Mannie schimpft einen Satz so profan wie trivial: »Was die Mensche für Viecher sin, mer solls net glaube, ihr Leut.«[10]

1978 und 1981 sendet der Hessische Rundfunk *Für eine Mark und acht*, Jahre später verfilmt es Romuald Karmakar als *Frankfurter Kreuz*. Der für *Der Totmacher* preisgekrönte Regisseur verlegt die Tristesse-Studie auf den letzten Abend vor dem Jahr 2000, doch »leider wird auch bei Karmakar kein Film draus«, urteilt die *taz*. »Mit Theaterleuten wie Michael Degen, Manfred Zapatka oder der total souveränen Dagmar Manzel besetzt, entwickelt sich der Jammer in langatmigen, stimmungsmäßig irgendwie bluesartigen Einstellungen [...] Am Ende tanzt Harry dann mit einer Blondine, und der Film schleicht sich still zur Tür hinaus.«[11] Skurrile Koinzidenz am Rande: Michael Degen übernahm in Fausers Hörspiel *Der Tod der Nilpferde* noch den Part von William S. Burroughs, bei Karmakar ist er Walter, der Wirt der Trinkhalle.

Das letzte verwirklichte Hörspiel von Fauser – *Romanze* – beginnt mit der Vorstellung von Fausers alter ego, einer Art Cousin von Harry Gelb:

Ich heiße Johann Tristano. Man nennt mich Johnny. In einer großen Stadt in Mitteleuropa lebte ich allein vor mich hin, ließ ich mich früher treiben, existierte ich später in einer Erstarrung – wie unter Eis. Vor Jahren noch Teil einer großen Unruhe und äußeren Verwüstung war ich dann unter einer Ruhe gefangen, unter der ich inwendig zitterte; und einem Schlaf, der nicht erfrischte und veränderte, sondern lähmte und vereinzelte. Immer weniger konnte ich mit der Welt anfangen, immer weniger sie mit mir. In der Veränderung erkannte ich nurmehr Zerstörung. Was erhalten blieb, war nurmehr Angst.

Romanze handelt von einer Liebelei auf Ibiza. Ausgangspunkt hierfür war möglicherweise eine mit Boyksen diskutierte Idee – »siebzigjährige Dame reist mit Neckermann nach Teneriffa, wo sie ihren dritten Frühling und auch sonst allerlei Staunenswertes erlebt.« Der Arbeitstitel des im Frühjahr '77 als »Ibizahörspiel« bezeichneten und mehrfach abgelehnten Werks war noch im Sommer '76 *Ein herrlicher Tag*. Ein Mitarbeiter des Saarländischen Rundfunks erinnert sich an die Realisierung recht gut. 1923 geboren, ab 1965 Chefdramaturg beim HR und NDR, leitet Werner Klippert von 1970 bis zu seiner Pensionierung die Hörspielabteilung des SR: »An *Tod der Nilpferde* erinnere ich mich nur vage, wir haben im Lauf der Jahre wahrscheinlich an die tausend Sachen gemacht. Aber das auf der Insel: ja. Weil das viele Außenszenen hatte, haben wir viel im ›toten Raum‹ gemacht. Jörg ist ja immer wieder nach Saarbrücken gekommen, wir haben dann oft im ›Rebstock‹ gesessen, das war ein Weinlokal Nähe St. Johanner Markt, in der Altstadt. Wenn er hier war, bei Arnfried Astel oder bei mir, dann ist er einfach von der einen Redaktion in die andere gegangen, das war bei uns kein Problem.«

Was zum Ende von Fausers Frankfurter Zeit als willkommene PR für *Tophane* begonnen hat, ist zu einem veritablen Nebenjob geworden. Das Honorar für ein Hörspiel dürfte je nach Länge des Stücks zwischen 1050 und 3000, später 4000 Mark betragen. Außerdem liest er während der Münchner Jahre im Radio regelmäßig Gedichte und Kurzgeschichten, für die 300 bis 400 Mark abfallen. Arbeiten dieser Art enden mit dem Umzug nach Berlin 1980/81.

Kulissen-Schieberei: *C'est la vie Rrose*

Auf Drehbuchautoren einzudreschen, ist in Hollywood ein Sport wie die Hetzjagd; jeder im Business glaubt, schreiben zu können, wenn sich nur die Zeit dafür finden ließe. Dass Autoren die Zeit finden, belegt ihre minderwertige Position in der Nahrungskette. John Gregory Dunne[12]

Einer der ältesten Freunde Jörg Fausers in München ist Karl Günther Hufnagel. Seiner Verehrung für dessen Werk tut er Ende der Siebziger mehrfach kund – in der *Basler Zeitung*, bei *Tip* und *lui*. »Unser Verhältnis zueinander war so eine Art Lehrer/Schüler-Verhältnis«, so der 1928 geborene Hufnagel. »Von ihm her gesehen, sicher. Er war ja sechzehn Jahre jünger!« Als Schriftsteller seit langem nicht mehr zwischen Klappendeckeln in Erscheinung getreten, begegnen sich die beiden erstmals bei Dimi. Während der zweiten Hälfte der Siebziger und der zweiten Münchner Zeit in den Achtzigern treffen sie sich regelmäßig und stets außerhalb aller anderen Münchner Autorenzirkel. »Wir hatten auch unsere Widersprüche, schreiben ja ganz anders. Er war ein junger Freund, ich war nicht sein Lehrer, das will ich nicht sagen. Aber was er in mir gesehen hat, da war ich mehr... Für mich war er ein junger Freund; mit dem ich auch was unternehmen konnte.« Hufnagel, nach zwei Büchern 1960 und 1961 bis Ende der Siebziger als Schriftsteller nicht öffentlich aktiv, lebt von Hörspielen und Drehbüchern. »Mit Stenzel habe ich meinen ersten Fernsehfilm gemacht, so habe ich den kennengelernt.«

Außer *Fick-Fuck* hat Hufnagel 1970 mit Hans-Christof Stenzel zwei Filme gemacht. Den Regisseur trifft Fauser im März 1976, um Dialoge für eine *Hommage à Marcel Duchamp* zu schreiben. Zwar reserviert, aber man setzt sich zusammen, bespricht die Sache: ein ZDF-Film über den mit »Readymades« zu einem Pop-Art-Pionier avancierten Objekt- und Konzeptkünstler Marcel Duchamp. Was der Autor nicht weiß: »Im Januar etwa hat Stenzel mir sein Manuskript gezeigt«, erinnert sich die Schauspielerin Y Sa Lo. »Er wollte, dass ich spiele: Marcel Duchamp. Christof, habe ich gesagt, ich spiele nicht Marcel Duchamp, ich spiele womöglich eine männliche Figur als Imagination, aber nicht so. Das Drehbuch war unter jeder Kanone. Das geht nicht, habe ich ihm gesagt.« Immerhin:

Stenzel trödelt nicht lange rum. Er bietet Fauser an, als Autor mit der Crew nach Übersee zu fliegen, und tatsächlich: Wochen nach dem Treffen beginnen die Dreharbeiten. In Hollywood. Die komplette Crew wohnt im Stardust Motel am Sunset Boulevard. Schon diese Erfahrung, mitten drin in einer Filmkulisse, Starlets und Agenten in ihren Cabriolets, eine Temperatur und Stimmung wie im gemächlicher tickenden Mexiko, dazu der Geruch aus dem Taco-Imbiss nebenan, schräg gegenüber die Offices von Plattenlabel-Magnat David Geffen, aus einer Stretch-Limo steigen ein paar Typen, die aussehen wie Obdachlose, der Türsteher reißt die Glastüren auf, als handelte es sich bei den Typen um die Aristokraten von übermorgen. Daneben ein Café, das sich französisch geriert, neben der Almhüttenkulisse des Tätowierstudios drei Häuserfronten weiter aber affig und anziehend zugleich aussieht... Wie im Kino. Nur dass die Leinwand hier 360° misst, dass hier Stars und Starlets an einem vorbeischlendern, als sei es das normalste auf der Welt, wenn man hier auf dem Bürgersteig steht und gafft, wie der *little kid* aus Frankfurt-Bornheim – »*Man!, from Frankfort-Born-Hyme, Bornheim!*« Und bei der Crew dabei: diese irre Y Sa Lo, dann das bayrische Regisseur/Producer-Paar... Hier würden, hier haben, hier werden schon immer und immer wieder Menschen aus niedersten wie nobelsten Motivationen zu Stars und zu Schnorrern des Sternenstaubs, zu Straßenhuren und Schiebern. Die Frage, zu welchem Preis man das dann macht, sich vornüberbeugt oder auf die Knie geht, die Frage erübrigt sich, bei der Kulisse, in der man hier rumstiefelt.

»Jörg«, erinnert sich Y Sa Lo, »hat sich die ganzen Texte aus den Fingern gesaugt, und nachts hat er sie dann mit mir einstudiert. Ich musste morgens um sechs wieder raus, habe ja ab acht gedreht, und Jörg war zusätzlich noch Toningenieur, er hat dann die Angel gehalten. Und Stenzels Regie... der bellte rum... Und dann sang Jörg ganz leise Dylan: *Hot chili peppers in the blistering sun / Dust on my face and my cape / Me and Magdalena on the run / I think this time we shall escape.*[13] Das hat mich wieder lockerer gemacht, eingestimmt, und dann konnte man wieder spielen.« *C'est la vie Rrose* – so der endgültige Titel – wird für Fauser zu »einer Art Movie Mission Impossible«.[14] In Los Angeles trifft er zum ersten Mal Charles Bukowski. »Wir haben ihn um elf Uhr früh getroffen«, so Y Sa

Lo. »Jörg hatte ein Sixpack eingekauft und nahm mich mit. Er stellte mich vor als seine Assistentin, nun durfte also ich das Mikrofon halten und seinen Recorder tragen. Bukowski wohnte in einem Vorort von L.A., farbige Wände, an der Wand ein Indianer-Teppich, Bukowski in so einer Art Hausanzug. Er drehte sich eine Tüte, machte sich ein Bier auf und sprach. Was mir auffiel: Er sprach mit einem Kollegen, einem jungen Kollegen, und dem gab er Tipps. Davon gibt es auch eine Aufnahme, und die ist phänomenal. Denn das war schon eine sehr elegante Art, wie Bukowski – der ja unser Spiel schnell durchschaute – auf sehr elegante Art, auch weil er Jörg nicht bloßstellen wollte vor mir, da mitspielte. Plump ausgedrückt: Jörg gab er Unterricht und mir die Weisheit des Schriftstellers. Als seine spätere Frau vorbeikam, hat er einfach eine neue Kurzgeschichte vorgelesen – und dabei meine Reaktionen beobachtet und nebenbei Jörg erklärt, warum er das so macht und nicht so. Ganz, ganz fantastisch.«

Zurück zum Film, der Movie Mission Impossible. Auf drei Wochen in L.A., Las Vegas, Salt Lake City, Montana und Memphis folgen drei in New York, einquartiert am Rand von Spanish Harlem. Lange nach Mitternacht, die Musik ist verstummt, die Hydranten verspritzen ihr Wasser, die Katzen beobachten die Ratten – und es ist immer noch heiß, am Riverside Drive. Auf sechs Wochen Dreharbeiten folgen drei zur fast freien Verfügung, in denen er mehrere Straßenpoeten und Neo-Beats besucht, deren Telefonnummern und Stammkneipen / Hang-outs ihm Carl Weissner zugesteckt hat. Wer Amerikas Städte und das Wetter und die Menschen kennt, ihre Airports und Burger-Joints, weiß, dass so ein Trip himmlisch ist; gerade beim ersten Mal. Wer jemals mit mehreren Leuten kreativ an einer Sache gearbeitet hat, weiß, wie sehr das die Hölle auf Erden sein kann. Das ewige Umschreiben der Dialoge schlaucht, erscheint manchmal wie Schikane, dann wieder sehr lehrreich. Hinzu kommt das Zittern um Budgets, hektische Terminkoordinierungen, der Schweiß, wenn man im Verkehr feststeckt... Die ersten Eindrücke, die Impressionen von Los Angeles fließen in Artikel über Poeten, welche tief in den Neon der City of Angels geblickt haben, also in Elegien über Chandler und Bukowski. Sie fließen auch in diverse Gedichte sowie die Reiseportage »American Highballs«, wo sich Faszination und Kulturschock gegenüberstehen, im Schatten der Armut und dem Licht des Neon – von der legendären Biker-Bar *The Nest* den ganzen weiten langen 15-Meter-Fußmarsch auf die gegenüberliegende Seite des Hollywood Blvd., rüber zum Stehimbiss, wo man »in einer guten Nacht [...] gefixt, gelinkt, gevögelt, verhext, gegrillt, geraucht, barbiert, tranchiert und anschließend abgekaut und durchgehackt und ausgenommen morgens um 6 an der Theke vom Nest wieder abgestellt werden«[15] kann.

Ein weiterer Bonus kommt für Fauser während der letzten drei Wochen an der Ostküste, wo er in Baltimore Charles Plymell trifft. Die Begegnung mit Plymell, liiert mit Pamela Beach (Tochter von Claude Pélieus Gefährtin Mary Beach), und anderen neuen Post-Beatniks beschreibt er in einem Gedicht und für die *Basler Zeitung* in »Die Vision vor dem Tode«, einem Artikel, der seiner Laufbahn als Literatur-Reporter ungeheuren Drive verleiht. Als direkte Folge hiervon werden Artikel für das *Zeit-magazin* und *Playboy* geplant, geschrieben – und manche auch gedruckt. »Dichter in New York« ist mit über vier Minuten Länge das längste Gedicht auf der Doppel-CD *Fauser O-Ton*, kaum codiert sind hier der Straßenpoet Jack Micheline, Charles Plymell und Michael Scott Cain, später Professor am Catonsville Community College in Maryland. Plymell, als Herausgeber des *Coldspring Journal* der erste, der Fauser auf englisch publizierte, erinnert sich an seinen deutschen Freund als einen »*Professor Emeritus of the Underground*. Er macht eine außerordentliche Figur im Schatten des universalen Zugs. Seit den 60ern haben die Züge den Bahnhof verlassen, beladen mit Lügen und Lügnern – Kommerz, der die Konsumenten fett gemacht hat. Sie sind fett geworden von den Lügen und haben Unschuldige und Künstler mitgerissen. Für den, der im Schatten steht, gibt es keine Heilung. Er hat immer Visionen, die die anderen nicht wahrnehmen.« Plymell, indianisches Blut in den Adern, Hippie-Urgestein in Cherry Valley, war '76 wie Fauser abgeturnt von der Wolke, auf die sich Ginsberg mit seiner Spiritualität begeben hatte. Fauser kannte das von Hadayatullah Hübsch, Revolutionierung des Ego mittels asiatischer Religion bei gleichzeitiger Karriere im etablierten Apparat (der eine an der Uni, der andere als Pausenclown der *FAZ*); und Plymell kannte Ginsberg persönlich. Wie und wo sieht Plymell den Menschen Fauser, gerade im Vergleich zu Buk und Beats? »Im

Vergleich dazu am ehesten zwischen Burroughs und Bukowski. Eine Kombination des Super-Realisten dieser Welt (und anderer) – mit dem Realisten der Straßen und Kneipenkloppereien. Faust mit einem Schuss Metaphysik.«
Schnitt, zurück zum Film.

C'est la vie Rrose ist ein für die Zeit typischer Arthouse-Film, voller Ambition, die Kunstwelt zu erquicken, schräg, inklusive Auftritt eines schachspielenden John Cage, spontanem Striptease Hannah Wilkes im Philadelphia Museum of Art, Fedora und ein Anzug wie aus *Saturday Night Fever* nur knapp verdeckt von Duchamps im Vordergrund unscharf wahrnehmbarer Installation *Die Neuvermählte, von ihrem Junggesellen entkleidet, genau das* (auch bekannt als *Das große Glas*).

Kulturell wie wirtschaftlich ist das Jahrzehnt auf den Hund gekommen, der Tritt ins Gesicht, den Punk allem vorangegangenen gibt, kommt nicht von ungefähr. Die Siebziger sind 1976 faltig und abgehalftert, die schwingenden Sechziger sind seit der Ölkrise passé und Vergangenheit, der Neue Mensch kam nicht, auch wenig wirklich neue Hoffnung. Bei der Verleihung des Deutschen Filmpreises erhält Stenzel am 24. Juni 1977 in der Kategorie »Regie, Drehbuch und Musikdramaturgie« das Filmband in Gold, in der Kategorie »Programmfüllende Filme ohne Spielhandlung« Silber. Prämie hierfür: DM 100.000,-. Für Stenzel ein Highlight, der noch in dem ersten Band seines im Jahr 2000 von Frau Stenzel verlegten Buches *Kannibalenblut oder Das Abendland ist ein Irrtum* strahlt. »Es ist eine Hommage an Marcel Duchamp«, so Stenzel.[16] »Ganz offensichtlich komme ich wieder auf einen meiner Filme zurück, auf *C'est la vie Rrose*. Da gibt es eine Menge Schreibfehler, und die sind nicht alle unabsichtlich.« Der Dialogschreiber erhält 500 Mark plus Spesen – sowie das Versprechen, beim nächsten Streifen 20.000 zu bekommen, die erste Hälfte nach Ablieferung des Scripts, die zweite bei Realisierung. Honorarerhöhung um den Faktor 40? Hat das der Regisseur je ernsthaft geplant? »Das«, nickt Hufnagel dazu, »ist bei dem Stenzel so. Immer schon. Ich war mal dabei, da hatte er gerade einen Abschluss mit irgendeinem Mädchen gemacht, und da hatte er eine etwas verrückte Person als Helden genommen, dem hat er eine Flasche Dornkaat gegeben, und das war's. So hat der das gehalten.«

Der Trip in die USA, der Blick hinter die Kulissen, überhaupt Stenzels Geste, solch einen Novizen mitzunehmen, war wohl ausschlaggebend, wenn Fauser sich nicht laut über dieses Geschäft beklagt hat. Es hat ihm auch viel gebracht. Ist es nicht das, worum es einem Schriftsteller geht, Erlebnisse? Bleibend ist auf jeden Fall die Freundschaft zu Y Sa Lo, die mehrfach mit Rainer Werner Fassbinder arbeitet, bis zu dessen Tod fast jährlich – 1975 als Terroristin in *Mutter Küsters Fahrt zum Himmel*, später in *Satansbraten*, *Despair*, 1979 in dem Terroristendrama *Die dritte Generation* als Fixerin (»also das genaue Gegenteil einer Terroristin«, so Lo), schließlich in *Berlin Alexanderplatz*, *Lola* und *Querelle*. Als Fauser 1981 nach Berlin zieht, wohnt er während der ersten Monate bei ihr. »Er war einer der wenigen Autoren, die ich kenne, der wirklich morgens um sieben Uhr dreißig aufgestanden ist, sich an den Schreibtisch gesetzt und wirklich geschrieben hat. So um halb zwölf hat er dann aufgeschaut, und gesagt: Jetzt ist Zeit für einen ersten Hemingway Drink. Dann hat er weitergeschrieben, mindestens bis vier. Er war keiner von denen, die schreiben, wenn ihnen was einfällt, sondern er hat einfach geschrieben, von morgens bis abends, jeden Tag.« Der letzte Eindruck der Frau, die sich mehr als Muse denn Freundin sah und die mit Fauser noch im Juli 1987 einen Kurzfilm plante: »Als ich von seinem Tod gehört habe, war mir vier Tage lang weiß vor Augen.«

Das nächste Projekt mit Stenzel – das 20.000-Mark-Ding – befasst sich mit einer historischen Figur, die Fauser wesentlich näher ist als Duchamp: dem Anarchisten Michaíl Bakunin (1814–1876). Lesern der *Frankfurter Gemeine* durch regelmäßige Abdrucke aus *Worte an die Jugend* geläufig, passt Bakunin zu den Leitfiguren Fausers in die Reihe solcher Einzelkämpfer wie Marlon Brando, George Orwell oder Chester Himes: Wegen Beteiligung am Dresdner Aufstand 1849 im selben Jahr wie Dostojewski von Nikolaus I. zum Tode verurteilt, begnadigt nach »untertänigster Selbstbespuckung« (Solschenizyn), geflüchtet aus der Verbannung in Sibirien, über die USA nach London, Gründung der 1. Internationale, Bruch mit Karl Marx, Revolutionär und Vorkämpfer eines kollektivistisch-kommunistischen Anarchismus – wie er dann doch nie praktiziert wurde.

Fauser kniet sich in den Stoff hinein. Anders als bei der Hommage für Duchamp ist es seine Idee, Bakunin zu würdigen. Doch das Schreiben wird zur Tortur, »eine der kompliziertesten und strapaziösesten Arbeiten, die ich je gemacht habe«. Er wertet es auf zur »persönlichen Herausforderung und als Nagelprobe in dieser Branche«. Mit Stenzel ist er nicht immer einer Meinung, doch von der Auseinandersetzung profitiert das den Aufstand von Bologna behandelnde Script, an dem die beiden im Sommer 1977 auch auf den Balearen arbeiten (»Stoff: Bakunin in Salzburg, mit Bernhard Wicki als Bakunin«). Schon bevor er mit der Arbeit an dem Drehbuch beginnt, weiß Fauser, dass er nicht »in dieses Gewerbe abrutschen« wird, ein halbes Jahr später ist der Ausflug in die Film-Branche beendet. Er sieht sich nicht als Drehbuchschreiber. Als er im September '77 zum Flughafen geht und die Einreiseformulare für ein USA-Visum ausfüllt, ist er wieder beruflich unterwegs, wieder auf dem Weg nach Los Angeles, diesmal allerdings, um mit Bukowski auf die Rennbahn zu gehen, zu saufen, zu palavern – und das dem *Playboy* als Interview anzudrehen. Flug und Logis zahlt der Heinrich-Bauer-Verlag.

Nicht nur der Drehbuchautor Fauser ist mit seinem Latein am Ende, auch Stenzels Film *Der letzte Aufstand*, »Teil 2 einer Bakunin-Trilogie«, wird nie realisiert.

Und dann wurde der Film nie geschossen: Furtwängler

> *Ich verabscheue jene Trennung zwischen einem Werk eines Schriftstellers und seiner Person und tue es heute noch, immer heftiger sogar.* Wolf Wondratschek[17]

Ein Jahr, nachdem die »Nagelprobe in dieser Branche« gescheitert ist, während der Arbeit an der Erzählung *Alles wird gut*, hält das Filmgewerbe erneut den Schriftsteller nachts wach. Immer noch sieht er sich als Schriftsteller, immer noch will er Romane veröffentlichen. Gedichte in Anthologien und Little Mags hier und da sind ja nett, aber nur Etappen auf dem Weg zum erklärten Ziel: als Dichter zu arbeiten, als Romancier zu verdienen. Das Angebot, das ihm den Schlaf kostet, hat er im August '78 lange überdacht. Er geht zu einer Drehbuch-

und Produktionsbesprechung, zu der ihn Florian Furtwängler einlädt. Vier Jahre zuvor gelang dem Regisseur mit dem melodramatischen TV-Thriller *Zum Abschied Chrysanthemen* ein Achtungserfolg (darin zu sehen: die achtjährige Nichte des Regisseurs, Maria Furtwängler, später Hannovers *Tatort*-Kommissarin Charlotte Lindholm).

Die Sache hat Hand und Fuß. Der sechs Jahre ältere Furtwängler kommt aus einer Familie, deren Ahnen viel Bleibendes erreicht haben. Erste Drehbuch- und Produktionsbesprechungen verlaufen gut. Zusammen mit Michael Molsner soll Fauser über das Glücksspiel schreiben. Spannender Stoff, den der Drehbuchautor wider Willen ja seit ein paar Jahren im kleinen beobachtet und erlebt, auf den Trabrennbahnen in Frankfurt und München, in Marokko und Inglewood/Kalifornien. Faszinierend auch Producer Gianluca Lazzaroni, eine »Mischung aus Super-Geschäftsmann mit Geist, Witz, Grazie, Kultur und messerscharfer Intelligenz«. Dem fünf Jahre älteren Co-Autor Molsner, nach einigen *Tatort*-Folgen mit Drehbüchern nicht unerfahren, schwebt »sozialkritischer Realismus« vor. Fauser hat nicht viel so leidenschaftlich und so lautstark gehasst wie den deutschen Sozio-Krimi.

»Für mich«, erinnert sich Michael Molsner, »war die Thematik nichts. In dem Meeting kam es zu einem Wortwechsel. Ich muss mein Desinteresse an Filmfiguren geäußert haben, die Geld zum Verzocken haben, und sagte etwa: ›Unsere Generation definiert sich weltweit politisch und hat zu Glücksspielen im Grunde keine Meinung, außer dass man sich daran nicht beteiligt.‹ Darauf reagierte Fauser barsch und hochfahrend. Sinngemäß sagte er: ›Ich hab mit eurer Politik nichts am Hut. Während ihr Politik gemacht habt, saß ich in Istanbul und war bedröhnt‹.« Molsner hatte 1968 ein paar Semester Germanistik und Anglistik hinter sich, auch Jobs bei Zeitungen – sowie sein Krimidebüt *Und dann hab ich geschossen*. Der seither freie Schriftsteller weiter: »Drogenabhängige hatte ich als Gerichtsreporter kennengelernt, sie taten mir leid. Nun schien Fauser mit seiner offenbar überwundenen Drogensucht zu renommieren. Mir schien, er machte sich nicht klar, welche Konsequenzen er billigend in Kauf nahm, wenn er die Konsumption illegaler Betäubungsmittel zur heroischen Rebellion stilisierte; so etwas hörte ich heraus.«

Molsners Vorstellungen von einem »scharf anti-kapitalistischen Film« (wie es Fauser ausdrückt) stoßen auch bei den anderen auf verhaltenes Echo, und so springt er kurze Zeit später ab. Fauser bleibt, aber er empfindet Wochen später Lazzaroni nicht mehr als faszinierend, weil ihn der Producer mit einer Mischung »Gigantomanie und sehr durchdachten Kalküls« irritiert. Bis Februar '79 er arbeitet Fauser mit Furtwängler *Ein Spiel zuviel*. Irgendwann in den Achtzigern versanden letzte Hoffnungen auf eine Realisierung.

Jörg Fausers Kontakt zum Film bleibt sein Leben lang sporadisch. Seine Arbeiten als Kinddarsteller im Hessischen Rundfunk haben im Echtleben höchstens Nebenwirkungen hinterlassen – bei der Perfektionierung des multiplen Rollenspiels. Film-Rezensionen wie 1969/70 für das *Göttinger Tageblatt* entfallen mit dem Umzug nach Frankfurt 1971 fast ersatzlos (obwohl ausgerechnet seine Einschätzung eines Films später zum Ende der Zusammenarbeit mit dem *Tip* führt).

Doch das Kapitel Film ist noch nicht ganz zu Ende...

Südlich von Shangrila
Filmprojekte in den 80ern

Die Lady im Tiger-Dress nimmt noch'n Happen vom Austern-Soufflé / Und klimpert mit den Wimpern den Film-Fritzen an...
Achim Reichel, »Apokalypso Ball«

An der Verfilmung von *Der Schneemann* wirkt Jörg Fauser 1984 nicht mit. Obwohl aus dem melancholischen Vertretertyp Siegfried Blum der draufgängerische Verlierertyp Siegfried Dorn wird, liest Fauser das Drehbuch mit Respekt: »Man hat nun alles auf das Bizarre, Phantastische, Komödienhafte des Stoffes gesetzt, zum Teil gar nicht mal schlecht, zumindest sehr schnell und streckenweise spritzig«, berichtet er den Eltern, aber »Film ist nun mal etwas anderes als Literatur.« Dass er mit der *Schneemann*-Verfilmung nichts zu tun hat, liegt an dem damit beauftragten Team, das erstens ein eingespieltes, zweitens und vor allem ein erwiesenermaßen ökonomisch erfolgreiches ist: Regisseur Peter F. Bringmann hat mit Marius Müller-Westernhagen und Autor Matthias Seelig den sehr erfolgreichen Film *Theo gegen den Rest der Welt* abgeliefert.

Ein Team dieser Art findet sich für *Das Schlangenmaul* nicht, wohl aber einige Interessierte. Die Option, den auf *Rohstoff* folgenden Krimi zu verfilmen, wird von der Bavaria eingekauft, für die Optionierung gibt es 100.000 Mark, Helmut Krapp soll produzieren. »Auch der ein Freund der Familie«, so Maria Fauser. »Verheiratet war der mit Hilde Nocker, die beim Hessischen Rundfunk die erste Fernseh-Ansagerin war« und in den fünfziger Jahren an Hörfunkproduktionen neben Maria und Jörg Fauser mitwirkte. Mehrere Drehbücher werden für *Das Schlangenmaul* geschrieben, auch von Frank Göhre und Werner Thal, bei dem Mitte der Siebziger in der Sudetendeutschen Straße Fauser, dessen Freund Kenneth Wilson und Sylvia Kekulé zur Untermiete wohnten. Als die Option für eine Verfilmung von *Schlangenmaul* für die Bavaria ausläuft, werden die Drehbücher ad acta gelegt. Auch von *Rohstoff* wurde eine Drehbuchfassung angefertigt, mit Thomas Stiller als Produzent.

Etwa zu dieser Zeit – zwischen *Schneemann* und *Schlangenmaul* – spielen Fauser und Weissner mit der Idee, doch noch einmal auf eigene Faust ein Drehbuch zu schreiben, oder zumindest ein Treatment. Keine halben Sachen, ein Kinofilm soll es schon sein. Wie es sich für ein Gespräch unter Freunden gehört, wird rumgeblödelt, führt eine Idee zur nächsten, und am nächsten Tag erwacht man nicht nur mit einem Hangover, sondern einer ganz neuen Sache, einer Idee, die einen antreibt. »Ausgangspunkt war«, so Carl Weissner, »dass er meinte, sein Vater kenne da einen der Security-Leute... bei der Bundesbank in Frankfurt. Irgendwie müsste das zu drehen sein, dass man also nicht einfach eine Bankfiliale überfällt und ausraubt, sondern dass eine Gruppe von Leuten da reinmarschiert wie ein Trupp Terroristen und das komplette Gebäude hopps nimmt, also das Hauptgebäude der Bundesbank in Frankfurt! Wir hatten uns auch schon ausgedacht, wer mitspielt – Harvey Keitel und Juliet Berto –, und wie die Täter davonkommen, nämlich übers Dach, mit einem Helicopter.« Nicht viel mehr als eine Idee, *Barracuda* der Arbeitstitel. Selbstverständlich war den beiden schon damals klar, dass das nicht zu verwirklichen sei, schon allein des anvisierten Drehorts wegen. Wo kämen wir denn da hin? Na, zum Beispiel nach Hollywood, wo man ja nicht prinzipiell gegen Filme ist, die auch bei der Kritik ankommen, solange sie auch dem Publikum in Idaho und Ohio gefallen. Genau diese Mixtur, Originalität für die Kritiker, die sich Filme von Berufs wegen angucken müssen, und Thrills für die Kids, dafür gibt es im Kino Beispiele... Nehmen wir doch diesen Film, in dem der privat gar nicht heldenhafte Action Hero zu Weihnachten eine ganz eigene Bescherung erlebt, als Ex-Terroristen die Geldspeicher von Nakotomi ausräubern und dann das ganze 34-stöckige Hochhaus in die Luft sprengen wollen, beginnend mit dem Helicopter-Landeplatz... Der Jahre später gedrehte »Hi-tech Thriller mit einem menschlichen Herz« (*Time Out Film Guide*) schreit es einem fast entgegen: Wo kämen wir hin? Wir sind hier beim deutschen Film, und wenn *Die Hard* in Übersee bei Kritik und Publikum gut ankommt, dann ... dann rächt man sich hier daran auf subtile Weise, indem man dem Film den doofen Titel *Stirb langsam* verpasst und das Triviale beklagt. Dass spannende Thriller auf deutsch nicht zustande kommen, liegt nicht nur an der Rezeption von Actionthrillern bei der Kritik, sondern an den Produktionsmechanismen des deutschen Films.

Geht es um Hintergründe und Korruption, so gibt es im deutschen TV über Jahrzehnte hinweg nur einen, der jeden Sonntagabend im *Weltspiegel* kompetent über organisiertes Verbrechen und nackte Gewalt berichtet: Dagobert Lindlau. Auch er ein Freund Fausers. Im Mai 1985 fliegen die beiden nach Italien, um an einem Drehbuch zu arbeiten:

Der *Rattenschwanz* war eigentlich weniger typisch für Fauser als für den deutschen Film. Fauser und ich hatten uns immer wieder laut in irgendwelchen Kneipen gefragt, wieso politische Kriminalität im deutschen Film entweder nicht oder nur in einer höchst milden Form behandelt wird. In den USA gibt es Präsidenten als Killer, höchste Richter als Mörder, in Frankreich ganze Regierungen, die mit der Unterwelt kooperieren, perfide Minister, kriminelle Regierungschefs und in Italien sitzt die Mafia mit im Parlament oder im Vatikan. Bei uns wird das in Wedelscher Schönfärberei höchstens fein angedeutet und stets als Ausnahme entschuldigt.
Das hörte Thomas Schühly, der mit meinem Freund Bernd Eichinger *Im Namen der Rose* produziert hat. Thomas war sofort Feuer und Flamme. Ein Polit-Thriller, der alle Tabus brechen sollte. Den sollten Fauser und ich ihm schreiben.

Gnadenlos. Ein Frontalangriff gegen die Scheinheiligkeit der Politik.

Gern dachten Fauser und ich, fuhren auf die Insel Elba, enthielten uns des Badens und fingen an zu schreiben. Beinahe täglich rief Thomas an, wie weit wir denn seien mit unserem Polit-Thriller. Fauser, der nicht so naiv war wie ich, zügelte mich. Ich soll nicht so viel erzählen, sonst hätten die Filmleute eine Geschichte, ohne einen Pfennig zu zahlen. Wie recht er hatte, hatte ich eigentlich schon zuvor erfahren. In einem anderen Zusammenhang. Graf interessierte sich für meine Ideen. Eine war ein plot um die Verhinderung eines Gesetzes im Bundestag, das der organisierten Unterwelt nicht passte. Prompt fand ich diese Idee im nächsten Film von Graf wieder.

Wie auch immer. Wir schrieben, schrieben und schrieben. Wir nahmen uns kaum Zeit, etwas zu essen. Es reichte nur zum Trinken. Und dann schickten wir Thomas das Treatment. »Reine Sahne«, sagte er. (So reden Filmleute) »Nur die Politik, die Politik, die lassen wir raus.«

Ich weiß noch genau, wie Fauser und ich uns sprachlos in die Augen sahen. Keinem fiel darauf etwas ein. Das war so, als hätte man vorgeschlagen, Romeo und Julia ohne Liebe zu produzieren.

Ich war so verärgert, dass ich das Manuskript vernichtete, um nie mehr an die Sache denken zu müssen. Aber mir wurde klar, warum das beim deutschen Film so ist. Er lebt von Subventionen, die von Politikern vergeben werden. Das ist die deutsche Art der politischen Zensur. Verfassung hin, Verfassung her.

Unterm Strich bleibt einmal mehr wenig übrig, aber der Zwischenbereich hat ja auch was für sich, lässt den Schriftsteller weiter reifen. Im selben Jahr versucht sich Fauser noch mit Peter Bradatsch an einem Script für den Pilotfilm einer Vorabend-Krimiserie – doch auch hier: nada. *Für sowas stirbt man nicht* wird vom Bayerischen Rundfunk nie realisiert.

Wochen später, auf sein Verfassen nicht nur von Romanen und Hörspielen, Drehbüchern, Rock-Songs, Kolumnen usw. angesprochen, sagt Fauser: »Wichtig waren sie alle. Früher habe ich Hörspiele gemacht, was für mich sehr wichtig war, nicht nur aus Geldgründen, sondern um zu erfahren, was kann ich da und was kann ich nicht. Intensivieren möchte ich eigentlich in Zukunft das Romanschreiben, schließe aber nicht aus, daß auch andere Sachen kommen können, auf die man plötzlich gestoßen wird, und die dann auch sehr wichtig werden können.«[18]

Zum Aufbessern der Urlaubskasse sicher recht, mit Verve und Engagement hätte er sich, so sein Redaktions-Kollege zu dieser Zeit, Reinhard Hesse, eher für einen Kinofilm als einen TV-Streifen begeistert: »Auch mit dem letzten Roman wollte er ja vom Krimi weg, Hardcover statt Taschenbuch. So auch der Widerspruch zwischen TV- und Kinofilm: Er wollte schon auf die große, die seriöse Bühne.«

Mehr noch: Sogar auf die Theaterbühne wollte er damit. Er plante die Dramatisierung seines letzten Romans *Die Tournee*. Mit einem langjährigen Freund – Dr. Rainer Weiss, der ihn nach *Der Schneemann* fast zum Piper Verlag geholt hätte –, plante Jörg Fauser 1987 ein Theaterstück; sein erstes seit den skizzierten Dramen seiner Kindheit.

Kapitel 5

München: Alles völlig normal

Kassensturz: Eine Mark und acht plus Schriftstellerei

Don't be a hero, there's no percentage in it.
                                                    Raymond Chandler

1974, im Jahr der Metamorphose – vom Frankfurter Feierabenddichter zum Münchner Profiautor – kommt Jörg Fauser auf einen Bruttoverdienst von 10.600 Mark, netto DM 8998. Wie er seinen Eltern berichtet, sind DM 1602,- Steuern fällig, zwei Jahre später DM 1412,-. Bedenkt man, dass er für eine Doppelseite von der *Basler Zeitung* zwischen 1200 und 1500 Franken bekommt, vom Süddeutschen Rundfunk für das 61-minütige Kerouac-Porträt »Die Legende des Duluoz« 750 Mark Werkhonorar, dass er 1976 außerdem beim BR phasenweise fast monatlich ein- und ausgeht, zweimal in Saarbrücken liest, für das *Zeit-magazin* eine Jugoslawien-Reportage schreibt, für *Playboy* ein Bukowski-Porträt, so sieht man unterm Strich, netto: Auch in der Buchhaltung hat Fauser viel gelernt. Der Unterschied zwischen Einnahmen und Verdienst ist ein wesentlicher. Alles wird abgesetzt: Reisen wie der USA-Aufenthalt, später einige Wochen Ibiza mit Gretel Rieber und Tom Lemke, Mitbewohner in der Agnesstraße. Die Differenz zwischen Einnahmen und Verdienst ist beim Fiskus als Unkosten abzuschreiben, sie ist aber noch mehr: nämlich der Bereich, in dem Fauser lebt, auflebt, sich auslebt, in dem er sammelt und jagt nach dem, was er wirklich will – Stoff für weitere Werke. In diesem Abschreibungsbereich, mit dieser Differenz lebt er wie die meisten freischaffenden Künstler – in Saus und Braus, Limousinen vorm Tropicana/Las Vegas, das Holiday Inn mit Swimmingpool drinnen und draußen, an der Airport-Bar noch schnell ein Singapore Gin Sling... und tags darauf nur noch ein paar Dollars in der Tasche, keinen Pfennig auf der Hand, und schon wieder eine Mahnung des Vermieters auf der

Fußmatte. Schon wieder in einer fremden Wohnung, durch die der Wind pfeift, bis er das Leck in der Gasheizung übertönt...

»Finanzamt im Nacken, und aus Frankfurt 2jährige Stromrechnungen...«,[19] teilt er Jürgen Ploog mit. »Aber ich will mich nicht beklagen, im Grunde geht es mir seit ich in München bin, privat einfach besser, es lebt sich angenehmer, wenn man um sich Leute weiß, die einen mögen.« Die meisten, die ihn mögen, halten ihn auch beruflich auf Trab. Seit er in München ist, sind das insbesondere Auftraggeber und Förderer wie Aurel Schmidt von der Basler *National-Zeitung* (ab 1977 *Basler Zeitung*), auch die Literatur- und Hörspiel-Redakteure des Saarländischen Rundfunks, 1976 die *Radiothek*-Redaktion beim WDR und verstärkt die Mannschaft des Bayrischen Rundfunks. Hinzu kommen Jobs als Programmberater der Galerie Kröker in der Westermühlstraße (Ludwigsvorstadt-Isarvorstadt), Arbeiten für ein Langenscheidt-Register, *YPS* u.ä..

Der vom Schreiben lebende, der das Leben und Erleben aufsaugende Dichter Jörg Fauser ist so gut wie am Ziel. Auch Lektoren und Verlage melden sich, wollen Gedichte und/oder Erzählungen. In *Tintenfisch* 8/1975 (Hrsg. Michael Krüger und Klaus Wagenbach) erscheint »Goethe, Trotzki und das Glück« [sic!], doch insgesamt bleibt zum Dichten kaum Zeit: Fauser korrespondiert und plant 1976 mit dem S. Fischer Verlag, dem Kleinverleger Eduard Jakobsohn (der gerade Ploogs *RadarOrient* verlegt), Ende des Jahres verhandelt er ausführlicher mit Frank Brunner von Klett und Jürgen Manthey von Rowohlt. Das was unterm Strich bleibt, was die »Buchfabriken« letzten Endes abwerfen, ist wenig: der Abdruck von Gedichten in zwei Anthologien Brunners, ein Beitrag in Rowohlts *Literaturmagazin*. Nur bei dem Miniverleger Jakobsohn erscheint das zugesagte Buch: die Essaysammlung *Strand der Städte*.

Bevor Jörg Fauser von einem Buchverlag Geld bekommt, und zwar 2000 Mark im Februar 1977 für eine Übersetzung, halten ihn so viele Projekte auf Trab, dass er monatelang gar nicht zum Dichten kommt. Der Job, John Howletts James-Dean-Biografie zu übersetzen, ist eher Nebensache. Zugleich ist es der Ausgangspunkt für mehrere zu diesem Zeitpunkt nicht vorhersehbare Arbeitsgebiete. Es folgen kurz nacheinander Übersetzungen für den Verlag Zweitausendeins: *Das Rolling Stones Songbuch* (Hrsg. Teja Schwaner, übersetzt auch von Carl Weissner und Helmut Salzinger), Joan Baez' Autobiografie *Tagesanbruch* und James Taylors *Songbook. 70 Songs mit Noten* – keine literarischen Meilensteine, im Bereich Pop & Poesie aber auch keine Eintagsfliegen. Mit Sicherheit verstehen sich wenige so gut auf das Übersetzen wie Weissner, und Fauser glaubte auch nie, seinem Vertrauten das Wasser abgraben zu müssen. Und doch: Die genaue Auseinandersetzung mit einem Text, zumal einem Songtext, verlangt auch Sinn für Rhythmus, Verständnis für Metaphern – bei Fauser oft Oppositionsmetaphern –, stilistische Kniffs und Tricks. Songtexte zu schreiben, wäre da fast der logische nächste Schritt...

Außerdem führt die in vier Wochen übersetzte »Bildbiografie« über James Dean zu einem Porträt für die *Sonntagsbeilage* des Bayerischen Rundfunks und zu weiteren Gesprächen mit der Verlegerin des Buches: Monika Nüchtern. Deren Schwager ist ein alter Bekannter Fausers, Jürgen Ploog. Anziehend an James Byron Dean ist neben dem Werk zu mindestens gleichen Anteilen seine Zeit, die Wachablösung in Hollywood, als die Antihelden antraten, »alles Rebellen ohne Ziel«... Wie wäre es, reift der Gedanke, über einen Schauspieler zu schreiben, der Rebellion nicht nur auf der Leinwand, sondern auch in seinem Alltag verkörpert?

München: Garstig Liebchen
Der Poet als Lumpensammler

Die anhänglichsten Bürger einer Stadt sind ihre Penner.
Karl Günther Hufnagel

Am 24.12.1977 macht Jörg Fauser das, was Single-Söhne an Weihnachten tun: Er fährt nach Hause, zur Stadt und zum Fluß der Kindheit. Der Melancholie des Wartens auf Bescherung, Gesänge und Festessen ist schwer zu entkommen, Fauser streift durch Frankfurt. Er schaut bei den Trinkern an der Trambahnhaltestelle vorbei, »sie sind einsam, gewiß, aber noch sind sie nicht allein / mit ihren Frauen, ihren Kindern / und ihrer Angst vor dem Durchdrehen.« Und wie vielleicht jeden, der unvorsichtig die Trauer über die nicht zu wiederholende Kindheit herausgefordert hat, beschleicht auch ihn das Gefühl, einen Fehler gemacht zu haben, den er nicht wegtrinken kann. Er hätte zu Hause bleiben sollen, in seinem eigenen, erwachsenen, mehr oder weniger verfehlten Leben, in den Armen einer freundlichen Frau oder wenigstens mit einer Flasche Dornkaat unter dem Bett, auf die immer Verlass ist. Da er es aber nicht so, da er es falsch gemacht hat, betritt er ein Telefonhäuschen und ruft eine Nummer an: »In München / ist Föhn. In München ist Weihnachten. In München ist München.«[20]

Und so hat Fauser die Stadt, in der er ein Viertel seines Lebens verbringen wird, auf den für ihn gültigen Begriff gebracht: »In München ist München«, das klingt gemütlich, ironisch ohne Häme, friedlich, aber auch: autark, selbstbewußt. Und das ist sie ja auch, die Stadt, die der *Spiegel* 1964 zur heimlichen Hauptstadt erklärt hat, die 1972 die Olympischen Spiele ausrichtet und 1974 dem Fußballweltmeister Deutschland zujubelt, mit sechs Spielern des heimischen FC Bayern, der im selben Jahr zum fünften Mal Deutscher Meister wird und dann gleich noch dazu Europapokalsieger der Landesmeister.

München leuchtet mal wieder und bleibt dabei das »Millionendorf«. Nur professionelle Nörgler – unter ihnen der Sohn der Stadt, Schriftsteller und Fauser-Freund Karl Günther Hufnagel – erinnern an weniger schmeichelnde Beinamen aus dem »Gruselkabinett der Geschichte« (Hufnagel in »Lied für garstig Liebchen«, *Tip* 6/82) wie »Stadt der deutschen Grabsteinlegung« (Bertolt Brecht) und »Hauptstadt der Bewegung« (Adolf Hitler); als am 30. April 1945 die US-Armee München befreit, bringt sich der zugereiste Führer am selben Tag in Berlin um.

Ohnehin ist es besser, die vielbeschworene Liberalitas Bavariae nicht beim Wort zu nehmen. Als sich im Sommer 1962 Anwohner in Schwabing über zwei Straßenmusiker beschweren, nimmt die Münchner Polizei das zum Anlass, ihre Pferde in die sich mit den Musikern solidarisierende Menge aus Bohème und Biertrinkern zu jagen. Die nächsten fünf Tage gehen als »Schwabinger Krawalle« in die Geschichte der BRD ein. Der gerade vom Fremdenverkehrsamt erfundene Slogan »Weltstadt mit Herz« erhält den Zusatz »...und wie es schlägt«.

München wächst unbeeindruckt weiter, schneller als alle anderen deutschen Städte, hat die jüngste Bevölkerungsstruktur, die meisten in- und ausländischen Touristen, den ersten McDonald's Deutschlands, ist ab Mitte der sechziger Jahre durch den U-Bahnbau eine einzige, brodelnde Großbaustelle. Dem Boom opfert die Stadt zunächst ihr altes Künstlerviertel, die Lebensform Alt-Schwabing rund um die Münchner Freiheit, die Dieter Kunzelmann 1960 noch als den lebendigsten Ort der ganzen Bundesrepublik erlebt hat, wo er sich der Künstlergruppe »Spur« – Mitglied der »Situationistischen Internationalen« Guy Debords – anschließen kann. In ihren Manifesten wird vorausgesagt, dass die Opposition der Jungen schon bald nicht mehr auf Künstlergruppen zu beschränken sein wird.

Als Fauser 1969 mit Nadine Miller zum erstenmal in ihre Heimatstadt kommt, kann er München noch nichts abgewinnen. Doch er findet dort schon Freunde, lernt über Nadine Hufnagel und Broder Boyksen kennen. Bei diesem wird er dann auch sein erstes Münchner Quartier finden, am Stadtrand in Ramersdorf, wohin Dimi mit seiner Familie aus dem schon schick, schicker, Schickeria werdenden Schwabinger »Wolkenhaus« (Ecke Siegfried/Herzogstraße) umgesiedelt ist. Eindrücke und Erinnerungen daran, wie die beiden Freunde dort zusammenleben, hat Fauser in der Erzählung »An der Grenze«[21] verarbeitet. Nachdem sich die Frau von Carlos (Boyksen) verabschiedet hat, richtet sich der eben dreißig gewordene Rolf (Fauser) im Keller des Häuschens an der Münchner Peripherie (Elbacher Straße 7, München-Ramersdorf) ein: »Sie hockten also jetzt ungestört in der Küche und tranken sich müde, und die Katze sah ihnen dabei zu und schien es gut zu finden.«

Von dort zieht Jörg Fauser in die Spicherenstraße nach Haidhausen, die – wegen der zahlreichen nach Schlachtorten des Kriegs 1870/71 benannten Straßen – »Franzosenviertel« genannte Vorstadt, auf die »die Spekulanten schon ihr Auge richteten«. Die Ladenwohnung ist zeit- und Fausertypisch ausgestattet »mit einer Matratze, einer Tischtennisplatte als Schreibtisch, zwei Sperrmüllsesseln und einer undichten Gasheizung« (»Der Weg nach El Paso«). Diese Heizung steht in einigen Gedichten der Zeit (»Vor der Tagesschau«, »Schmant mit Cola« in *Trotzki, Goethe und das Glück*) wie eine Chiffre für die Schäbigkeit der Wohnverhältnisse. Anfang der achtziger Jahre waren die Spekulanten dann endgültig da, und Haidhausen ging den Weg Schwabings.

Nach einem einwöchigen Beerdigungsumtrunk anlässlich von Broder Boyksens Tod im März 1975 hangelt sich Jörg Fauser zunächst weiter an der Münchner Peripherie entlang. In Milbertshofen/Am Hart, dem tristen Norden der Stadt, der so gar nicht dem Lebensfreude-Klischee entsprechen will, bezieht er ein WG-Zimmer in der Sudetendeutschen Straße 17. Er wohnt dort bei Freunden – für einen, der nicht viel mehr hat als seinen Willen, es zu schaffen, das vielleicht wichtigste Interieur jeder Wohnung. Drehbuchautor Werner Thal – der sich an einen schlankeren Fauser erinnert: Er hat den Berliner-Tinke-Dealer 68/69 noch aus seiner Schöneberger WG geschmissen – und Grafikerin Sylvia Kekulé schätzen ihn und seine Arbeit. In den folgenden Jahren bieten sie immer wieder ein zuhause. Fauser ist überhaupt in den ersten Münchner Jahren Untermieter, wohnt mal beim Künstler Uli Kasten, mal bei Hufnagel, der von ihm sagt: »Er hat bei Freunden gewohnt, er hat auch bei mir eine Zeitlang gewohnt. Naja, und er war ein kräftiger Mensch: Wenn er den Fuß irgendwo in der Tür hatte, dann zog er ihn da auch nicht wieder raus.«

Mit Werner Thal zusammen schreibt er auch – und wenn gerade Texter für *YPS*-Hefte gesucht werden, dann machen sie das eben und arbeiten an drei Ausgaben mit. Werner Thal: »Er erzählt die Story, ich fülle die Sprechblasen.«[22] Das inzwischen abgerissene Arbeitersiedlungshäuschen bietet zudem einen geschützten Garten, in dem sich ausgiebige und ungestörte Trinkgelage feiern lassen – denn Bier und Schnaps hat Fauser aus dem »Schmalen Handtuch« in die Münchner Wirtschaften, die übel beleumundeten Innenstadt-»Boazen« (Beizen) und Schwabinger Schnellimbisse mitgenommen.

»Die Stehausschankkultur ist ausgestorben«, sagt Fauser-Freund Tom Lemke dazu heute, die kleinen verrauchten Schläuche, in denen man schnell eine Halbe zischt und dann weiterzieht, eine Sache des Südens wie die italienischen Bars; inzwischen läßt sich selbst der bayrische Ministerpräsident Edmund Stoiber den Maßkrug mit Kamillentee auffüllen. Fauser säuft weiter, die Freunde tun's ihm gleich, in München ist München ist München.

Wäre Fauser kein Besessener, es könnte beinah gemütlich werden.

Trau keinem über dreißig
Dichter in den Städten

Deutsch macht weiter. Rolf Dieter Brinkmann

Das Leben geht eben weiter, auch wenn in diesem Jahr 1974 ein Zeitalter zu Ende geht, das Goldene Zeitalter der Nachkriegsepoche, in dem es den Menschen in Westeuropa materiell so gut gegangen ist wie nie zuvor, in dem das Wachstum nie zu enden schien. Mit der (Öl-)Krise ändert sich auch die Mentalität: Sicherheitsdenken statt Reformeuphorie, schrittweise Anpassung an die vorgefundenen Bewußtseinsformen und Machtstrukturen. Der vielbeschworene Realismus trägt in der BRD den Namen Helmut Schmidt. Am 16. Mai 1974 wählt der Bundestag ihn mit den Stimmen von SPD und FDP zum Nachfolger Willy Brandts. Es hat sich ausgewagt, nun wird bewahrt. Es gibt kein Wachstum mehr zu verteilen, nun müßte umverteilt werden – aber da ist die FDP vor.

Jörg Fauser wird in diesem Sommer dreißig Jahre alt, und auch er wird realistisch. Er versteht, dass der Aufbruch vorbei ist – »Die Party war aus«[23] –, dass es nun nicht mehr ums Verändern, sondern ums Überleben geht – und das im CSU-Staat Bayern, dessen Ministerpräsident Alfons »Papa« Goppel im Oktober 1974 satte 62,1 Prozent der Wählerstimmen einfährt und zum vierten Mal Ministerpräsident wird. 1978 heißt sein Nachfolger dann Franz Josef Strauß, der dermaßen in Amt, Land und Leute verliebt ist, dass er kaum zwei Jahre später dringend weg will, nach Bonn, ins Kanzleramt. Im gleichen Jahr 1978 bekommt auch das traditionell sozialdemokratische München für sechs Jahre seinen ersten und bis heute einzigen CSU-OB der Nachkriegsgeschichte, der sich prompt als korrupt erweist.

Ebenfalls nicht untypisch für einen Dreißigjährigen ist die Sorge um die Eltern, der eine Erkenntnis vorausgeht: Sie sind nun ältere Herrschaften, Arthur Fauser wird in dem Sommer, da der Sohn Frankfurt verlässt, dreiundsechzig. Die Sorge um Gesundheit und künstlerische Existenz des Vaters verbirgt Fauser seinen Freundinnen und Freunden nicht. Sie alle wissen darüber etwas zu erzählen, Fauser liest ihnen sogar die Briefe vor, die er den Eltern mit großer Regelmäßigkeit schreibt: »Ich hab euch sehr gern. Man muß wahrscheinlich durch manchen Dreck gehen, um das zu wissen«, heißt es im programmatischen Brief vom 21. November 1974. Der Vater ist kein Gegner mehr, »mir wurde plötzlich klar / wie sie alt / und besiegt und vernichtet sind / meine Väter« (»Metzgerei oder: A Man Can Be Destroyed And Defeated«; eines der meist gedruckten Gedichte Fausers, nicht zuletzt wohl deswegen, weil es den Generationenkonflikt behandelt).

Dabei gilt die Sorge der Eltern weiterhin dem um einen Durchbruch kämpfenden Sohn. Man habe von der Hoffnung gelebt, erinnert sich Maria Fauser, wobei Hufnagel anmerkt, Arthur Fauser habe Jörg seine Tätigkeit für Magazine wie *Playboy* oder *lui* »nie verziehen«.

Dennoch scheint, was die Beurteilung der politischen Lage angeht, in der Verachtung der Politik und der Politiker, die Übereinstimmung zwischen Vater, Mutter und Sohn in dieser zweiten Hälfte der siebziger Jahre groß gewesen zu sein: O-Ton Arthur Fauser: »Politiker gehören alle erschossen!«[24] O-Ton Maria Fauser: »Politiker sind alle Verbrecher.« O-Ton Jörg Fauser in einem Brief vom 22.11.1976:

> Das spielt sich doch alles in die Hände – Biermann, Strauß, DDR, Jusos, alles Seiten derselben Medaille: Möchte ich nichts mit zu tun haben. Ich habe übrigens die Habsburg-Artikel von Roth gelesen, da entwickelt er zu meiner völligen Zufriedenheit sein Anarcho-Monarchie-Konzept. Weltfremd, ja, aber was heißt das denn, welcher Welt denn fremd? Einer unglaublichen, unmenschlichen Schweinerei, bei der man allen Grund hat, »fremd« zu sein.

Anfang der achtziger Jahre wird Fauser – nicht zuletzt durch seinen schriftstellerischen Durchbruch mit dem *Schneemann* – diese Fremdheit Schritt für Schritt verringern, bis hin zum Eintritt in die SPD, den er den Eltern verschweigt. 1976 ist seine Beurteilung der Politkarrieren Frankfurter Lokalgrößen noch von klassischer Reinheit: »Sah Sonntag im Fernsehen einen Bericht über den Aufstieg von Karsten Voigt[*] zum Bundestag. Mußte die ganze Nacht kotzen.«

---

[*] Bundesvorsitzender der Jusos in Frankfurt.

Joseph Roth wird als Schriftsteller wie als Journalist der Gott der frühen Münchner Jahre Fausers, der ohnehin eine starke Neigung hat, sich von Vorbildern leiten zu lassen, in Biographien und Filmen nach Haltungen zu suchen, die »Informationen fürs tägliche Überleben« (Bukowski) liefern. In einem Artikel für *TransAtlantik* mit dem Titel »Es war alles völlig normal. Ein antiautoritärer Lebenslauf« entindividualisiert Fauser 1986 diese Jagd nach Ikonen. Ein Kind der 68er sagt da »Ich hab keine Idole«, und Fauser beschreibt, wie ihm allmählich »der große Unterschied« zwischen dieser Generation und seine eigenen Gefährten aufgeht, die »keinen Heroen und keine Parole ausgelassen haben und keinen ideologischen, religiösen oder subkulturellen Notausgang unbenutzt.«[25]

Andererseits: ist Fauser eben auch schlicht individuell sehr offen für Neues, hellwach, neugierig, schnell: Als er Fallada entdeckt, liest er das Gesamtwerk in einer Woche. Seine Englischkenntnisse, die über die der meisten Freunde und Kollegen weit hinausgehen, versetzen ihn in die Lage, neue literarische Entwicklungen schnell wahrzunehmen und zu prüfen.

Er studiert täglich die Tagespresse, regelmäßig den *Spiegel*, auch *konkret* als Referenzorgan der deutschen Linken:

> Neulich las ich im *konkret* einen Aufsatz eines dieser Links-Autoren, für eine nationale DEUTSCHE Kultur u. gegen die amerikanische Literatur etc, Tonfall: übelster Antisemitismus, statt Semiten: Amis [...] Alles, was diese Linken anfassen, wird dreckig, gemein, widerlich und außerdem stimmt es von hinten bis vorn nicht: was wären wir denn, wenn wir keine Ami-Kolonie wären? (1979)

Vier Jahre später verteidigt Fauser *konkret* dann gegen die Anwürfe des damaligen SPD-, heutigen PDS-Schlager-Fuzzis Dieter Dehm, als der die kritische Haltung der Zeitschrift zur Friedensbewegung bemäkelt und bei Fauser selbstverständlich an den Falschen gerät, wenn er fordert, »jeder fortschrittliche Kunstkritiker« müsse »in mindestens einer politischen Bewegung aktiv sein.«[26]

Für Hufnagel ist Fauser »ein rechter Anarchist«, Aurel Schmidt berichtet, Fauser selbst habe sich bei einem Treffen anlässlich der Frankfurter Buchmesse 1978 in der Wohnung

Urs Widmers eben so genannt. Der Schauspieler Stephan Franke – der Fauser Ende der siebziger Jahre kennenlernt – verortet ihn als »nicht ultra-links, eher auf sozial-demokratischem Kurs.«

Wer einen so starken und gleichzeitig so fragilen Begriff der eigenen Individualität hat wie Fauser, wer den Einzelnen durch jedes Kollektiv von Staat bis Schriftstellerverband bedroht sieht; wer der Überzeugung ist, dass Literatur unverwechselbar sein muss, nur von einem radikalen, weder sich noch andere schonenden Besessenen hervorgebracht werden kann; wer dabei nicht vergisst, dass Literatur Mitteilung ist und nicht Onanie – der kann seine Haltung wohl am besten »unabhängig« nennen, und individuelle Moral und Teilnahme am Ganzen in dem berühmten Satz aus dem Fallada-Essay von 1981 zusammenfassen: »Wenn Literatur nicht bei denen bleibt, die unten sind, kann sie gleich als Party-Service anheuern.«[27] Dass Fauser keine festgefügte ideologische Position hatte, sondern immer und in jedem Einzelfall neu um eine solche rang, illustriert die Replik eines fiktiven Gesprächspartners in diesem Aufsatz. Sie lautet. »Jetzt wirst du selbstkritisch.«

Fausers Leben in München ist arrangiert rund um die Schreibmaschine, ob nun in Buden in Ramersdorf, Haidhausen, Milbertshofen, oder Schwabing. Ab Ende 1975 wohnt er meistens hier, erst am Pündterplatz, ab November für 100 Mark[28] zusammen mit dem befreundeten Tom Lemke in einer Zweizimmer Souterrain-Wohnung in der Agnesstraße 2, direkt am belebten Elisabethplatz, ab 1978 bis zum Umzug nach Berlin gleich um die Ecke allein in einem Neubauappartement in der Hiltenspergerstraße.

Hier sind die Kneipen der Freunde und Bekannten, wo man Frauen kennenlernt, säuft, debattiert, schwadroniert, grölt, brütet. Erste Zentrale ist die – noch heute wunderbar rustikal-unverändert zu besichtigende – »Rheinpfalz« in der Kurfürstenstraße 35. Fausers Stammplatz: stehend neben dem großen Kühlschrank am Eingang. Hier wird die Nacht eingeläutet, aber nicht immer ist hier, im eigenen Bett oder in dem einer Geliebten, auch Schluss. Denn es geht Fauser beim Trinken ja nicht nur um Geselligkeit, Entspannung, Angstbewältigung, Substitution. Aus der Sudetendeutschenstraße berichtet Werner Thal, Fauser habe sich im Suff noch an die Maschine gesetzt, um sich Notizen zu machen, Rohstoff, aus dem dann später und nüchtern ein Gedicht geformt wird. Der Rausch ist zudem eine Möglichkeit einzutauchen in fremde, verschlossene, gefährliche Milieus. Grußlos oder mit einem kurzen »jetzt gehe ich« verschwindet der Dichter aus dem Kreis der Kollegen und Kumpanen und macht sich auf in die Innenstadt, in die Bums- und Zuhälterkneipen, die Frühlokale und Stehausschänke rund um den Viktualienmarkt, mal allein, oft auch zusammen mit Hufnagel, Lemke, Thal, dem österreichischen Schriftsteller Helmut Eisendle und anderen Geschichten- und Halluzinationensammlern. Er verkehrt aber auch begeistert in »Vertreterkneipen«, wo sich die kleinen Selbständigen Mut antrinken, um weiter von Haustür zu Haustür zu tingeln, oder ihren Frust ertränken, die zukünftigen Siegfried Blums.

Dieses Material, das eben nicht soziologisch-unbeteiligt gesammelt wird, sondern *Erfahrung* ist, trägt er nach Hause, schläft den Kater aus. Manchmal wenn er aufwacht, ist der Katzenjammer noch schwer im Hirn. Er ruft seine Freundin Brigitta Jankowicz an, und ihre halbwüchsigen Kinder bringen dem maladen Dichter ein Katerfrühstück vorbei. Wenn das nichts hilft, isst er rohe Knoblauchzehen, um den Suff loszuwerden, woran seine jeweiligen Mitbewohner sich weniger gern erinnern. Fauser wird sich peu à peu bewusst, dass der Stoff nur von einer funktionierenden Maschine bearbeitet werden kann. Er achtet auf gesunde Ernährung, geht mit Wolf Wondratschek in den Boxkeller und mit Brigitta Jankowicz zum Tischtennisspielen in den »Schellingsalon«, mit dem Schauspieler Stephan Franke in die Sauna. Für Jankowicz (und davor und danach für andere Frauen, und immer für sich und die Nachwelt) schreibt er jede Nacht ein Gedicht – so ein Titel vom Dezember 1974 (»Winterszene«, »Weekend«, »Eine Frau die kein Bier trinkt«).

Brigitta Jankowicz ist eine souverän im Leben stehende Frau, fünf Jahre älter als Fauser, Lehrerin und alleinerziehende Mutter. Im Frühjahr 1976 spricht Fauser sie in der »Rheinpfalz« an, der doch sonst so zurückhaltende, bei dem man »als Frau offensiv sein musste«. Sie verlangt nichts und gibt viel, sie wird nicht gebraucht als intellektuelle Gesprächspartnerin (die sie durchaus fähig wäre zu sein), das sind für Fauser die Männer. Sie akzeptiert die Funktion als mütterliche Freundin eines

Schriftstellers, dessen Eloquenz und »völlig unkorrumpierbare« Konsequenz sie bewundert, sie nimmt ihn aus der »Rheinpfalz« mit nach Hause, und im Morgengrauen ist er schon wieder verschwunden, sie fährt ihn zu Lesungen in umliegende Provinzstädte und nimmt die Worte des Dichters »für die Ewigkeit« auf Band auf; sie eilt in die Kneipen, aus denen er sie anruft und ausgelöst werden muss. Fauser ist kein schöner Mann, bleibt ihr gegenüber unverbindlich, aber er hat Talent: Er kann sich helfen, sich fallen lassen, er entspannt, legt das Macho-Image ab, wird ein freundlicher, phantasievoller, zarter und gebrechlicher Besucher und Geliebter, der allerdings schon verheiratet ist – mit der Literatur. Zusammen hängen sie Phantasien von Mexiko nach, Land der Freiheit unter dem Vulkan Malcolm Lowrys und seines Konsuls. Jörg Fauser erfüllt sich den Traum vom erfolgreichen Schriftsteller, Brigitta Jankowicz den anderen: 1989 geht sie allein nach Mexiko und bleibt elf Jahre lang dort.

Dass aus Fauser und Jankowicz kein Paar wird, liegt nicht an einer grundsätzlichen Weigerung Fausers, sich zu binden. Im Gegenteil: Alle Berichte und Erinnerungen weisen darauf hin, dass er nicht nur das kurze Abenteuer sucht. Es gibt schlicht Produktionsbedingungen Fausers, die eine potentielle Partnerin mitzutragen bereit sein muss. Diese heißen – ganz Joseph Roth gemäß – Kasteiung und Exzess, äußerste Nüchternheit und Konzentration beim Schreiben, ohne die Fausers gewaltiges Arbeitspensum in den siebziger Jahren gar nicht zu leisten gewesen wäre; und dann ein sich Verschwenden, sich Treiben- und Volllaufenlassen, das gleichzeitig der Regeneration wie der Erfahrung dient, dem Eintauchen ins Nada des Rausches, damit die Tafel wieder neu beschrieben werden kann.

Je mehr Fauser sein eigenes Elternhaus schätzen lernt, desto stärker tritt der Familienmensch Fauser hervor, der mit einer Frau leben möchte, der Kinder gern hat und sie ihn. Seine Sehnsucht nach Stabilität gehört zu der »spießigen« Seite Fausers wie seine Überkorrektheit in formalen Dingen, der Kleidung etwa. Als er in München zu einem Maklertermin geht, weigert er sich, Brigitta Jankowicz in ihren Hippie-Klamotten mitzunehmen. In *Rohstoff* beschreibt er selbst mit schöner Ironie sein zwanghaftes Anzugtragen, wenn es gilt, mit Autoritäten zu verhandeln. Er selbst beruft sich dabei auf seinen Vater, der ihm geraten habe: »Als Künstler muß du immer wie ein Spießer auftreten.«[29]

»Fausi« – wie ihn seine Freunde nennen – ist ein diskreter, hilfsbereiter, Kollegenklatsch verachtender Mensch. Die Bohème ist der Ort, wo es ihn eben hinverschlagen hat, den er akzeptiert und genießt. Aber eine Existenz als Lumpenpoet ist nicht sein Ziel. Was ihn aus der Bohème erlöst, sind seine Werke, angefangen mit der Brando-Biographie 1978, die sein Ansehen in den Schwabinger Film- und Literatenkreisen schlagartig erhöht.

Kapitel 6

Der versilberte Strand

**Kosmos – statt Kanonfutter:
Literarische Essays**

In dem Augenblick, wo eine Sache anfängt, ein Beruf zu werden, und somit aufhört, etwas allgemein Menschliches zu sein, verliert sie zumeist ihre beste Kraft und ihren geheimnisvollen Reiz.
Egon Friedell

Nach seinem zweiten US-Trip, diesmal um Charles Bukowski für *Playboy* ausführlich zu interviewen, liegt bei Jörg Fausers Rückkehr in die Sudetendeutsche Straße Mitte September 1977 eine Anfrage des Rowohlt-Verlags vor. Klaus Humann bittet um die Übersetzung von Paul Olivers *Die Story des Blues* – »17 Mark pro Seite, was bei ca. 300 Seiten nach Burroughs & Co 5100 spitze Märker macht.«[30] Cooler Job, nette Geste, aber genauer betrachtet ein Almosen für den Dichter, der Rowohlts Cheflektor für Literatur (Jürgen Manthey) seit Monaten Lyrik und Stories schickt. Ob aus Stolz oder wegen überfülltem Terminkalender, im Herbst '77 lehnt Fauser ab. Er empfiehlt Walter Hartmann, *Gasolin*-Kompagnon – und seither als Übersetzer geschätzt und bekannt. Klaus Humann bleibt Fauser-Fan: Er ist es, der Achim Reichel den Gedichtband *Trotzki, Goethe und das Glück* in die Hand drückt. Bei Rowohlt lange für Sachbücher, auch für die *Rock Session*-Reihe verantwortlich, wird Humann später in der Geschäftsführung des Carlsen Verlags dank Harry Potter zum Auflagenmillionär. Erst Jahre nach dem diesem Kontakt trifft er bei einem Reichel-Konzert erstmals Jörg Fauser persönlich. »Da hatte er seine Tochter dabei, Petra aus England – war alles ganz locker. Ich hatte den Eindruck, dass die einen richtig guten Draht zueinander hatten«, so Humann. »Auch was sein Texten für Reichel betraf, war er gänzlich uneitel – sowohl seine Herangehensweise als auch in Bezug auf das immer wieder nötige Umschreiben. Er begrüßte das einfach als eine Gelegenheit, eben nicht immer im selben

Medium zu arbeiten, in der Art, wir Schriftsteller hier oben, ihr anderen da unten. Er war aber auch, das mein bleibender Eindruck, ein merkwürdiger Typ, aus dessen Texten man überhaupt keine Rückschlüsse auf die Person machen konnte. Auch die ganzen Klamotten und der Habitus waren ja wie von einem mittleren Finanzberater – ganz als wolle er sich schützen... mit dieser wahnsinnigen Spießigkeit um sich herum. Sehr verblüffend.«

Der Name »Jörg Fauser« soll auf dem Umschlag eines Buches stehen – und nicht im Kleingedruckten als Übersetzer. Das ist der Weg, für den er das alles macht. Das ist das Ziel, dem er sich nun nähert. Anfang der 70er kamen im Jahrestakt *Aqualunge*, *Tophane* und *Die Harry Gelb Story*. Jetzt beginnt die publizistisch aktivste Phase in Fausers Leben. Sieht man ab von *Open End*, fünf Gedichte Fausers mit Radierungen seines Freundes Uli Kasten u.a. (Auflage: 30 Stück, jedes à 320 Mark), so ist er viereinhalb Jahre abstinent vom Buchmarkt – und legt dann in eineinhalb Jahren gleich fünf Titel vor. Jeder mit seinem Namen auf dem Cover. Den Auftakt macht die Brando-Biografie *Der versilberte Rebell*, gefolgt von einer Sammlung »Zeitungsartikel und Radioessays 1975-77«, *Der Strand der Städte*. Beides Bücher, die noch Jahrzehnte später bestehen. Ohne wenn und aber.

Über Cut-up und das Frühwerk mag man streiten, auch einige der folgenden Romane und Erzählungen mögen von der Zeit überholt worden sein, die journalistischen Arbeiten dagegen glänzen mit Kadenzen, mit einer Aktualität, die so wenig altert wie Dorian Gray. »Seine stärksten Sachen«, so Peter Henning in der *Weltwoche* zu Fausers 50. Geburtstag 1994, »sind ihm auf der Kurzstrecke aus der Feder geflossen, Texte, die sich wie Sonden in die Seelen seiner Sujets senkten. Die klug das Unscheinbare aus seinem unfreiwilligen Dämmerschlaf des Übersehenwerdens und der Missachtung erweckte. Er hat die literarische Reportage in Deutschland weitergebracht – Leute wie Matussek, Schnibben oder Freyermuth sind ohne ihn nicht denkbar.«[31] Zu »Hommage für Joseph Roth« in der Essaysammlung *Der Strand der Städte* staunte Jörg Drews in der *Süddeutschen Zeitung* 1979: »Selten habe ich in letzter Zeit einen literarischen Essay gelesen, aus dem so viel Liebe für einen Autor sprach, so viel begeistertes, mit-trauerndes Verständnis.«[32] Matthyas Jenny, Urgestein der Schweizer Szene, heute Leiter des Literaturfestivals BaselBuch, war von der 112-seitigen Sammlung so begeistert, dass er Josef Wintjes für *Ulcus Molle Info* eine zweite Rezension,[33] folgend auf Michael Kellners Hommage,[34] schickte – und *Strand der Städte* 1985 in seinem Verlag Nachtmaschine wiederveröffentlicht.

Auch 1994, in dem von Herbert Hoven für den WDR erstellten Porträt »Die Optik des Direkten« verweist fast jeder der interviewten Gesprächspartner hierauf. Für Carl Weissner »wirklich Spitzenleistungen«.[35] »Unschlagbar«,[36] so Wolfgang Rüger, der als Reporter jahrelang Autoren traf und sprach, der einige verlegt und mit Maria Fauser 1993 den Briefband »*Ich habe eine Mordswut*« herausgegeben hat. Für Martin Compart, Ende der 90er Macher der Krimireihe *DuMont Noir*, ist die Brando-Bio das »Musterbeispiel einer Star-Biografie«. Rainer Weiss, bei Suhrkamp im Vorstand: »Er war mit Sicherheit einer der ganz wenigen, wenn nicht der einzige in Deutschland, der die literarische Reportage *meisterhaft* beherrscht hat.«[37]

So wie bei jedem Meister, gleich welcher Disziplin, ist das auf Fausers Kenntnis des Stoffs zurückzuführen – und nicht nur des Stoffs, sondern auch seiner jeweiligen Derivate. Anders als berufsmäßige Rezensenten hat er sich fast ausnahmslos über das ausgelassen, was ihm gefiel; und nicht über irgendwelche neuen Titel oder Autoren, deren Verlage gerade Anzeigen in den Buchmesse-Beilagen schalten. Fausers Haltung ist eher im Sinne des modernen Musikjournalismus, wo Fans über das schreiben, was sie bewegt, weil es sie bewegt und nicht weil sie die Raten für Reihenhaus, Alimente usw. abstottern müssen. Wer will, kann das als affirmatives Pop-Gedudel abtun, im gemeinsten Fall als Scheckbuchjournalismus. Mancher mag darauf bestehen, Aufgabe des Kritikers sei, mit professioneller Skepsis für das kaufende, scheinbar nicht lesende oder denkende Volk zu sondieren, Lesenswertes zu trennen von dem, was unlesenswert wäre. Fütterer für den Kanon eben. Besonders Verrisse, gibt mancher Rezensent der Schiedsrichterschule gern zu, seien ohnehin leichter zu schreiben. Liebesbekundungen an ein Werk, diese Auseinandersetzungen mit Leben und Denken des anderen, diese Bloßstellung von sich selbst kann man als unkritischen Pop wegwischen, unwürdig für den Thron eines Literaturpapstes. Kann man machen, klar.

Umgekehrt argumentiert Arthur Schopenhauer: »Vom Schlechten kann man nie zu wenig und das Gute nie zu oft lesen: schlechte Bücher sind intellektuelles Gift; sie verderben den Geist. Um das Gute zu lesen, ist eine Bedingung, dass man das Schlechte nicht lese: denn das Leben ist kurz, Zeit und Kräfte beschränkt.«

Fausers Essays über Film und Literatur haben sicher auch deshalb ihre Qualitäten beibehalten, weil er schon beim Schreiben seinen Instinkten mehr vertraute als Trends und Moden. Affirmativ und freundlich und wie aus einer Pop-Gazette war das dann nicht. Im Gegenteil, voller Wut und mit kochendem Blut plant er Attacken, die er in die Zeilen boxt. Der Kosmos, der Fausers Lesen und Denken bestimmt, seine Schriftsteller und deren Kreationen, wird mit *Strand der Städte* und *Lese-Stoff* recht gut abgesteckt. Wie Joseph Roths Bezirkshauptmann von Trotta auf ein und dasselbe Bücherregal passt, auf dem schon Raskolnikov lebt und leidet, Hank Chinaski säuft und hurt, auf dem Haudrauf Mike Hammer neben Duluoz unterwegs ist, was Orwell mit dem Junkie Burroughs verbindet, darum geht es in diesem Kapitel. Doch zunächst zur *Form*, zu Fausers längstem Text über »Figuren und die Erfinder literarischer Figuren, [...] allesamt Bewohner meiner Phantasien und Erfahrungen, meiner Welt, vielleicht sollte ich sagen: meiner Gegenwelt. Vielleicht nicht jedem zugänglich, sicher nur selten präsentabel, sind sie doch, wie Jimmy Dean, ›genau wie er und genau wie du‹: sie sind Brüder.«[38]

Der versilberte Rebell

Dies hier sind bloß Versuche [...] Dies hier sind so meine eignen Einfälle, wodurch ich nicht beabsichtige, das Wesen der Dinge ans Licht zu bringen, sondern mich selbst.
Montaigne (1533–1592)[39]

Nach den fast nonstop aufeinanderfolgenden Übersetzungen von 1977 macht sich Jörg Fauser im Februar 1978 daran, die Brando-Biografie *Der versilberte Rebell* zu schreiben. Aufgrund der Vielzahl an Aufträgen führt er jetzt ein Arbeitsjournal. Dem ist zu entnehmen, dass er Tage zuvor noch 72 Gedichte an Wagenbach schickt und letzte Korrekturen an der

Baez-Übersetzung vornimmt. Noch Ende 1985 ist für ihn *Der versilberte Rebell* »das Buch, das wahrscheinlich am gelungensten ist, weil sich da der Anspruch und die Power gedeckt haben. Ich war damals in einer besonderen Situation, das Buch wurde in einem unheimlichen Druck und einem psychischen Wahnsinn geschrieben. Da stimmt wahrscheinlich alles. Ich meine jetzt nicht zu Marlon Brando, sondern das Buch an sich. Bei den anderen Büchern, mehr oder weniger. Man kommt nie so ganz hin ... Frühe Gedichte – ja. Ausdruck, Zeit, Bornheim 1973, das war es. Beim Roman ist es schwieriger.«[40] Das findet Fauser selbst – und zwar nachdem er *Schneemann*, *Rohstoff* und *Schlangemaul* geschrieben hat. Weshalb er in der Brando-Biografie seine »stärksten ›dichterischen‹ Leistungen« sieht, erläutert er Monate später so: »In den Jahren 74 bis 78 hatte ich keinen Verlag (jedenfalls keinen, der mich interessiert hätte), ich schrieb also für einen anderen Markt (vorwiegend Rundfunk und die Beilage der *Basler Zeitung*) und tastete mich allmählich an größere Stoffe heran, während ich Gedichte und Stories schrieb.«[41]

Der Druck, unter dem seine Texte entstehen, geht zum einen auf das Bedürfnis zurück, sich – und der Welt – zu beweisen, dass die für die *Basler Zeitung* verfassten Elegien keine Zufallstreffer sind. Der psychische Wahnsinn, genauso wie Passagen über Natur versus Kultur, den Planeten Erde, entstehen vor dem Hintergrund einer privaten Tragödie: Während Jörg Fauser in wenigen Monaten Leben und Schaffen Brandos studiert und darüber schreibt, liegt sein Halbbruder Michael Razum im Sterben. Darum geht es ihm so sehr, von ganzem Herzen und aus völliger Verzweiflung heraus, um den Schatten. Darum geht es um die Versilberung des Rebellen, nicht des Revolutionärs. Im Schatten gedeihen Zweifel und Skepsis, Grundfeste aller Kreativität. Es geht Jörg Fauser um Diskrepanzen. Monate zuvor, in Los Angeles, beeindruckt es den Dichter von der Reservebank nachdrücklich, zu sehen und zu hören, mit welcher Vehemenz Bukowski über Jahre hinweg weiterschrieb, allem zum Trotz. Dichterkarriere und Eitelkeit beiseite, zur selben Zeit da er mit Bukowski auf der Pferderennbahn zockt und zecht, denkt Fauser an die BRD, an Köln, wo Hanns Martin Schleyer am 5.9.1977 von der RAF entführt wurde.

Im Februar 1978, als die Brando-Bio entsteht, ist die Bundesrepublik nicht mehr, was sie war. Keiner weiß, wie sie wird. Auch Gegenkultur und Aufstand, '68 und die Folgen haben einen neuen Beigeschmack. Von der Konsumlust der 80er ist das noch meilenweit entfernt, vom Zynismus, der auf Waldsterben, dann auf Mauerfall folgt, sowieso. »Ich glaube nicht«, so die Verlegerin der Brando-Bio, Monika Nüchtern, »dass es über diese Zeit in der BRD – als vieles noch möglich war und zugleich vieles auch unheimlich träge und eingefahren und starr war –, dass es über diese Zeit ein treffenderes Dokument gibt.«

Monika Nüchtern, geborene Stadler, spielte Jahre zuvor in zwei Fassbinder-Filmen, sie verlegte einige Film-Bücher, arbeitet heute primär an Produktionen mit. Mit Nachdrucken der *Illustrierten Filmbühne* (*50 Hollywood-Filme*, später *Der deutsche Nachkriegsfilm* usw.) ist sie im Oktober 1976 auf der Frankfurter Buchmesse, wo einem englischen Verleger der schön gestaltete Umschlag von *50 Hollywood-Filme* auffällt. Er zieht ein mit demselben Leinwand-Hero geschmücktes Buch aus seiner Tasche... und so kommt die junge Verlegerin und Mutter zu dem Auftrag, John Howletts Dean-Biografie auf deutsch zu machen. Abends erzählt sie ihrem Schwager davon, Jürgen Ploog. »Als wir da saßen, kam dann auch Jörg vorbei. Carl [Weissner] hatte für die Übersetzung keine Zeit, also schlugen die dann Jörg vor.« Auf die Bio über James Dean folgt in Nüchterns Verlag eine über Elvis Presley (von Rainer Wallraf), und im September '77 ist der Auftrag für die Brando-Bio in trockenen Tüchern.

Neben dem Schreiben liest Fauser mehrere Bücher über den zu diesem Zeitpunkt aus Hollywood fast abgewanderten und von Movie-Magnaten als Quertreiber wenig geliebten Schauspieler, aber er liest auch *Der edle Wilde*, eine Biografie über den Künstler Paul Gauguin; des weiteren auf seinem Regal: die Geschichte des letzten Kaisers von Österreich, Franz Joseph I., dessen Stellvertreter und Thronfolger, Erzherzog Franz Ferdinand, 1914 bei einem Attentat durch serbische Nationalisten umkommt, was den Ersten Weltkrieg auslöst (Franz Joseph I. stirbt zwei Jahre später, womit der Vielvölkerstaat Österreich dahin ist – siehe auch Fausers »Hommage für Joseph Roth«, entstanden zu etwa dieser Zeit).

Leicht von der Hand geht ihm diese Biografie trotzdem nicht. Aus dem Handgelenk geschüttelt mag mancher Absatz zu »Großstadtszenarien und ihrer Nachtschattengewächse«[42] sein – wo er dann auch leichtfüßig zwischen New York 1944 und der Bonner BRD hin- und herspringt, zwischen dem Job des Schauspielers und dem des bei den Buchfabriken anklopfenden Dichters: »Ob Schauspieler oder Literat, für den Künstler sind die Auswüchse der Zivilisation, nicht deren bourgeoise Zentren und Produzenten der Mittelpunkt des Lebens, ihm filtern Psyche und Physis der Metropolis die Essenz der kreativen Leidenschaft. Der deutschen Kulturverwaltung, ihrem Amtsdenken, ihrer Streuselkuchengesinnungsmafia, ihren nur noch auf die eigene mediale Aufbereitung und Wiederverbreitung gerichteten Rentenversicherungsmechanismen, ihrer Sinnen-, Risiko- und Kunstfeindlichkeit waren und sind natürlich Literaturen wie die der Beats und in ihrem Umfeld überhaupt alles Spontane, Rebellische und Abnorme von Grund auf verdächtig, es fehlt ihr nicht an Silber, aber es fehlt ihr an Seele.«[43]

So ist für Monika Nüchtern nicht nur das Buch, sondern auch die Arbeit daran unvergesslich. »Wir haben uns oft morgens getroffen, in einer Kneipe, die es inzwischen gar nicht mehr gibt, auch im ›Alter Simpl‹ in der Türkenstraße. Und wenn er dann gerade down war, schimpfte er: ›Ich kenn doch den Typ gar nicht, wie soll ich denn da über ihn schreiben?!‹ Dann hate er's mal ganz hingeschmissen – und es dann wieder aufgegriffen. Und was er daraus gemacht hat – mit diesen unheimlich schönen Exkursen – da hat er sich in das, was als bloße Auftragsarbeit begann, unheimlich reingesteigert. Ich habe ihm nicht gesagt, was er schreiben soll, nicht ein einziges Mal. Ich habe ihn vielmehr über die Hürden begleitet, er hatte ja diese unheimlichen Ups & Downs, war manchmal morgens schon betrunken. Brandos selbst-produzierten Western haben wir bei mir zuhause projiziert und angeschaut, aber ansonsten hat er die Arbeit vollkommen alleine gemacht.«

Die Zusammenarbeit funktioniert sehr gut, bisweilen spielen Verlegerin und Autor mit dem Gedanken, der Verlag Monika Nüchtern könne auch Belletristik veröffentlichen, Fausers nächsten Roman... Warum nicht? Die Filmbücher kommen an, Lizenzen werden verkauft, die Originale gewinnen Preise, hervorzuheben der des Art Directors Club, Benelux. Und so geht das Leben auf dem Münchner Film-Set abseits von Fausers Schreibtisch und Träumen weiter. Auch Monikas Mann Rüdiger Nüchtern, der mit Wim Wenders auf der Filmhochschule war, hat viel zu tun, Kinder werden geboren, Klaus Kinski kommt und geht, feiert und betäubt sich mit Thomas Landshoff, gibt den Nüchterns die Kinderkrippe, der sein Kind entwachsen ist, Monikas Sohn folgt zwar nicht in den Fußstapfen von Nastassja (die 16-jährig in Wenders' *Falsche Bewegung* ihr Leinwanddebüt gab), aber immerhin den Laken von Kinskis zweitem Kind... »Ich hatte schließlich zu viele andere Sachen am Laufen, Kinder gekriegt, einen Film von meinem Mann produziert [*Schluchtenflitzer* mit Ruth Drexel, nach 1995 besser bekannt als Resi Berghammer, Mutter des *Bullen von Tölz*], und nach dem Buch zur *Rocky Horror Picture Show* habe ich damit ganz aufgehört.«

Für Fauser entwickelt sich die Brando-Biografie zum Auftakt der Karriere, die er immer wollte, der des ernsthaften Autors, der seinen Streifen durchzieht, abseits des Gängigen – und dabei auch kommerziell erfolgreich ist. Abgesehen von *Die Harry Gelb Story* ist es das erste Buch Fausers, das in einer Lizenzausgabe neu aufgelegt wird: als Taschenbuch 1981 von Rowohlt und 1986 von Ullstein.

Ein Dutzend Jahre später, 1988, ist Carl Weissner beim Zusammenstellen der achtbändigen Werkausgabe für Rogner & Bernhard, nach der Lektüre von über 3000 Seiten einmal mehr beeindruckt, welchen Stil sein Freund zur Zeit der Brando-Bio entwickelt. »Ob er zum Beispiel über Len Deighton schreibt oder Hans Frick oder sonst einen Autor: Es kommen erst mal zwei Seiten über ihn selbst. Entweder, wie er mit achtzehn beschlossen hat, Schriftsteller zu werden, was er da um sich herum vorgefunden hat und weshalb er sich dann wie seine Vorbilder erst mal in anderen Ländern umgesehen hat; oder warum Christian Dietrich Grabbe für ihn, als er acht Jahre alt war, so ein überwältigendes Erlebnis gewesen ist, mit diesen urdeutschen Dramen, in denen immer 50.000 Leute auftreten... Und er geniert sich tatsächlich nicht, diese persönlichen Dinge darzulegen – am meisten in der Brando-Biografie, die mindestens ebenso viel von ihm selbst handelt wie von Marlon Brando, und eigentlich ein groß angelegtes Pamphlet gegen die Schakale vom Feuilleton darstellt, die Kulturverwertungsbetriebler und so weiter. Da erwartet man, dass einer das mehr oder weniger chronologisch abhandelt, wie das so gelaufen ist mit Brando, bis hin zu *Apocalypse Now* oder was gerade der letzte Film gewesen sein mag. Stattdessen lässt er sich über das ganze Umfeld aus. Da ist mindestens ebensoviel über die BRD wie über Hollywood und die USA drin. Und es geht seitenweise ab von wegen ›die Schakale vom kulturellen Wort‹ , ›Leichenfledderei‹ , ›Hirnverpestung‹ , ›schamlose Zurschaustellung von geistigem Kretinismus‹ , ›finale Schleimscheißerei‹ , ›Anbiederung an das schnelle Geld‹ , ›der flotte Umgang mit den Mächten, die die Erde zerstören‹ ...«

Zehn Jahre, nachdem Weissner die Sätze in einer Rezension zitierte, im Wuppertaler *Kulturmagazin* 9/1978, sind sie immer noch in seiner Erinnerung verankert wie die Hookline eines Evergreens von Bob Dylan: »Oder Sachen wie ›Denken Sie, wenn Sie Aasgeier sagen, immer an diese Gesichter im Fernsehen, und wenn Sie Aas sagen, denken Sie an Artaud im Irrenhaus‹ ...«[44] Weissner, der Mann aus Mannheim. Der Vermittler, den Burroughs schon 1966 besuchte, der mit Bukowski die Ochsentour machte; Karl Vossner in der Welt von Hank Chinaskis *Hollywood*, in Harry Gelbs Welt Lou Schneider... Weiter im Interview 1988: »Das schreibt normalerweise kein deutscher Feuilletonist. Und das schreibt auch kein deutscher Literat, weil er entweder schon die Schere im Kopf hat, oder weil er automatisch zurückzuckt. Mit dieser Entschiedenheit und Haltung, mit diesem radikal persönlichen Einstieg schreibt nur einer, der es nicht nötig hat, sich auf die Verwertungsmechanismen des Kulturbetriebs einzulassen; der nicht darauf angewiesen ist, dass ihm der oder jener Redakteur gewogen ist.«

Kosmos I.: Bukowski

Kein Lesen lohnt, wenn es nicht unterhält. Somerset Maugham

Ein flüchtiger Blick über das Personenregister des Briefbands »*Ich habe eine Mordswut*« zeigt auf, wie belesen der Mann war, der schon zu Lebzeiten wiederholt mit zwei Autoren assoziiert wurde: Chandler (Verweise in fast allen Rezensionen der drei Krimis) und Bukowski (auch hier Erwähnungen von *FAZ* bis *taz*, von der *Süddeutschen* bis zur *Badischen Zeitung*, *Rolling Stone* bis *Kölner Stadt-Anzeiger*).

Chandler und Bukowski, zwei Melancholiker, wie sie unterschiedlicher kaum sein könnten, der eine mit bester Erziehung englischer Privatschulen, der andere Schutzpatron aller Abgefuckten, beides Bewohner vom äußersten Rand der westlichen Welt – über den sie wiederum auf unterschiedliche Weise spotteten. Bukowskis Worte sind die ersten, die in *Die Harry Gelb Story* fallen, das vor zynischem Nihilsmus triefende Zitat bestimmt den Ton des Gedichtbands. Und Bukowski ist auch der Autor, über den Fauser so viele Artikel schreibt wie über keinen anderen – wobei einige als Türöffner zu neuen Auftraggebern fungieren: seine erste Kritik für die Basler *National-Zeitung* war »Heiße Kartoffel«; das Porträt »Knall-Schreibe« in *Playboy* 5/1976; die Titelgeschichte für die erste Ausgabe von *Rogner's Magazin* (9/1977); sein einziges großes, 8000 Worte umfassendes *Playboy*-Interview (12/1977). Aber es gibt auch Ausnahmen dieser Redaktionstüren-öffnenden Glücksbringer: Bei den *Frankfurter Heften* ging es Fauser im vorletzten Beitrag um Bukowski, bei *Tip* in seinem zweiten – nach einem über Hans Frick.

Die Begegnung mit Bukowski beeindruckt ihn nachhaltig. Sie ist mindestens auf einem Level mit den Leseerlebnissen, deren Darstellung seine Literatur-Reportagen eben so meisterhaft und unvergesslich machen. Die Lektüre Algrens während des Ersatzdienstes, Kerouac bei ersten Fluchten, Burroughs in Istanbul. »Bukowski war eine starke Erfahrung für mich. Und zwar einfach als jemand, der eine ungeheuere Selbstbehauptung hat, der gegen Widrigkeiten, woran sehr viele andere gescheitert wären, sich behauptet hat, als jemand, der schreiben will«, erklärt Fauser 1985.[45] »Das hat mir unheimlich imponiert, zumal das in einer Zeit war, wo ich selber mit schweren Schwierigkeiten zu kämpfen hatte. Auch für das Thema Selbstbehauptung war das der richtige Zeitpunkt. – Der hat einfach gesagt: Du musst das machen, und da kannst du noch so abfucken dabei, wenn du weißt, du hast auch nur einen guten Satz zu schreiben, musst du vierzig Jahre durch den Dreck gehen. Und das fand ich doch gut.«

Dieser plausiblen wie nachvollziehbaren Begeisterung gegenüber: ein von Michael Montfort am 10. September 1977 auf der Trabrennbahn von Inglewood geschossenes Foto von dem frisch aus Europa eingeflogenen Gast wie nach einer durchzechten Nacht im Morgengrauen. Allem lockeren Gambler-Talk des Intros zum *Playboy*-Interview zum Trotz sieht man da den wild und fröhlich ausgelassenen Bukowski mit Linda und der US-Korrespondentin Frances Schoenberger – und abgerückt und eher griesgrämig dreinblickend, vor sich ein Glas Salzstangen statt »Wodka und Seven-up«, der Besucher aus Deutschland. Mehr als ein viertel Jahrhundert später, inzwischen verwitwet, erinnert sich Linda Bukowski an wenig, am ehesten daran, dass Fauser ihr wie »ein Fassbinder-Typ vorkam: düster, heavy Party-Typ, Alkohol, Drogen, Rauchen...«

»Fauser war nicht gut drauf, gar nicht gesprächig«, erinnert sich Frances Schoenberger vage. »Entweder hatte er einen Hangover, oder er war halt nicht *social* oder wie Bukowski ein *Loner*. Ein sensitives, unsicheres Pflänzchen. Zugeknöpft. Etwas verloren. Auf mich hat er als Persönlichkeit keinen bleibenden Eindruck gemacht – er wirkte verklemmt, ungepflegt und schüchtern...« Das ist das nicht leichtfertig wegzuwischen, denn Frances Schoenberger hat mehr Stars und Celebrities getroffen als andere auf der Bühne gesehen haben.

Schoenbergers Mann zu der Zeit, der Fotograf Michael Montfort, hielt große Stücke nicht nur auf Bukowski, den er 1978 auch während der legendären *Ochsentour* durch Deutschland begleitete, sondern auch auf Fauser, für ihn ein »Schreiber-Genie«. Auf die Korrespondentin wirkte Fauser »wie ein Fan der endlich seinen Traumstar kennenlernt und dann verstummt vor Verlegenheit.«

»Es ging um eine Titelgeschichte für die Literaturzeitschrift *Rogner's*«, so Montfort. »Zu der Zeit, 1977, ging Bukowski in Deutschland gerade voll ab. Deshalb waren meine Hosen gestrichen voll, ich war dermaßen nervös, schon wegen seinem Image... Weil ich nicht wusste, wie ich da lebend rauskommen sollte, nahm ich eine Kiste Bier oder Wein mit, und das hat Bukowski für zwanzig Jahre beeindruckt...«

Sicher ist, dass die Begegnung ein Jahr zuvor (mit Y Sa Lo als »Assistentin«) auch Bukowski nachhaltig beeindruckt hat. Wie einen Hangover schleppt Fauser, so erinnert sich sein Münchner Mitbewohner aus der Zeit, Werner Thal, danach die Angewohnheit herum, »eine Weile nur noch teuren französischen Wein zu trinken, weil ausgerechnet Bukowski ihn beschworen hat, sich nicht mit Schnaps um den Verstand zu saufen.«[46] Charles Bukowski schreibt – Tage nachdem er von Fausers letzter Party 1987 erfahren hat – ein dreiseitiges Gedicht über seinen Freund »Joe«.[47] Es ist die Ode eines vermeintlich harten Macho-Vielsäufers, der eigentlich schüchtern und menschenscheu ist und der sich voller Wehmut an einen schüchternen menschenscheuen Typ erinnert, der härter trinkt und mehr Drogen nimmt als er für möglich hielt.

Der Mann, der Shakespeares Krimis liebte: Chandler, Hammett & Co

Warum ich mich trotzdem mit diesem Roman befasse? Weil gerade er besonders deutlich macht, wie heute Literatur in Deutschland funktioniert: Sie ist nur noch das Futter für einen pseudoakademischen Betrieb, der die ästhetischen und inhaltlichen Regeln diktiert, Förderungen und Preise verteilt, groß und klein macht.   Maxim Biller[48]

Dass Spannung entsteht, wo es einen Konflikt gibt (den der Held löst oder der den Helden grundlegend verändert), dass fast jede Story auf dieser Sorte Drama basiert, ist nicht erst seit Cervantes' *Don Quixote von la Mancha* bekannt. Die Erzähler der griechischen Antike wussten es, die Verfasser der Evangelien sowieso. Mord und Todschlag – was sonst eignet sich besser, Moral und Recht abzuhandeln, das Drama der Freiheit, die Dramatik des Daseins. Abgesehen von Gebrauchsanweisungen und manchem Leitartikel ist Lektüre fast immer auch Spannungslektüre. Mit Spannungslektüre meint der moderne Vermarkter das, was vorher Krimi hieß, was gleichgesetzt, abgeheftet und entsorgt wurde mit Groschenheftchen. Der Tradition der Groschenheftchen folgen – Jahre nach den zusammengehefteten deutschen Wegwerfprodukten – in den USA der Wirtschaftskrise (nicht die zu Zeiten von Bush & Co, sondern Al Capones) die *pulp magazines*. Die sind wiederum das Sprungbrett für die Karrieren von Dashiell Hammett und Raymond Chandler. In den USA, wo die Tradition und Geschichte der weißen Siedler ohnehin um ein paar Tausend Jahre kürzer ist als im Abendland, wird darüber nie wirklich die Nase gerümpft. Auch in England ist der von Kultursnobs gern gezogene, andere ausgrenzende Graben zwischen Unterhaltung und Hochkultur nie so tief wie auf dem europäischen Kontinent. Man lernt es in der Schule – Variation für die Spätgeborenen: Hesse und Böll können ja nix sein, wenn sie jeder Sechstklässler versteht –, man bekommt es im Germanistischen Seminar beim Erarbeiten und Erschließen von Texten nochmals eingebleut. Und wenn man einer der wenigen Glücklichen ist, die nach dem Studium solch brotloser Kunst noch in einer Zeitung, bei einem Sender oder in einem Buchverlag unterkommen, dann lernt man auch hier bei Konferenzen schnell: Bloß nicht zugeben, dass Lesen Spaß macht.

Sicher: Es gibt Ausnahmen, der universitäre Betrieb ist nicht eine homogene Masse mit einem alles beherrschenden Gott der Ästhetik, nicht jeder im Kulturwesen Arbeitende kniet vor demselben Papst nieder. Es gibt Ausnahmen, aber auch Lager. Wer starr darauf beharrt, einer Fraktion anzugehören, wer verflucht und verteidigt was die Führer seiner Fraktion verfluchen oder verteidigen, ist ein Idiot. Wer nicht sieht, dass Krimis als Schmuddelkinder eingestuft werden, hat in den von Illustrierten und Literaturpäpsten veröffentlichten Leselisten, in der Auswahl mehrbändiger Literaturlexika und anderen Zulieferern der Kanonindustrie nicht zwischen den Zeilen gelesen: Wenn in Buchhandlungen auch andere Genres (Science-Fiction/Fantasy, Romance, Homo usw.) in separaten Regalen geführt werden, obwohl Moral und innere Konflikte, Korruption und Verrat auch bei der ordentlichen Belletristik von Joseph Conrad, Alfred Döblin usw. verhandelt werden, so ist das nur ein weiteres Indiz für Snobismus und ein glücklicherweise überholtes Hierarchiedenken. Noch gilt dieser Snobismus, in den siebziger und achtziger Jahren galt er noch stärker. Dagegen schreibt Jörg Fauser an – in der Basler *National-Zeitung* 1975 über Chester Himes, den schon zu Lebzeiten in seiner Heimat vergessenen Schwarzen, der dort erst verlegt wurde, als er im Ausland mit Preisen ausgezeichnet wurde. Hierzulande in Richard K. Fleschs Reihe der rororo-Thriller ereilt seine Romane nicht das Schicksal von Raymond Chandlers *Die kleine Schwester* (1963 verstümmelt, um ein komplettes Kapitel gekürzt), sie fallen aber auch niemandem ihrer durchdachten Übersetzung wegen auf. Wie bei den meisten rororo-Thrillern be-

beläuft sich ihr Umfang auf weniger als 150 Seiten. Der Umgang mit dieser Abart der Literatur also genauso wie beschrieben: Das, was nicht zu sehen ist, transportiert die eigentliche Message.

Nach Beiträgen für den WDR – dem Zweiteiler »Mord ist keine Kunst« und mehreren Folgen von »Mord bei jedem Wetter« – liest er für die Wochenendbeilage der Schweizer Zeitung dem gerade angesagten rororo-Thriller-Lieferanten Ross MacDonald die Leviten, gefolgt von Abrechnungen in *Sounds* und im Bayerischen Rundfunk mit Agatha Christies Landhauskrimis der Giftmischer. Seine Argumentation gegen die Kaffeekränzchenkultur, in der dann der lahme Gärtner mordet, um Lesern und Butlern etwas zum Knobeln zu geben, basiert auf einem Essay Raymond Chandlers, in dem der lobt, wie Dashiell Hammett »den Mord zu den Leuten zurückbrachte, ›die aus wirklichen Gründen morden, nicht nur, um dem Autor eine Leiche zu liefern‹.« Durchaus konsequent widmet Fauser seine letzten beiden Thriller-Porträts des Jahres 1976 ebendiesen beiden, von Diogenes gerade neu aufgelegten und übersetzten Autoren, Chandler und Hammett.

»Es ist eine trübe Herbstnacht über Europa, aber mein Schreibtisch ist bedeckt von Romanen...«,[49] liest Aurel Schmidt laut vor. An die dreißig Jahre, nachdem er diesen Einstieg das erste Mal gelesen und sofort gesetzt und gedruckt hat, findet der verantwortliche Redakteur der Wochenendbeilage der *Basler Zeitung*: »Er war mehr ein Autor-Kritiker als ein Kritiker-Kritiker. Wenn ich das jetzt noch mal lese, dann...«, liest und blättert er weiter, »dann sieht man, wie er seine Gefühle direkt in die Tastatur geschlagen hat, wie er seine ganze Wut und Verzweiflung in die Schreibmaschine gehauen hat.« Weil er Fauser erst Monate nach dem regelmäßigen Abdrucken von Texten kennengelernt hat – »er hat Texte gleich geschickt, ohne vorherige Absprache, und wenn es was abzusprechen gab, dann in Briefen, selten am Telefon« – ist Schmidts Erinnerung an den Menschen Jörg Fauser geprägt von dessen im Schreiben vorgeführter Haltung. »Er schien immer unter ständiger Überforderung, großer Anspannung zu leben – und wahrscheinlich musste er revoltieren, um leben zu können. Chester Himes war für ihn daher ideal: diese ganze Wut, dieser Hass, der in Literatur und Komik umgewandelt wurde.«

Himes ist denn auch mehr als ein maßgeblicher Taufpate bei einem der ersten Versuche Fausers, selbst im Thrillerformat zu schreiben. »Heiße Spur in Haidhausen« um die selbe Zeit wie das ebenfalls vom BR gesendete »Die Nacht, als mir keiner glaubte, daß ich Philip Marlowe war«. Nach »Haemorrhoiden Blues« (*Frankfurter Gemeine*, 1972) und »All you need is Istanbul« (*Gasolin 23*, 1974) gehören diese Erzählungen zu seinen ersten Versuchen einer vergleichsweise »straighten« Prosa. So wie die Pause, die zwischen dem jungen Fauser, der der Putzfrau Shakespeare-Dramen erzählte, als seien sie Krimis, und dem Literatur-Journalisten, der seriös und wütend, emotional und rational den Thriller verteidigt, folgt in dieser Sache nun eine Sendepause. Nach Hammett – »so amerikanisch wie eine abgesägte Schrotflinte«, wie Dorothy Parker schwärmte – kommen Zweitverwertungen und Kritiken beim Rundfunk, Anfang der Achtziger etwas über die Briten Graham Greene, Eric Ambler sowie Per Wahlöö/Maj Sjöwall, zur Buchmesse '82 eine Breitsalve im *Tip* zu neuen Titeln von Frederick Forsyth (*In Irland gibt es keine Schlangen*) und Ross Thomas (*Der Bakschischmann*) sowie zu den Spionage-Thrillern von Len Deighton, John le Carré und Eric Ambler.

Nun mit *Schneemann* selbst ein etablierter Krimiautor, mit dem gerade veröffentlichten *Mann und Maus* sowie dem fertigen *Rohstoff*-Manuskript in ganz anderen Territorien unterwegs (Strauchdiebe statt Killer, Kiffer statt Gangster) wird er im Dezember 1982 von Prof. Karl Ermert nach Loccum eingeladen. In die Evangelische Akademie, zur Tagung »Der neue deutsche Kriminalroman«. Kein Grund, sich nach dem dabei abfallenden Lorbeer zu bücken, sich gegenseitig die Schultern weichzuklopfen. Eher schon: Grund zum Gruseln. Das alte Feuer lodert in ihm auf, und er berichtet für *TransAtlantik* in der Rubrik »Ventil«, wie es um den deutschen Krimi und seine Hersteller steht: finster. Seine Kanonade erscheint ungekürzt als »Leichenschmaus in Loccum« in *Blues für Blondinen*.

Die darauf folgenden Porträts und Essays über Thriller und ihre Autoren entspringen einem gewandelten Umfeld. Anders als in den Fällen Chandler und Hammett geht es in »Die hohe Kunst des Komplotts« um einen Autor, der noch lebt und schreibt – Ross Thomas. Himes und Ambler saßen, als Fauser seine Elegien über sie schrieb, an Memoiren oder am Kamin.

Das Werk des Autonarrs und Whiskykenners Thomas ist Mitte der Achtziger noch im Begriff, zu entstehen – und nicht nur das: Thomas und Fauser sind in regelmäßigem Kontakt. »Jörg«, so erzählt Ross Thomas später Martin Compart, »war verdammt begabt; er schrieb ein besseres Englisch als viele amerikanische Autoren.«[50] Die Veröffentlichung des Ross-Thomas-Porträts in der *Frankfurter Allgemeine Zeitung* ist zurückzuführen auf das Verhandlungsgeschick Wolfgang Mönninghoffs. Mönninghoff, so erinnert sich Fausers Freund Martin Compart, vermittelt auch den Spillane-Text an den *Spiegel*. Das Honorar dieser beiden auch als Nachwort zu Ullstein-Taschenbüchern veröffentlichten Texte dürfte mit dem für seine Zeit hohen Vorschuss verrechnet worden sein, den Fauser von Ullstein erhielt – ebenso die Vorabdrucke aus *Rohstoff* und *Schlangenmaul* an *Die Welt*.

Zu den deutschen Nachkriegs-Autoren, die Fauser respektierte, zählen neben Ploog und Wondratschek, die er für das kurzlebige Wuppertaler *Kulturmagazin* rezensiert, Erich Loest und Karl Günther Hufnagel, vor allem die Krimiautoren Ulf Miehe, D.B. Blettenberg und Hans Werner Kettenbach. Mit den ersten verbindet ihn auch eine persönliche Freundschaft, lediglich über Kettenbach schreibt er wiederholt,[51] und so, dass man merkt, wie auch hier Integritätsansprüche des Journalisten mit der Freundschaft und Treue des Menschen manchmal ringen und kämpfen. Nach Kettenbach-Porträts für *Tip* (1984) und *stern* (1986) bespricht er im Sommer 1987 mit Wolfram Knorr ein weiteres für die *Weltwoche* – doch dazu kommt es nicht mehr. Stattdessen schreibt Kettenbach am 21.7.1987 im *Kölner Stadt-Anzeiger*:[52] »Fauser, der in seinen Texten den rüdesten Jargon nicht scheute, war als Gesprächspartner sensibel und so bescheiden wie in der Auseinandersetzung mit seinen literarischen Vorbildern. Man hätte gern gewußt, was Jörg Fauser aus einem Leben, das so entschieden die Grenzen suchte, noch mitzuteilen hatte.«

Sprache auf der Spur: Burroughs und Orwell

Der primäre Nutzen der Literatur ist und bleibt nun einmal nicht die Rechtfertigung, sondern die Subversion der Ordnung der Dinge gekoppelt mit dem Schmieden von Verbindungen, mit denen kein Mensch gerechnet hatte. Richard Powers[53]

You can't beat it, es ist unschlagbar, das Image, das Bild des Mannes, stets mit Hut und Dreiteiler; blutlose Lippen und diese so unbeschreiblich maßlos enttäuschten Augen. Harvard-Absolvent, Waffennarr, auf der Flucht in Mexiko, high mit Yage, in Tanger auf Heroin-Entzug, während die anderen Beats bei Paul Bowles an der Opiumpfeife lutschen; im Beat-Hotel in Paris mit Brion Gysin am Lesen, Zerschneiden und Verkleben der *Herald Tribune*. William Seward Burroughs passte schon seiner Erscheinung wegen kaum zu den Beats, nicht zu dem an Mystizismus interessierten späteren Honorar-Professor Allen Ginsberg, nicht zu dem Mama und Vaterland liebenden Jack Kerouac. Im Grunde passte Burroughs in diese Bewegung so wie der Pilot Jürgen Ploog neben den Alibi-Wilden der *FAZ*, Hadayatullah Hübsch. Da verwundert es wenig, wenn Burroughs oft missverstanden, nicht richtig gelesen wird. Schon gar nicht in den über diverse Verlage verstreuten, teilweise schlechten Übersetzungen. In der Literatur des 20. Jahrhunderts nimmt William S. Burroughs eine Sonderposition ein; ebenso im Leben des Lese-Süchtigen Jörg Fauser.

»So Leute wie Lou Reed, die Katastrophen überleben und zurückkehren, um etwas davon mitzuteilen, die sind es, die wertvoll sind«,[54] sagt Perry Farrell, Sänger von Jane's Addiction, Wirrkopf und Visionär *par excellence*, mit seiner Band Porno for Pyros risikofreudig, als Organisator der Lollapalooza-Festivals Mitte der Neunziger auch einer, der immer wieder den Jackpot abräumt. »Burroughs, der hat gelebt, um darüber zu schreiben. Ich glaube, auf die Gesellschaft, in der wir leben, hatte William Burroughs einen viel größeren Einfluss als die Allgemeinheit denkt. Ganz einfach wegen Büchern wie *Homo* und *Junkie*. Der Tatsache, dass er diese Sachen aufgeschrieben hat, können wir heute verdanken, dass sich Leute aufraffen, ihren ganzen Mut nehmen und klarstellen, wer sie sind, was sie wollen, was sie fühlen. Burroughs führt das so zurückhaltend vor, zugleich mit dieser Entschiedenheit. So wie er das in diesen Büchern gemacht hat, hat das doch jeden beeinflusst, der das gelesen hat [...] Wo einer hingeht und etwas zugibt, sagt: ›Ich habe Angst.‹ Oder ›ich bin schwul‹ ; oder ›ich bin ein Junkie‹ ...«[55]

Burroughs geht es in seinem stilistisch wie inhaltlich so vielseitigen Werk um mehr als Heroinkonsum und Drogenpolitik. »Alles, was William S. Burroughs in den fünfziger und sechziger Jahren geschrieben hat, fängt langsam an, Wirklichkeit zu werden: Verwirrung der Symbole und ihrer Bedeutungen, der blitzartige Ereignischarakter unseres Lebens«, so David Bowie 1993 in *Der Spiegel*.[56] »Er hat so geschossen wie er geschrieben hat, mit extremer Präzision und ohne Angst« (Hunter S. Thompson). »Burroughs schwelgt in einem vollkommen fantastischen, raum- und zeitlosen Medium, in dem der normale Satz gebrochen ist, das Kosmische den Flitter durchbricht«[57] (Anthony Burgess). Das nach wie vor beeindruckende: Außer Norman Mailer, Joan Didion, Will Self, J.G. Ballard, Kathy Acker, Susan Sontag, Marshall McLuhan gehen vor Burroughs' Werk Musiker wie die von Ministry, Jesus And The Mary Chain, Devo vor Ehrfurcht auf die Knie... Alles Denker und Visionäre, Schrille und Wirre aus dem angloamerikanischen Sprachraum.

Jörg Fauser hat sich mit der Methode des Cut-up und Fold-in – im Gegensatz zu Ploog – nur vorübergehend beschäftigt. In journalistischen Artikeln erwähnt er den Mann, der in *Rohstoff* als einziger unter seinem Namen auftritt, hier und dort (z.B. in der Beschreibung von Chandlers cineastischem In-Szene-setzen), doch er schreibt insgesamt wenig über Burroughs. Er liest mehr als die meisten, auch Schwerverdauliches. Als Leser haut ihn das in seiner Narrative vollkommen geradlinige *Junkie* genauso um wie *Naked Lunch* und das noch abgedrehtere *Soft Machine*. Und so dient Harry Gelb in *Rohstoff* nach dem Wiederlesen besonders das Letztere als Messlatte für *Stamboul Blues*. Ein ganz anderer Aspekt von Burroughs' Denken fließt in das Fundament von Fausers drittem Roman: Rückgrat für das unvollendete *Der dritte Weg* ist die bei Burroughs wiederkehrende Idee von der Meta-Ebene der Macht, das Konzept von Drahtziehern, die die Drahtzieher kontrollieren. In schäbigen Hotelzimmern Lateinamerikas, den Cafés von Paris oder im Bunker in NYC – Burroughs liest bis zu seinem Tod tagtäglich die *Herald Tribune*. Tagespolitisch auf dem Laufenden, fixiert er den Blick auf das Treiben dahinter, auf die Agenten zwischen der sichtbaren und der geheimen, nichtsdestotrotz existenten Welt voller Manipulation, Macht und Medien. Kann Politikern daran gelegen sein, Probleme zu lösen?, Geheimdienstlern, ihre wahren Hindernisse zu beseitigen? Plausibel wie logisch, Burroughs zu Harry Gelb: »Sie wissen, junger Mann, wie die Antwort darauf lautet.«[58] Halbherzige Lösungen und laue Gesetzesbeschlüsse stellen sicher, dass Politiker und der an ihnen hängende Macht- und Vollzugsapparat beschäftigt bleiben, Terroristen sind Grundlage für Terrorismusbekämpfer, für Etats, Einflussbereiche und Macht. Immer wieder: Macht.

»Ich denke, Burroughs war sich sehr bewusst darüber, auf welche Weise Sprache manipuliert werden kann, um das exakte Gegenteil von dem zu bedeuten, was es zu bedeuten scheint«, so der amerikanische SF-Autor J.G. Ballard. »Das verbindet ihn mit George Orwell. Er hat immer versucht, den Bildschirm der Sprache zu durchdringen, um auf der anderen Seite eine Art Wahrheit zu finden.«[59] Orwell und Burroughs, Charaktere, die von ihrer Personality kaum unterschiedlicher sein könnten. Der eine in Indien unter bescheidenen Verhältnissen aufgewachsen, publizistisch hyperaktiv, an mehreren Fronten auf der Suche nach Wahrheit, jenseits aller Ismen, noch vor seinem 50. Geburtstag – und dem kommerziellen Durchbruch – von Tuberkulose dahingerafft. Der andere aus wohlhabenden Verhältnissen, als Autor ein echter Spätstarter (als *Junkie* veröffentlicht wurde, war er fast vierzig), kein Heimkehrer, sondern ein Drop-out konventioneller Lebensentwürfe.

Gleich im Auftakt eines seiner schönsten Essays, »Beruf: Rebell«, plaziert Fauser Orwell nach Paris im Dezember 1936; an den Tisch eines Exil-New Yorkers, Henry Miller. Diese Inszenierung und die folgende Abhandlung von Orwells Leben und Lebenswerk (*1984* wird nur am Rande erwähnt) markiert einen ganz neuen Ton des Essayisten Fauser. Matthias Matussek, seit 1987 beim *Spiegel*, Anfang der Achtziger wie Fauser beim Berliner *Tip*: »Als er zum *Tip* gekommen ist, war er im Grunde genommen der erste Erwachsene dort. Und er hatte eine Bildung, eine ganz traditionelle Bildung, die ich äußerst wohltuend fand. Eine der ersten Geschichten, mit denen er dann gleich losgelegt hat, war dieser große Essay über Orwell. Dass so was im *Tip* stand, der ja eher ein bisschen krawallmäßig, ein bisschen oberflächlich war, fand ich fantastisch.«

So wie drei Jahre später in der *Tip*-Titelgeschichte über Ernest Hemingway (»Der Unbestechliche«) hält Fauser daran fest, seine ureigene Sicht wiederzugeben, blutlose Objektivität genauso wenig anzustreben wie ausgewogene Berichterstattung zwischen den Fronten und Interpretationsansätzen. Im Unterschied zu früheren Autoren-Porträts geht er in den 80ern mit den Offenbarungen aus dem eigenen Poesiealbum der Literatur-Lieben sparsamer um. So wie bei Orwell richtet er sein Augenmerk vornehmlich auf Aspekte des Werks, die von den professionellen Kulturverwurstern wenig beachtet werden – bei Orwell *Mein Katalonien – Bericht über den Spanischen Bürgerkrieg*, bei Hemingway *Selected Letters, 1917-1961* (wobei er seinen Unmut über die »gereinigte, akribisch entpolitisierte« deutsche Version, *Ausgewählte Briefe 1917-1961*, im separatem Abspann kundtut).

Nachlese / Bleibende Wirkung

Er genoß die Nähe des Todes, wie ein Genesender die Nähe des Lebens genießt. Er hatte Schluß gemacht, er war fertig! – [...] Alles wird gut sein! Joseph Roth[60]

Raster und Maßstäbe der gängigen Literaturkritik werden nicht nur in Deutschland hinterfragt – und hierzulande nicht erst seit Jörg Fauser... Allerdings muss man schon länger suchen, will man mehr von dieser Munition, von diesen Salven gegen das »Geschäft mit Bewußtseinstrübung, Leichenfledderei, Hirnverpestung und schamloser Zurschaustellung von geistigem Kretinismus, also die gespenstische Wachstumsbranche Kulturverwertung made in BRD.«[61] In all dem Tosen und Toben, dem Anprangern und Attackieren des Biedermeier'schen Bildungsbürgertums lässt einen der rhetorisch so vehement exerzierte Amoklauf leicht vergessen, welchen Dienst Fauser der Literatur damit erwiesen hat. Social-Beat-Poeten und -Pioniere, via Bukowski und die von Carl Weissner 1990 herausgegebene Rogner & Bernhard-Werkausgabe auf Fauser aufmerksam geworden, sind hier erstmals Fallada und Roth begegnet, zumindest erstmals auf eine Art und Weise, dass sie danach deren Bücher in die Hand nahmen. Oliver Bopp, Chefredakteur von *Cocksucker* und Macher des Ariel-Verlags (Partner des Isabel-Rox-Verlags, der Anthologien wie *Downtown Deutschland* und *Asphalt Beat* vorlegte) gibt unumwunden zu: »Das erste, was ich von Fauser gelesen habe, war auch gleichzeitig fast alles [...] Mir hätte nichts besseres passieren können. Fauser wies mir den Weg zu der Literatur, mit der ich was anfangen kann.«[62]

Damit durchaus vergleichbar der Standpunkt Kersten Flenters, der in *SUBH* 38 beschreibt, wie er 1994 mit André Dahlmeyer (Miterfinder des Begriffs Social Beat und Hrsg. des *Störer*) und Bopp in dessen Opel Kadett zu einer Fauser-Gedächtnislesung nach München pilgert.

> Einer der Gründe war, dass Jörg Fauser mir etliche meiner Literaturhelden nahe gebracht hatte, die mir auch heute noch das Leben lebenswert machen. Entgegen vieler meiner Mitstreiter bin ich ja der Ansicht, dass Fauser als Autor nicht unbedingt zur Creme de la Creme zu zählen, aber dafür als Reporter und Essayist immer noch unschlagbar ist. Ich verdanke den Essays Jörg Fausers einige meiner All Time-Favorites, zum Beispiel Nelson Algren, Hans Fallada, Joseph Roth. Auf Fausers Empfehlungen war immer Verlass. Er mochte Schriftsteller, die sich, wie er selbst, dem Kampf des Lebens stellten – den Kampf um das Leiden, um die Leidenschaft, um die Menschlichkeit.[63]

Flenters Story – »Partyservice« – zeigt zwar nicht auf, wie der Bogen funktioniert, veranschaulicht aber, dass es ihn gibt, den Bogen von den Asphalt-Poeten mit und ohne Arbeit oder Abi, mit viel oder wenig Ehrfurcht vor Interpunktion, hin zu den allseits anerkannten Größen. In einem ganz anderen Umfeld beschäftigt im Jahr 2003 auch Günter Ohnemus dieser Balanceakt zwischen ernsten Klassikern und Unterhaltung, der aber eben nicht mit Beliebigkeit verwechselt werden darf. Anlässlich der Essaysammlung *Lese-Stoff* schreibt er in *Die Zeit*:

> Er liebt die Bücher der Leute, über die er schreibt, und er versucht immer wieder, durch die Bücher zu diesen Leuten

durchzudringen, weil er Antworten sucht, weil die Literatur für ihn etwas mit dem Leben zu tun hat und nicht Teil einer intellektuellen Maschinerie ist. Manchmal – leider ist das so – versucht er dieses Leben spürbar zu machen, indem er alle anderen für tot erklärt – die anderen deutschen Autoren, die Kritiker (er präzisiert das leider nie, obwohl es Stoff dazu genug gegeben hätte), die jüngere Generation. Aber immer wieder findet seine Energie ihren Rhythmus, und dann ist in diesen Artikeln, Reportagen und Essays wieder der Jörg Fauser da, von dem man alles lesen möchte. Es ist ein starkes Ich, das hier über Literatur schreibt, keine Rezensionsmaschine.[64]

Ebenfalls zu den Literatur-Reportagen in *Lese-Stoff* resümiert die *taz* Anfang 2004: »Es ist erstaunlich, wie die Literaturbetrachtungen Fausers, der vom deutschen Literaturbetrieb bis heute weit weniger beachtet wird als vergleichbare Prä-Popliteraten – etwa Rolf Dieter Brinkmann oder Hubert Fichte – immer noch zünden. Seine Art, Heinrich Böll und Co. als typisch deutsche Literatenspießer niederzuschreiben und sich stattdessen in liebevoller Weise vermeintlichem Pulp, Schund oder verkannten Genies zu widmen, begeistert heute noch ungemein.«[65]

Kapitel 7

Gedicht, Prosa & Song

Einfache Bilder, starker Typ: Trotzki, Goethe und das Glück

I would very much like to take you in my arms but world is world and roars by   Jörg Fauser, »Alt genug«
in der Übersetzung von Waine/Woolley

Fausers Leben in München unterscheidet sich im äußeren Ablauf nicht von dem seines Umfelds. Es sind die einsamen Stunden an der Schreibmaschine, die nächtlichen Grübeleien schlaflos im Bett oder bei Streifzügen durch die Stadt, es ist das Werk eben, das die Entwicklungslinie zieht.

Die Bilder der Erinnerung, des Alltags und der Reisen – nach Wien, Berlin, Mallorca, Ibiza, Istrien und natürlich in die USA – hält er in Gedichten fest, die an Bukowski geschult sind. Mit diesen Gedichten ist Fauser in den meisten wichtigen Anthologien der Zeit vertreten, etwa in *Und ich bewege mich doch. Gedichte vor und nach 1968* (München 1977, hrsg. vom ebenfalls in dieser Richtung engagierten Lyriker Jürgen Theobaldy), sie werden durchaus als Teil der Strömung »Alltagslyrik«, der »Neuen Subjektivität« rezipiert und mit ihr – etwa wegen bemühter Poetisierung der Banalität des Alltags[66] – auch kritisiert; was schon deswegen nicht ohne Komik ist, da es ja kaum einen banaleren, poesie-ferneren Alltag gibt als den eines deutschen Kulturbeamten.

Fausers Gedichte aus den beiden Sammlungen *Die Harry Gelb Story* (1973) und *Trotzki, Goethe und das Glück* (1979) sind fast durchweg Klagen eines leidenden, gefährdeten Ich. Dieses Ich entwickelt sich in den sechs Jahren insofern, als es immer mehr Wert darauf legt, genau und von möglichst vielen verstanden zu werden. Wenn gleich im Auftakt zur Sammlung von 1979 der Vers »Keine Rede von Selbstmord«[67] steht, dann weiß man: Es geht darum, wie dem Lockruf zur Existenzbeendigung noch Widerstand entgegenzusetzen sei. Anschreiben, antrinken, anficken, ein ewiges »doch noch« und warten, »ein halbes Leben November« (»Back in the USSR«): Das Lebensgefühl einer »von den Herrschern der Städte zur Nutzlosigkeit« (»Paris, im Vorübergehen«) bestimmten Generation. In der Szene kam das an – »Mir geht's wie euch« (»Zu den Fragen der Zeit«) –, nicht nur beim männlichen Teil, auch wenn bei einer Lesung im März 1979 in der Berliner *Paris Bar* – wie Stephan Franke berichtet – nach den ersten Gedichten einige Frauen zügig das Lokal verließen. Es weht kein Wind in dieser Zeit, es ist einzig die Persönlichkeit Jörg Fauser, die den Versen Schub gibt. Man wird diesen Gedichten jedenfalls eines nicht vorwerfen können: Die Versöhnung mit der Lüge und der Schäbigkeit. Und noch heute, scheinbar satt und unbehelligt durch die Straßen flanierend, sieht, wer sehen will, mit Fauser im Kopf, als kaum verdeckte, allgegenwärtige Drohung »die schlanken Streifenwagen der Polizei« (»Sonntagnachmittag: Wieder in Schwabing«).

Fausers Gedichte aus den beiden Sammlungen sind eigenständige Werke und zugleich Aufbewahrungsorte für erlebte Geschichten, die in einem späteren Arbeitsschritt zu Prosa umgeformt werden: »Ich habe mit Lyrik angefangen«, sagt er im Interview 1985, »habe versucht, das so auf den Punkt zu bringen, wo ich dann nicht mehr weiter konnte, sondern Prosa schreiben wollte.«[68] Damit wendet Fauser eine Anmerkung Raymond Chandlers auf sich und sein Werk an, der zufolge jeder neue Ton, jede neue Weltwahrnehmung immer in der Lyrik anfange. Fausers Prosa im *Schneemann* und in den Stories von *Mann und Maus* ist lyrisch, hat Detailliebe und Rhythmus des Gedichts – das macht sie unverwechselbar.

Welche Reflexionen die Gedichte und Erzählungen begleiten, das lässt sich in einer Rezension Fausers von 1976 nachlesen, seinem letzten Beitrag für die *Frankfurter Hefte*. Anlässlich eines Gedichtbandes von Jürgen Becker (*Ende der Landschaftsmalerei*) schreibt Fauser für und von sich selbst:

Man weiß ja: der Politisierung der sechziger Jahre folgte – logischerweise – ein Rückzug aus der Literatur, zumal der Lyrik. Wo Ideologie, stramme Gesinnung, krudester Utopismus vorherrschten, konnte, wer an seiner ganz privaten Konstitution festhielt, wer angesichts der Aufbruchs-Euphorie

Skepsis, womöglich Zweifel, gar Trauer zeigte, ohne sich mit dem Lendentuch des bürgerlichen Manierismus zu schürzen, mit breiter Aufmerksamkeit, geschweige denn Zustimmung nicht rechnen. Ist also auch in der Literatur die Reaktion eingeläutet, regt sich der Wind, der die Tendenzen wendet, kratzt der Katzenjammer an der Tür? Wohl kaum. Wer da Rot trug, wird weiter Rot tragen, wer nur auf Rot machte, konnte nie viel zählen, durchsetzen wird sich aber, wer zäh an seinem poetischen Geschmack, an der unbeirrten Gradlinigkeit seiner literarischen Landschaftsvermessung festhielt; wer seinen Stil nie zu verleugnen brauchte, kann ihn jetzt, nachdem allerlei Strohfeuer verraucht und modische Mäntelchen verramscht und tollkühne Prophezeiungen vergessen und Schall und Wahn und nur noch gedämpfte Echos sind, umso überzeugender einer in der Stimmung gedämpfteren, der Qualität aber vielleicht zugänglicheren Öffentlichkeit vorweisen.[69]

»Vielleicht zugänglicher« – groß ist die Hoffnung also nicht. Wo es an ihr fehlt, muß wenigstens die Haltung stimmen, und sich zu behaupten kann auch heißen, etwas zu behaupten – warum dann nicht gleich: Alles wird gut.

Alles wird gut in der blauen Nacht

Nur a Bier will i ham, sonst hau i alles zamm!
Münchner Volkslied

Mit dem Auftragswerk *Der versilberte Rebell* testet Fauser die Öffentlichkeit in veränderter Landschaft auf ihre Zugänglichkeit. Die Auftragslage »für gemietete Meinungsschinder«, für »Zeilensklaven«[70] wie ihn ist weiterhin zumindest befriedigend. Also ist die Zeit und die Stimmung gekommen, mit »dem bißchen Kunst«, das er sich im Juni 1978 bescheinigt, etwas anzufangen. »Ich freue mich schon darauf, den Roman zu schreiben. Überhaupt ein Buch zu schreiben, selbst ein ›Sachbuch‹ ist doch herrlich, ein herrliches Gefühl!«, schreibt er Anfang März 1978 an die Eltern. Schreibend will er den Sachbuch-Ton aus dem Kopf kriegen, er denkt zunächst an einen »Essay-Roman«[71] mit dem Arbeitstitel *Die blaue Nacht*. So heißt das wüsteste Zuhälterlokal der Münchner Innenstadt, das zum festen Repertoire der ethnographischen Streifzüge gehört.

Wenn Fauser sich im Interview mit Ralf Firle an das »Ding« erinnert und für die Nachwelt festhält, er habe es »in sechs bis acht Wochen geschrieben und weg – ab – fertig« – dann ist das wahr und unwahr zugleich. Aus den Briefen an die Eltern lässt sich eine deutlich längere Entstehungszeit zwischen März und August 1978 rekonstruieren. Ende März 1978 stirbt Jörg Fauser Halbbruder Michael Razum mit 43 Jahren an Krebs. Darauf bezieht sich der Brief vom 3. April 1978, in dem es heißt: »...ich war und bin zu verstört, um zu schreiben. Aber es muß ja weitergehen, dieses sinnlose Leben. Ich werde euch jedenfalls besuchen, sobald ich die nächste Arbeit beendet habe, ich muß unbedingt wieder meine Schreiberei in den Griff zu bekommen versuchen, sie ist doch das einzige, was hält.«

Zu dieser äußeren Erschütterung kommen die sehr spezifischen Anforderungen des Themas: Jeden Schluck Alkohol, den Johnny Tristano in *Alles wird gut* sich einverleibt und wieder von sich gibt, hat auch Fauser selbst getrunken. Das Ergebnis sind ernste gesundheitliche Probleme, die Fausers Selbstcharakterisierung (für die Eltern) als »Genußtrinker« erschüttern.

»An Tristano ist alles frühzeitig erschlafft, in aufgedunsener Resignation erstarrt, und nur wenn er betrunken ist, kommt das unter der Asche in ihm schwelende Feuer noch zum Glühen.« So stellt Fauser sein alter Ego, den Schriftsteller mit Schnurrbart, Brille und Trenchcoat, neben einen eleganten Schieber,[*] in dem man Helmut Eisendle wiedererkennen mag, und einen Anarchisten,[**] dessen imposante Erscheinung an Karl Günther Hufnagel erinnert. *Alles wird gut* ist ein vierundzwanzigstündiger Sauf-Marathon durch den »Bauch der Stadt«,[72] beginnend um fünf Uhr morgens im Echtzeit-Monat März; ein Exzess, der nicht ziellos ist, sondern auf die Rettung Tristanos abzielt, die nur durch »die Frau« erfolgen kann, in deren Armen der Held am Ende wie der vom Kreuz genommene Christus liegt.

Mit *Alles wird gut* will Fauser nicht nur dem Betrieb, sondern auch der näheren Umgebung beweisen, dass er sich keineswegs als Journalist oder Lyriker der »Neuen Subjektivität« abbuchen lässt. Schriftstellern wie Peter Rosei –»ein harter

---

[*] Bornheim in *Alles wird gut*, R&B-Edition, Band 3.
[**] Dunkel in *Alles wird gut*, R&B-Edition, Band 3.

Mensch« (Hufnagel) – die ihn als Prosaautor nicht ernst nehmen, will er seine Variante des von ihnen propagierten Konversationsromans entgegenhalten. »Der Anlass war, ich wollte denen beweisen, wie man es wirklich macht.« Fauser bleibt überzeugt, es bewiesen zu haben, damit ist die Sache aber auch erledigt, »fertig, vergessen.«[73] Mit *Alles wird gut* gelingt Fauser kein durchschlagender Erfolg. Dass hier einer »in beinah ethnographischer Weise« ein Milieu, »das literarisch kaum existent ist«, zu gestalten versucht – wie Fausers Basler Redakteur Aurel Schmidt schreibt –, ist ebenso Kritikerkonsens[74] wie die Meinung, der Autor habe seine Figuren mit zuviel »Zusatz an Poesie versehen«,[75] wodurch sie »gekünstelt und unecht« wirkten, nur »Marionetten« oder gar »Figurationen eines artistischen Narzißmus«[76] seien. Werner Mathes, Redakteur des Berliner *Tip*-Magazins, für das Fauser seit 1979 schreibt, ist sein Autor ein großes Porträt im *Tip* 1/1980 mit dem Titel »Tristano in den Städten« wert. Er betont darin, Fausers Werk sei »ohne jegliche Konzession an den bundesdeutschen Kulturbetrieb« entstanden.[77] Ein Durchbruch ist das wie gesagt nicht, es muss auch keiner sein. Fauser ist nicht ökonomisch abhängig vom Erfolg seiner in Buchform veröffentlichten Prosa. Er muss sich nicht von Leuten, die er nicht als Autoritäten ihres und seines Fachs akzeptiert, sagen lassen, wie er zu schreiben hat. Er kann lernen, eigene Maßstäbe entwickeln.

Als Scharnier zwischen seiner frühen »expressionistischen« und seiner reifen Prosa, beginnend mit dem *Schneemann,* bleibt *Alles wird gut* ein interessantes Werk. Zudem ist es ein Münchenbuch von höchster Präzision, eine Hommage an die »prächtige Stadt«.[78] Es ist Fausers Geschenk an München – als *Alles wird gut* im Herbst 1979 bei Rogner & Bernhard erscheint schon fast ein Abschiedsgeschenk, auch an die siebziger Jahre, an deren Stimmungen und »Deprimationen«, wie der gründliche Thomas Bernhard-Leser Fauser das nennt. »Mir hängt meine Art subjektiver Schreiberei eigentlich allmählich zum Hals raus, aber ich glaube, man muß sie erst herauswürgen, um in andere Bereiche vorstoßen zu können«, schreibt er im Sommer 1978 an die Eltern.

Nun stehen die Achtziger mit Reagan und Orwell vor der Tür, mit den Grünen und der Friedensbewegung: Fausers unvollendetes Jahrzehnt. Er beginnt es mit Fallada.

Kosmos II.: Die Fallada-Lektion

Das Ideal des Staatlichen ist die vollkommene Organisation, und die vollkommene Organisation ist das KZ. Danko Grlic

Der Schriftsteller Hans Fallada alias Rudolf »Harry« Ditzen begleitet Fauser schon lange. In Göttingen liest er mit Nadine *Kleiner Mann – was nun?*, der Kampf eines Kleinbürgerpaars gegen den Rest der Welt. Aber ist Kampf das richtige Wort? Die Welt tut, was sie will mit Falladas Kreaturen und mit ihm selbst. Sie schmeißt in den Dreck, liefert in die Psychiatrie oder den Knast ein, und das einzige, was man tun kann, ist, den Kopf wieder hochzuheben, sich umzusehen, ob der Sturm vorbeigezogen ist, aufzustehen, die Kleider abzuklopfen und dann weiterzugehen, weiterzumachen. Dazu, um wieder dazuzugehören, braucht Rudolf Ditzen jeden Morgen erstmal einen großen Cognac, die selbstgedrehte Zigarette immer in der Hand, das Morphium immer in den Venen, den Selbstmord immer im Hirn. Kränkelnder Großbürgersohn, Totschläger, expressionistischer Romancier, Buchhalter und Fälscher, Häftling, seinen täglichen Riemen runterreißender Journalist, Bestsellerautor, SPD-Mitglied (was Fauser nicht weiß oder nicht sagt), Volksschriftsteller. Als Falladas Welt – Deutschland – sich braun färbt, versucht er, sich in ein mecklenburgisches Idyll zu verkriechen, aber »er wird bald erfahren, daß es im totalen Staat keine Welteinsamkeit gibt« (Fauser), er »buckelt« vor dem Regime, er schreibt im Auftrag des Propagandaministeriums an einem antisemitischen Roman.

In seinem großen Essay »Hans Fallada. Recherche über ein deutsches Leben« (*lui* 1/1981, im Februar 1998 vertont von Radio Bremen als »Spital, Penne, Knast – Hans Fallada in Neumünster«)[79] verteidigt Fauser den »alten Süchtel« mit anarchistischer Verve: »Jedenfalls von Fallada gibt es kein Hirsegedicht [wie von Brecht] und keine ästhetische Erregung vor dem Staat, weder Nazi noch sonst was, merk dir das!«

Im *twen*-Artikel »Junk – Die harten Drogen«[80] von 1971 ist Fallada noch nicht mehr als der »populäre Schriftsteller«, der eben auch schon gemacht hat, was Burroughs – um den es eigentlich geht – dann exemplarisch lebt: Junkie. 1980 geht Fauser zur Drogenaufnahme in die Kneipe unter Menschen. Es gibt, klärt Fauser in seinem Fallada-Essay ein imaginäres alter

Ego bei Bier und Korn auf, nur diesen Fallada, nur diese Menschen, nur dieses Land. Damit muss man zurechtkommen, das ist das Material. Wie Fallada gerät Fauser aus dem Underground auf den Untergrund, auf dessen Kosten all das, was sich Kultur nennt, geschieht. Eine nicht-bürgerliche, eine populäre Literatur zu schreiben – das ist die erste Fallada-Lektion, die Fauser aus Neumünster mitbringt und im Oktober 1980 in der Münchner Hiltenspergerstraße in Form zu bringen sucht. Der Text darf keinesfalls zu lang werden, »sonst besteht die Gefahr, daß das an *TransAtlantik* geht, und da sei Fallada davor. Zu denen [den Herausgebern Hans Magnus Enzensberger und Gaston Salvatore] gehört er nun wirklich nicht.«

Die zweite Lektion ist privater, existentiell: Der gefährliche Sog, der von Falladas Existenz ausgeht, »so benommen ich jetzt von ihm war, würde ich nie mehr sein dürfen, wollte ich eines Tages auch zu mir nach Hause kommen.« Denn Fallada ist »der ewig Gehetzte«, das Ziel seiner Wünsche ist der Tod: »Nun sagen die geschlossenen Augen, die geschlossenen Lippen in diesem toten und um Jahre jüngeren Gesicht: Ihr könnt mich alle mal. Ich habe es geschafft. Ich bin daheim.« So wehrlos wie Fallada sich den Menschen und Zeiten ausliefert, darf nicht sein, wer noch eine Weile mitmischen will. »Das Leben hat alles, was gebraucht wird«, stellt Fauser mit Fallada seiner Storysammlung *Mann und Maus* voran, also auch den Untergang und das Verderben. Wenn Johnny Tristano in *Alles wird gut* von Fallada sagt, er sei »ein Irrationalist, der zum Realismus gezwungen wurde und dabei draufging«,[81] dann lässt sich darin – und in der Entwicklung von Fausers literarischen Emanationen Tristano, Blum, Gelb, Harder, Kant – ablesen, wie die Fallada-Lektionen weiterwirken. Der Kriminelle Charles Kuhn aus Fausers nicht vollendetem Roman *Die Tournee* ist dann schlicht ein skrupelloses Monster.

Nur der *hard-boiled tough guy* wird in dieser Welt lang genug überleben, um ihr das abzunehmen, was er zum Leben braucht. Anstatt die Welt, wie Fallada es versucht, literarisch doch noch in die Idylle zu zwingen, setzt Fauser ihr immer irrealere, härtere Brocken vor, die sich nicht so einfach schlucken lassen. Dass Fauser noch viel mehr Angst vor dieser Welt und jedem Staat hatte als Fallada – das ist die dritte und abschließende Lektion.

Songtexte für Reichel u.a.

Elvis ist tot, und ich fühl mich auch schon ganz elend.
Frank Göhre in *Schnelles Geld*

Zur Zeit als Jörg Fauser über den ersten zwanzig Übersetzungen für Zweitausendeins' *Rolling Stones Songbuch* sitzt, sagt er sich mehr als einmal: »Lieber Schlager selbst schreiben als übersetzen!« Dass Sänger – wie Leonard Cohen, Nick Cave, Henry Rollins – Bücher veröffentlichen, ist relativ normal. Selten kommt es zum Metierwechsel in die andere Richtung, von Autoren auf die Bühne – sieht man einmal ab von dem obskuren wie einmaligen Abend, als Rock-Kritiker-Papst & Teufel Lester Bangs zu einer Band auf die Bühne der Cobo Hall in Detroit kletterte und gleichzeitig seine Review in die Schreibmaschine zu trommeln versuchte...

Sicher, William S. Burroughs unterstützte Brian Jones bei seinem weit weg von Rolling Stones und Pop in Marokko eingespielten Soloalbum *Pipes Of Pan At Jajouka*, er nahm mit Tom Waits auf, dem mehr als fünfzig Jahre jüngeren Kurt Cobain, eine ganze CD mit Disposable Heroes Of Hiphoprisy. Und Herbert Huncke sprach irgendwann zu Chuck Prophet »I Travelled Most Of The Road«. Aber sonst? Okay, Fichte las 1966 im Star-Club,[82] Ulf Miehe trat 1972 in der Satiresendung *Express* mit Superheroes (feat. Marius Müller-Westernhagen) auf, aber das meiste war, wie diese Beispiele, peinlichster Stoff für hochkarätige Erpressungen – also auch: zum Vergessen.

Als Achim Reichel, mit den Rattles in den Sechzigern in Hamburg berühmt geworden, seiner Solokarriere Ende der Siebziger einen neuen Schub geben will, bespricht er das mit einem guten Freund, Klaus Humann. Reichel vertonte schon zuvor Poesie, Humann startete 1977 mit *Sounds*-Redakteur Jörg Gülden Rowohlts legendäre *Rock Session*-Reihe. Der Rowohlt-Mann gibt dem Sänger einige Gedichtbände, der liest und blättert – und so kommt der Kontakt zustande. Jörg Fauser lässt sich nicht zweimal bitten, schickt im März 1979 erste Songtexte. Für die LP *Ungeschminkt* reimen und dichten außerdem Peter Paul Zahl, Kiev Stingl, Jürgen Theobaldy, Richard L. Wagner und Christoph Derschau. Die ersten drei Beiträge Fausers zeigen, dass er das Format des flotten, inkonsequenten Textchens versteht, zusätzlich in dem Mini-Format eines Pop-Songs aber auch Geschichten erzählen kann. Nach den Gedichten der *Harry Gelb Story* nicht wirklich überraschend, hingegen ein Novum wenn in Form eines im Radio vorbeidudelnden Songs, bei dem man nicht zwingend jede Zeile hören und minutenlang überdenken kann.

Grundlage für »Riverside Drive« ist ein Gedicht aus *Trotzki, Goethe und das Glück*; ebenso »Hart am Ball«, das auf den ersten Versen von »Hotel Avenir« aufbaut.

Reichel und Fauser belassen es nicht bei der einen Platte. Der Sänger ist von den Beiträgen so angetan, er ist vor allem von Fausers Verständnis und Entgegenkommen begeistert. Denn es muss wiederholt umgeschrieben werden, nicht jeder Vers kann so interpretiert werden wie er ursprünglich geschrieben wurde. »Der Anknüpfungspunkt war die Beat-Generation, deren Leute ja auch Berührungen hatten mit Musikern. Das fand ich eben ganz spannend, diesen Ansatz, dass man versucht, zeitgenössische Lyriker in zeitgenössische Musik einzubinden«, so Achim Reichel. Dass das funktioniert, bestätigt die Rezension im *Musik Express*: »Mir persönlich gefallen auf dieser LP die Stücke von Jörg Fauser am besten. (›Baby...‹ , ›Hart am Ball‹) und vor allem ›Riverside Drive‹ ist so stark, dass es auch Achim Reichel zu der intensivsten Musik inspirierte.«[83]

Für Reichels Album *Blues in Blond* schreibt Fauser alle Texte. Auch hier den Umständen entsprechende, konventionelle Pop-Songs, dann und wann mit Metaphern des geübten Dichters (zum Beispiel in »Mama Stadt«), aber eben auch Geschichtchen – eine sehr spannende, die zudem noch Jahre nach Fausers Tod alljährlich beachtliche Tantiemen einspielt: die des Spielers, der alles auf die 17 setzt, der nach Gewinn alles auf der 17 lässt – »Hat man sowas schon gesehn? / Und dann geht nichts mehr, und der Spieler hört sich flehn«... Sound und Produktion entsprechend der Zeit und dem Genre, Dramaturgie und erzählerisch auch Jahrzehnte später voll auf der Höhe.

»Es war wahrscheinlich Mentalitätssache«, so Reichel, der zum Zeitpunkt dieses Interviews eine Tournee vorbereitet und trotzdem gerne den Trip down Memory Lane macht. »Wir hatten einen hervorragenden Draht zueinander. Für mich war Jörg niemand, wo ich mir überlege, wie musst du sein, damit du bei dem rüberkommst? Wir hatten so einen ungebrochenen, geraden Draht zueinander. Das war einfach angenehm, das hat

Spaß gebracht. Eben nicht so wie das leider bei vielen Kollegen ablief. Für mich war das ja Neuland, und da merkte ich: Ach du meine Güte, da gibt's ja auch so richtige Kopffüßler, die so stelzig... Lange Rede kurzer Sinn: Jörg war einer, mit dem habe ich gern gesprochen, wir haben uns ergänzt, wir waren einander nah, ich will nicht gleich sagen, wie Brüder im Geiste. Aber es funktionierte mit der Kommunikation mühelos, während das mit vielen anderen schwierig war, allen vorweg Wondratschek, ein merkwürdiger, schwieriger Mensch.«

Die Frischzellenkur in Reichels Karriere lobt *Der Spiegel*. Die Blattmacher zitieren – »Hoffnung aus Pappe«[84] – die zweite Strophe von »In einer fremden Stadt«: »Ich seh drei Türken aus dem Bahnhof kommen / Mit ihren Koffern aus Staub und der Hoffnung aus Pappe«, an der exemplarisch abzulesen ist, wie sehr der Dichter gewachsen ist, seit der Erzählung »Haemorrhoiden Blues« von 1972, wo die »Türken mit Pappkoffern und Knoblauchfahnen«[85] zwar auch ein starkes Bild abgeben, aber eben primär eine 1:1-Wiedergabe darstellen ohne diesen Dreh, in dem das Profane zum Profi-Werk wird.

Für Fauser ist die Arbeit mit Reichel mehr als eine neue Herausforderung, sie ist auch Sprungbrett in andere Erfahrungen. Im Februar 1982 geht der Dichter mit Sänger und Band auf Tournee, steigt auch mal auf die Bühne, um eine Ansage zu machen. Für den *stern*[86] begleitet er Achim Reichel im November 1986 auf dessen Fernost-Asien-Tournee: »Durch die Zweige der Angsana-Bäume im Jaya Ancol Park schimmert der tropische Vollmond. Sonntagabend, Tausende drängen sich unter den Umbul-Umbul-Wimpeln vor der Bühne mit ihrem gelben Baldachin.« Zudem bringen die Songs bis zum heutigen Tag Tantiemen, die oft die Einnahmen aus dem Buchverkauf hinter sich lassen. Allein von der GEMA kamen auch nach Jörg Fausers Tod in manchem Jahr bis zu € 15.000.

Einen mehr als adäquaten Nachfolger zu »Der Spieler« liefert Fauser mit »Boxer Kutte«, dem Opener von *Nachtexpress* von 1983. Es ist die Geschichte von Kutte, der sich aus der Vorstadt boxt, am Ende im Ring von Agadir bei einem geschobenen Kampf klein beigeben muss – »Für Kutte bleibt ein Riese / Und der Flug nach Haus«. Für Jörg springt eine Reise zu Dieter-Thomas Hecks Hitparade raus, wo er und Reichel im Satinmantel in den Ring einläuft wie der Boxer mit dem Trainer. So wie die besten Geschichten und die meisten Gedichte Fausers fußt auch diese auf tatsächlichen Begebenheiten. »Den hat Jörg«, so Reichel, »bei seinen Milieu-Studien aufgegabelt und dessen Leben erzählt – vielleicht nicht haargenau, aber mit der richtigen Prise Theatralik. Im Box-Geschäft biste halt nur mehr gut für das Rahmenprogramm, wenn du ein bestimmtes Alter erreicht hast. Das große Box-Revival begann übrigens erst Jahre später.«

Die LP *Nachtexpress* wird mit dem Deutschen Kritikerpreis ausgezeichnet, für »Der Minister« erhält Reichel den Willy-Dehmel-Preis von GEMA und Südwestfunk. Zu den Highlights gehört sicher auch »Rose und Hyäne« mit dem Refrain »Sie dachte er wär ein Tiger / Er war nur eine Hyäne / Sie liebte sein gestreiftes Fell / Doch sie bekam nur seine Zähne...« Unvergessen bleibt für Reichel »Hotel L'Orient«, insbesondere seiner Entstehung wegen: »Er hatte eine derartige Schöpfungsgabe, das war unglaublich. Mit dem konnte man sich über irgendwas unterhalten, und dann sagte er: ›Ich geh mal eben nach nebenan‹, und zehn Minuten später kam er zurück und legte da einen Text hin. So geschehen bei ›Hotel L'Orient‹. Und genauso war er richtig locker, wenn ich sagte: ›Das ist zwar inhaltlich richtig, wie du das hier schreibst, aber da habe ich immer das Gefühl, das wäre ich gar nicht mehr, wenn ich das sage oder singe‹. Da sagte er: ›Ja, was denkst du, wie soll es denn sein?‹ Das war angenehm.«

Ob für Reichel geschriebene, dann aber nie vertonte Songs (ca. ein Dutzend) noch eines Tages veröffentlicht werden, will der Sänger offen halten. Abgesehen von einigen Texten über Gangster ist einer dabei, an den sich Achim Reichel auch zwanzig Jahre später recht genau erinnert: »Die Tournee«, so der Titel auch eines geplanten Roman und eines Theaterstücks.

Schlussakkord zu Fauser und multimedialem Wirken: Nicht unbekannt, doch nur wenigen in Erinnerung sind die Texte, die er für Veronika Fischer gesungen hat: »Blumenverkäuferin« (1984 auf *Sehnsucht nach Wärme*), »Fremde« (1987 auf *Spiegelbilder*) sowie »Der letzte Sommer«, »Diese Nacht noch« und »Wind und Asche« (1989 auf *Veronika Fischer*).

III.

1980-1985

»Angestellt beim Verfassungsschutz für Sprache und Zweifel.«

Kapitel 8

Der Schneemann

Nach der Morgenröte tastend

Schreiben ist einfach. Man macht nichts außer auf ein leeres Blatt Papier starren, bis auf der Stirn erste Tropfen Blut entstehen.
Gene Fowler

1981 erscheint Jörg Fausers erster richtiger Roman. *Der Schneemann* ist ein Volltreffer. Er verschafft Fauser den kommerziellen wie künstlerischen Durchbruch, verleiht ihm ein Label, das über seinen Tod hinweg gern verwendet wird: das des »Krimiautors«.[1] Seit der experimentellen Deliriums-Prosa von *Tophane* sind zehn Jahre vergangen. Zehn Jahre, in denen er als Schriftsteller gegen Wände und Konventionen anläuft, in denen er als Journalist gegen Betonköpfe anschreibt und mit Worten fast Amok läuft – in denen er vor allem nonstop liest und schreibt. *Der Schneemann* macht Jörg Fauser »über Nacht berühmt«.[2] So wie jeder Overnight-Sensation gingen auch dieser mehr als 1001 schlaflose Nächte voraus.

Noch in München macht er im Juni 1979 *tabula rasa*, mistet die Wohnung aus, streicht den Schreibtisch, beschafft sich einen richtigen Bürostuhl. Um der Prosa die nötige Durchschlagkraft, den nötigen *Punch* zu geben, geht er zum Abspecken regelmäßig boxen. »Ich überredete ihn«, so Wondratschek, »mit mir zum Boxtraining zu kommen, was er akzeptierte – und dann sehr gerne machte. Der kleine Boxkeller von Ernst Wagner in Schwabing in der Genzstraße, da trainierten wir, Fauser und ich. Es machte Spaß, auch ihm, der ja kein sportlicher Typ war. Danach ging, wie sonst auch, jeder seiner Wege.«

Einen Monat nach der Veröffentlichung von *Alles wird gut* beginnt er im Oktober 1979 mit dem Roman. Es ist sein viertes Buch für den Verlag Rogner & Bernhard, der im März einen Gedichtband auslieferte, für 1980 eine Erzählungssammlung – *Vor dem Aufstand*[3] – plant und eben diesen Roman. Vollkommen anders als die in einer Art trunkenem Bewußtseinsstrom verfasste Erzählung *Alles wird gut* soll der Roman eine straff komponierte, Plot-getriebene Sache werden.

Wie im Boxring heißt das Zauberwort an der Schreibmaschine Disziplin. Er werde, teilt er im Juli 1979 seinen Eltern mit, »den Roman am 1.8. um 11 Uhr beginnen«. Doch als er an jenem Mittwoch im August nach der morgendlichen Zeitungslektüre, Kaffee, frische Rasur, Lektüre der Post, dann ein Eistee, längeres Telefongespräch usw., das Papier in die Olympia Splendid 33 spannt, bleibt das Blatt leer. Und wenn die alte Reiseschreibmaschine – »treueste Begleiterin der vielen Niederlagen und raren Siege, sie war noch da, als alle gegangen waren«[4] – etwas gebiert, dann nicht das, was er will. Da sitzt er an dem frisch gestrichenen Schreibtisch auf dem neuen Bürostuhl, hat mit Thomas Landshoff einen engagierten Verleger, einen Risikospieler und Hasardeur, jetzt hat er endlich die Möglichkeit, einen Traum zu verwirklichen. Aber es will nicht so recht anlaufen. Er ist selbst überrascht, als er merkt, er »muss wieder völlig von vorn anfangen, und das hemmt und ächzt und knirscht in allen Gelenken, bei fast jedem Wort.«

So wie *Alles wird gut* soll auch der Roman ein Liveauszug werden, aus einer Welt, die er kennt. Von den zu schreibenden 280 Seiten schafft er »29 Seiten in zwei Wochen«. Keine Spur von »weg – ab – fertig«. Anfang November hat er immerhin einen Anfang gemacht. Vor ihm liegt ein »Kapitel von ca. 14 Seiten«. Es liest sich in etwa so: Heimkehrend von der Beerdigung eines Bekannten aus Kindheitstagen lernt der Protagonist Robert auf einer Bahnfahrt nach München einen Italiener kennen, der nach Salzburg will und dessen Brieftasche Robert zufällig auf der Toilette findet. »Er öffnete sie. Ein Bündel Lirascheine, ein Bündel Dollarscheine in Hundertern, ein Bündel Markscheine in Tausendern. Papiere, eine Scheckkarte, eine Avis-Rent-a-Car-Karte, eine Photographie einer nackten Frau, die gefesselt war und in die Kamera lachte. Robert steckte die Dollar- und Markscheine in seine Stiefel, hob den Deckel vom Klosett und warf die Brieftasche in das dunkle Loch. Er drückte auf die Spülung und ließ das Wasser fließen. Der Zug verlangsamte das Tempo, fuhr in den Bahnhof ein.«[5] Kurz nach dem Abfahrtssignal verlässt Robert schnell die Toilette, springt aus dem Zug auf den »Perron«.

Jemand findet etwas, das ein anderer nicht so einfach abschreiben wird – diese Ausgangssituation bleibt erhalten; ebenso der Sprung auf den als »Perron« bezeichneten Bahnsteig. Letzten Endes ist von diesen vierzehn Seiten im *Schneemann* wenig wiederzufinden. Variiert wird die Passage des Frankfurter Hotelzimmer-Blues, bei dem der Roman im »engen Zimmer mit der erbsensuppenfarbenen Tapete [...] und dem Stöhnen und Bettgestellquietschen von nebenan« verweilt, wo die Skizze expliziter ist: »die Bettgestelle, die Wasserspülungen, das Keifen, das Stöhnen, die Schlagermusik aus den Radios, Deutschland an einem Sonntagabend, immer wie die Begleitmusik bei der Vertuschung entsetzlicher Verbrechen«[6] – so die Variante in der Erzählung »Das Tor zum Leben«.

Das ist nicht außergewöhnlich, viele Schriftsteller machen eigene Shortstories zum Grundstock für Romane – oder umgekehrt. Noch im November 1979 informiert Fauser den Dichter Helmut Maria Soik, er »sitze zwar am Anfang eines Romans, aber es läuft noch nicht«.[7] *Morgenröte* werde der heißen, schreibt er dem befreundeten Lyriker.

Wenn das leere Blatt Papier gerade ganz besonders fies zurückstarrt, wenn er sich Gedanken macht, wie der Kühlschrank zu füllen, die nächste Rate fürs Finanzamt abzustottern ist, hat er nach ein, zwei Telefonaten wieder alle Hände voll zu tun. Seit dem Sommer schreibt er für den Berliner *Tip* (Hans Frick, Charles Bukowski und als drittes die Rezension der Vietnamkriegs-Reportage *Dispatches / An die Hölle verraten* von Michael Herr, die zum Zerwürfnis mit der *Basler Zeitung* führte). Thomas Landshoff von Rogner & Bernhard bleibt geduldig und verschiebt Veröffentlichungstermine. Er kennt das Geschäft, er weiß um Sitten, Eitelkeiten und Unsicherheiten. Sein Großvater Fritz H. Landshoff war eine der Verlegerpersönlichkeiten des 20. Jahrhunderts. Im Amsterdamer Querido Verlag veröffentlichte er von 1933 bis 1950 Exilanten wie Arnold Zweig, Joseph Roth, Klaus und Thomas Mann, Lion Feuchtwanger, Vicki Baum, Anna Seghers u.a. Thomas Landshoff ermutigt Fauser, im Januar auf Malta ein bisschen vor Ort zu recherchieren, Flair einzusammeln, außerdem habe ein Freund aus Luxemburg eine Wohnung in Ostende, die im März durchgelüftet werden könnte, und auch Amsterdam bringe einen ja auf andere Gedanken...

Dann wird es irgendwann deutlich, spiegelglasklar legt sich vor Fausers Augen die Marschroute auf das blütenweiße Papier: Pornos sind passé. Wenn etwas verhökert wird, dann *Columbian marching powder*, besser noch Peruvian Flake. Das ist es, was den Anti-Helden auf seiner Deutschlandreise beschäftigen wird: Stoff von bester Qualität, »nicht verschnitten, 96%«.[8] Und: »Wenn man einmal den richtigen Ton gefunden hat und das richtige Tempo, kann man die Sache laufen lassen.«[9]

Stoff der Träume

Der schweren deutschen Natur fehlt eine gefährliche Gabe der Franzosen, die Anmut der Sünde. Wenn der Deutsche auf solche Wege gerät, dann wird er plump und ungeschickt.
Heinrich von Treitschke

Herbst 1979, Tage und Nächte vergehen, und Jörg Fauser ringt sich einen Buchstaben nach dem anderen aus den Knöcheln. Traumverwirklichung ist »freiwillige Folter«. Er ist Mitte dreißig, autobiografisches Erzählen hängt ihm zum Hals raus. Andere Autoren, die so wie Joseph Roth *Die zweite Liebe*[10] pflegten, die zweigleisig an der Schreibmaschine saßen, mal für Zeitungen, dann Romane, sind außer Roth Ernest Hemingway, Graham Greene, vor allem auch George Orwell, Nelson Algren und William S. Burroughs. Greene war einundzwanzig Jahre alt, als sein erster Roman gedruckt wurde. Algren war vierundzwanzig und hatte bereits ein Journalismus-Studium und Jahre als Wanderarbeiter hinter sich. Hemingway war siebenundzwanzig, Orwell zweiunddreißig, Burroughs fast vierzig, Chandler noch älter. Die Zeit rast ihm davon. »Blum sah auf die Uhr. Höchste Zeit«, beginnt *Der Schneemann*.

Fausers Lösung: Journalistisch befasst er sich nur noch mit dem, was unmittelbar mit dem Roman zu tun hat. In diesem Fall: Malta und Pitigrillis Roman *Kokain*. Die Wiederveröffentlichung des Pitigrilli-Klassikers von 1922 flankiert Fauser für *Tip*[11] mit einem seiner so typischen emotional durchtränkten Rundumschläge, in denen zunächst Öko-Müsli-Jünger einen übergebraten kriegen, eingebettet in der »Resteverwertungskultur und Müllauffrischungsgesellschaft«, bevor der

Krieg des Staats gegen sich selbst entblößt wird, die Selbstentfremdung »zwischen Computern und *Dalli Dalli*« – und dann kommt Fauser noch auf Pitigrilli zu sprechen, auf »sein wohl temperamentvollstes, spannendstes und facettenreichstes« Buch: *Kokain*. In der selben Ausgabe des *Tip* verwertet er in *Calibans Kolumne* die Reise durch die BRD. Eine Variation des Hotelzimmer-Blues wird diesmal in Wesel angestimmt: »Die Tapete kam mir bekannt vor, auch der Himmel, ein Fetzen bleiches Laken im Fenster, und natürlich das ferne Dröhnen des Verkehrs.«[12]

Im November 1979 verschieben Fauser und Landshoff den Veröffentlichungstermin des Romans auf Anfang 1981. Die Stimmung im Verlag ist gut: William Kotzwinkles *Fan Man* von 1978 ist ein Kultklassiker, 1980 wird mit Tom Sharpes *Puppenmord* ein Bestseller folgen. Unter allen Verlagen, bei denen Jörg Fauser veröffentlichte, spielt Rogner & Bernhard eine besondere Rolle. Vor *Der Schneemann* erscheinen dort unter der Ägide von Thomas und Antje Landshoff im März 1979 der als *Cafe Europa* geplante Gedichtband *Trotzki, Goethe und das Glück*, ein halbes Jahr später die Novelle *Alles wird gut* und ein Jahr nach *Der Schneemann* der Erzählungsband *Mann und Maus*. Posthum veröffentlicht Rogner & Bernhard 1990 eine von Carl Weissner zusammengestellte achtbändige Werksausgabe mit über 2600 Seiten Umfang, zu Fausers fünfzigstem Geburtstag vier Jahre später den Ergänzungsband *Das leise lächelnde Nein* (zeitgleich mit einer Neuauflage der *Edition* in zwei gebundenen Bänden).

Gegründet 1968 von Klaus Peter Rogner, Dr. Marianne Bernhard und Axel Matthes, prägt vor allem der dritte Mann im Verlag das ursprüngliche Programm: »Damals kannte ich keinen lebenden Autor. Aber ich war ein großer Verehrer von Walter Benjamin. Also habe ich Benjamin zum geheimen Lektor ernannt: Ich habe die ganzen fremdsprachigen Desiderata, alles, was Benjamin toll fand und was durch Hitler nicht übersetzt worden war, was inzwischen vergessen und völlig unbekannt war, in das Programm geholt. Surrealismus, Aragons *Pariser Landleben* war das Initialbuch für das ganze Programm von Rogner & Bernhard. Oder Gisèle Freund. In den 50er-Jahren hatte ich eine Rezension Walter Benjamins zur Dissertation Gisèle Freunds gelesen, über Fotografie und bürgerliche Gesellschaft. Jetzt habe ich sie, die damals noch total unbekannt war, in Paris aufgestöbert und habe dieses Buch dann im ersten Programm gebracht. Oder: Benjamin schreibt über Grandville, einen Zeichner aus dem 19. Jahrhundert. Damals, in der Pop-Zeit, habe ich das zeichnerische Werk dieses satirischen Vor-Pop-Menschen herausgebracht.«[13]

Für Aufmerksamkeit, Geld und Prozesse sorgen *Die gantze Heilige Schrift* von Martin Luther, Josefine Mutzenbachers *Die Lebensgeschichte einer wienerischen Dirne* und *Meine 365 Liebhaber*. Doch der bibliophile Spaß in Benjamins Sinne währt nicht lange. Um einen Konkurs abzuwenden, übernimmt 1973 Antje Landshoff, Tochter des Verlegers Heinrich Ellermann, den Verlag für 400.000 Mark. Als ihr Mann, Thomas Landshoff, das Lektorat antritt, räumt Axel Matthes seinen Posten und verlegt (mit Claus Seitz als Matthes & Seitz) weitere Editionen im ursprünglichen Sinne: *Surrealistische Texte* von Antonin Artaud, außerdem Georges Bataille, Otto Weininger, Marquis de Sade, Michel Leiris – sowie Pitigrillis *Kokain*. Für Matthes & Seitz' Anthologie *Die Außerirdischen sind da* schreibt Fauser 1979 die Erzählung »Der Blick nach drüben«.

Bei Rogner & Bernhard neben Landshoff programmprägend: Walter H. Schünemann, später Niko Hansen (der zu Rowohlt wechselte, 2002 zum mare Buchverlag), Klaas Jarchow, seit 1983 auch Lutz Kroth, der Geschäftsführer des Zweitausendeins-Versands, der R&B-Titel in seinen Läden und via Mailorder anbietet. Im Januar 2004 verkauft die Hauptgesellschafterin Antje Landshoff-Ellermann den Verlag an Jakob Augstein, Sohn des *Spiegel*-Gründers Rudolf Augstein.

Mit Klaus Peter Rogner, später einer der Stammgäste an Heinz van Nouhuys' Tisch bei Schumann's in München, arbeitete Fauser schon 1977 an *Rogner's Magazin*, das der Geldgeber (Beltz Verlag) nach drei Ausgaben einstellte. Neben redaktioneller Mitarbeit zeichnete Fauser verantwortlich für eine Titelgeschichte über Bukowski und in der letzten Nummer für die Erzählung »Die Bornheimer Finnin«.

Das Ende der Zusammenarbeit mit dem Verlag fällt zusammen mit dem Wechsel von München nach Berlin: In einer Ausgabe des *Tip* ist Fauser ein Autor aufgefallen, der sich fachlich versiert über Krimis auslieẞ, speziell die Misere des deutschen Kriminalromans – Martin Compart. Der erinnert sich: »Als Rogner & Bernhard bei Zweitausendeins andockte, hat er sich unheimlich aufgeregt. Dass er nun zwischen Büchern wie *Homöopathie für Hunde* stehen würde, gefiel ihm gar nicht. Viel mehr als unsere Bekanntschaft war das der Grund für seine Entscheidung, bei Rogner & Bernhard Schluss zu machen.«

Nach den Anlaufschwierigkeiten nimmt *Der Schneemann* 1980 schnell konkrete Formen an. Im Januar kommt der Ball ins Rollen – »in den alten englischen Kolonialhotels, den Seemannskneipen und Bars der Tramps und Weltenbummler in La Valetta.«[14] Getreu der Handlung hält sich Fauser im Februar in München auf – übernachtet wie seine Romanfigur im Hotel, dem Metropol, in Frankfurt im Hotel Schwill in der Fressgass' – und im März in Amsterdam und Ostende. »Vorher, auf dem Weg nach Malta kam er für einige Tage hierher«, erinnert sich Matthyas Jenny aus Basel. In der Zeitschrift *Nachtmaschine* brachte Jenny das Kerouac-Hörspiel *Der Tod der Nilpferde* und Ende 1979 das vorerst letzte publizierte Gedicht Fausers, »Etwas Teures«.[15] »Er sagte, er sei auf der Spur von Kokshändlern, war also eigentlich auf einer Recherchereise. Aber er hat auch bei mir geschrieben. Ich hatte schon zwei Bücher von ihm veröffentlicht, und so brachte er das *Tophane*-Manuskript mit, aber dafür hatte ich gerade nicht genug Geld.«

Matthyas Jennys Tochter Zoe war zu der Zeit sechs, acht Jahre jünger als Fausers Tochter Petra. »Darüber haben wir mit Sicherheit auch gesprochen, weil ich mich ja um meine Kinder alleine gekümmert habe. Die bleibende Erinnerung an ihn ist, dass er sehr ruhig, bedächtig und ordentlich war. Dieses Präzise, diese Nähe zu Mensch und Leben und Seele und Tätigkeiten... Das findet sich in seinem Schreiben, auch in der *Harry Gelb Story*: Da hat er ja Stimmungen so eingefangen, dass man richtiggehend *sieht*, was er schreibt. Jenseits allen akademischen Geschreibsels. Das bildlose Schreiben, das konnte er nicht. Er hat für mich nur Bilder geschrieben.«

Jörg tippt, Partyszene in München, Blum bei seinem ersten Versuch, den Stoff zu verscheuern: »Die Gastgeberin schwebte in ihrem Modellkleid schon zu den nächsten Gästen [...] In der Halle bogen sich die Tische unter Schüsseln mit Suppen und Salaten [...] Er beobachtete die Leute. Obwohl die meisten in seinem Alter waren, gaben sie sich das Flair unbekümmerter Jugend.«[16] Kurz nach der zweiundsiebzigsten Seite berichtet er den Eltern, wie genussvoll »das Schreiben dieser ersten Fassung [ist], in der ja jede Seite ein neues Abenteuer ist.« Die Endfassung tippt er im Mai/Juni in Kieslegg im Allgäu in der Villa des mit der Mutter von Antje Ellermann befreundeten Galeristen Ewald Karl Schrade. Das fast druckfertige Manuskript erhalten im Juli Thomas Landshoff und Carl Weissner. Auf Anregung Weissners hin kämmt er ein weiteres Mal Satz für Satz durch den Text: »Mit dem *Schneemann*«, so Weissner, »wurde Fauser zum Voll-Profi.«

Spiegelungen

Der Schwung der Ereignisse in den Redaktionsräumen. Die ganzen Weltereignisse geschahen eigentlich erst hier. Wo nichts explodierte, keine Arterie.   Nicolas Born

1980 war der Krieg gegen Kokain (*Say-No-To-Drugs*-Kampagnen von Reagan und Bush dem Älteren) in den USA noch bloße Schattenboxerei und nicht wirklich angelaufen. Wenn sich Fernsehprominente oder Fußballtrainer diesseits des Atlantiks eine blutige Nase holten, dann nicht in aller Öffentlichkeit... Das übernahmen die, die sich schon beruflich damit auseinandersetzen, Rockmusiker, 1981 auch Konstantin Wecker. In aller Munde war der Nasenflügel zersetzende Stoff nicht, unbekannt allerdings auch nicht – dank Klatschpresse, dank gierig verfolgter Schauprozesse. Jeder kannte J.J. Cales Ballade des *Cocaine*, in den Jugendzentren der Vorstädte auch Black Sabbaths Vorschlaghammer *Snowblind*, vielleicht auch Udo Lindenbergs *Schneewittchen*. Mit dem Stoff selbst waren die wenigsten in Kontakt gekommen.

Doch zu Beginn der achtziger Jahre setzt eine neue Phase ein. Wenn auch nicht allseits bemerkt, nehmen Produktion, Handel und Konsum des weißen Pulvers ganz neue Dimensionen an. »Jetzt erst ist Kokain wirklich angekommen«, schreibt Günter Amendt drei Jahre nach *Der Schneemann* in *Sucht Profit Sucht*. »Oder, wie es die *Neue Zürcher Zeitung* im Februar 1983 fast liebevoll ausdrückt: ›Charley ist seit diesem Jahr endgültig auch bei uns zuhause‹.«[17] Angekurbelt mit fast industriellen Methoden, die Pablo Escobar mehr berüchtigt als berühmt machen sollten – und sehr schnell sehr reich: Noch 1980 beeindruckt der »Kopf des Medellin-Kartells« Immobilienmakler in Miami, als er die $ 400.000-Anzahlung für eine Strandvilla bar zahlt, »ein Jahr später erwarb er für acht Millionen Dollar gleich einen ganzen Apartmentkomplex in der Metropole von Florida«.[18]

Von Europa ist das alles weit weg, nur wer über den Tellerrand sah, wusste wie damit umgehen. Sucht, Rausch und Bewusstseinsveränderungen kommen in *Der Schneemann* eher am Rand vor. Im Zentrum steht der Verkauf der Ware, eine neue Realität, die der Öffentlichkeit Jahre später erst bewusst wird: »Wir haben hier zur Zeit eine Schwemme, und der Markt ist noch nicht so groß, daß er das alles schlucken kann.«[19] Durch Escobars Expansionskurs gerät das komplette Preisgefüge in Europa durcheinander, wird die Luxusdroge in ganz neuer Qualität und Quantität erwerbbar.[20] 1980 ahnen das vor allem Leute mit Kontakten zu Geheimdiensten (oder zur Drogenmafia) – oder eben mit geübter Spürnase. Kokain gilt 1980 als exklusiver Stoff für die Schickeria. Erst 1986 kam es zur Iran-Contra-Affäre, bei der Verflechtungen der US-Regierung (Sicherheitsberater John Poindexter und Oberstleutnant Oliver North) mit illegalen Waffenhändlern aufgedeckt wurden. Auf der lateinamerikanischen Nebenbühne wurden die Putschisten in Nicaragua mit dem Drogenimport in die USA finanziert.

Nur wer nicht schon beim gebannten Blick auf den Spiegel mit dem glitzernden Staub hin und weg ist, weiß: Der Handel mit Betäubungsmitteln, gerade illegalen, ist einer Regierung bis zu einem gewissen Grad Recht – denn was kann einem Regime besser passen, als dass sich potentielle Rebellen das Hirn wegknallen? Das relative Desinteresse des Machtapparats am Drogenproblem hatte Fauser in einer Reportage schon 1971 für *twen* thematisiert, als er fragte: »Ist die Überraschung, mit der Politiker und Polizei auf die ›Rauschgiftwelle‹ reagieren, echt oder geheuchelt?«[21] Der konsequente nächste Schritt, Verflechtungen des Rauschgifthandels mit Geheimdiensten, klingt in *Der Schneemann* mehrfach an.

Das waren nun die Macher in Halbseide: Filmemacher, Büchermacher, Kunstmacher, Modemacher, Zeitungsmacher,

Weichmacher, Anmacher. Taten alle ausgesprochen flott, aber wenn Blum die Sprache aufs Bare brachte, winkten sie ab: »Bin momentan nicht flüssig, Alter, aber ruf mich doch in vierzehn Tagen an, dann hab ich den neuen Werbeetat ... die Produktionsgelder ... die Münze aus Bonn ... die Erbschaft aus Hamburg ... das Honorar meiner Frau ... die Kohle vom Goethe-Institut ... die Knete vom BND...«
»Vom BND?«
»Auch der BND mischt in der Kulturpolitik mit, endlich, kann ich nur sagen. Wenn ich mir vorstelle, an wen die CIA ihre Gelder alle vertan hat...«
»Was heißt Kulturpolitik? Ich spreche von einem Pfund Kokain.«
»Mein lieber Freund, hast du noch nie von der Air Opium gehört?«
Blum verstand.[22]

Der Stoff ist vorhanden. Und der Schriftsteller Jörg Fauser vermutet, »wie das Kokain in Blums Musterkoffer der richtige Auftakt für die 80er zu werden versprach.«[23] Die Krimiserie *Miami Vice* sollte 1984 zum ersten Mal über den Bildschirm flimmern, Jahre sollten vergehen bis zu *Blow*, dem Sachbuch über die Architekten der Medellín-USA-Achse (die deutsche Version fast ein Jahrzehnt später). Das lahme Erwachen der Entscheider hiesiger Verlagshäuser hat Tradition. Auch Robert Sabbags *Snowblind – A Brief Career in the Cocaine Trade* wird erst acht Jahre nach dem Original übersetzt. Kurz: Literarisch aufbereitet ist der Stoff 1980 Mangelware; angeschnitten lange vorher nur bei Gottfried Benn,[24] Aldous Huxley oder eben Pitigrilli. »Das kalte Gift, das Kokain«, so Fauser 1980, ist »für Pitigrilli Chiffre für eine aus den Fugen geratene, ihrer Mitte und Mittel beraubte Welt – und wer die Zersetzungskraft der Liebe und die Gewalt der Droge an sich und/oder anderen beobachtet hat, weiß, was gemeint ist.«[25] Wirkung und Nebenwirkungen von Betäubungsmitteln haben bei dem, der das schreibt, Spuren hinterlassen.

Wie packend Sucht in literarischem Kontext sein kann, ist seit Dostojewskis *Der Spieler* bekannt, wie bereichernd der Einblick in die Welt des Heroin seit Burroughs' *Junkie*. In seinem »Krimi« geht Fauser den nicht ganz üblichen Weg und nimmt als Protagonisten einen Kriminellen anstelle eines Ermittlers/Aufklärers. Der Kriminelle ist kein Süchtiger, sondern ein Zulieferer – der dann aber alle Symptome des Kokainsüchtigen durchlebt, vom relativ kurzen High über Verfolgungswahn bis hin zu Schweißausbrüchen und Halluzinationen.

So sehr er in vielerlei Hinsicht Neuland betritt, weiß Fauser, dass mit dem Stoff viel zu machen ist, auch viel Geld. 1978 gelang Kai Hermann[*] mit *Wir Kinder vom Bahnhof Zoo* ein Hit sondergleichen. Die Geschichte des Kai H. faszinierte Fauser so sehr, dass er den ehemaligen *twen*-Chefredakteur im *Literaturtip* 1981 ausführlich zu Wort kommen lässt. Interessant ist nicht nur das auf der Straße recherchierte Buch, sondern auch dessen Entstehung. »Die Geschichte galt als Randgruppenthema«, so Hermann, der mit der Idee keineswegs offene Türen einrannte. »*Stern*-Verleger Henri Nannen entschied dann, das Ganze als Buch zu veröffentlichen.«[26] *Wir Kinder vom Bahnhof Zoo* verkaufte sich über drei Millionen Mal, wurde verfilmt, in mehrere Sprachen übersetzt. Jeder Bestseller, auch die Memoiren eines Fußballmanagers, wird von Randgruppen konsumiert – nicht viel, gemessen an den 15 Millionen, die im 14-Tagetakt Michael Schumacher beim Autofahren zusehen. .«

Fullhouse in Fauserland

Schreiben ist simpel. Alles was man machen muss, ist sich an die Schreibmaschine setzen und eine Vene öffnen.

Walter »Red« Smith

Im März 1981, zwei Monate nach Jörg Fausers Umzug nach Berlin, zunächst zu Y Sa Lo in Friedenau, liegt *Der Schneemann* in den Läden. Als solle auch Kurzsichtigen signalisiert werden, dass das nun U- und auf keinen Fall E-Literatur sei, unterhaltsam und nicht Leit- oder Leid-Kultur, zieren den Umschlag aufgeblasene, comic-hafte Lettern, so dass man fast nach Mordillos Männlein mit der Knollennase sucht. Stattdessen finden sich auf dem Umschlag mehrere Palmen, ein Swimmingpool, im Hintergrund das Meer, und im Vordergrund, allerdings nur von hinten sichtbar: der Held mit Cocktail, Zigarre

---
[*] Laschen in Nicolas Borns *Die Fälschung* von 1979.

und Übergewicht, umgeben von mehreren Frauen unter dreißig, sonnenbebrillt und -gebräunt, blond. »In Frankreich ist er ein Star«, so Claudius Seidl 1990 in *Der Spiegel* über den für das Bild verantwortlichen Jacques de Louistal, »von den Bildungsbürgern wird er so ernst genommen wie die Filmregisseure und Literaten.«[27]

Was für das Cover nicht gilt, kann ohne weiteres für seinen Inhalt gesagt werden: *Der Schneemann* ist ein Klassiker auf dem damals noch vernachlässigten Terrain des deutschen Krimis. Bei einer Umfrage des Bochumer Krimi Archivs wird *Der Schneemann* ein Jahrzehnt später höher bewertet als alle anderen deutschen Thriller. So unterschiedlich die Rezensionen der bürgerlichen Presse auch ausfallen, man ist sich praktisch ausnahmslos einig, dass Fauser hier das vorlegt, was er in seinen Polemiken gegen den deutschen Sozio-Krimi und gegen den Muff der E-Literatur eingeklagt hat. »Das ist er also, der Durchbruch, auf den Fauser so lange warten muß, der Roman, von dem er in Istanbul weiß, daß er ihn eines Tages schreiben wird«, so Amir Shaheen Jahre später in *foglio*.[28] »Deutschland, 1981. *Der Schneemann* ist Fausers Nein zu dem, was die offizielle Kultur serviert.«

Als Jörg Fauser das Manuskript im Juli 1980 an Thomas Landshoff und Carl Weissner geschickt hat, teilt er den Eltern mit: »Von der Flüssigkeit des Stils und der Beschreibung eines Charakters her ist es sicher bisher mein Bestes, aber es kann natürlich sein, daß die eigentliche Geschichte mißraten ist, ich weiß es nicht.«[29]

Die Geschichte ist schnell erzählt: Der im Graubereich der Legalität agierende Siegfried Blum findet auf Malta einen Hinterlegungsschein der Gepäckaufbewahrung. Der führt ihn nach München, zu einer Kiste mit zwanzig Spraydosen Rasierschaum, in denen fünf Pfund Kokain versteckt sind. Der Stoff der Träume. Das Glück in Dosen.

»Ein Bundesrepublikaner auf Abwegen«, skizziert Fauser den Protagonisten für *stern*.[30] »Ein Glücksritter unterwegs nach Eldorado, der in den Dossiers der Polizei aktenkundig geworden ist. Blum hat seinen Ein-Mann-Betrieb mit viel Mühe durch die Wechselfälle der Zeit gebracht. Er ist ein altmodischer Konservativer, der gegen das Big Business der Syndikate

> keine Chance hat, ein Spieler, der mit Kleingeld gegen den Rest der Welt zockt. Nun sitzt er mit einem Restposten Pornos auf dem stockkatholischen Malta und träumt von der Glücksfee.«
>
> Kein Wintermärchen: Die Odyssee nach Eldorado wird zur atemlosen Flucht durch die BRD. Blum muss sein Glück jagen. In Münchens Zirkeln der Dekadenzia trifft er willige Konsumenten, allerdings keine zahlungswilligen. In Frankfurt sieht er nach der Kontaktaufnahme mit einem Dealer Gespenster, aber auch einen Bekannten aus Malta...
>
> Blum ist kein Aussteiger, er ist einfach ein parallel zur Norm nach seinem Glück Suchender, wie sich bei einer Polizeirazzia herausstellt: ein »Berliner, das waren die Koffer, die keiner mehr wollte«.[31] Der Nichtaussteiger will aber auch kein Einsteiger werden, weder in Amsterdam, wo man ihm anbietet, am Guanogeschäft zu partizipieren, noch in Ostende, wo man ihm eine Anstellung auf seiner Trauminsel in Aussicht stellt.

Noch zehn Jahre nach Veröffentlichung fasziniert Fausers Bestandsaufnahme der BRD ebenso wie sein Protagonist. »Blum ist der melancholische Desperado, der Mann auf verlorenem Posten ohne die große Geste der Revolte«, so das *Deutsche Allgemeine Sonntagsblatt*[32] im Februar 1991. »Sein Traum ist so kaputt wie die Welt von Betrug, Verrat, Angst, von Geld und Raub, in der er lebt.« Zwanzig Jahre nach Veröffentlichung konstatiert die *Süddeutsche Zeitung*[33] im Jahr 2001: »Selten wurde das ganze Gesocks aus Berufsblöffern, Feuilletonisten und Kunstpranzern so maliziös gehässig vorgeführt, wie in der Beschreibung einer Party, auf der Blum ein wenig Koks an den Mann bringen will.«

Kein *Whodunnit*, sondern vielmehr eine Reise durch die BRD zu Beginn der achtziger Jahre. Als »Stenogramm des Dekadenwechsels«, lobt es Frank Schäfer in *Kultbücher*[34] zwei Jahrzehnte später: »Westdeutschland im Winter. Diese seltsame Endsiebziger Tristesse und die sich bereits ankündigende überfeinerte Dekadenz und lethargische Gleichgültigkeit der Achtziger, all das wird hier treffsicher eingefangen.« Den Reiseführer Blum würde sich niemand freiwillig aussuchen, und doch lässt man sich gerne von ihm mitnehmen, folgt ihm auf Schritt und Tritt und Fehltritt (keine Szene, keine Passage ohne ihn). »Der Leser tappt gleichsam mit Blum im Dunkeln, die Sphäre der Kriminalität erscheint als eine Grauzone, in der die Konturen verwischen, mithin als undurchdringliches Mysterium.« Der Mann, dessen Vorname nur zweimal fällt, eignet sich zwar nicht zur Identifikation, mit seinen Ängsten, denen des kleinen Mannes, kann man sich wiederum wunderbar identifizieren. Richtig abstoßend ist er nicht, und dass er bei der scheiternden Traumverwirklichung eher noch kleiner wird, ist für jeden nachvollziehbar. Und so zieht er einen in seinen Bann...

> Natürlich können sie überall sein, dachte er, als er den Mann im blauen Maximantel sah, der an der Würstchenbude stand und sich mit einem *Corriere della Sera* beschäftigte – Rossi; oder die, denen er den Stoff gemopst hat oder mopsen wollte; oder Freund Hermes, Madame Renée; und natürlich die Polizei, das BKA, der BND, Interpol, die CIA, wie geht's denn, Mr. Hackensack – und genau davon gehen sie aus: daß du durchdrehst, daß du aufgibst, daß du in die Knie gehst und den Koks wieder zur Aufbewahrung Stelle 1 gibst und den Gepäckschein eingeschrieben ans Phoenicia schickst. Paranoia heißt das Wort. Verfolgungswahn. Diese Stiche im Herzen, diese Nierenschmerzen, das Kribbeln an der Wirbelsäule, das Jucken unter der Kopfhaut, alles nur der Verfolgungswahn. Bleib *cool*. Du hast dich entschlossen, die Sache durchzuziehn, also zieh sie auch durch, betritt diesen Speisewagen mit der gereizten Miene eines Reisenden in Rheumawäsche, letzte Woche kein Abschluß, die Chemie rottet uns aus, die Frau hatte ihre Tage, Hertha BSC hat schon wieder verloren, und eine lange Woche im Raum Wuppertal starrt dir in das biervernebelte Hirn.[35]

Was der Krimi-Autor –ky als »Paranoia-Thriller«[36] kategorisiert, enthält autobiografische Elemente. Der Umgang mit Drogen, auch deren Handel, ist Fauser nicht fremd. Auch geläufig waren ihm die Ängste des kleinen Mannes, der auf großer Bühne mitmischen will – gerade bei der so gar nicht aus dem Handgelenk geschüttelten Entstehung des Romans, dürften sie ihm wiederholt begegnet sein.

Im Juli 1981, die Bavaria hat gerade ein Angebot zur Verfilmung von *Der Schneemann* gemacht, schreibt er kurz nach seinem 37. Geburtstag den Eltern: »Alles in allem scheint *Der Schneemann* tatsächlich ein Schritt in die richtige Richtung gewesen zu sein; wollte ich von R&B weg, könnte ich jederzeit zu Piper, die beträchtliche Vorschüsse zahlen [...] Allerdings verspüre ich keine Lust, die nun in mich gesetzten Erwartungen, alle paar Jährchen so ein Buch abzuliefern, zu erfüllen«, um später abzuschließen: »Merkwürdig, die Zufälle im Leben; auch im Traum hätte ich nie so etwas erwartet.«

Der Kontakt beim Piper Verlag ist Dr. Rainer Weiss. »Ich sah ihn das erste Mal auf einer Lesung mit zwei, drei anderen Autoren. Einer davon war Albert von Schirnding, also der entgegengesetzte Typ Schriftsteller«, erinnert sich Weiss, der von 1978 bis 1984 als Lektor bei Piper in München war. »Da las er Gedichte, möglicherweise auch aus *Alles wird gut*, aber ich erinnere mich vor allem an die Gedichte. Danach habe ich gedacht: Den mag ich, einfach auch als Typ. Weil er so vollkommen gegen diese Literaturbetriebsschnecken angetreten war. Es war ihm auch sichtlich super-unwohl in der Gesellschaft von drei hoch gebildeten Autoren, alle irgendwie Oberstudienräte... Da habe ich mir gedacht: Den finde ich klasse. Aber ich war zu schüchtern, um ihn anzusprechen. Kennen gelernt haben wir uns dann später, bei einem Fest von Rogner & Bernhard. Da haben wir uns schon ganz gut und schnell angefreundet.«

Ein gemeinsamer Freund der beiden war Ulf Miehe – einer der wenigen deutschen Autoren, die Jörg Fauser wirklich geschätzt hat. Bei Piper hatte Miehe seine drei Krimis vorgelegt, darunter 1976 *Puma*, ein Tribut an Jean-Pierre Melville – und einer der wenigen deutschen Krimis, die man noch Jahrzehnte später lesen und genießen kann. »Zusammen mit Klaus Bädekerl bildeten wir ein bisschen so eine Clique.« Bädekerls *Ein Kilo Schnee von gestern* erscheint 1983 bei Piper. Dass auch Fauser dort veröffentlichen könnte, liegt als Gesprächsthema zwangsläufig immer wieder auf dem Tisch. »Es ist klar«, so Weiss, »dass ich hin und wieder mit ihm darüber gesprochen habe. Weil er mich als Autor wirklich interessiert hat.« Im Oktober 1982, anderthalb Jahre nach Fausers Umzug in die Berliner Goebenstraße, erläutert der Schriftsteller dem Lektor seine Treue zu Rogner & Bernhard: »Was mich jedenfalls augenblicklich an Thomas Landshoff (nicht an den Verlag R & B) bindet, das ist die Tatsache, daß er mich 1978 an den Verlag geholt hat, als ich schon fast die Hoffnung aufgegeben hatte, überhaupt noch einen zu finden; daß er also – wenn Du so willst – zu einem Zeitpunkt an mich und meine literarische Zukunft geglaubt hat, als das sonst niemand tat (außer vielleicht Carl, aber der hat nun mal keinen Verlag!); und daß er dann auch ein Buch wie *Alles wird gut* verlegte, dessen Stellenwert für mich so gut wie jedem verborgen geblieben ist.«[37]

»Thomas Landshoff war ganz wichtig«, bestätigt auch Wolf Wondratschek. »Mit Rogner & Bernhard – wo ich ihn hingebracht habe – ist er zum ersten Mal in der Öffentlichkeit aufgetaucht.« Als der Verlag Rogner & Bernhard erneut Anteile verkaufen muss, dadurch nur noch über die Läden und den Versandhandel von Zweitausendeins vertrieben wird, ist es vorbei mit der Treue. Doch für einen Wechsel zu Piper ist es zu diesem Zeitpunkt zu spät. Weiss wechselt Ende 1984 zu Suhrkamp, wo er als Programmleiter Imre Kertész, Peter Bichsel, Adolf Muschg, Cees Noteboom u.a. betreut und nach dem Tod von Siegfried Unseld 2002 in der Verlagsleitung sitzt. »Zu Suhrkamp zu kommen, war ihm aber unmöglich, aus vielerlei Gründen.« Gerade nach '68 war der Frankfurter Suhrkamp Verlag ein Bollwerk linksliberaler Prinzipienverteidigung mit den Waffen und Griffeln der in universitären Luftschlössern hochgezogenen Intelligenzija, die Fauser immer schon zuwider waren. Der Freundschaft Fausers zu Weiss tut der Wechsel aber keinen Abbruch. Es kommt sogar doch noch zu einer Zusammenarbeit der beiden...

Wirkung und Nebenwirkungen
(Rezensionen)

Kokain wirkt in pharmakologischer Hinsicht auf dreierlei Weise: Es stimuliert sehr stark die Psyche, hat einen wirksamen lokal betäubenden Effekt und verengt die Blutgefäße. Nach rund sechs Stunden ist die Substanz weitgehend abgebaut. Auszug aus: »Die Sucht und ihr Stoff – Kokain«. Faltblatt der Deutschen Hauptstelle gegen die Suchtgefahren.

»Der Melancholiker Fauser ist«, schreibt Hans Christian Kosler in einer der ersten *Schneemann*-Rezensionen in der *Süddeutschen Zeitung*, »wie sein Vorbild Joseph Roth, mit seinen

Helden identisch, und hinter ihrem Abenteurertum verbirgt sich ein Teil der eigenen Sehnsucht.«[38] Vier Tage später in der *Frankfurter Allgemeine Zeitung* lobt Christa Rotzoll: »Nun ist ein wunderbarer Thriller auf dem Markt, und herrschte noch Gerechtigkeit, dann würde Fauser über Nacht berühmt.«[39] So nett ihr Urteil über den »Edelkrimi«, so ungelenk Rotzolls Versuche, das Werk einzuordnen: Fast ein Drittel widmet sie dem Umstand, dass sich kein Charakter eine Zigarette anzündet, sondern entweder eine HB, Lord Extra, Rothhändle (»Viele Markennamen sind mir hier zum ersten Mal begegnet«). Ehrlich fragt sie sich und die Leser der Zeitung, hinter der ja immer kluge Köpfe stecken: »Werden Menschen hier durch den Konsum charakterisiert, nach den Genußgiften sortiert? Wollte Fauser so amerikanische Romane imitieren oder parodieren?«

Ross Thomas' Leser kennen die Antwort. Wie sich Carl Weissner erinnert, war für Fauser bei der Entstehung von *Der Schneemann* – in der Disziplin der hard-boiled Tricks und Kniffs – Thomas' Einfluss größer als beispielsweise der von Chandler. Blum ist keine Marlowe-Gestalt, wie sie später als Heinz Harder oder Kant auftaucht, kein Romantiker, der Schecks zerreißt. Mit dem Handelsreisenden Blum will man sich so wenig identifizieren, wie man Marlowe in ein Urschrei- und-Töpfer-Seminar in die Lüneburger Heide mitnehmen würde. Referenzen zu Literatur und Lektüren Fausers sind auszumachen, beispielsweise zu Chester Himes' Humor und Milieustudien, doch die Querverweise tragen weniger Chandlers Handschrift, als viel eher Ross Thomas'. Dessen Obsession, Charaktere anhand ihrer Garderobe zu zeichnen, machte auf Fauser solch einen Eindruck, dass ihm Martin Compart in »Der Tequilla kommt heute gut« diesen Satz in den Mund legte: »Irgendwann schreibe ich mal einen Essay über die Krawatten der Charaktere bei Ross Thomas [...] Noch nicht aufgefallen? Du musst mal darauf achten. Ross beschreibt fast immer die Krawatten seiner Figuren. Und jede ist anders.«[40] So wie die Zigarettenmarken der Charaktere in *Der Schneemann*.

»Jörg Fauser erzählt die Verlierergeschichte fein schnoddrig und mit gekonntem Einsatz einschlägiger, oft irrwitzig überdrehter Krimi-Klischees«, schreibt Rolf Becker in *Der Spiegel*.[41] »Er belastet sie nicht mit sozialkritischem Bierernst – eine anspruchsvolle Unart, mit der manche seiner deutschen

Kollegen ihre Krimis verderben. Wohl aber würzt er die Story mit beeindruckender, ironisch gefilterter Orts-, Milieu- und Branchenkenntnis – ob da Kölner Bahnhofsambiente, Münchner Schickeria oder Frankfurter Underground skizziert werden, Freaks in Latzhosen, ›Macher in Halbseide‹ , oder ein alter Vertreter, der in Fußgängerzonen niederrheinischer Kleinstädte ›obskure Waschmittel‹ feilbietet, die ›seit 57 Jahren einen aussichtslosen Kampf gegen Henkel führten‹ .« Becker ist der Sache sicher besser auf der Spur als Rotzoll. Der Annahme, Blum sei ein Verlierertyp, widerspricht Fauser allerdings noch 1984 vehement, als er in einer Fernsehdiskussion klarstellt: »Ich wüsste nicht, wo der Schneemann – der am Schluss zwar was abgenommen bekommt, aber überlebt! – ein Verlierer ist. Denn er kann gar nicht verlieren, er überlebt ja.«[42]

Nachdem Becker bereits im Auftakt sein Urteil deutlich gemacht hat – »ein deutscher Kriminalroman mit Schmiß und Witz, also eine Rarität« –, bestätigt der *Spiegel*-Rezensent im letzten Absatz »Fauser als einen Kenner deutscher Wirklichkeiten [...], mit dem in der deutschen Literatur noch zu rechnen ist. Und sei es nur (nur?) auf der U-Ebene.« Der Kalauer der letzten Worte bezieht sich auf eine zitierte Szene, die in der B-Ebene unter Frankfurts Hauptwache spielt. Bemerkenswert ist, dass Fauser innerhalb des Textes vom aufmerksamen Studenten »amerikanischer Krimimeister und -muster« zum Literaten befördert wird, zu einem, mit dem zu rechnen sei. Dass das, was da zu lesen ist, irgendwie schon Krimi, also Schund, also peinlich sein muss, schwingt – bei allem Lob – zwischen den Zeilen mit.

Der große Bäng
(Verfilmung)

Der Verleger schielt mit einem Auge nach dem Schriftsteller, mit dem anderen nach dem Publikum. Aber das dritte Auge, das Auge der Weisheit, blickt unbeirrt ins Portemonnaie.
                                                         Alfred Döblin

So zäh die Zeilen aus der Schreibmaschine kamen, der Roman wird sofort zu dem, was man einen Bestseller nennt. Kein anderer Roman Fausers wird so oft verkauft wie *Der Schnee-*

mann; nicht nur an Leser, sondern auch – als Lizenz – an Verlage, die ihn immer wieder neu veröffentlichen.[43] Die gesamte Verkaufsauflage von *Der Schneemann* hat sich – nicht zuletzt wegen der Verfilmung – im Sommer 2003 auf um die 250.000 belaufen. Geplant sind Übersetzungen ins Spanische, Französische (in der Thriller-Reihe von Gallimard) und ins Englische (von der für ihre Übersetzertätigkeit mehrfach mit Preisen ausgezeichneten Anthea Bell für Bitter Lemon Press).

Nach dem vollen Erfolg auf allen Ebenen kann sich Fauser allerdings nicht in Freetown in die Hängematte legen. Sicher: Jeder kennt und glaubt Schlagzeilen, in denen gestaunt wird über € 100.000 Vorschuss für Rebecca Casatis *Hey, Hey, Hey*, das Fünffache für Florian Illies' (zu dem Zeitpunkt ungeschriebenes)[44] drittes Buch. Doch das sind die Ausnahmen. Der Alltag, die tatsächlichen Bedingungen eines Schriftstellers sehen anders aus. Wenn für das Originalmanuskript von Jack Kerouacs *On The Road* knapp drei Millionen Dollar bezahlt werden (»So viel wurde noch nie für das Originalmanuskript eines Buches bezahlt«[45]), dann ist es eine Nachricht wert. Dass die *Paris Review* Kerouac in den fünfziger Jahren ein Kapitel aus seinem noch nicht veröffentlichten Roman mit $ 120 honorierte, wissen und berichten die wenigsten – beispielsweise Jörg Fauser in »Die Legende des Duluoz«.[46]

Kurz und klipp und klar: Dass sich die Literatur so liest wie sie sich liest, liegt auch daran, dass viele Autoren entweder Kinder reicher Eltern oder Oberstudienräte sind, und dass beim Rest ein beträchtlicher Teil der Kreativität dafür draufgeht, sich um Stipendien und Förderwettbewerbe zu sorgen.

> Verdient habe ich damit keine Ehrennadel des Bundesministeriums für Familie und Gesundheit und keinen alternativen Europa-Wanderpokal, sondern Geld, und zwar soviel: Für meine drei Bücher bis Ende 1976 rund 600 Mark, für die Cassette Null-Komma-Null Mark, für die Zeitschriften-Maloche insgesamt 3000 Mark [...] Ach ja, und dann bekam ich mal von einem Kleinverleger, der eine große Zeitung machen wollte, 50 Mark Vorschuß auf eine Kolumne [...] Macht summa summarum 3650 Mark in fünf Jahren und neun Monaten, macht pro Monat 52 Mark 90 – und damit

gehöre ich wahrscheinlich noch zu den Großverdienern der Branche.[47]

Von *Die Harry Gelb Story* werden »269 Exemplare verkauft und ich bekam 57 Pfennig pro Stück«.[48] Etwas angedickt wird die Bilanz 1977 mit 500 Mark plus Spesen für *C'est la vie Rrose*, 2000 Mark für die Übersetzung der James-Dean-Biografie, eine vergleichbare Summe für *Der versilberte Rebell*.

Der Schneemann bringt mehr ein. Nachdem 3000 Exemplare verkauft wurden, plant die Bavaria im Juli 1981 die Verfilmung (zu diesem Zeitpunkt noch in Co-Produktion mit dem WDR). Seinen Eltern schreibt Fauser: »Der Verlag und ich [werden] uns ca. 50.000 bis 60.000 teilen.«

Mit Marius Müller-Westernhagen in der Hauptrolle verfilmt Peter F. Bringmann den Stoff 1984. Das Drehbuch liefert, wie bei dem vorhergegangenen Blockbuster der beiden, *Theo gegen den Rest der Welt*, Matthias Seelig. Seelig »hat den Roman sehr respektlos behandelt«, findet Claudius Seidl in der *Süddeutschen Zeitung*.[49] »Von Fausers *Schneemann* blieben nur fünf Kilo Kokain und einige Schauplätze. Dorn heißt der Held bei Seelig: ein Schriftsteller, der sich als Rauschgifthändler versucht und dabei Phantasiewelten entdeckt und Träume hat – vom Kino.« Insgesamt sind die Reaktionen der Presse ambivalent: Regisseur und Drehbuchautor »machen es einem leicht, ihren neuen Film zu verreißen« (*Der Spiegel*[50]). Sie »bedienen die Klischeevorstellungen eines Kinos, in dem – der starken Sprüche zum Trotz – nicht geredet, sondern gehandelt wird« (*Frankfurter Allgemeine Zeitung*[51]). Maxim Biller präzisiert, wo »die Gratwanderung zwischen Kintopp-Parodie und Action-Film« abrutscht, nämlich beim Locationwechsel von Malta nach Deutschland: da wird Dorn (Westernhagen) »plötzlich eine Parodie seiner selbst [...] ein Homunkulus sehnsüchtiger Künstler-Phantasien. Wäre doch das Grass-Böll-Deutschland ein Hemingwaysches Amerika« – so Biller in *Die Zeit*.[52] Dagegen lobt *Die Welt*[53] »eine hierzulande seltene Qualität«, nämlich die Kombination »pures Kino und glänzende Unterhaltung«, mokiert sich aber auch über die »unausgegorene Mischung aus kaltschnäuzigem Thriller und Gaunerkomödie«. Die *Frankfurter Rundschau*[54] orakelt, es wäre

> »falsch, dem Film Professionalität und Kinoinstinkt abzusprechen. Nur ist er nicht so gut, wie zu sein er sich mit der Unaufdringlichkeit von Kaufhauspropagandisten müht.« Auch *Der Tagesspiegel*[55] vermisst »subtilere atmosphärische Ausmalungen der Schauplätze und Milieus, wie sie noch Jörg Fausers ursprüngliche, von Matthias Seelig sehr frei bearbeitete Romanvorlage des *Schneemanns* enthielt [...] Und das ist zweifellos schade«.

Und vergessen Sie nicht: Ich bekam dafür mehr Geld, als ich mit dem Roman als Buchprodukt verdient. Ich weiß nicht, was darüber in den Literaturseminaren gesagt wird, aber auch Schriftsteller müssen Miete zahlen, Kinder aufziehen, Schuhe kaufen und ab und zu einen Schnaps trinken.

(Brief an Ingo Hooge vom 26.12.1985)

Cut-Off

> *Cut-Off: Analytischer Begriff für die Substanzmenge, ab der ein Befund als positiv zu bewerten ist [...] Es sollen insbesondere »falsch-positive« Resultate verhindert werden, z.B. würde ein »Passivraucher« im Cannabistest bei maximaler Empfindlichkeit positiv bewertet werden, obgleich er selbst kein Cannabis geraucht hat.* http://www.drogen-wissen.de

Mit 240 Seiten ist *Der Schneemann* kein außerordentlich umfangreiches Buch. Doch zeigen sich bei jedem Lesen neue Aspekte, Einflüsse, intertextuelle Referenzen. Kein kafkaeskes Labyrinth, aber doch ganz klar das Werk eines äußerst belesenen Autors, den nichts so anekeln würde wie die Vorstellung, lediglich von geschulten Akademikern gelesen zu werden, der also bei aller Cleverness immer zugänglich bleibt. Mit Greene ist der Fahrplan abgesteckt (von Malta via München, Frankfurt nach Amsterdam und Ostende), mit Joseph Roth beginnt die Welt der kleinen Absteigen für kleine Leute mit großen Träumen, und mit Fallada wird die Geschichte des Siegfried Blum zum Psychogramm eines Mannes, der die Symptome der Kokainsucht entwickelt, noch bevor er den Stoff zu sich nimmt. Was zum Ticket nach Miami, Maracaibo oder Macao werden soll, wird zur DB-Reise auf ganz normalen Schienen.

Die das Gros des Romans durchziehende Stimmung ist die der Paranoia. Genauso wie ihre Darstellung und Übertragung auf den Leser bietet manch anderer Widerspruch Stoff für die Literaturwissenschaft. Für die Fachzeitschrift *Neophilologus* seziert 1993 Dr. Anthony Waine von der Lancaster University Fausers Drahtseilakt zwischen U- und E-Kultur. Aus Sicht des Germanistik-Professors markiert *Der Schneemann* »die Ankunft eines talentierten Erzählers und unkonventionellen Betrachters der gegenwärtigen *conditio humana*«.[56]

Kaum beachtet, in den Akademien literaturwissenschaftlich Agierender auch wenig dokumentiert, ist die Tatsache, dass zwar die Apostel der Leit- und Leidkultur einen Krimiautor nach wie vor ignorieren müssen, wenn sie seriös wirken wollen, aber eben auch, dass einige an diesem Irrglauben kratzen und sich seriös mit Fauser befasst haben. Nachdem 1986 der Lehramtsanwärter Ingo Hooge[57] für sein Staatsexamen den von Chester Himes' Krimis entlehnten Humor analysierte, widmen sich Ende der neunziger Jahre zwei Magisterarbeiten den postmodernen Tendenzen des Romans. In »Zwischen Fakten und Fiktion – Jörg Fausers Weg von der Beat-Literatur zum Kriminalroman – ein Beispiel postmodernen Schreibens« untersucht Nils Aschenbeck auch Früh- und Spätwerk Fausers. Jonathan Woolley zeigt in »On the trail of the nomad in the work of Jörg Fauser« mit Verweisen zu *Trainspotting* von Irvine Welsh auf, wie sehr Fausers Kreationen Vorreiter einer Postmoderne sind. In dieser haben sich herkömmliche Werte verlagert, die Medien werden stets reflektierend über ihre Macher rezipiert, und jeder und alles ist ständig in Bewegung.

Zurück aber zur Anatomie, wie sie Anthony Waine untersucht hat. Für die Beweisführung ruft er Überlegungen zur Trivialliteratur in den Zeugenstand, aber auch allgemein als seriös akzeptierte Größen wie Dieter Wellershof und Alfred Andersch. Sein Befund, *Der Schneemann* sei »auf einer Ebene eine unterhaltsame Fabel über die Abenteuer eines Kleinkriminellen, aber auf einer anderen todernst«, fußt auf der Analyse von Fausers Hingabe zu Plot und Leserunterhaltung, wobei »Unterhaltung kein aus der Ästhetik des sich selbst respektierenden Künstlers gestrichenes Schimpfwort ist, sondern eine Komponente, die für jedes Kunstwerk, das ein Publikum ansprechen und engagieren möchte, so legitim und notwendig ist, wie sprachliche Originalität, technische Innovation, psychologische Tiefe, philosophische Integrität oder jeder andere Wert, den die seriöse Literatur für sich gern beansprucht.«[58]

Neben Erörterungen von Fausers Faible für Lyrik, seiner daran erprobten Stilsicherheit, beschäftigt sich Waine mit dem Titel, der eine Kindergeschichte erwarten lässt, aber für jemanden steht, der stets draußen vor der Tür ist, auch in seiner Heimat allein, der in die Zeit nicht mehr recht reinpasst. Die Diagnose: »Mit einer ganzen Reihe außerordentlicher visueller Stimuli wie aus einem epischen Gedicht oder einem *Gruselmärchen* der Gegenwart [erreicht der Roman] ein beeindruckendes literarisches Ziel, indem er den instinktiven Wunsch des Lesers nach Spaß und Ablenkung bei gleichzeitiger Aktivierung seiner intellektuellen und moralischen Energien befriedigt«.

Ein anderer Aspekt Fausers, der in feuilletonistischen wie akademischen Abhandlungen beachtet wird, ist seine Rolle in der Popliteratur. Die Aufzählung der Markennamen scheint ja auch wie geschaffen für Dr. Moritz Baßlers Untersuchung *Der deutsche Pop-Roman: die neuen Archivisten*. Ausgehend von Bret Easton Ellis' Durchdeklinieren der Bekleidungs- und Kosmetikhersteller in der Satire *American Psycho* und Nick Hornbys Manie der Top-10-Listen in *High Fidelity*, belegt der Assistent am Lehrstuhl für Neueste Deutsche Literatur in Rostock den Trend zum Katalogisieren bei Brussig, Stuckrad-Barre, Meinecke etc. In dem Kapitel »Kleine Geschichte des Markennamens in der deutschen Literatur« resümiert Baßler mit Bezug auf Bernd W. Seiler, »die Markenwelt [sei Anfang der 80er] so ausdifferenziert, ›daß es heute wohl möglich wäre, mit einem Dutzend Begriffen ein bestimmtes Milieu, einen charakteristischen Lebensstil so verbindlich zu veranschaulichen, wie es zu anderen Zeiten selbst mit vielfachem Beschreibungsaufwand nicht gelungen wäre‹.[59] Die Stuckrad-Barre-Technik«, fährt Baßler fort, »dank Markennamen wäre sie längst möglich gewesen, nur hat die Literatur diese Möglichkeit vor den 1990er Jahren praktisch nicht umgesetzt.«[60] Das schreibt Baßler, der Archivisten-Sammler; nachdem sich Christa Rotzoll in der *FAZ* 1981 die Mühe machte aufzuzählen, wer HB, Lord Extra,

Rothhändle, Davidoff, Benson & Hedges oder Reval quarzt (wobei sie Rothman's King Size und Gauloises wegließ...). Fauser kommt in Baßlers Abhandlung nicht vor.

Die Perspektivskala des Romans (der auf dem Umschlag weder als »Roman« noch »Krimi« kategorisiert wird) ist eng gesteckt wie in einem klassischen Krimi; der Erzähler beschattet Blum auf Schritt und Tritt, bleibt aber fast immer außen vor, weshalb der Leser nur selten erfährt, was Blum wirklich fühlt, plant und denkt. Und doch ist *Der Schneemann* kein Krimi im herkömmlichen Sinne. Es fließt weniger Blut als etwa in Dostojewskis *Schuld und Sühne*. Weder Polizei noch Detektive ermitteln in der Sache – »aus dem einfachen Grund, dass sie sich nicht bewusst ist, dass ein Verbrechen verübt wird«.[61] Wenn uniformierte Polizisten auftreten, dann um den Pakistani Hassan Abdul Haq abzuschieben. Der Täter, dem Leser ab der ersten Zeile bekannt, wird mehr zufällig tapsend als kühl kalkulierend zum Zwischenhändler des weißen Pulvers. Der zu dealende Stoff ist für ihn nicht mehr als Mittel zum Zweck, der Zweck die Flucht aus der Tretmühle BRD im Jahre 1980. Konsumiert wird die Droge selten (von Blum erstmals in Kapitel 19, also knapp vor der Halbzeit), und wenn, dann vernachlässigt der Blick die Wirkung auf den Konsumenten zugunsten der auf den Konsum folgenden Wirkung, des Verhaltens der Konsumenten in der Welt.

Auch ohne erhobenen Zeigefinger finden sich Hinweise auf den »moralischen Bankrott gerade der gesellschaftlichen Gruppe, deren Ideen und Werte deren Erhalt vermitteln sollen«,[62] aber auch Hinweise zur Hochkultur sowie zu Meistern des unterhaltenden Erzählens. In Namen und Rollenbesetzung (durchgängige Hauptrolle) ist Blum bei genauerer Betrachtung nur ein entfernter Verwandter von Falladas *Kleiner-Mann-was-nun?*-Kreation; viel näher ist er James Joyce' Leopold Bloom (der Reinkarnation Odysseus', die sich in *Ulysses* mit unterschiedlichen literarischen Stilen durch den Tag des 16.6.1904 bewegt). Auch an einem Donnerstag, dem 13.3.1980, beginnt Blums Irrfahrt durch den restlichen Monat, während dem auf Münchens Straßen noch Schnee liegt, der sich aber auflöst wie die Aussicht auf »eine Chance, eine wirkliche Chance, den dicken Fisch, den großen Heuler, und dann Schluß mit der billigen Tour, einmal die Knete richtig rollen, Herrgott, die großen Lappen an Land ziehen, den Kopf aus der Scheiße heben, die echte heiße Sonne sehen, Madonna mia, und wenn die Rechnung kommt, dann bitte mit allen Stempeln und dem großen Bäng.«[63]

Statt wie bei Homer vom Trojanischen Krieg nach Ithaka zu führen, beginnt die Odyssee Siegfried Blums über tausend Kilometer weiter westlich auf der Insel, die als Schlupfwinkel einst Piraten genauso sehr zusagte wie sie noch heute manchen Import/Export-Fachmann anspricht, ob der nun freiwillig in den Ruhestand geht oder dort, in die Flucht geschlagen, eine neue Existenz aufbaut. Blum ist dies nicht vergönnt, er endet zwar nicht wo, aber wie er begonnen hat – als kleiner Mann.

> Man blieb, was man war, man hatte noch Glück dabei, man wurde, was jeder werden wollte, ein Sieger im Kleinen, auf der langen Strecke zwischen Sekt und Selters [...]
> Ja, was machte er jetzt? Er hatte wieder die Qual der Wahl. Manche Firmen gingen bankrott, und andere machten weiter. Manche Menschen verloren, aber damit hatten die anderen noch nicht gewonnen. Er warf seine Kippe in den Wind und blickte auf die Uhr.
> »Ich seh mir die Show in der Roxy-Bar an«, sagte Blum.

Im Kanon der Krimis hat *Der Schneemann* eine Ausnahmestellung inne, wie die Umfrage des Bochumer Krimi Archivs 1990 unterstrichen hat. In einem *Spiegel-Special* zur Buchmesse '95 stellte Ralf Koss in »Kurze Geschichte des neuen deutschen Kriminalromans« fest: »Einer ragt heraus unter diesen teils immerhin soliden, teils mehr oder weniger originellen Autoren: Jörg Fauser. In seinen Polemiken gegen den ›Krimi im Stützkorsett‹ hielt er dem Soziokrimi als einzigem verbindlichen Maßstab die sprachliche und stilistische Meisterschaft entgegen – modellhaft in seinem Thriller *Der Schneemann*.«[64]

Viel aufregender, formvollendet und wichtiger finden viele dagegen den Roman, an den er sich als nächstes setzte. Der Stoff sollte diesmal natürlicher aus ihm herausfließen, Personen und Handlung waren ihm bestens vertraut, und der Stoff, der Rohstoff seines Lebens, nur um den sollte es da gehen.

Kapitel 9

Als Journalist in Berlin

Berliner Skandale

Bange machen gilt nicht! Berliner Motto

Das Schöne und das Trügerische der Geschichtsschreibung ist ihre Klarheit. Der Blick zurück wird zum Überblick, der Historiker steht auf dem Gipfel wie ein Feldherr, vor dem der eigene und der feindliche Aufmarsch sich als ästhetisches Phänomen präsentiert. Die Todesschreie der Sterbenden kommen nur sehr gedämpft an sein Ohr, der Wind, der immer vom Paradies her weht, vertreibt zuverlässig die blicktrübenden Atompilze. An die Stelle von Menschen treten Phasen, zum Beispiel der »Ausstieg in die alternative Kultur« (1974-1980) und die »Repolitisierung der neuen sozialen Bewegungen«[65] (1980 ff.).

Bemerkenswert nun, wie bei Jörg Fauser Mensch und Phase übereinstimmen:

> Als ich Anfang 1981 nach Berlin kam, stand gerade der Stobbe-Senat auf der Kippe. Garskis Geschäfte im Wüstensand, der lange gärende Überdruß an einer satt und matt schmarotzenden SPD des öffentlichen Filzleistungsbetriebs, dazu der Skandal im Wohnungsbau, der selbst manche gestandene Alt-Berliner zu Sympathisanten von Hausbesetzern machte – da kommst Du ja zu rechten Zeit, dachte ich; laß doch mal sehen, wie der Parlamentarismus in solcher Stunde aussieht.[66]

Hier scheint die Historie durcheinanderzugeraten. Dunkle Geldgeschäfte in Berlin – ist das nicht eine Geschichte von heute? »Berlin ist meiner Meinung nach Opfer der organisierten Kriminalität. Ihre Hauptelemente: die Berliner SPD und CDU«[67] – dies das Resümee 2004 des amerikanischen Journalisten Mathew D. Rose, ausgewiesener Experte für den Skandal um die »Berliner Bankgesellschaft«. Wenn Fauser wirklich, wie Reinhard Hesse es sieht, den großen Treuhand-Roman geschrieben hätte, dann darf man vermuten, dass auch die nicht enden wollenden Berliner Skandale ihn als Journalist und Schriftsteller weiter beschäftigt hätten.

Zurück auf den Hügel der Übersicht: Als Fauser im Januar 1981 zunächst als assoziierter Redakteur zum 1972 gegründeten Stadtmagazin *Tip* nach Westberlin kommt, liegt die sozialliberale Koalition in Bonn schon in den letzten Zügen. Gegen Franz Josef Strauß hat man 1980 noch einmal das Wählerreservoir mobilisieren können, nun aber wird klar, dass die FDP um Genscher und Lambsdorff eine andere Republik wollen und bekommen: Am 1. Oktober 1982 wird Helmut Kohl von der Mehrheit des Bundestags zum Kanzler gewählt, am 6. März zieht das Volk nach. Erstmals kommen die Grünen mit 5,6% der Stimmen ins Parlament, unter ihnen der Abgeordnete Fischer (Frankfurt). Fausers Jugendidol Herbert Wehner (SPD) verabschiedet sich dagegen endgültig aus der Politik.

Das Vorspiel zum Ende der SPD-Regierung im Bund wird in Berlin gegeben. Der ohnehin schon kriselnde sozial-liberale Senat unter Bürgermeister Dietrich Stobbe (SPD) löst sich am 15. Januar 1981 auf, nachdem eine dem stadtbekannten Großspekulanten Dietrich Garski gewährte Landesbürgschaft in Höhe von 115 Millionen DM im saudi-arabischen Wüstensand verschwunden ist. Garski sitzt dafür vier Jahre im Knast – das Geld kann er nicht zurückzahlen. Aber nicht nur von dieser Seite – seiner eigenen – gerät der Senat unter Druck.

Was die Geschichtsschreiber »Repolitisierung der neuen sozialen Bewegungen« nennen, bedeutet in Berlin etwas ganz Konkretes: Anfang 1981 sind in den Bezirken Kreuzberg, Schöneberg und Charlottenburg über 200 Häuser besetzt. Hauptauslöser dafür sind »die infamen, lange vorbereiteten Pläne der damals von der SPD dominierten Bauverwaltung, ganze Stadtquartiere mit der Abrißbirne zu beglücken, breite Schneisen für Stadtautobahnen zu schlagen und daneben zellenhafte Neubauten zu errichten. Ein Riesengeschäft für Bauunternehmer, Haus- und Bodenspekulanten«,[68] schreibt einer der es wissen muß, Dieter Kunzelmann, hyperaktiver Rebell, alter Bekannter Fausers aus Kommune-Zeiten, der ihm dann 1983 anlässlich seines Einzugs ins Abgeordnetenhaus für die AL auch den Ehrentitel »Bürger Kunzelmann« verleiht. Fauser beschreibt die gespenstische letzte Parlamentssitzung unter Stobbe und Kunzelmanns Rolle dabei:

Kunzelmann, eingekeilt zwischen Presseleuten, Sympathisanten und Ordnern, reckte in einer jeremiadischen Geste den Arm gegen den schweißgebadeten Regierenden Bürgermeister und rief mit einer Stentorstimme, die die langen Jahre über die K1 und den Knast verriet: »Lüge! Lüge! Lüge!« Es war ein großer Augenblick, fand ich, das Alte Testament hatte Eingang gefunden in das Hohe Haus, ein Blitz war niedergefahren, Politik war ein schmutziges Geschäft, Politik war Lüge, es stand ihnen allen auf der Stirn geschrieben, und der Bürger Kunzelmann wurde aus dem Saal entfernt. Am Abend war indes auch der Senat entfernt, nicht aus dem Saal, aber aus der Macht, ja, diese Szene belegte es: Man kann Personen aus Hohen Häusern entfernen, Worte indes nicht und auch nicht das, wofür sie stehen, die Taten.

Der Parlamentarismus funktioniert also, die Politikverachtung der Siebziger ist überwunden. Jörg Fauser entschließt sich, ein Teil des Problems zu sein, weil er an die Lösungen und Erlöser nicht glaubt, weil er die Politkommissare systemüberwindender Ideologien hasst und fürchtet. Er sei »wahrlich kein Wähler der Alternativen Liste« heißt es weiter im Text, »aber daß Dieter Kunzelmann heute als AL-Vertreter im Berliner Abgeordnetenhaus sitzt und aufpaßt, geht für mich völlig in Ordnung«, mehr noch: »Bürger wie Kunzelmann braucht diese Stadt nötiger als eine neue aufregende Mode und ein Dutzend zugereiste Politiker.«

Die braucht der Senat aber im Januar 1981 trotzdem, erst Hans-Jochen Vogel für die SPD, dann im Mai 1981 Richard von Weizsäcker für die CDU. Die eigentliche Macht liegt in dieser viermonatigen Interimszeit aber »faktisch auf der Strasse« (Kunzelmann). Am 22. September 1981 schlägt das Imperium dann zurück, der Regierende Bürgermeister »Häuptling Silberlocke« Weizsäcker lässt seinen rechtsradikalen Innensenator Heinrich Lummer los. Bei der Räumung besetzter Häuser in der Potsdamer Straße, flüchtet Klaus-Jürgen Rattay vor der Polizei und wird von einem Bus überrollt – »ich stand wenige Meter daneben«, berichtet Dieter Kunzelmann.

Auch Jörg Fauser hat dieses Gründungsopfer der Revolte, die unter dem Label »Autonome« läuft, miterlebt. Eine Woche später, am 1. Oktober 1981, schreibt er aus der Goebenstraße 10 an die Eltern:

> Ein paar Zeilen, die ersten aus der neuen Wohnung, vom neuen Schreibtisch, mit Blick auf die alte Kirche und die neuen Appartements gegenüber, deren Läden mit dicken Sperrholzplatten vernagelt sind, auf denen Parolen stehen wie »Deutschland muß sterben, damit wir leben können«... die einzigen, die noch nicht vernagelt haben, sind die Libanesen, die die Pizzeria gepachtet haben, in der ich oft esse: da müßte schon geschossen werden. – Und vorn an der Ecke Potsdamer Straße, wo der Junge zu Tode gekommen ist, kampieren sie seit über einer Woche im Freien, mit den Blumen und den Holzkreuzen und den Menschen auf der anderen Straßenseite, die in einem weg fordern: Vergasen! Ausradieren! KZ! Und drumherum das ganz gewöhnliche Leben, die Herren von der Kultur, Preußenjahr, die Festivals, Literatur*Tip*...

Der Unglücksort liegt auf dem Weg von Fausers Wohnung zum damaligen Sitz der *Tip*-Redaktion in der Potsdamer Straße 96. An einen erschütterten Freund erinnert sich Werner Mathes. Am Abend nimmt Fauser mit Ingo Schütte – damals Redaktionsassistent, heute Textchef beim *Tip* – an einem Schweigemarsch teil, und das nicht ausschließlich als distanziert-professioneller Beobachter. Jedoch weiß Fauser inzwischen: »für Ideale sterben, wie menschlich schön; aber dafür leben vielleicht doch nützlicher.« Schon die Punks tauchen ja in Fausers Romanen und Erzählungen nur auf wie begrünte Betonkübel, die die Fußgängerzonen der Innenstädte verzieren. Fauser ist kein Teil einer Jugendbewegung mehr, er interviewt für den *Tip* nicht die Hausbesetzer, sondern den Interimsbürgermeister Hans-Jochen Vogel. Die beiden haben einiges gemeinsam. Sie sind nicht nur Neuberliner, sondern auch – seit dem Regierungswechsel in Bonn – Parteigenossen. Fauser schätzt Vogel.

Was die Nachrüstungsdebatte, den die SPD spaltenden Nato-Doppelbeschluß und dementsprechend auch die Friedensbewegung angeht, ist Fausers Position eindeutig. Er schreibt den Eltern, »es hätte damals sofort nachgerüstet werden müssen ohne Wenn und Aber, bevor die Russen ihre Propagandamaschiene auf Touren brachten.« Die innerparteilichen Gegner Helmut Schmidts in der Nachrüstungsfrage nennt er »Traumtänzer«, von denen sich die Partei nicht auf Dauer werde unterbuttern lassen.

Regelmäßig besucht also nun Genosse Fauser die 8. Abteilung des SPD-Kreisverbands Schöneberg, denn – wie er am 2.12.83 den Eltern schreibt – obwohl die Partei darniederliegt, »dürfte sie wohl dazu verurteilt sein, eine Alternative schon bald bieten zu müssen«, angesichts der »schaurigen Figuren in der CDU« und dem »offensichtlichen Vollidioten« Helmut Kohl (der bekanntlich länger regieren wird als jeder andere Kanzler). Zu diesen Veranstaltungen geht Fauser sozusagen dreigeteilt: Als Schriftsteller auf der Suche nach Rohstoff, als immens politisch interessierter Zeitgenosse, und nicht zuletzt als Moralist:

> Darum ging es ja – seinen Beitrag leisten. Es war nun mal sein Land, jedenfalls gab es kein anders, das ihm Zuhause sein konnte, so einfach war das, und vor der Geschichte rannte man nicht davon. Überblickte man sie, dann blieb die SPD die einzige gesellschaftliche Position, die zuverlässig den Kurs hielt. Aber nicht aus politischen Gründen war Gelb bei ihr gelandet. Es war viel mehr das Zeichen zur endgültigen Heimkehr. Wenn der Weg nach El Paso ohnehin nach Dachau führte, dann konnte man sich auch gleich bei den alten Sozis einreihen.«[69] (geschrieben 1984, veröffentlicht 1985 in einer Anthologie mit dem Titel *Lieben Sie Deutschland?*)

Auch was seine Einschätzung des »Realen Sozialismus« angeht, bezieht er deutlich Stellung: »Seitdem ich hier [in Berlin] lebe, nähere ich mich der deutschen und damit meiner eigenen Geschichte an, zugleich rücke ich jenem Westen näher, der Berlin noch hält. Um es deutlich zu sagen: es ist unmöglich, in dieser Stadt zu leben und sich Illusionen über den real existierenden Sozialismus zu machen. Man weiß hier doch ganz gut, um welche Freiheiten es letztlich geht; die, die der Schriftsteller braucht, stehen am Checkpoint Charlie auch zur Disposition.«[70]

Auf den Kern von Fausers Moral verweist folgende Briefstelle vom 2.12.83: »Nächstes Wochenende sind polnische Autoren hier, ich werde da mal hingehen, vielleicht ergibt sich der eine oder andere gute Kontakt. Die Leute dort stehn wegen Brot und Wurst Schlange und dürfen nicht wie sie wollen, und hier jaulen sie nur noch Frieden Frieden Frieden wie die Pawlowschen Hunde... widerlich.«

Man muß schon auf den Hügel des Historikers zurück, um einschätzen zu können, was wirklich in dieser Endphase des Kalten Krieges geschah. Doch selbst von dort oben kann man nur den Kopf schütteln über den »offensichtlich irrsinnigen militärischen Fieberwahn«, die »apoklayptische Rhetorik« und das »völlig exzentrische internationale Verhalten von amerikanischen Administrationen, vor allem zur Zeit Präsident Reagans (1980-1988)« (Eric Hobsbawm). Denn trotz der Rüstungsanstrengungen der Ostblockstaaten, »war die Macht der USA, im Gegensatz zu ihrem Prestige, natürlich noch immer entscheidend größer als die der Sowjetunion. Und was die Wirtschaft und Technologie der beiden Lager betraf, so war die westliche Überlegenheit so groß, daß sie einfach nicht zu messen war.« Es hat, lautet die Wahrheit aus der Vogelperspektive, keine Hinweise und auch keine Wahrscheinlichkeit gegeben, daß die Sowjetunion einen Krieg anstrebte, gar nicht davon zu reden, daß sie einen militärischen Angriff gegen den Westen geplant hätte.[71] Die Friedensbewegung ging einfach den Regierungsexperten für Apoklaypse-PR auf den Leim. Die Gefahr eines Atomkriegs ist heute viel größer als im Jahr 1984.[72]

Was all die Untergangsszenarien angeht, von Orwell, über Volkszählung und totalem Überwachungsstaat bis zum Waldsterben, sind diese achtziger Jahre kaum anders als mit Abstand zu ertragen – was wiederum keiner besser wußte als Jörg Fauser: »Die ganze apoklayptische Atomsache hängt mir allerdings zum Hals raus – falls wir die Bombe abkriegen, können wir es sowieso nicht ändern, aber deswegen nun von nichts andrem mehr zu reden, das heißt ja wohl, ihr schon vorher zum Opfer zu fallen.« (Brief vom 2.12.83)

Wahrheiten wie diese tippt Fauser in seiner »Intensivstation Incommunicado«, Goebenstraße 10, in die Maschine. Bei der

Arbeit raucht er Pfeife statt Zigaretten, trinkt keinen Tropfen Alkohol. Die Einrichtung macht nicht viel her:

> Fauser hatte sich im Vorderhaus eine geräumige und billige Dreizimmerwohnung mit Küche und Bad gemietet. Zum ersten Mal konnte er sich auf hundert Quadratmetern ausbreiten – doch mit diesem »Luxus« wußte er nicht so recht umzugehen. Das karge Mobiliar besorgte er sich bei Ikea oder vom Trödler Schimalla im Kellerladen. Auf zerschlissenen Teppichen stand im größten Zimmer eine Tischtennisplatte und im Arbeitsraum ein alter, verschnörkelter Schreibtisch mit einem unbequemen Stuhl davor. Das war, abgesehen von ein paar Bücherregalen und einer Matratze, alles, was er sich an Einrichtung leistete. Gegenüber auf der anderen Straßenseite betrieben zwei Libanesen eine Pizzeria [...] Hier empfing er auch Kollegen oder Filmleute, die am *Schneemann* interessiert waren. Im »Il Sorriso« achtete er peinlich darauf, nie betrunken zu sein. Für seine Sauftouren suchte er sich andere Lokale.[73]

Etwa die Kreuzberger »Hasenburg«, wo die Nächte lang sind, aber selbst in Kreuzberg (und für hart arbeitende Redakteure) ist irgendwann Schluß. Nicht so für Fauser: Der Produktionsrhythmus des alle vierzehn Tage erscheinenden *Tip* erlaubt Absenzen, und Fauser geht wieder auf Tour, bleibt tagelang verschollen, meldet sich telefonisch aus Reinickendorf oder liegt blank und mit zerbrochener Brille unter den Yorck-Brücken. »Er sah grauenhaft aus«, erinnert sich Werner Mathes an den ins Nada abtauchenden, asthmatischen Fauser, »mit weißen Krümeln im Mundwinkel.«

Seine rigide Arbeitsmoral nimmt dabei keinen Schaden, er ist »ein sehr guter Redakteur« (Mathes), lernt vorbehaltlos vom deutlich jüngeren Kollegen und läßt sich von ihm seine Texte redigieren, wenn er zu pathetisch »in die Harfe gegriffen« hat (Fauser nach Werner Mathes). Inzwischen drängt auch eine neue Generation von »Poeten und jungen Genies« an die Schreibtische, und Fauser sagt ihnen die Worte, mit denen Redakteure auf die Welt kommen: »Kürzen! Kürzen!« Hier in der *Tip*-Redaktion kommt wohl die Idee zu *Rohstoff*, mit dem er im Juli 1982 im Griechenlandurlaub beginnt und im Mai

1983 im Allgäu fertig wird, die exemplarische Geschichte eines freiwilligen Autors. Doch die Begegnung mit dem Nachwuchs bleibt nicht konfliktfrei. Im *Tip* wird der Generationskonflikt offen ausgetragen, in der Ausgabe 25/1983 ist er unter dem Titel *Probleme mit den Enkeln von Marx&Cola* sogar ein Editorial wert. Fauser war hart ins Gericht gegangen mit dem damaligen *Tip*-Autor Diedrich Diederichsen, worauf der zuständige Redakteur Georg Sausse diesen verteidigt gegen »die Revoluzzer von gestern«, die nun »an den Schalthebeln eines gigantischen Medienapparats sitzen« und »bestimmen, was Kultur ist.«

Für die subkulturelle Politszene ist der erfolgreiche Fauser ein Verräter, »angefeindet vor allem aus dem Lager der Nachwuchs- und Alternativkollegen, die nicht wahrhaben wollten, daß da einer ihrer ehemaligen Wortführer nun endlich Geld verdiente und auf Disziplin und Professionalität pochte. Gefährlich wurde es immer, wenn sich solche selbsternannten Außenseiter im Suff an ihn heranzuschmeißen versuchten – so was konnte er auf den Tod nicht ausstehen.«[74]

Anlässlich eines Artikels von Fauser über den Spanischen Bürgerkrieg schreibt etwa ein Jens Gehret 1982:

> Umso erstaunter war ich, als ich von dem einstigen (deutschsprachigen) »Underground-Schreiber« Jörg Fauser im *Tip*-Magazin, lesen mußte, das [sic] die Anarchisten angeblich früher auf das Chaos, und dann auf die Macht spekuliert hätten... »und verloren beides« (J.F.) Abgesehen davon, dass der wortstrotzende Fauser-Artikel jeder Geschichtskenntnis entbehrt (u.a. der des Anarchismus), ist mir z.Zt. noch unklar, ob Fauser's Meinung auf purer Unkenntnis, absichtlicher Hetze oder plumpem schriftstellerischen Tatendrang (für's Honorar) basiert. Damit verdient Jörg Fauser zumindest das Bundesverdienstkreuz, wenn nicht gar einen Springerorden für »Bürgeraufklärung«.[75]

In der Tat hat Fauser keine Berührungsängste: Heinz von Nouhuys nimmt ihn mit zu einem Treffen im Vorstand des Axel-Springer-Verlags, der sich für den Markt der Berliner Programmzeitschriften interessiert und die Möglichkeiten einer Beteiligung beim *Tip* ausloten will – dass man in der Alternativszene gut Kasse machen kann, weiß Fauser noch aus Frankfurter Zeiten. Auch eine Briefstelle Fausers vom Februar 1981 geht in diese Richtung, wenn er von den Gerüchten schreibt, daß »Springer jetzt in Berlin groß einsteigt mit einem Konkurrenzblatt (der Anzeigen wegen)«. Er hätte nie gedacht, dass er hier mal einen Teller anfassen würde, ist – nach von Nouhuys – Fausers Resümee des Treffens.

Wichtiger als solche ethnographischen Ausflüge ins große Geld, ist Fausers lebenslanges starkes Interesse am Anarchismus und am Spanischen Bürgerkrieg. Was bringt den Alternativschreiber so in Rage – außer der Tatsache, daß hier ein Autor sein Handwerk versteht (»Handwerk ist reaktionär« im »Nebelland« Deutschland[76])? Nichts anderes als das Eingeständnis der Niederlage der libertären Revolution und der Tatsache, dass die Kämpfe der spanischen Anarchisten 1936-1939 nicht vergleichbar sind mit denen der Westberliner Anarchos 1981: »Wer 45 Jahre danach in den Metropolen des Kapitals von Revolution faselt oder es für einen Akt politischen Terrors hält, einen Lebensmittelladen zu plündern«,[77] wen die Sympathie für die Anarchisten mit Blindheit für die Greuel des revolutionären Krieges schlägt, der ist für Fauser ein »falscher Nachahmer«, ein läppischer Mitläufer »der ausgeflippten Jugend überfütterter Völker«.[78]

Dabei attestiert Fauser selbst sich ein durchaus »krankhaft paranoid[es]« Verhältnis zu Vater-Staat. Zur Diskussion um die Volkszählung schreibt er 1983: »Mit äußerster Vorsicht begegne ich allen Instanzen und Organen des Staates, Begegnungen mit ihnen sind für mich immer solche der dritten Art, es wäre mir aber lieber, wenn es nie dazu käme.«[79] Dass hier auch noch der ewige Junkie spricht, ist klar. Sinnvoller als Zwangszuordnungen der Art, Fauser sei ein libertärer Sozialist, rechter oder linker Anarchist/Anarcho-Syndikalist, ist, die ungeheure Anspannung sich klarzumachen, die da einer sich auflädt und aushält. Er ist dem Staat instinktiv feind, erlebt ihn aber täglich als Organisationsform der Gesellschaft und empfindet das ethische Postulat, mitzuhelfen, dass dieses Land bewohnbar bleibt. Fausers künstlerische und politische Entwicklung läuft hier analog, vom *cut-up*-Avantgardisten zum Volksschriftsteller, vom Schwarze-Hilfe-Aktivisten zum SPD-Mitglied. Fauser macht sich die Ängste und Erwartungen des

Normalbürgers zu eigen, der vom Staat erwartet, dass er ein ihm zugefügtes Unrecht hart verfolgt; wenn der selbe Staat – so jedenfalls erklärt Heinz von Nouyhus Fausers Haltung – ihm durch seine Organe etwa einen Strafzettel verpassen will, dann soll er sich verpissen. Fausers Antikommunismus scheint dabei durchaus geprägt von anarchistischen Klassikern wie etwa Rudolf Rocker (1873-1958), der für das im Aufbau befindliche System der DDR 1947 hellsichtig einen »Zustand allgemeiner Spionage« vorhersagte, »die alle Quellen des geistigen und moralischen Lebens vergiftet, so daß keiner dem andern mehr traut und jedes ethische Empfinden vor die Hunde geht.«[80]

Ende und Anfänge: *Tip*-Kolumnen

Er vertrat damit die Anschauung, daß der Schmerz zu den unvermeidlichen Erscheinungen der Weltordnung gehört – eine Anschauung, die jedem konservativen Denken innewohnt.
Ernst Jünger

»Jörg Fauser hört auf« heißt es im »Intro« des *Tip* 10/1984, und weiter: »35 Ausgaben lang lieferte der Autor alle 14 Tage seine umstrittene, von *Tip*-Lesern gleichermaßen geliebte und gehaßte Kolumne ›Wie es Euch gefällt‹ ab.« Verlag und Redaktion bedauern, der Autor erklärt, er müsse mit seinen Kräften haushalten, um wieder »sammeln«, also wieder an einem Roman arbeiten zu können, »und selbstverständlich bleibt uns der Schriftsteller als *Tip*-Autor erhalten.« Kaum fünf Monate später erscheint jedoch der letzte Beitrag Fausers für das Magazin.

Wie schon bei der *Basler Zeitung* nimmt Fauser einen »an sich lächerlichen Vorfall« als Anlass, die Mitarbeit zu kündigen. Der Verleger hat den Abdruck einer Kolumne Fausers verhindert »über einen Film, der vom *Tip* fürchterlich verrissen wurde – als rassistisch etc. – und [ich] mußte zwangsläufig auch etwas dazu sagen« (Brief vom 28.4.1984). Wir können immerhin mitteilen, um welchen Film und welche Art von Kritik es ging: *La Balance*, Regie und Drehbuch von Bob Swain, mit Nathalie Baye in einer der Hauptrollen, ist ein mittelharter, Pariser Cop-Thriller, den sich anzusehen jedenfalls kein Fehler ist. Dass *Tip*-Kritiker Hans Ulrich Pönack (*Tip*

4/84) hier lediglich »drittklassiges Krimi-Theater« sehen kann, »bei dem es nur darum geht, rassistische Vorurteile zu bestätigen (Ausländer als Kanakendreck) und primitive Bandoleros und kindische Klischee-Erotik (Nutte liebt Zuhälter) zu mimen« – das muss den Milieu-Experten Fauser provozieren. Verleger Klaus Stemmler, dessen lautstarke Streits mit Fauser niemandem beim *Tip* verborgen bleiben, will in diesem Fall jedoch keine heftintere Auseinandersetzung zulassen. Er spricht ein Machtwort, und Fauser geht. Dass er schon länger nach einem Abschluss für seine Kolumne, einen Abschied von der »Szene« suchte, bestätigt Werner Mathes, der dann im März 1985 zum *stern* wechselt.

Bei Fausers Kündigungen geht es jeweils um verwandte Inhalte, liest man nach, was Aurel Schmidt 1979 sich zu drucken weigerte, »wegen Kriegsverherrlichung u. ›CSU-Ideologie‹ u. Sozialismus-Kritik« (so Fauser 1979 an die Eltern; Schmidt sah den Fall weniger dramatisch). Der *Tip* veröffentlicht dann aber prompt in großer Aufmachung als Fausers Einstieg: *Krieg der Freaks* (nebenbei der einzige Text Fausers, bei dem Schwierigkeiten mit dem Abgabetermin überliefert sind[81]) kommt wie immer bei Fauser als Buchbesprechung daher. Aber der Artikel über Michael Herrs Vietnam-Reportage *Dispatches – An die Hölle verraten*, aus der Motive für Coppolas *Apocalypse now* verwendet wurden, ist weit mehr als eine Rezension. Fauser entwickelt hier eine eigene Haltung zum Krieg, zur Kriegsliteratur von Remarque bis Jünger; vor allem geht es um das Verhältnis der Linken zu diesen Phänomenen. Für Fauser ist Herrs Buch nicht nur ein Dokument des Grauens, das kennen muss, wer die Wahrheit über den Krieg in Vietnam wissen will, ein Anti-Kriegsbuch also; Fauser betont vielmehr die »Lust am Krieg«, die älter sei als die Vernunft. »Kriegsbücher sind, wenn sie ehrlich sind, immer Bücher, die neben dem Horror auch den Zauber enthalten.« Er spricht von der Unmöglichkeit, sich dem Komplex von außen zu nähern, »in einer Welt, in der es keine Schuldlosen gibt.« Und deswegen führt der Weg von Vietnam immer nach Deutschland:

> Ich empfehle dieses Buch allen, die wissen möchten, wohin die Politik, die Ideologie, der Derwischtanz der Ismen führen kann (wenn sie es denn aus *unsrer* Geschichte nicht wissen

sollten), und besonders empfehle ich es denjenigen, die damals in der absurden Erwartung, Vietnam sei das »Spanien unsrer Generation« mit Ho-Tschi-Minh-Geschrei durch die Städte zogen, denn dieser Krieg war auch ihr Krieg, und der Horror Vietnams löste auch bei uns in manchen Köpfen einen Horror aus, der sich in der wahnsinnigen Militanz der Drogensucht und der Zerstörungssucht und der monströsen Sprache des Terrorismus auf allen Seiten manifestiert hat und den wir überwinden müssen, wenn wir nicht alles an die Hölle verraten wollen, was wir zum Leben noch brauchen. Der Krieg in Vietnam war nicht nur ein Anschlag des Monopoldingsbums auf den heldenmütigen Dingdongismus, und er war auch nicht nur ein bekifftes Gemetzel.

Dieser Linie folgt Fauser in seinen zunächst mit dem Pseudonym *Caliban,* ab Januar 83 dann mit dem eigenen Namen gezeichneten Kolumnen. In der Kolumne *Kein Visum für Laos* (*Tip* 10/83) reagiert Fauser auf einen Leserbrief, in dem ihm – das Thema ist wieder Vietnam – Gefallen an »faschistoiden Dschungelabenteuern« vorgeworfen worden ist.

»›Faschistoide Dschungelabenteuer‹, ja mei – was mag das sein?« fragt Fauser, und kommt über eine konkrete Argumentation mit den guten Quellen *Bangkok Post, International Herald Tribune* und *Spiegel,* wieder zu allgemeinen Feststellungen und Bekenntnissen:

Leuten, für die sich die Vietnam-Tragödie auf das bequeme Kürzel »USA-SA-SS« reduzierte, muß es wahrscheinlich für immer unbegreiflich sein, was sich dort abgespielt hat, und auch alle Erklärungsversuche [...] werden sie immer nur zurückstoßen in die kleine karge, aber erbarmungslos ausdiskutierte Welt ihrer Klischees. Ideologie und ihre Schlagwortproduzenten haben hierzulande den tragischen Charakter *jeder* Politik schon bis zur Unkenntlichkeit vernebelt – und damit auch manche Chance für konkrete Verbesserungen verhunzt.

Wenn also alle Politik tragisch ist (wie jedes Handeln – und wie alle Kunst, sagt Dr. Benn) – ist dann nicht alles eins? Regiert dann nicht der Zynismus erst recht? Nein, sagt Fauser, die

Tragik muß schon aushalten, wer nicht still in einer Ecke vor sich hindämmern will. Dass amerikanische Söldner in Laos nach vermißten GIs suchen, ist eine Handlung jenseits von Politik und von Ismen – »wenn es faschistoid ist, zu versuchen, gefangene Kameraden freizubekommen, dann nehme ich gern den Vorwurf auf mich, faschistoides Gedankengut verbreitet zu haben (und weiter verbreiten zu wollen).« Mit George Orwell, der sehr genau gewußt habe, »welchen kapitalen Fehler die Intellektuellen begingen, als sie eben jene Instinkte verächtlich machten, denen die Arbeiter ihre Stärke verdanken«, warnt Fauser die Linke davor, »Begriffe wie Patriotismus, Kameradschaft, Treue, Mut, Ehre, Würde, Nation, Kampf etc. preiszugeben und zu desavouieren.« Es gebe keinen guten oder schlechten Mut: »Ich zolle jedem Mut Respekt, auch dem des Söldners und Abenteurers, so wie ich jeder Fahne die Ehre, die ihr gebührt, erweise – Blut ist für alle geflossen.« Jawoll! Oder auch nicht – hier jedenfalls greift Fauser »in die Harfe«. Er gefällt sich in der Rolle des Blut- und Hoden-Provokateurs, der in der Berliner Szene seit jeher auf reiche Leserbriefernte hoffen kann.

Fausers Kolumnismus hat einen konkreten historischen Ort, »die Ära von Ende und Wende, die richtige Zeit um Stellung zu beziehen.« Es geht darum, »die Spuren der geistig-moralischen Erneuerung von Staat und Volk auch und gerade bei denen zu verfolgen, die Herrn Kohl nicht gewählt hatten und sich für die hellen Köpfe im Lande halten – mithin bei uns selbst.«[82]

Er plädiert gegen die »Tränendrüsenpolitik« der Grünen und für parlamentarische Mehrheiten (und damit vor allem für die »Realos« um Joschka Fischer), »für harte politische Arbeit«, für die »scheibchen- und tröpfchenweise reale Verbesserung der Verhältnisse«;[83] er kommentiert die Flickaffäre (»ein Flick hat politische Ideologie nicht nötig, er finanziert sie ja«) und findet die Republik dabei in einem deutlich verkommeneren Zustand als selbst radikale Spötter es auszudrücken vermögen: »Es gab ja wohl kaum eine Bananenrepublik in den letzten 50 Jahren, in der nicht wenigstens einmal eine Revolution dafür gesorgt hat, daß die richtigen Leute am Laternenpfahl hingen.«[84] Über Richard von Weizsäcker auf dem Weg vom Regierenden Bürgermeister zum redenden Bundespräsidenten schreibt er: »Ich werde Weizsäcker jedenfalls schon deshalb keine Träne nachweinen, weil sein angeberisches und magisterhaftes Auftreten ja nie verschleiern konnte, wie substanzlos seine Politik in Wirklichkeit und trotz aller hehren Reden war.«[85] 1983 notiert er über den *stern* und seine Hitlertagebücher: »Statt in diesem Jahr die Geschichte der Opfer zu schreiben, blieb es der links-liberalen Millionenzeitschrift vorbehalten, auf den Führer zu bauen: Hitler, wer sonst? Allmählich müssen wir uns damit vertraut machen, uns auch wegen unserer Gegenwart zu schämen.«[86]

Wer zu solchen, wie Verse geschmiedeten Aperçus vorgedrungen ist, kann wohl sagen, dass er die Mittel des politischen Meinungsjournalismus für sich ausgeschöpft hat. Fauser will den Schriftsteller, den Prosaisten, nun nicht länger verraten. Aber auf einen wie ihn hat der Betrieb gerade nicht gewartet.

Klagen beim Ingeborg-Bachmann-Preis

> »*Was lesen die denn bloß?*« Christian Schultz-Gerstein
> (Titel seines Artikels über das Ingeborg-
> Bachmann-Wettlesen im *Spiegel* 28/1984)

Ausgerechnet das Orwell-Jahr 1984 wird ein großes Jahr in Fausers Karriere. Anfang des Jahres erscheint *Rohstoff*, kurz darauf *Blues für Blondinen*, im März und April ist er auf Lesereise, im Mai bringt *Der Spiegel* den ersten von insgesamt drei Beiträgen, am 26. September ist er Gast bei Hellmuth Karaseks Sendung *Autor-Scooter*, gleichzeitig beginnen die Dreharbeiten für *Der Schneemann*. Ende Juni macht er sich auf den Weg zum Olympischen Spleen des deutschsprachigen Literaturgeschehens, er tritt beim Wettbewerb um den Ingeborg-Bachmann-Preis in Klagenfurt an – und ist mit der Erzählung »Geh nicht allein durch die Kasbah« (die erst posthum erscheint[87]) selbstverständlich nicht unter den Preisträgern.

»Er wäre gern besser angekommen«, schätzt Rainer Weiss von Suhrkamp. »Auch in Klagenfurt. Da wurde er ja so niedergemacht; von der versammelten Kritikermannschaft. Das war unglaublich.« Bei der bloßen Erinnerung muss Weiss, an die zwanzig Jahre später, tief Luft holen. Das über Gut und Böse entscheidende Gericht, dem der Autor zwar beizuwohnen hat, dem er aber nichts entgegnen darf, setzte sich in Klagenfurt '84 aus folgenden berufsmäßigen Lesern zusammen: Humbert Fink, Gertrud Fussenegger, Martin Gregor-Dellin, Peter Härtling, Walter Hinck, Walter Jens, Wolfgang Kraus, Manfred Mixner, Klara Obermüller, Marccl Reich-Ranicki sowie die Preisträgerin des Vorjahres, Friederike Roth. Rainer Weiss weiter: »Ich glaube, das hat ihm schon weh getan, denn er wollte. Er hat sich im Vorfeld natürlich ein bisschen darüber lustig gemacht; aber man fährt nicht nur da hin, um sich dann schlachten zu lassen. Und in die Zeit damals, zu dem, was angesagt war, gehörte er wirklich nicht dazu. Auch optisch nicht: Er trug, wahrscheinlich extra, zu der Lesung in Klagenfurt ein Hawaiihemd!«

Die *Süddeutsche Zeitung* (vom 5.7.1984) erwähnt Jörg Fauser in ihrem Wettkampfbericht ebensowenig wie der *Spiegel*-Redakteur, der vor Ort dem Lesespektakel beiwohnt: Christian Schultz-Gerstein (1945-1987) ist damals einer der Stars des deutschen Journalismus und Rudolf-Augstein-Ziehsohn beim *Spiegel*. Im März 1987 wird er tot in seiner Wohnung aufgefunden. Er hatte sich zu Tode gesoffen. Im von Werner Mathes und Fauser betreuten *Literaturtip* 1981 befand er in »No Future in Klagenfurt«: »Den Ingeborg-Bachmann-Preis erhält am Ende ein Autor, der nichts besseres verdient hat.« Sein Resümee 1984 über die von den Kritikergrößen um Marcel Reich-Ranicki eingeschüchterten Teilnehmer: »In ihren Texten spiegelt sich exakt der eiserne Wille wider, die Repräsentanten des Literaturbetriebs um so mehr für sich einzunehmen, als sie selber von sich nicht eingenommen sind.«[88] Dass Fauser in diesem Kontext nicht mal statistische Erwähnung findet, ist klar.

Von Fausers Ausflug in die deutsche Literaturgemeinschaft erfahren nicht alle, Carl Weissner etwa erzählt er davon nichts. Nachdem er in Berlin die große Wohnung in der Goebenstraße gegen ein Hochhausappartement in der Charlottenburger Krumme Strasse vertauscht hat – Heinz Harders Wohnung in *Das Schlangenmaul* –, verlagert er im Sommer diesen Jahres schließlich seinen Hauptwohnsitz nach Hannover.

Berlin hat Fauser verändert, »in München war ich noch etwas verträumter«, schreibt er den Eltern. Er zieht einen Strich zwischen sich und der Szene. Dass er sich zur Artikulierung dieser

Abnabelung eben ein Szene-Magazin wie den *Tip* aussucht, hat der Sache den provokativen Drive gegeben. Als er im *Tip* 18/82 unter dem Titel »Das Risiko der Erkenntnis« die umstrittene Verleihung des Goethe-Preises der Stadt Frankfurt am Main an Ernst Jünger verteidigt, geschieht dies weniger für Jünger als gegen eine Alternativszene, »deren intellektuelles Niveau sich bisher an ›Sonne satt Reagan‹-Songs und ›Künstlern‹ wie Beuys orientiert.« Fauser ist in jeder Beziehung älter geworden und hat doch die Burroughs-Lektion aus *Naked Lunch* nicht vergessen: »Nur die Jungen bringen etwas Neues, und sie sind nicht sehr lange jung.« Den Stoff für das literarische Projekt, in dem er seine Entwicklung über den engen Rahmen des *Tip* hinaus der Welt mitteilen will, zieht er deswegen zunächst nicht aus dem doch faszinierenden und neuen Umfeld des Berlin der frühen achtziger Jahre. Er recherchiert diesmal in seinem Inneren, sich selbst hinterher. Was er jetzt sagen will, liegt nicht vor aller Augen. Es bedarf großer Kunstanstrengung diesen Rohstoff aufs Papier und vor ein (Massen-)Publikum zu bringen.

Was dabei entsteht, ist Jörg Fausers Meisterwerk, ein Meilenstein der deutschen Nachkriegsliteratur.

Kapitel 10

Kunstwerk Rohstoff

Märchenheld mit BRD

Wenn freilich das Wesen der Kunst das ist, daß sie von der Gelegenheit einer geschichtlich einmaligen Stelle her dem Ideal beikommt – dann ist demgegenüber die bloße Geschichtlichkeit und Erzeugung von Zeitbildern ein kurzatmiger und vorästhetischer Gebrauch, letztlich also und strenggenommen ein Missbrauch. Peter Hacks

»Der Rohstoff, das Leben, die Wirklichkeit. Muß nur abgeschrieben werden. Präzise, schnell, schnörkellos. Lebensmitschrift, Wirklichkeitserfassung, ganz unten, authentisch, ehrlich, ich. Mein Erleben, meine Welt.«[89] Mit diesem Einstieg reihte im März 2002 Volker Weidermann in der *Frankfurter Allgemeinen Sonntagszeitung* Jörg Fauser mit seinem Roman *Rohstoff* unter »Die neuen Klassiker« ein. 25 Autoren bilden hier einen kleinen »Kanon für die Gegenwart«. Neben Fauser finden sich etwa Patrick Süskind, Maxim Biller, Benjamin von Stuckrad-Barre, Rainald Goetz und Jakob Arjouni; und so verdienstvoll, richtig und vom Autor Fauser durchaus angestrebt diese Ernennung zu einem Klassiker der deutschen Literatur ist – die Begründung ist so falsch wie kalkuliert. Denn wenn Fauser als Urvater der Popliteratur der Neunziger herhalten soll, die den avancierten Lebensstil einer bestimmten Schicht junger Erwachsener zum Sujet hatte, der den ihn lebenden so interessant erschien, dass sie ihn »nur abschreiben« mussten, um Literatur zu produzieren – dann wird der auf dem Höhepunkt seiner künstlerischen Potenz stehende Schriftsteller Fauser für einen im Hacksschen Sinne »kurzatmigen« und »vorästhetischen« Begriff von Literatur eingespannt, der mit *Rohstoff* nichts zu tun hat.

Warum scheitert denn Fausers Plan, einen Roman über den Zivildienst in der Krebsbaracke zu schreiben? Warum sind denn *Tophane* und *Alles wird gut* keine Meisterwerke? Warum bleibt selbst *Der Schneemann* hinter *Rohstoff* zurück? Wer möchte sich denn 2004 mit einem Harder, einem Kant identifizieren, so wie man es noch heute mühelos mit Hammetts Spade und Chandlers Marlowe, auch Fausers Gelb tun kann – perfekten, klassischen Kunstfiguren eben? Man kann schon ein paar Gründe nennen, warum *Rohstoff* ein großes Kunstwerk ist, das beste Buch Jörg Fausers, und die Tatsache, dass sein Stoff gelebtes Leben ist, erweist sich dabei als ziemlich »irrelevant« (ein Lieblingsausdruck des alkohologelösten Fauser, wenn ihn jemands Äußerungen zu langweilen begannen).

Fauser selbst hat seine Figur Harry Gelb als Schelm, als Märchenfigur identifiziert, einen der auszieht, um Schriftsteller zu werden.[90] Das ist die Grundidee des Ganzen, der Roman sollte ja auch ursprünglich *Der Schreiber* heißen. Das Märchen, der Abenteuerroman auch, in dem nicht zuletzt Thomas Mann den Vorläufer des (auch seines eigenen) Bildungsromans erkannt hat: Ein Harry Gelb, der ziellos durch die Jahre um 68 taumelt – irrelevant wie etwa ein *Herr Lehmann*. Der Märchenheld vor fotorealistischer Kulisse ist in den postmodernen Frühachtzigern kein Einzelfall. 1985 erscheint – völlig unbeachtet – im Hamburger Kleinverlag Buntbuch das erste Werk eines gerade zwanzigjährigen Autors, das deutsche Krimigeschichte schreiben wird: *Happy birthday, Türke* von Jakob Arjouni. Frankfurter Private-eye Kemal Kayankaya ist ein Held, der nicht der Realität entnommen ist, sondern einer, den diese üble Realität dringend bräuchte. Auch Günter Wallraffs covered agent kämpft gerade *Ganz unten* (1985) gegen die Zeit, Michael Ende (*Momo; Die unendliche Geschichte*) und Patrick Süskind (*Das Parfüm*, 1985) feiern mit (Schauer-)Märchen gigantische Erfolge, Umberto Ecos postmoderner Karl-May-Verschnitt *Der Name der Rose* führt 1984 die Bestsellerliste des *Spiegel* an. Die Märchenfigur Harry Gelb ist also am Puls der Epoche – und er kann noch mehr.

Gelb ist ein bedeutender Mensch, einer der sich ein großes Ziel gesetzt hat und lieber sterben wird als es aufzugeben. Solche Figuren nennt man Helden, und sich als Held fühlen zu dürfen, ist noch immer der Kern jedes Leseerlebnisses. Bedeutende Menschen brauchen bedeutende Zeiten. In der westdeutschen Nachkriegsgeschichte bis 1989 gibt es da nur eine: 1968 und die Folgen, 1977 inklusive. An dieser Epoche, ihren Gefährdungen und Irrtümern teilnehmend, droht Gelb doch immer in ihnen unterzugehen, sein Ziel aus den Augen zu verlieren.

Dabei ist er als Kunstfigur keineswegs an sie gebunden. Denn seit 1968 verläuft eine durchschnittliche kleinbürgerliche Abiturientenjugend eben so wie Fauser/Gelb sie erlebt: Nach dem Zivildienst (allerdings nicht unbedingt in einer Krebsbarracke) geht man auf Reisen (ohne dabei unbedingt heroinabhängig zu werden), man schließt sich einer oppositionellen (Jugend-)Bewegung an (von den Autonomen über Wackersdorf bis No Global), um sich früher oder später von ihr ins richtige Leben im Falschen zu verabschieden. Gelb hält genau die Balance von Fremd- und Vertrautheit, er ist eine so realistisch-glaubhafte wie ideale Figur.

Dazu kommen eine große und tragische Liebesgeschichte (Gelb vs. Sarah), ein Kampf um Leben und Tod (Gelb vs. Heroin) und eine Lektion in Geschichte: Denn wer wissen will, warum und wie die Revolte eine Stufe der kapitalistischen Modernisierung wurde, der Durchbruch zur individualisierten und flexibilisierten Bundesrepublik auch noch von heute, der muss (und musste 1984 erst recht) *Rohstoff* lesen.

Rätselhaft, ja skandalös, dass *Rohstoff* nicht zur Standardlektüre deutscher Schüler zählt, ist es doch mit seiner Suche nach Richtig und Falsch, Gut und Böse ein klassisches Jugend- (und Jungs-)buch, d.h. eines das auch Erwachsene mit Genuss und Gewinn lesen können. Dieses Suchen macht doch wohl Jugend aus und führt im besten Fall zu dem, »was den Menschen bekanntlich ausmacht, den Stil«, den es eben umsonst nicht gibt: »Stil kostet unter anderem eine Menge von jener Substanz, die der Boxer Stehvermögen nennt, ein Lebenselixier, eine Kostbarkeit.«[91]

Den Anstoß zu *Rohstoff* bekam Fauser als Redakteur in Berlin, mit einem Job und in einer Stadt also, die sein Bestes fordern, und das ist seine Arbeit. Wir müssen uns Fauser in dieser Berliner Zeit als glücklichen, hoch angespannten Menschen vorstellen, der in diesem Zustand ein Buch über den Weg zum Glück schreibt. Fauser weiß nun, was er zu sagen hat, er hat Foren, in denen er es sagen darf, und er verfügt durch jahrelanges Training über die Mittel und die Erfahrung, es sagen zu können. Zu behaupten, dazu gehöre »nicht viel Schreibkunst« (*FAS*), heißt, die Schönheit, die Prägnanz von Fausers Stil in *Rohstoff* nicht zu begreifen.

Maxim Biller, dem man jedenfalls nicht streitig machen kann, von Fauser gelernt zu haben: »Von Jörg Fauser habe ich ein phantastisches Buch gelesen: *Rohstoff*. Das ist ein Buch, das ich dreimal gelesen habe. Das ist ein Buch, in dem das gesagt wird, was man sagen will.«[92]

Davon ausgehend zu einem letzten Punkt, der politischen Brisanz von *Rohstoff* bei Erscheinen und bis heute. Symptomatisch für die eine Seite der Aufnahme des Buches eine anonym in der *taz* erschienene Rezension: Das Buch wird bemüht abgewatscht, gemeint aber ist der Autor, ein Hassobjekt, weil er es »zu einer stattlichen Anzahl lieferbarer Titel und einer regelmäßigen Kolumne im *Tip* gebracht hat, einer seiner Romane wird derzeit sogar verfilmt«![93] Ist das sich hier auslebende Alternativ-Spießertum bereits auf dem Weg zur Mittelstandsförderung, so wird das Buch von der anderen Seite als Abgesang und nachgeholtes 68er-Bashing begrüßt, und das bis heute und bis zur *FAS*. Dazu Fauser: »Also, Literatur kann ja nie Abrechnung sein, nicht, das Leben ist ja offen und abgerechnet wird am Schluß.«[94] Fauser ist kein Gegner der (ewigen) Revolte, er ist ein Feind der Lüge, die Gelb innerhalb der Revolte ausmacht und an die er deswegen keinen echten Anschluss finden kann. Jörg Fauser 1985: »Ich glaube nicht, dass ich andere Lebensformen [in *Rohstoff*] madig gemacht habe. Ich habe sie allerdings vielleicht so dargestellt, wie sie meinem guten Bekannten HG vorgekommen sind. Im übrigen spricht es doch für sich, dass er sie zwar bespöttelt, aber ganz gut zu kennen scheint.«[95]

Warum der Held nun eigentlich Schriftsteller werden wolle, bliebe im Dunkeln, merkten viele Rezensenten an. Dieser Linie folgend wäre etwa auch zu fragen: Warum ist Marlowe unbestechlich? Warum will Spade für niemanden den Dummen spielen? Harry Gelb hat vom Leben einen Auftrag bekommen und ein dazugehöriges Ethos (und sicher nicht wenig Gossenromantik - Franz Dobler zitierte in seiner Rezension Charles Plymell: »Kuhscheisse an den Stiefeln ist nicht unbedingt was besseres als ein Harvard-Studium.«[96])

Wer *Gelb* als aus dem »richtigen« Leben gegriffene Figur begreift, hat überhaupt nichts von Kunst begriffen und nichts von Fauser, hat kein Bedürfnis und keine Sehnsucht nach seiner »Freiheit, sich eine eigene Moral zurechtzumachen, wo Moral schon ein Witzwort ist, und für sie den Kopf hinzuhalten.«[97]

Mit *Rohstoff* hat Fauser bewiesen, dass Stil und Moral, Leichtigkeit und Tiefe, Eleganz und Engagement zusammengehören. »Es geht also auch so«, stellte Carl Weissner in seiner Besprechung im *Tip* 5/84 fest. »Nein, es geht eigentlich *nur so.*«

Kapitel 11

Drei im roten Kreis
Der dritte Weg, Das Schlangenmaul, Kant

Machs nochmal, Gelb
Der dritte Weg

> *In Zeiten wie unserer ist politische Paranoia ein Zeichen geistiger Reife, psychischer Stabilität und demokratischer Gesinnung.*
> Jörg Fauser 1983 in der *FAZ*[98]

Das Wettrüsten von Ost und West erreicht einen Höhepunkt. Auf der anderen Seite des Atlantiks erhält ein drittklassiger Schauspieler die Rolle seines Lebens, spielt aber auch die nur zweitklassig. US-Präsident Ronald Reagan weist als Ziel der Genfer INF-Verhandlungen die »Null-Lösung« aus, womit er den Abbau von sowjetischen Mittelstreckenraketen meint, der einen Verzicht auf die Stationierung amerikanischer Pershing II und Marschflugkörper in Europa nach sich ziehen würde. Auch Leonid Breschnew will abrüsten, allerdings zunächst US-Mittelstreckenraketen. Eine ungekannte Hochrüstung folgt, in Übersee diskutieren Militaristen wie US-Vizepräsident George Bush allen Ernstes, wie durchführbar ein Nuklearkrieg auf europäischem Boden wäre, bei Dieter-Thomas Hecks *Hitparade* im ZDF singen Geier Sturzflug »Besuchen Sie Europa (solange es noch steht)«. Mithilfe echter Bomben und des Falkland-Kriegs gewinnt Margret Thatcher in England ihre Wiederwahl. Mit der Begründung, palästinensische Terroraktionen gegen Israel seien wiederholt von dort geplant worden, bringen israelische Truppen im Juni 1982 die Südhälfte des Libanon unter ihre Kontrolle. Kurz darauf wird die RAF-Terroristin Sieglinde Hoffmann wegen Beteiligung an der Ermordung des Bankiers Jürgen Ponto (1923-1977) zu fünfzehn Jahren Freiheitsentzug verurteilt; im November werden Adelheid Schulz, Brigitte Mohnhaupt und kurz darauf Christian Klar gefasst. Terrorismus und RAF sind abserviert, wie sie es seit den Toten in Stammheim '77 nicht mehr waren.

Abrüstungsforderungen als Argument für Aufrüstung, Kriegsführung eines europäischen Staates, um bei Wiederwahl von innenpolitischer Misere abzulenken, Krieg gegen Terror – Jahre vor dem so genannten »Orwell-Jahr 1984« sind das nicht Phrasen, ist das nicht der letzte Akt einer apokalyptischen Tragödie, sondern Alltag. Millionen demonstrieren gegen Politikerbeschlüsse, während die Entscheider längst die Weichen gestellt haben. Millionen Linke rufen zum Boykott der von der Kohl-Regierung angestrebten Volkszählung, die doch von der SPD-Regierung geplant worden war... Über sowjetischem Hoheitsgebiet wird eine amerikanische Passagiermaschine abgeschossen, die Hintergründe bleiben auf beiden Seiten dubios. Das Klima von Verrat auf höchsten Ebenen sorgt für Paranoia und schlaflose Nächte, während sich zur selben Zeit durch den Eisernen Vorhang Oppositionsbewegungen bemerkbar machen und der polnische Gewerkschaftsführer Lech Walesa am Realsozialismus kratzt. Solidarnosc steht schnell im Ruf, mit Finanzspritzen aus dem Westen injiziert zu werden, aber auch die westliche Friedensbewegung soll vom Osten gesteuert sein. Hinter jeder Agenda steht eine andere, Gewissheiten gibt es nur noch für die Naiven. Die erste Ausgabe von *Time* schmückt 1983 nicht wie üblich das Konterfei des »Man of the Year«, sondern eine »Machine of the Year« – der Computer. Die Welt ist nicht mehr, was sie mal war.

Im Sommer 1983, *Rohstoff* ist noch nicht in den Läden, liest Jörg Fauser im Rahmen einer Werkstattlesung des Literarischen Colloquium Berlin (LCB) aus seinem kommenden Roman. Ullstein-Krimilektor Martin Compart glaubt sich zu erinnern, der Arbeitstitel davon sei *Die Kinder der Morgenröte* gewesen. Bei Ullstein verantwortlich für die Reihe *Populäre Kultur* (wo *Blues für Blondinen* erscheint) und die Gelben Krimis (für die Fauser als Teil seines stattlichen Vorschusses Nachworte verfasst, u.a. über Ross Thomas), gucken die beiden nicht selten Videos der Klassiker von Jean-Pierre Melville, am liebsten die Delon-Trilogie.

Das also der Rahmen, der den Dichter nach Feierabend in der Goebenstraße beschäftigt: Millionen auf den Wiesen in Bonn und vor dem Weißen Haus, Schwerter zu Pflugscharen, die Blumen aus dem Hippiehaar von gestern werden als Insignen der Öko-Bewegung recyclet. Ein Thriller muss her, der muss sitzen wie die Faust aufs Auge, der Nagel in den Sarg, an dem da alle schon blind und tumb zimmern. *Der Schneemann* nahm Deutschland eher im Vorübergehen mit – der nächste Thriller muss ins Herz der Republik gehen. Ausgangspunkt des Romans ist die für Heinz van Nouhuys' Männerzeitschrift *lui* geschriebene Erzählung »Flieg, Vögelchen, flieg«. Die zwei ältesten Gewerbe der Welt werden hier ausgeleuchtet: das Treiben im Rotlicht und das Zwielicht der Spionage. Harry Lipschitz, »ein unauffälliger Mann, der schon mit dreißig so ausgesehen hatte, wie er bis zu seinem Lebensende aussehen würde – der alleinstehende Staubsaugervertreter, den keine zugeschlagene Tür aus der Fassung bringt«,[99] wird aus dem Vorruhestand gerufen, um für seinen Auftraggeber Altmann in einem Bordell jemanden abzuhören. Das Observierungsobjekt, Hotte Butzbach, überredet im Zimmer nebenan eine Prostituierte, für ihn einen Sender zu verstecken. »Flieg, Vögelchen, flieg«, 1994 wiederveröffentlicht als »Machs nochmal, Harry«, ist Schlüssellochvoyeurismus im Spiegelkabinett: Harry Lipschitz, der sich beim Spionieren beobachtet fühlt, belauscht Butzbachs Plan, andere auszuspionieren. Das Milieu, in dem unter Umständen Spitzen-Politiker, Industriebosse und Angehörige der Ruhrgebietsdynastie gedeckt werden, das Treiben hinter den verschlossenen Türen eines Callgirls beschäftigte Fauser schon 1958. In einer seiner allerersten Veröffentlichungen schreibt er für die Schülerzeitung *Monokel* über den nie aufgeklärten Mord an der Edelhure Rosemarie Nitribitt; der Stoff wurde 1958 und 1996 (Bernd Eichinger) verfilmt und 2004 in Düsseldorf als Musical dramatisiert.

Die Eckpfeiler von *Die Kinder der Morgenröte* sind Terrorismus und dessen berufsmäßige Bekämpfung. Nur wer einen Feind hat, verfügt über Argumente, sein Arsenal aufzustocken, höhere Budgets zu rechtfertigen, mit wachsendem Personalstab die eigene Position aufzuwerten. Was aber, wenn der Verfassungsschutz keine Feinde mehr hat? »Terroristisch hat sich in Berlin lange nichts mehr getan«,[100] notiert Fauser dazu. »Im Landesamt muß die Abteilung Infiltration, deren Leiter intern ›Der Revisor‹ genannt wird, um ihre Existenzberechtigung fürchten. In den Gruppen, die man unter Beobachtung hat, scheint der revolutionäre Elan erschlafft.« Das ist die Prämisse des 1983 begonnenen Romans, dessen Fragment posthum als

Der dritte Weg veröffentlicht wurde. Dem Gelegenheitsarbeiter Rolf Jansen, ein Verlierertyp, dem die aus einem Strip-Club gefischte Frau weggelaufen ist, schwimmen nach dem traumatischen Fund einer Leiche in einem Abbruchhaus auch im Job die Felle davon. Kurz darauf wird er wohnungslos. Ahnungslos, wie sein Leben von anderen manipuliert wird, ist er Zeitgenosse genug, festzustellen, wie auch in U-Bahnen inzwischen überall Kameras auf einen gerichtet sind. Eher paranoid als weitsichtig sagt er: »In jedem Eisschrank ist schon ein Sender drin.«[101] Liebeskummer treibt Jansen zurück in die *Paris Bar*, doch seine Ex-Frau ist mit einem Düsseldorfer Kunsthändler über alle Berge, Jansen wird ausfällig, gerät in weitere Schwierigkeiten – und als Retter in der Gosse kommt Altmann auf ihn zu. Altmann gibt sich als Journalist aus, was poetische Passagen zu Berlin rechtfertigt – »die einzige Stadt, die vierundzwanzig Stunden lang die Karten mischt – verlier oder gewinn, aber bleib im Spiel.« Altmann war vor langer Zeit, wie Jansen, politisch aktiv, er ist nebenher aber nicht Verlierer, sondern V-Mann für das Berliner Landesamt für Verfassungsschutz. Die brauchen etwas Terror, sind gewillt, einen Einzelgänger wie Jansen so in die Enge zu treiben, dass er radikal wird. Jansen trommelt eine Gruppe zusammen, lässt sich von Altmanns Aktion »Der dritte Weg« sponsern, plant im Geheimen allerdings nicht das, was Altmann ausgetüftelt hat... Wohin das Spiel mit solchen Existenzen führen kann, zeichnet Don DeLillo in *Libra* nach, seinem Roman über die Ermordung John F. Kennedys. Durchaus vergleichbar mit dem Echtleben solcher Operationen plant Fauser, seine Figuren außer Kontrolle geraten zu lassen...

»Jörg ist damals«, erinnert sich Heinz van Nouhuys, »zu mir gekommen und fragte: Was hast du zu Geheimdiensten, kann ich mir ein paar deiner Bücher dazu leihen?« Heinz Losecaat van Nouhuys, von der BND-Dienststelle 923 mit dem Decknamen Handwerker versehen, vermischte Fakt und Fiktion an mehr als einem Abend in Harry's Bar, später Schumann's,[*] wenn er seine legendären Anekdoten zum Besten gab, in seinem Publikum neben anderen Fauser. Die Geschichten des einzigen Doyen in Nachkriegsdeutschland beginnen dann mit Sentenzen wie: »Ich erinnere mich daran, wie ich, als noch nie-

---

[*] Ludwigs bzw. Ludwig American Bar in *Kant*, R&B-Edition, Band 1, S. 269 bzw. 271.

mand mit Bestimmtheit wusste, ob der überhaupt existiert, wie ich von Reinhard Gehlen zum Campari eingeladen wurde...« Was denn, General Gehlen, der Gründer des BND? »Fremde Heere Ost hieß das damals noch...« Oder der Schwank, wie er Hugh Hefner dazu brachte, ihm die *Playboy*-Lizenz für Deutschland anzuvertrauen, oder was er *stern* nach den Hitler-Tagebüchern riet... Oder Nouhuys' Besuch bei Henry Miller – »Da ging es um die Akzeptanz von erotischer Literatur in der Gesellschaft. Mehr diese Thematik und Millers japanische Tennisspielerin, mit der er gerade frisch verheiratet war«, murmelt Nouhuys nur noch, so dass man sich im Rauch der Bar ganz weit vornüberbeugen muss. »Tischtennis habt ihr gespielt«, ergänzt Marianne Schmidt, Lebensgefährtin und als Journalistin in den Siebzigern so geschätzt und bezahlt wie er als Redaktionsdirektor von der Konkurrenz gefürchtet. »Na ja... der mit seiner Japanerin. Wir saßen da und haben anständigen Whisky getrunken. Ich habe damals eine Tour gemacht, von Miller bin ich zu Selby gefahren, mit dem ich einen Abend verbracht habe. Auch darüber wollte Jörg alles wissen. Das habe ich für *Quick* gemacht, für eine Serie mit dem Titel ›Die Dichter und die Pornografie‹. Da ging also um Miller, Selby, Updike und... und ein Name, den nicht nur ich, sondern die ganze Welt vergessen hat... der *Ein Hundertdollar Mißverständnis*[102] geschrieben hat. Das war damals ein irrsinnig komisches Buch. Ein Jahr lang verkaufte sich das wie verrückt. *Ein Hundertdollar Mißverständnis* war die Geschichte von einem Provinzamerikaner, der in die große Stadt kommt und eine Nutte für hundert Dollar ausführt, von der er nicht weiß, dass sie eine Nutte ist, und der glaubt, der hat die Dame seines Lebens kennen gelernt; wie er mit der hundert Dollar durchbringt, wie die das sieht und wie der das sieht. Saukomisch.« Nouhuys zündet sich einen neuen Zigarillo an, fährt fort: »In dem Zusammenhang, damals aktuell, habe ich die amerikanischen Schriftsteller alle besucht. Und der Knalleffekt war, wir hatten in Deutschland damals die Bundesprüfstelle für jugendgefährdende Schriften – dagegen war das im Grunde geschrieben, und da wollte ich noch eine Stellungnahme vom Vatikan. Von der moraltheologischen Abteilung des Vatikans. Also bin nach Rom geflogen und hab diesen Pepe besucht, der war immerhin Chef der moraltheologischen Abteilung dort. Der fuhr einen hellblauen Porsche, barfuß, und hatte auch die Oberaufsicht über Radio Vatikan und saß im Chefredakteursgremium von *L'Osservatore Romano*. Wir sind zwei Nächte durch Rom gezogen, er tagsüber in Kutte und barfuß, abends normal angezogen, brachte er mich zuerst im Vatikan in die Giftschrank-Bibliothek, wo alle indizierten Schriften aufbewahrt werden. Da sagte Monsignore Giovanni Pepe: ›Du wirst dich mit dem Bibliothekar gut verstehen, das ist ein Dresdener, der spricht perfekt deutsch.‹ Das war so ein Zweieinhalb-Zentner-Mann, den nannten die nur Tante Grete, der war so was von schwul, der war die Mutter der Erfindung. Gut, Amerikaner... Tante Grete ging in den Raum, den Giftschrank, da haben wir uns umgeguckt... Und dann hab ich zu diesem Oberdekan gesagt: Ich brauche jetzt irgendeine Stellungnahme des Vatikan – zur Pornografie in der Dichtung, in der großen Literatur, jetzt nicht in der Hurenunterhaltung, sondern in der Literatur. Da sagt er...«, und wieder müssen sich die Zuhörer zu Nouhuys beugen, der Rauch des Zigarillo beißt im Auge, der Dunst des Whiskys lässt den Rest an klarer Sicht verschwimmen. »Das geht doch bei uns hier, das geht doch durch fünfzehn Gremien...« Die folgenden Silben verschwimmen noch stärker, schon im Vatikan waren sie kaum wahrnehmbar, erwecken aber den Eindruck, dass sie weder legal noch jugendfrei wären. »Wenn ich dich morgen abhole... Ich wohnte grad ums Eck, nee?, Hotel bei Mario...« Hey, noch einen Gin Tonic, ich glaub, ich hör nicht richtig. »Wenn ich morgen komme, sagt er, hab ich zwei blanko Briefe, mit Briefköpfen und allem vor mir liegen, und da schreibste druff was du willst, und das kannste drucken, und wenn ich Ärger kriege, dann dementiere ich das.«

Inhaliert, das ist das Wort, mit dem Heinz van Nouhuys und *TransAtlantik*-Kopf Marianne Schmidt beschreiben, wie das ankam, wenn Jörg und andere dem Exil-Holländer die Silben von Lippen und Gestik ablasen, wenn sie in rhetorisch perfekten Pausen, dem Benetzen des Gaumens mit Whisky, wenn sie in Gedanken nach der Lupe griffen und nach den Nahtstellen von Fakt und Fiktion suchten... Nouhuys, dem *stern* in einer Attacke gegen *Quick* nachsagte, er habe als Doppelagent sowohl den BND als auch das Ministerium für Staatssicherheit (MfS) mit Nachrichten versorgt, ist ein Raconteur, der geliebt wie gehasst werden kann – ohne Frage. Für Fauser ist er »der einzige Rechte, den ich duzen würde«, Quelle unzähliger Stories, Drinks und Inspirationen.

Zeit zu exhalieren.

Im Juni 1983 liest Jörg Fauser im Literarischen Colloquium Berlin-Passagen aus seinen ersten Entwürfen. »Natürlich hat sich Jörg Fauser«,[103] urteilt *Der Tagesspiegel* kurz darauf, »mit Proben aus einem Terroristen-Thriller, der gerade entsteht und in seinen noch unfertigen Anfangsszenen sofort an das Vorbild le Carré erinnert, einer intensiven Befragung nach Klischee und Genre ausgesetzt.« Einen der anderen Autoren des Abends, Raimund Petschner, amüsiert sie noch heute, »die Frage einer Frau aus dem Publikum. Die sagte also: ›Nun würde mich beim Herrn Fauser sein Verhältnis zum Klischee interessieren.‹ Er hatte auch da einige dieser Krimi-Klischees wie schon im *Schneemann*, wo er ja ganz raffiniert damit gespielt und sich darüber hinweggesetzt hat... Und darauf sagte Fauser in dieser ihm eigenen so lakonischen Art: ›Eigentlich ein gutes, ich habe ein gutes Verhältnis zum Klischee‹.« Fausers Manuskript, so der vornehmlich für den Hörfunk schreibende Petschner, »war anzusehen, dass es noch in Arbeit war. Die Seiten – maschinengetippt – waren überall vollgeschrieben mit ungeheuer vielen Korrekturen, so dass er darin oft den roten Faden suchen musste; was den Reiz, auch für die Zuschauer des Dargebotenen ausmachte, es war eben aus der Werkstatt. So eine Lesung ist ja ein Stück weit auch ein Schauspiel, bei Lesungen spielt dieses Moment eine Rolle, denn sonst könnte man auch zuhause bleiben, um etwas zu lesen. Und damit ging er sehr versiert um.«

Für einen Artikel in *lui* – »Sie ritten den Goldesel«[104] – reist Fauser zur selben Zeit nach Hannover, um sich in der dortigen Spielbank außerhalb der Öffnungszeiten vorführen zu lassen, wie zwei Diplomphysiker mit wissenschaftlichen Methoden zu professionellen Zockern wurden, zu Abzockern. Für den *Tip* schreibt er während des Jahres kontinuierlich im 14-Tagetakt seine Kolumne *Wie es euch gefällt*, ansonsten sitzt er an dem Roman. Bis zum 25. August. Sein Plot, eine am Checkpoint Charlie gezündete Bombe der Gruppe um Jansen, die aus dem Ruder geratenen Schläfer des »Revisor« vom Landesamt, wird von der Wirklichkeit eingeholt: Ecke Kurfürstendamm/Uhlandstraße werden bei einem Bombenattentat auf das Kulturzentrum Maison de France dreiundzwanzig Menschen zum Teil schwer verletzt, einer getötet.

Noch einen Monat nach dem Anschlag erzählt Fauser in der Sendung *Autor-Scooter* Hellmuth Karasek: »Auch in diesem Buch tritt eine meiner Lieblingsfiguren auf, und das ist kein Penner, kein Junkie, kein Kulturkritiker, auch keine Brigitte-Bardot-Blondine, sondern ein 53-jähriger Ex-Geheimdienstmann, den ich schon in drei Erzählungen habe, der sich in so einer Randzone zwischen den Diensten und Abteilungen und den kleinen illegalen Geschäften bewegt. Der wird auch da wieder auftauchen, denn man hat ja seinen kleinen Kosmos, den man sich erschreiben will. Und da schleppt man die eine oder andere Figur mit und pflanzt sie dann in neue Sachen rein...«

Schließlich bricht er das Vorhaben ab. »Bei Fertigstellung und Veröffentlichung«, so Carl Weissner, »hätte der Eindruck entstehen können, mit der zentralen Idee des Plots werde ein realer, noch unaufgeklärter Terroranschlag fix ausgeschlachtet.« Für den Anschlag auf das Maison de France wird erst am 17. Januar 2000 Johannes Weinrich zu lebenslänglicher Haft verurteilt. Kronzeuge in dem Prozess und schon 1994 wegen Tatbeteiligung zu vier Jahren Gefängnis verurteilt: Oberstleutnant Helmut Voigt, beim MfS Leiter der Abteilung VIII (Terrorabwehr). Als Charge von Ilich Ramirez Sanchez alias Carlos mordete Weinrich für Geld. Zynismus von solchem Ausmaß hätte sich Fauser kaum ausmalen können – obgleich einen bis heute manche Parallele zu seinem Projekt erschaudern lässt.

Was Fauser noch erlebte, war die Aufklärung des lange als dubios geltenden RAF-Anschlags im Juli 1978 auf die Strafanstalt in Celle. Der als *Celler Loch* bekannte Fall, unter diesem Buchtitel 1987 von Christa Ellersiek und Wolfgang Becker dokumentiert, war ein von Verfassungsschützern und GSG-9-Chargen inszenierter Unterwanderungsversuch. Das, kombiniert mit dem V-Mann Peter Urbach, der 1968 in Berlin bei der Schlacht um die Springer-Verlagshäuser die Molotow-Cocktails reichte, war das gedankliche Rückgrat des Krimis, an den sich Fauser machte, als *Rohstoff* zwar fertig aber unveröffentlicht war. *Balls of steel*, würde mancher Amerikaner diagnostizieren. Auf dem knarzenden Parkett der Villa, in der das LCB seine Veranstaltungen bis heute durchführt, sucht und findet und kritisiert man aber die Klischees, und überhaupt, John le Carré mag ja noch angehen, aber darf denn auch ein Berliner über Berlin schreiben?

Als Fauser mit seinem Kollegen Reinhard Hesse 1986 die Gelegenheit erhielt, für *TransAtlantik* den frisch geschassten BND-Präsidenten Heribert Hellenbroich zu interviewen, ergriff er die sofort. Und er nutzte sie. Beim Bundesamt für Verfassungsschutz lange Leiter der Abteilung IV (Spionageabwehr), wurde Hellenbroich befragt zu Infiltration der Gegenseite, Radikalenerlass, Ausspitzeln von oppositionellen Parteien wie den Grünen – und zu dem V-Mann Peter Urbach, »wo man nicht mehr zu unterscheiden vermag, inwieweit solche Agenten mitgeholfen haben, den Terrorismus aus der Taufe zu heben...«[105] Oder: »Nehmen wir den Fall des Bombenanschlags auf die Außenmauer des Gefängnisses in Celle. Hinterher ist es immer leicht, zu behaupten, da ist ein Mord verhindert worden. Tatsache ist, hier sind offenbar drei Kriminelle, drei dubiose Gestalten, im Auftrag verschiedener Organisationen – teilweise auch auf der Pay-roll des Landeskriminalamtes – mit einer Aktion befaßt oder zu ihr angestiftet worden. Die Frage muß doch erlaubt sein, ob da der Verfassungsschutz nicht seine Befugnisse überschritten hat.«

Die Stunde der Schlange
Das Schlangenmaul

> *In seinen Porträts der bevorzugten Autoren Kerouac und Burroughs und Chandler, aber auch Joseph Roth und Hans Fallada, wird Fauser immer wieder diesen Aspekt betonen: Sie waren dabei, sie haben sich durch Finsternisse hindurchgetastet, hindurchgepresst, sie kennen die Einsamkeit, den Zerfall von innen, sie haben nie geglaubt, Erfahrung kostenlos zu bekommen.* Raimund Petschner[106]

Ein halbes Jahr nach dem Abbruch des Terroristen-Thrillers erscheint im Februar 1984 *Rohstoff*. Diesen Roman begann Jörg Fauser im Urlaub, und zwar nachdem ihn eine kurze und heftige Affäre allein in seinem Doppelzimmer zurückgelassen hatte. Mit der *Zeit*-Journalistin Katharina Zimmer hatte er auf Paros/Griechenland nur wenige Abende gemeinsam verbracht, da war nach einem heftigen wie kurzen Wortgefecht, Nachspiel einer durchzechten Nacht, schon wieder Schluss. Die verbleibenden Tage auf der kleinen Insel nutzte er, um mit einer seiner wichtigsten Arbeiten zu beginnen. Katharina Zimmer erinnert sich an ihren Fausi als einen »ganz extrem merkwürdigen Menschen«, aber eben auch einen, den sie sehr bewundert hat, »als Persönlichkeit, in seiner Schreibe. Er war ein sehr exakter Denker, sehr auf Präzision aus. Neben den hohen Ansprüchen – die er an sich stellte – und dieser Kompromisslosigkeit auch anderen gegenüber, war er vor allem ein hoch sensibler feiner Kerl; das Gegenteil von dem, was er nach außen spielte.« Die beiden sahen sich ein paar Mal in Hamburg und in Berlin, bevor es in den Urlaub ging, der sie aus dem Ferienappartement vertrieb und ihn zu Stift und Papier greifen ließ. So anders dagegen der Anstoß zum *Schneemann*: Auch auf einer Insel, wo sich eines Abends in einer dunklen Bar, jener Mister Blum neben Fauser setzte, der – wie er es selbst ausdrückte – »meinem Leben eine neue Wendung gab: ›Haben Sie fünf Minuten Zeit für mich?‹.«

Zwischen den letzten Kapiteln von *Rohstoff* und den ersten für *Der dritte Weg* vergehen nur wenige Monate. Nach dem Abbruch bis zum nächsten Start ziehen mehr als zwölf Monate ins Land, das Hannoveraner Umland. Jörg Fauser kommt einfach auf keine Insel mehr... Mit *Rohstoff* im Gepäck geht es im Frühjahr '84 auf Lese-Tournee. Schon im April wird die zweite Auflage gedruckt. Er liest in Essen, Bochum und Hannover (festgehalten in »Ich klopfte die Memory Hits«), im Mai in Nürnberg und Freiburg. Die Kritiken fallen wie beim *Schneemann* fast durch die Bank positiv aus; nur beschäftigen sich nun wesentlich mehr Rezensenten mit ihm, darunter -ky, Hollow Skai, in der *FAZ* Hans Christian Kosler, Franz Dobler, in der *SZ* Eberhard Falcke, Rainer Weiss, Daniel Dubbe, Hadayatullah Hübsch, Ulrich Langguth im *Playboy*. Für *Die Weltwoche* aus der Schweiz interviewt ihn der eigens zu einer Lesung in Mannheim angereiste Wolfram Knorr. Auch der Regionalzeitschrift *Marabo* steht Fauser Rede und Antwort (Wie sieht's mit einer anschließenden Diskussion aus? / Fauser: »Okay, wenn sie nicht zu germanistisch ist.«[107]) Er nimmt die Rolle an, tingelt als Vertreter in eigener Sache und im Anzug durch die Lande, plaudert bei Rudolf von Bitter im Bayerischen Fernsehen[108] und liest in Klagenfurt. Die Dreharbeiten an der *Schneemann*-Verfilmung beginnen, einen Tag später stellt er sich den Fragen von Hellmuth Karasek und Zuschauern in der Sendung *Autor-Scooter*.[109] Karasek ist ihm gegenüber freundlich, den provokativen *diavolo* spielt Jürgen Tomm, und Fauser sitzt da wie der zum Direktor des Lessing-Gymnasiums gerufene Bengel, zwar im grauen Anzug, doch die Krawatte eher hingeschnuddelt über dem aufgeknöpften weißen Hemd, stets ein Bein überschlagen, als wolle er betont locker wirken, worauf die eingezogenen Schultern nicht schließen lassen. Die Sendung braucht etwas Pepp, also weist der Gastgeber darauf hin, Fauser mache zwar Literatur, stünde der deutschen aber desinteressiert gegenüber...

> **Karasek:** »Der Böll, das ist so ein ›katholischer Religionsmuff aus Köln‹, steht da. Und bei Walser und Grass-Romanen reichen Ihnen eigentlich schon die Titel...«
> **Fauser:** »Die deutsche Literatur ist ja mehr als das...«
> **Karasek:** »Verzeihen Sie, die zeitgenössische...«
> **Fauser**: »...ist ja mehr als das, was hier nach 1945 hochgespült wurde und sich als große Weltklasseliteratur ausgegeben hat.«
> **Karasek:** »Was stört Sie daran?«
> **Fauser:** »Einmal stört mich daran, dass sie einfach ein bisschen sehr Ich-bezogen ist; ich meine jetzt gar nicht mal in der Thematik, sondern dass diese Leute analog vielen anderen Deutschen sagen: ›WIR!‹ und ›Wir sind hier Weltklasse‹, und ›Wir müssen auch in der Welt so auftreten‹ ... Günter Grass schreibt inzwischen ja keine Romane mehr, sondern er tritt als Präzeptor der ganzen Welt auf, reist nach Nicaragua – es gibt bei ihm ja kein Thema, was er nicht besetzt.«
> **Karasek:** »Sie rennen bei mir offene Türen ein...«
> **Fauser:** »Bei Walser ist es nicht ganz so. Bei Walser stört mich einfach: Ich finde es nicht gut erzählt, pardon. Ich habe mich immer mehr an Literaturen orientiert wie den Amerikanern oder anderen, in denen man etwas mit Understatement gearbeitet hat, in denen erst mal das Handwerk, das Geschichtenerzählen im Vordergrund stand, nicht die Ideologie und das.... Bei den Deutschen ist alles immer gleich Dichter und Denker. [...] Ich habe hier ein kleines Zitat aufgeschrieben, wenn es nicht stört, lese ich...«

> **Karasek:** »Im Gegenteil.«
> **Fauser:** »Das ist von Alfred Andersch: ›Das von Chandler gesetzte Prinzip des Verzichts auf literarische Pose wird niemals aufgegeben. Vielleicht handelt es sich dabei zum Entsetzen so genannter Avantgarde um das eigentlich avancierte Prinzip heutiger Literatur.‹
> Was mich so stört an unseren Gegenwartsbelletristen – ich hab's dieses Jahr in Klagenfurt, den Nachwuchs erlebt; war auch dort, natürlich, als Immer-noch-Nachwuchs – ist diese Pose. Nicht das Ich, wenn sie wenigstens was erlebt hätten, fände ich das ja toll. Meistens haben sie gar nichts erlebt, sondern sie haben halt die kleine Liebesgeschichte und den Kakadu in der Wohnküche, und der Mann ist mal weggelaufen, oder man kriegt keinen Job als Lehrer mehr... Das ist ein bisschen wenig für mich [...], literarisch das aufmotzen wollen, wo eben sehr wenig da ist.«

Ende April 1984 trifft Fauser die Entscheidung, bei *Tip* auszusteigen, im Mai erscheint die Essaysammlung *Blues für Blondinen*. Daniel Keel vom renommierten Diogenes Verlag nimmt Kontakt auf, Wolfram Knorr von der *Weltwoche* möchte ihn nach Wiederverwertung einer *Tip*-Kolumne[110] als Pauschalisten für seine Zeitung engagieren. Knorr, bei der *Weltwoche* Ressortleiter Kultur (1974-2001), ist genauso alt wie Fauser, auch er ein Verächter der E-/U-Trennung, der Ausgrenzung von Krimis. Auch er wettert schon früh gegen die Nulllösung der Bonn-Oggersheimer Wende. Neben Fauser ist Knorr, wie *Der Spiegel* 1988 bemerkt, »einer der wenigen offenen Allbeury-Verehrer«,[111] auch er polemisiert gegen den Snobismus der Kollegen, lässt die Klappmesser erklingen, wenn er über »das deutsche Reinheitsgebot für Literatur« doziert. Zu der Kontaktaufnahme von Diogenes sagt er: »Das ergab sich, als er einmal zu einer Party anlässlich einer Diogenes-Veröffentlichung nach Zürich kam. Da sagte er, er sei mit denen am Verhandeln. Davon habe ich ihm abgeraten, denn bei denen wurden alle und alles so feinsinnig. Plötzlich war dann auch Raymond Chandler Hochliteratur, der gehört doch in die Gelbe Reihe bei Ullstein, nicht dieses Elitäre, Feinsinnige, wie Diogenes das macht. Du verlierst da, habe ich ihm gesagt, du verlierst da dein Image des wilden Autors, wirst da domestiziert, wie in einen Zoo geholt. Diogenes hat ein ganz enges, biederes, engmaschiges Image, und das wäre für ihn nicht gut gewesen. Er war eine vitale Figur, von der Birne her, aber auch vom Bauch her. Daher sagte ich zu ihm: Überleg es dir gut, mach es lieber nicht!«

Vor der Veröffentlichung seines dritten Buchs für Ullstein weiß Fauser ohnehin, dass er »vorläufig nicht weg kann oder will«. Ende 1984, in Berlin hat er mehr als einen Koffer (nun in der Krumme Straße, 13. Stockwerk,[112] gegenüber der Oper), da zieht er in Hannover in der Franklinstraße bei der Frau ein, mit der er im Januar einen Urlaub auf Zypern überstanden hat (anders als die Reisen mit Katharina Zimmer und Gretel Rieber).

Umgeben von seinen künftigen Stiefsöhnen Georg und Roland arbeitet er an einem neuen Roman. Es »geht mühsam, aber doch seinen Gang«,[113] teilt er Rainer Weiss mit, der gerade von Piper zu Suhrkamp wechselt. »Fiction ist halt schon mühseliger als Faction, jedenfalls für mich. Suche im Moment alles über Schlangentanz – kennst Du da etwas? Roman? Film?« Mit Weiss' Weggang von Piper schlägt ein Hintertürchen zu, das Fauser seit der Veröffentlichung von *Schneemann* mehrfach erwähnt. Suhrkamp, für ihn Inbegriff der bauchnabelpopelnden Ex-Adorno-Seminar-Literaten, ist kein Hintertürchen, das wissen beide. Trotzdem findet er Worte, seinem Freund zu dem Schritt zu gratulieren: »Von München wegzugehen ist sicher nicht das Unguteste – und dann gleich noch zu Suhrkamp. Hat irgendwie Format.«

Nach 157 Seiten zündet sich Fauser seine Pfeife an, Frau und Kinder sind nicht im Haus. Es ist mucksmäuschenstill. Nichts von der Anspannung, wenn die Familie zurück ist und auf Socken durch ihre eigene Wohnung schleicht, damit er in Ruhe arbeiten kann. Er stopft die Pfeife etwas nach und entscheidet sich: Alles noch mal von vorn. Statt in der dritten Person erzählt er den Stoff doch in der ersten: »Harrihondaimäßig geht das doch besser wie zum Beispiel in dem Satz: Als die Preßlufthämmer mich weckten, träumte ich gerade vom Krieg«.[114] Diesen endgültigen Romananfang schreibt er Ende November in einem Brief an Rainer Weiss, und weiter: »Irgendwie bedaure ich es doch manchmal, daß ich damals nicht zu Piper bin.«

Im Juli 1985 wird *Das Schlangenmaul* ausgeliefert. Ullstein druckt von der ersten Auflage im Hardcover 30.000 Exemplare.[115] Die Filmrechte sind bereits verkauft. Drei Monate später wird nachgedruckt. Jörg Fauser ist nun nicht mehr Kultautor und Ex-Junkie, er ist jetzt als Schriftsteller eine etablierte Größe. In seiner Direktheit, doppelt gebrannt und ohne Umschweife erzählt, ist *Das Schlangenmaul* fast das Gegenteil von *Der Schneemann*, das sich in seiner Ambiguität der Kategorisierung entzieht. Beim *Schneemann* vermuteten professionelle Querleser und Rezensenten, Raymond Chandler habe als Geburtshelfer agiert und ignorierten Parallelen zu Heinrich Heines *Winterreise* und zu *Ulyssees*. Beim *Schlangenmaul* treffen sie mit Chandler ins Schwarze.

Aufgeteilt in einzelne Episoden, *set-pieces*, beginnt der Roman mit dem Illustrierten-Reporter Heinz Harder, der – weil er sich in Bonn mit Bonzen und Big Boys angelegt hat – nach neuen Einnahmequellen sucht. Der Steuerfahnder steht vor der Tür, kurz darauf bei Pulverkaffee in der Küche, und in schmissigen Dialogen lässt er gleich durchblicken, dass Harder ihn so schnell nicht abhängen wird. Wiglaff von der Steuerfahndung – »Ich darf doch annehmen, dass Sie mit meinem Besuch gerechnet haben...« – ist modelliert nach Klaus-Dieter Walkhoff, der für Compart die *Bibliographie der Kriminalliteratur 1945-1984* zusammengestellt hat und der Fauser faszinierte. Schon der Auftakt des Romans ist stark genug für eine Shortstory – was *Die Welt* auch so einschätzt, woraufhin sie das im Juli gekürzt und leicht modifiziert als Erzählung »Besuch vom Finanzamt« veröffentlicht. Für den als Rechercheur erfahrenen Journalisten geht es weiter mit dem Fall – der Suche nach der verschwundenen Miriam, die ihn zwischen den Unterwelten von Berlin und Hannovers Bonzen, Banken und Bahlsen stochern lässt wie einst Philip Marlowe zwischen Hollywood und Bel Air. In Kapitel 4 steht Harder bei einer Catch-Veranstaltung quasi am Rand von Fausers erster Reportage für *Tip* (»Ballett der bösen Buben«[116]), zugleich erweitert der »schnelle, pfiffige Handlungsroman mit Krimi-Elementen«[117] seine letzte *Tip*-Reportage: »Spurlos verschwunden«.[118]

Es geht um Vermisstenfälle, eine kriminologische Grauzone. Trotz Locationauswahl und -beschreibungen wie von Chandler, trotz Hammetts hard-boiled Tönen und Spillanes Tempo, bewegt sich Fauser mit der Vermisstengeschichte erneut abseits von ausgetretenem Terrain, inhaltlich weit weg von Carré oder

Klischee. Harder ist weder Verlierer noch V-Mann, sondern der literarische Held, den Blum so gar nicht abgab; er gleicht viel eher Blums Leinwandvariante. Harder hat immer einen lockeren Spruch auf den Lippen, ist cool, ist mucho macho.

Bei genauer Analyse besonders der Kritik an Harder fällt auf, dass er keine Kunstfigur ist wie Mike Hammer, der ritterliche Marlowe oder eben Blum und Harry Gelb – die in kritisch realistisch dargestellten Welten nach märchenhaften Werten fahnden, wahre Romantiker im falschen Jahrhundert.

Begonnen mit dem Steuerfahnder Wiglaff bis hin zu Harders Taxifahrer sind die Nebendarsteller dreidimensionaler als noch im *Schneemann*, fast auf einem Level mit den aus dem Echtleben übernommenen Charakteren von *Rohstoff*. Das bescheinigt auch Kriminaloberrat Jochen Veit, seinerzeit in West-Berlin Chef von MII (Brandstiftung, Katastrophen, Vermisste, unbekannte Tote, Leichenschauhaus): »Er machte für den Artikel über Vermisste bei uns Hospiz. Da kam er zu uns ins Amt und hat sich eben alles angeschaut. Er hat unheimlich viel gefragt, wollte wirklich alles wissen; überhaupt nicht oberflächlich. Von Boulevard-Journalisten, mit denen wir ja viel zu tun hatten, ist man da ganz anderes gewohnt.« Nicht nur Fauser blieb Veit in Erinnerung, umgekehrt konnte auch der Schreiber den Beamten von der Vermisstenstelle MII/3 nicht vergessen. So trifft Harder bei der Kripo in der Keithstraße Kriminaloberrat Smetana[119] wie einen alten Bekannten, der zur Feier des Wiedersehens seinen ersten Schluck zelebriert. »Dann kam die Zigarette, und das Lächeln, das jetzt um seinen Mund spielte, hatte ich außer bei ihm nur im Zoo gesehen. Bei den Hyänen.«

Das Gros der Rezensionen bescheinigt dem Roman Tempo, Spannung, Milieunähe – und beginnt einen der letzten Absätze mit »Aber...« Besonders das letzte Drittel, mit Korruption in allen Berliner Ecken, mit seinen illegalen Spielclubs und edlen Bordellen, Sekten und Schlangenbeschwörer missfällt vielen. Vorbild für den Schlangenzüchter war ein in der Realität genauso unrealistisch wirkender Mann, erinnert sich Gabriele Fauser: »Wir hingen abends in der näheren Umgebung dieser Schlangenfarm rum, im Harz war das. Wir gingen in die Dorfkneipen, um zu hören, was man dort so dachte und sagte. Da wurde viel gemunkelt, denn dessen letzten drei Frauen waren alle gestorben, jede an Schlangenvergiftung. Zu dem Schlangenmenschen ging Jörg unangemeldet. Nach einigen Vorführungen hat er sich vorgestellt – und bekam auch sofort Hausverbot. Damit hatte er gerechnet, deshalb ging er zunächst unangemeldet dorthin.«

Humor, Spannung, Witz und flotte Dialoge – alle Rezensenten sehen und schätzen das am *Schlangenmaul*, sein Autor »hat den richtigen Biß, um in knappen Worten eine Story zu erzählen, die sich gut für einen Thriller eignet« (*Berliner Morgenpost*[120]), er »beweist Sinn für Rhythmus und Tempo« (*Süddeutsche Zeitung*[121]). Und dann kommt das »Aber...«, nach dem *Der Tagesspiegel* »die Abrechnung mit einem dringenden Anliegen von öffentlichem Interesse«[122] vermisst, die *Hannoversche Allgemeine Zeitung* gar »Überzeugungskraft und Spannung«,[123] der *Literaturtip* das Romangerüst[124] bemängelt. Ihr ausführliches Lob relativiert die *Frankfurter Allgemeine Zeitung* vorsichtig mit der Überlegung, Fausers »erzählerischer Furor scheitert an den zu hoch gesteckten Zielen«. Renée Zucker zieht in der *taz* Vergleiche zu »jedem matten *Tatort*«,[125] die *Neue Zürcher Zeitung* geißelt Wochen später den »Jargon mittelmäßiger Krimiserien, wie sie das Fernsehen täglich parat hat«.[126] Gut ein Jahr nach Erscheinen wähnen sich die Kritiker im Sommer '86 genügend in Sicherheit, den Roman als »wirre Story« (*Der Spiegel*[127]) abzutun, Österreichs *Die Presse* sagt: »Die Vorbilder sind besser.«[128] Kein Kritiker käme heute auf die Idee, einen neuen Roman von James Lee Burke an Chandlers Spitzenwerken zu messen, Elmore Leonard gegen Hammett in den Ring zu schicken. Doch so erging es dem *Schlangenmaul* – und vielleicht ja auch zurecht. Selbst Thomas Kraft, Macher der Schwarzen Reihe beim Nymphenburger Verlag und Herausgeber des *Lexikon der deutschsprachigen Gegenwartsliteratur seit 1945*, beurteilt Fauser in seinem Nachschlagewerk ausführlich und positiv, empfindet *Das Schlangenmaul* allerdings als Ausrutscher: »Seine unstillbare Neugier, sein vorurteilsloses Interesse für alle Schattierungen des Lebens und seine Besessenheit in der detaillierten Umsetzung eigener Beobachtungen verhindern, mit Ausnahme des Romans *Das Schlangenmaul* (1985), wo er modisch akzentuiert ›Action‹-Klischees überstrapaziert, eine konventionelle Belletristik.«[129]

Gerade weil das von Fauser so sorgsam kartografierte Westberlin heute nicht mehr besteht, weil zugleich seine Ecken und

Eigenschaften mit und ohne Mauer wuchern, ist Lutz Hagestedts Äußerung anlässlich der Wiederveröffentlichung 1997 beachtenswert: *Rohstoff* und *Schlangenmaul* seien »aktuell wie noch nie – und sie sind zugleich *historische* Romane aus der alten Bundesrepublik geworden.«[130]

Das Schlangenmaul, so scheint es, könnte ein Ziehkind von Melville sein, dessen hoch stilisierten Licht/Schatten-Studien Fauser mit Compart vor dem Fernseher stundenlang studierte, mit Ulf Miehe zu analysieren suchte. Für Cineasten ein »director's director«, bei der Allgemeinheit fast vergessen, war Melville Inspiration für Jean-Luc Godard and François Truffaut, Schlüsselfigur für Martin Scorsese, Volker Schlöndorff, Quentin Tarantino und John Woo. Und doch hatte man so ähnliche Bilder anderswo schon gesehen, war mitunter vielleicht zu viel Ehrgeiz im Spiel, das Ziel zu hoch gesteckt.

Das späte Unentschieden
Kant

> *An meinem Büro war nicht viel dran, zugegeben. Aber in meiner Branche zieht man noch das letzte Hundeloch der Straße, den U-Bahnschächten und B-Ebenen vor. Das haben Privatdetektive mit Koksern und Schriftstellern gemeinsam: sie brauchen einen festen Koordinatenpunkt, auch wenn ringsum alles in die Brüche geht.* Jörg Fauser, 1975[131]

Wer Krimis liest, wer seine Stories hard-boiled mag, wem es gar nicht ausgebufft genug sein kann, wer ohne Thriller zum Killer wird, wer sich Medien, die das alles übersehen, nur mit Gummihandschuhen nähert... der schert sich zumeist einen Dreck darum, welchen Stellenwert seine Lesekost in der Restwelt einnimmt. Anders der Produzent der Lesekost: Er will nicht nur vom gemeinen Fußvolk gelesen werden, er will auch bei Kritikern ankommen. Beides gelang Fauser, nur eben mit *Schlangenmaul* weniger... Die Rolle des zum Oberschuldirektor gerufenen mürrischen Rebellen, Hemd halboffen, abschätzender Blick von unten, im Mund die Gitane – wie in Karaseks *Autor-Scooter* – ist eine Pose. Eine Pose war auch das Hawaiihemd für Klagenfurt – von dem vermutlich einzigen der angetretenen Dichter, der in den Kommunen und WG's von

1968 im Nadelstreifenanzug einlief, der sich in Marokko einen Dreiteiler in Weiß anfertigen lassen wollte – mit Hut (nur hatte der Schneider nicht den gewünschten blütenweißen Stoff, weshalb Fauser mit Stahlgrau vorlieb nehmen musste). So gesehen passt es wie die Faust aufs Auge, wenn Jörg Fauser die Kritik am *Schlangenmaul* erhört, auch darauf reagiert – nur eben ganz anders als erwartet. Wenn Fauser den professionellen Geschmackshändlern und saisonalen Meinungsmultiplikatoren etwas beweisen will, wenn er auf Kritik reagiert, dann so wie der Schüler, der mehr Zeit und Energie investiert als der Streber, der sich die Füße ausreißt um zu belegen: Mir geht euer Getue am Arsch vorbei. Daher das Hawaiihemd, daher der Fimmel mit Anzügen und Krawatten (von einem, nach dessen Texten jeder erwartete, er säße mit Boxhandschuhen oder wenigstens in Cowboy-Stiefeln und Schlangenlederjacke an der Schreibmaschine). Das mag man pubertär oder infantil finden, man mag es als Rebellion aus Prinzip verehren. Sicher ist: Wie wichtig ihm die Meinung der Kritiker war, geht aus dem hervor, was er als nächstes abliefert: Das glatte Gegenteil von dem, was man erwarten würde vom Autor geliebter wie gelobter Literaturessays, von dem Mann, der '68 so geschickt entblößt hat ohne es bloßzustellen, der bis zu den ersten Kapiteln von *Schlangenmaul* als eine der ganz wenigen deutschen Krimihoffnungen angesehen wird.

Kant – flinker und flotter noch als der Vorgänger – hat wieder einen Schnüffler, der zwar nur semi-professionell, dafür doppelt kaltschnäuzig und in brenzligen Situationen mit Waffen und Schlägen schnell genug ist. Hezekiel Kant soll eine verschwundene, entführte Tochter suchen. Er porträtiert nebenbei Korruption des bourgeoisen Mittelstandes, den hohlen Klang der Münchner Schickimicki-, Kunst- und Mode-Szene... Und wieder ist es ein cooler, schneller Krimi, für den man in jedem Urlaub dankbar ist, Lektüre wie man sie sich wünscht, wenn man in einem Flugzeug sitzt, Nikotinpflaster vergessen, und neben einem sitzt ein gesprächiger Herr, der in Obst, Gemüse und Wein macht, Import-Export...

»Man muss deutsche Figuren schaffen, die von hier kommen und die eine Biografie haben«, fordert Fauser in einem Radio-Interview im Mai '85.[132] »Das interessiert mich, glaube ich, so in den nächsten Jahren, das mal zu machen.« Den Anstoß zu dem folgenden Krimi in sechs Kapiteln gab, wie sich Gabriele Fauser erinnert, Charles Dickens. Das bezieht sich nicht auf Inhalt oder Handlung, sondern auf die Methode: Medium als Teil der Message. Nicht anders als das Hawaiihemd in Klagenfurt und der auf dem Parkett der LCB-Villa vorgelesene Terroristen-Thriller mit Showdown am Checkpoint Charlie.

Kant erscheint als Fortsetzungsroman in sechs Teilen in der Zeitschrift *Wiener*, als Buch ein Jahr nach Abdruck der ersten Folge. Dieser Weg der Distribution hat Tradition, eine fast vergessene Tradition, in der außer Dickens schon Balzac und Naturalisten wie Dostojewski und auch Zola standen, deren »Werke der Weltliteratur« häufig zuerst als Fortsetzungsgeschichten erschienen sind. Wolfgang Maier, Chefredakteur des *Wiener*, begeistert sich spontan für die Idee, und die PR-Abteilung begleitet die Aktion mit plakatierten Litfasssäulen.

Darauf angesprochen, inwieweit es Imagepflege sei, wenn er Kritiker als Kulturverweser bezeichnet und vom Bauchnabelpopeln deutschen Dichterwesens spricht, sagt Fauser einem Stadtmagazin, zunächst ganz salopp:

Wir haben heute gegen Kino, Fernsehen und Video anzutreten, und das heißt, wenn die Literatur weiterhin so hausbacken herumkrebst, wird sie auch einen großen Teil der bisherigen Leser verlieren. Sowohl in die Präsentation der Literatur wie auch in die Inhalte muss einfach mehr Schwung kommen, da müssen handwerkliche Maßstäbe gesetzt werden, vielleicht auch amerikanische, russische oder spanische; aber das ist hier bei dem normalen Literaturbetrieb einfach nur Nabelpopelschau. [...] Gregory Mcdonald hat mal eine kleine Theorie aufgestellt, indem er sagt, die Literatur müsse mal zur Kenntnis nehmen, dass es Kino gibt. Wenn ich heute eine Szene schreibe, die in New York spielt, dann brauche ich die 49. Straße nicht mehr zu beschreiben, weil jeder tausend Bilder von dieser Straße aus Fernsehen, Zeitung, Film, etc. in sich trägt – und so kann ich mich auf das Wesentliche konzentrieren. Mcdonald ist einer, der seitenweise Dialoge schreibt, und alle unnützen, hinderlichen Passagen entfallen, in denen deutsche Autoren schwelgen, wie in Psychologie. Er meint, wir leben heute in der post-freudschen Ära, und wir haben das alles soweit drin, dass wir uns mit Ödipus und ähnlichem nicht mehr aufhalten. Solche Überlegungen finde ich hier eigentlich selten. Es gibt hier vielleicht so etwas bei Thrillerautoren, das weiß ich nicht, könnte es mir aber vorstellen. Die müssen ja mehr an ihre Leser denken als der Normalbelletrist, der sowieso nur dreitausend Exemplare verkaufen will, weil das für einen Vorschuss reicht. Ein weiteres Problem ist auch, dass die Bücher zu teuer sind. Mcdonald schreibt exklusiv nur Taschenbücher, denn er will, dass seine Bücher auch im Supermarkt sind, und hat somit riesige Auflagen. Er meint, dass seine Bücher dort hingehören. [...] Und wenn ich mir anschaue, was da so abgeht in Klagenfurt oder im Feuilleton, dann hinken wir den Zeiten zwanzig Jahre hinterher. Das Buch ist eben noch ein heiliges Ding hier, das ist Kultur und unser Kulturerbe [...] und das darf man nicht vermarkten wie einen Film oder eine Platte.[133]

Und so erblickt *Kant* – in sechs langen Wochenendschichten verfasst – das Licht der Welt. Kein *Zauberberg*, kein Botho Strauß, sondern eine Story, für deren nächstes Kapitel manche die Tage zählen. Weltliteratur? Klassiker? Bleibend? *Kant* ist nicht für die Kritiker oder Klassiker-Ernenner, sondern für das gemeine Fußvolk in den Stehimbissen am Hauptbahnhof, den Bistros am Shakespeare-Platz in München.

Durch die Vermittlung von Lionel von dem Knesebeck, der als Agent auch Gregor von Rezzori und Hardy Krüger vertritt, erscheint *Kant* ein Jahr nach Erstveröffentlichung des ersten Kapitels im Mai 1987 bei Heyne in der Reihe *Scene* als Taschenbuch für DM 7,80. Als Taschenbuch, und dann noch als Krimi und in einer Reihe wie *Scene* (in der u.a. auch Udo Lindenbergs *Rock'n'Roll und Rebellion*, Sabbags *Schneeblind* und *Lieder gegen den Krieg* erschienen sind) besteht bei Redakteuren der bürgerlichen Feuilletons gar nicht erst die Chance auf eine Vorqualifikation, und so wird *Kant* kaum rezensiert.

Als guten Krimi hebt ein Komplize Fausers *Kant* Jahre später hervor. In *Gangster, Opfer, Detektive – eine Typengeschichte des Kriminalromans* stellt Peter Schmidt fest: »Direkt und ohne Umschweife, so ›schnell‹ geschrieben wie einige von Fausers amerikanischen Vorbildern, ein Buch wie ein Handkantenschlag oder ein Tritt in den Unterleib.«[134] Schmidt war neben Compart einer von der mit Fauser nachts ersonnenen Gruppe

Oberbaumbrücke, also ein Fighter für unterhaltende Krimis. Von ganz anderer Warte bewertet Lutz Tantow in *Kritisches Lexikon zur deutschsprachigen Gegenwartsliteratur* sowohl *Schlangenmaul* wie *Kant* als »gelungene Versuche, die amerikanische hard-boiled-school mit ihren tough guys auf deutschen Boden glaubhaft zu übertragen.«[135]

Kant ist jedoch mehr als ein Krimi. *Kant* ist das Hawaiihemd inmitten eines Literaturbetriebs, der sich selbstzufrieden auf die fleischigen behaarten Schultern klatscht. Vielleicht keine weltliterarische, herausragende Komposition, doch mancher Absatz zu Zeitgeschehen und Figuren sitzt so wie die Highlights in Kolumnen und journalistischen Texten. Als Buch, als Produkt ist *Kant* vor allem der Beweis, dass es auch anders geht. Der niedrige Preis, vergleichbar nur mit dem von *Tophane* 1972, ist deshalb nicht unwesentlich, weil er etwas anreißt, womit sich Jörg Fauser zunehmend auseinandersetzt: »Literatur gehört in den Supermarkt«, verkündet er ganz ohne Ironie in dem genauso betitelten Feature in *Marabo*:

> Zwischen das Getränkeregal und die Kasse. Erst soll man Möhren kaufen, die Tiefkühlkost, die Butter, das Brot, und dann einen langen Blick auf das Getränkeregal werfen, an diesem Abend wohl eher einen Long Drink oder ein Fläschchen Weißbier, und wenn das geregelt ist, [...] dann müßte der Blick auf einen Stand fallen, auf dem einige gute Titel stehen. Das kann alles sein, auch Schopenhauer, es muß ja nicht alles Konsalik sein, was da steht. Es soll den Zugang erleichtern. Das Buch darf auch nicht 58,- DM kosten, denn soviel gibt man ja auch nicht für vier Flaschen oder ein Abendessen aus [...] Es muß einen kleinen Kitzel geben, und dann steckt man es ein und geht damit nach Hause und liest es. Das ist dann nicht das große Kulturgut, das man neben Goethe stellt, das liegt zwischen *Tagesschau* und Krimi, und wenn das auf irgendeine Weise fesselt, dann hat man irgendwen gewonnen, der auch in Zukunft bereit sein wird zu lesen.[136]

In genau diese Richtung gehen 1987 seine Ideen für ein Theaterstück, das auf dem folgenden Roman aufbauen soll: *Die Tournee*.

IV.

1985-1987

»Verheiratet, aber sonst unabhängig.«

Kapitel 12

Kein vierter Akt

Freiheit und Würde

...daß der Journalismus allen Bemühungen zum Trotz, ihn naserümpfend von den vermeintlich unvergänglichen Werken der Dichter und Denker abzugrenzen, längst die einzig noch existierende Literaturgattung darstellt, weil sich das Publikum mit Recht lieber an Zeitungen und Zeitschriften hält, statt den ereignisarmen Mitteilungen einer ökonomisch zurückgebliebenen und politisch reaktionären Gilde unverdiente Aufmerksamkeit zu schenken. Wolfgang Pohrt
Vorwort zu Christian Schultz-Gerstein *Rasende Mitläufer*

Als Schriftsteller, als Kolumnist und Redakteur beim *Tip* haben sich Fauser die Möglichkeiten eröffnet, Stabilität und Geborgenheit in sein Leben zu bringen, nach denen er sich schon lange sehnt.

Noch in München hat er die 1952 geborene Kinderärztin Anette Groethuysen getroffen. Man hat denselben Bekanntenkreis, kennt sich flüchtig. Als sich die beiden 1981 in Berlin zufällig in einer Kneipe wiedersehen, werden sie bald ein Paar. Anette Groethuysen betont »das ganz Zarte und Zerbrechliche« an Fauser, seine »starke Sehnsucht nach Familie«. Fauser möchte sie heiraten. Sie ist fasziniert von seinem »Doppelleben«, den Kneipentouren und Reisen ins Milieu, der Masse an Lesestoff – Essays, Spionage-Romane –, den er ihr aufgibt; und so zerfällt auch ihr eigenes Leben als Ärztin in einer Berliner Klinik und als Freundin eines kompromisslosen Schriftstellers und Trinkers in zwei Hälften. Zwei Jahre halten sie zusammen, Ende '82 löst sie sich abrupt aus der Beziehung. Fauser will und kann wohl auch nicht auf seine gewohnten Absenzen verzichten, seine Touren, bei denen er drei Tage verschollen ist, um dann hilf- und mittellos anzurufen und zu bitten ihn abzuholen. Er will von seinem bisherigen Leben nichts aufgeben, er will ihm etwas hinzufügen.

In dieser Zeit klingelt das Telefon, eine junge Frau aus Hannover gratuliert ihm zu seinem, sie sehr beeindruckenden Gedichtband *Trotzki, Goethe und das Glück*, und er schlägt – Schriftsteller auf der Durchreise – ein Treffen am Hauptbahnhof Hannover vor. Wer diese Gedichte mag – könnte Fauser sich denken –, der wird ja wohl auch ihn mögen oder jedenfalls wissen, auf wen er sich einlässt. Als man sich in Hannover begegnet, ist sein erster Satz: »Ich würde jetzt gern ein Bier trinken.« Die junge Frau lotst ihn zielsicher in einen abgestandenen Stehausschank. Sie redet viel, er nichts. Also sagt sie irgendwann: »Herr Fauser, so geht das ja wohl nicht, ich bestreite die Unterhaltung, und Sie schweigen vor sich hin.« Man geht zurück zu den Gleisen, und da fragt er, ob er noch mal wiederkommen dürfe. Gut zwei Jahre später – am 9. Juli 1985, kurz vor Fausers einundvierzigstem Geburtstag – wird geheiratet, Gabriele Oßwald-Fauser bringt zwei Kinder mit in die Ehe.

Die Familie zieht kurz darauf nach München: »Gerade ist auch der Umzug aus Hannover vorbei, jetzt warte ich auf den Zug mit den Buben, und Samstag ist die Familie dann wieder zusammen. Hätte nie geglaubt, wieviel mir das mal bedeuten würde«, schreibt Fauser am 18.7.85 an die Eltern.

Die Entscheidung für Ehe und Familienleben überrascht viele der alten und neuen Freunde; aber auch für Gabriele Fauser selbst liegt der Mensch Fauser nicht von vornherein offen da. Als Fauser, der von 1983 an zwischen Hannover und Berlin pendelt, in diesem Jahr seinen Geburtstag in der Paris Bar feiert und sie zum erstenmal den Szene-Menschen, den Star Fauser im Kreis der Freunde, Cliquen und Claquere kennenlernt – »ich war damals noch eher ein Hippie«, beschreibt Gabriele Fauser sich selbst –, »da bekam ich den Eindruck, dass er ein Doppelleben führt. Da habe ich gedacht: Meine Güte, der lebt ja hier und da in ganz unterschiedlichen Welten! Dann hat er eine Rede gehalten und als erstes gesagt: ›Das ist die Gabriele, meine Frau‹.« Alles wird gut. Fauser ist eben nicht nur ein schwieriger und schweigsamer, sondern auch ein charmanter, schlicht »ein toller Mann« (Gabriele Fauser). Krisen bleiben nicht aus. Wie lang es mit ihnen gut gegangen wäre, wisse sie natürlich nicht, sagt Gabriele Fauser. Sie ist die seinen Bedürfnissen nach Rebellion und Reglementierung gemäße Partnerin, die sich bei seinen Sauftouren alle Stunde über den Stand der

Dinge informieren lässt und nachts eineinhalb Stunden autofährt, um ihn von einem Umtrunk in irgendeinem verlorenen niedersächsischen Dorf abzuholen, bei dem nicht zuletzt ein guter Anzug draufgeht.

Zusammen mit seiner Frau gelingt es Fauser wieder einmal, sich zu häuten, alte Images und Festlegungen abzustreifen: »Man fängt verzweifelt an, wird dann vielleicht etwas optimistischer, vielleicht am Schluß baut man alles wieder ab und zerstört wieder alles, das ist glaube ich so die Entwicklung.« »Sollte das dann eine Parallele zu einem biologischen Kreislauf sein?«, fragt der Interviewer etwas erstaunt bei Erscheinen von *Rohstoff* im Mai 1984 und Fauser antwortet: »Ja, sicher, natürlich.«[1]

Das Image des Kneipenpoeten legt Fauser mit dem zweiten Umzug nach München endgültig ab, nicht den Suff, auch wenn er immer wieder monatelange trockene Phasen einlegt, nicht zu viele Gitanes raucht und auf körperliche Fitneß achtet. Dem Boris-Becker-Zeitgeist gemäß spielt der »Hypochonder« (Gabriele Fauser) nun Tennis. Die Obduktion wird ergeben, dass Fauser körperlich gesund war – »Es leben die Lebern«, schreibt der Dichter Bert Papenfuß.

In München lebt Jörg Fauser mit seiner Familie in einer großbürgerlichen, nicht billigen 160-Quadratmeter-Wohnung in der Trogerstraße 17 im noblen Bogenhausen, er ist Redakteur der vieldiskutierten Kulturzeitschrift *TransAtlantik*. Ex-Mitbewohner Werner Thal: »Wir hatten uns aus den Augen verloren. Nun saß ich einem Chefredakteur gegenüber. Aber einer wie Fauser bleibt sich auch im Chefsessel treu, dem konnte Erfolg nichts anhaben. Er trank jetzt lediglich einen besseren Whisky.«[2]

Diesen, bevorzugt jedoch Guinness, konsumiert Fauser regelmäßig im Schumann's, nach Tom Lemke sogar »die einzige wirkliche Stammkneipe, die Fauser in München je hatte.« Charles Schumann selbst sieht die Sache wie jeder Mann *hinter* einer Bar, nämlich nüchterner: »Ich war der Wirt.« Man müsse »das auch mal entmystfizieren, Fauser war bei mir immer betrunken, nicht mehr ansprechbar.« Schumann lernt Fauser über »meinen Freund Wolf Wondratschek« kennen, man geht zu dritt zum Boxtraining. Fauser sei dafür »total untalentiert« gewesen, »aber tapfer« – kein geringzuschätzendes Kompliment aus dieser Ecke.

Seine Heirat erwähnt Fauser dem Schauspieler Stephan Franke gegenüber eher hessisch-beiläufig: »Isch hab jetzt geheirat'«. Er ist gewiss keiner der dicke tut mit seinem neuen, arrivierten Status. Denn der ist ja wiederum nicht das Ziel in einem Leben, das »zwar lebenswert, aber eigentlich jedes Sinnes bar war.«[3]

Angst und Ekel

But I know what is wrong / And I know what is right / And I'd die for the truth / In my secret life.
Leonard Cohen, »In my secret life«

Wie geht es nun weiter mit einem, der seit zwanzig Jahren darum gekämpft hat, als Schreiber zu leben, und es nun geschafft hat? Will man diese Frage beantworten, deren Brisanz angesichts der Todesumstände ja offenliegt, dann hält man sich am besten an Fausers eigene Antworten. In einem Schlüsseltext aus dem Jahr 1979 – »Hommage an Hans Frick« – hat Fauser darüber Auskunft gegeben.[4] Er schreibt:

> Als ich jung war, wollte ich Schriftsteller werden. Schriftsteller erklärten das Leben, Schriftsteller gaben ihm einen Sinn, Schriftsteller, Dichter waren meine Helden, Helden in einer bedrohlichen, bedrohten Welt. Sie erstritten Freiheit und Gerechtigkeit, sie schilderten die Leiden der Menschen, aber auch ihre Überwindung, durch Tapferkeit und Liebe, und sie führten ein exemplarisches Leben.

Dann kommen die Einsichten:

> Später, als ich wußte, daß ich kein Genie war, [...] wurde ich Schriftsteller, weil das Schreiben, wenn man es ernst nahm, mindestens so ernst wie jede andere Erfahrung, immer noch genügend innere Abenteuer versprach in einer Welt, in der die meisten äußeren Abenteuer zur Massenware verramscht wurden. [...] Und man konnte aufstehen, wann man wollte (Heute weiß ich, daß selbst das nicht stimmt).

Und dann der Ekel und der Widerstand:

> Als ich Schriftsteller wurde, kannte ich keine anderen Schriftsteller, und so kannte ich auch nicht eine der entwürdigendsten menschlichen Existenzformen, die im Kulturbetrieb. [...] Ich wußte zwar, wie schwer mein Vater, ein Maler, sich tat, Bilder zu verkaufen, aber ich wußte ja auch, wie schwierig, ja feindlich gesonnen er im Umgang mit seinen wenigen Kunden war. [...] Ohne Eltern, ohne Freundinnen, ohne Freunde und ohne die üblichen Handlangerjobs wäre ich, als freier Schriftsteller, alsbald in meiner Bude verhungert. Wie alle mittleren Talente, die arm zur Welt gekommen und nichts dazuerworben hatten, auch.

Was also tun – und warum?

> Man muß, will man sich trotzdem als Schriftsteller, also immerhin als Nachfahr jener Jugendhelden, als Verfechter von Freiheit und Würde, behaupten, gegen die alles fressende, alles wiederkäuende, alles ausspeiende alles verderbende Maschinerie des Molochs Kulturbetrieb noch einmal soviel Kraft, soviel Integrität, soviel Widerstand einsetzen, wie man zum Schreiben verbraucht. Das freilich bringen nur wenige fertig. Wozu auch? Das Leben ist kurz. Man kann in Deutschland als Schriftsteller auch minderen Talents heute recht angenehm leben, wenn man sich benutzen läßt. Dreigroschenjungs sind gefragt. Man muß nur den Arsch hinhalten oder sonst ein Teil und dabei flott sein Liedchen singen. Manche können das so gut, daß sie Tag und Nacht ausgebucht sind. Der Betrieb läuft wie geschmiert. Absahnen rechts, abspritzen links. Was ich sagen will, ist dies: vielleicht muß man heute, will man die neuen Büchners, Shelleys, Rimbauds finden, in den Busch, in die Anden, in die Ghettos der asiatischen Riesenstädte gehen, wo Hunger und Pestilenz, Aufruhr und Krieg herrschen. Ich weiß es nicht. Ich hoffe es, denn ich liebe die Epen, die Mythen, die Dichtkunst.

Es geht also weiter, mit dem Schreiben als Abenteuer und mit der Existenz als Suche nach Mythen, nach Rohstoff. Bemerkenswert, wie sich diese beiden Aspekte zum Ende von Fausers Leben hin klar abzeichnen. Da ist der unvollendete Roman *Die Tournee*, der nicht weniger sein will als ein Sittenbild bundesrepublikanischer Gegenwart, »Fausers Panoptikum« (Reinhard Hesse), ein deutscher Balzac oder jedenfalls ein zeitgenössischer Fallada; und da ist der Drang, die kleindeutschen Verhältnisse hinter sich zu lassen, die »Riesenstädte« abzusuchen. Nachdem Fauser 1986 zweimal als Reporter in Südostasien gewesen ist, will er nun mit seiner Familie als Schriftsteller hin. Der Kontakt mit dem Goethe-Institut in Jakarta sei bereits hergestellt gewesen, berichtet Gabriele Fauser. Tatsächlich begleitet er Ende 1986 den vom Goethe-Institut eingeladenen Achim Reichel auf seiner Indonesien-Tour. Bei der ersten Reise hatte er den Entwicklungshelfer und Krimiautor Detlef Blettenberg besucht, der ihm 1988 seinen Roman *Farang* widmet: »Für Jörg Fauser – in diesem, dem nächsten und allen anderen Leben.«[5]

Fauser, so stellt es sich dar, war keineswegs am Ende, ausgeschrieben, arriviert. Er stieß noch immer die Läden auf, mehr Welt, mehr Wahrheit fordernd: Freiheit und Würde eben. »Als ich jung war, wollte ich Schriftsteller werden«, schließt er seine Frick-Hommage. »Später, als ich Schriftsteller geworden war, und manchmal heute noch, bedurfte ich starker Betäubungen, um nicht die Manuskripte zu zerreißen, die Schreibmaschine in den Müll zu werfen und dorthin zu gehen, wo das eigentliche Leben zu vermuten war. Hans Frick macht mir immer wieder klar, daß es keinen Unterschied zwischen dem Schreiben und dem Leben gibt, wenn das Leben, sofern es würdig ist, zum Schreiben führt, und das Schreiben, sofern es wahrhaftig ist, zum Leben.«

Der Rausch markiert also eine Grenze zwischen einem souveränen Leben in Freiheit und Würde und einem Gefangensein in Angst und Ekel. Er ist ein bewußter Akt. Wie sorgsam »starke Betäubungen« dosiert werden müssen, ist bekannt: Kein Arzt untersucht sorgfältiger als ein Anästhesist vor einer Vollnarkose. Im Jahr 1940 macht sich ein Facharzt für Haut- und Geschlechtskrankheiten beim Studium von Akten über Selbstmorde in der Wehrmacht seine eigenen Gedanken: »Die meisten Selbstmorde sind Spontanhandlungen, oft unter Alkoholeinwirkung, selten vorher bedacht. Offenbar sind wir den

Reizen zum Selbstmord innerlich viel näher, als wir vermuten und bei der Art unserer moralischen Selbstaufrüstung zugeben wollen.«[6] Dem passionierten Gottfried-Benn-Leser Jörg Fauser war diese Bemerkung aus *Doppelleben* zweifellos bekannt; und vielleicht steht, wer die eigene Existenz radikal lebt und betrachtet wie Fauser, dem Selbstmord letztlich viel ferner als scheinbar unproblematische Naturen, deren »moralische Selbstaufrüstung« sich nur allzu rasch auflöst, wenn das Schicksal ihnen einen offenen Blick auf die eigene Lage präsentiert: Sinnvoller als über Fausers Todesumstände zu spekulieren, ist es, darüber nachzudenken, warum und zu welchem Preis man eigentlich selbst am Leben bleibt.

TransAtlantik & *lui*: Fischer & Schröder

> *Was geblieben ist, sind zwei TransAtlantik-Artikel in meinem Archiv.*
> Joschka Fischer[7]

TransAtlantik, der Legende nach im April 1979 bei Heinz van Nouhuys Münchner Stamm- und Edelitaliener Tivoli aus der Taufe gehoben, war von Beginn an ein seltsames, ambitioniertes und umstrittenes Projekt.

Umstritten, weil es sich explizit an Leser wandte, die »in Buchhandlungen genauso zu Hause sind wie in Delikatessenläden«, die »nicht irgendeinen Wagen fahren, sondern einen ganz bestimmten.«[8] Es herrsche, erklärte Herausgeber Hans Magnus Enzensberger 1980, kein »Eleganzverbot«, die Zeitschrift sei ein »Spielzeug«. Das ambitionierte Ziel: die literarische Reportage in der BRD wieder zu etablieren; der ideale Autor von *TransAtlantik* sei Heinrich Heine. Dies alles unter der Ägide des NewMag-Verlegers Heinz van Nouhuys, der in der *Zeit* als »Schlitzohr«, »Kotzbrocken« und Macher eines »Brüste-Journals für Männer«[9] (gemeint ist *lui*) bezeichnet wird, der in den Worten des *konkret*-Herausgeber Hermann L. Gremliza schlicht ein »Spezialist für Imperialismus und Antikommunismus« ist. Verständlich, dass Jörg Fauser einen Mann interessant fand, über den sich die Hamburger Autoritäten einig waren: Nouhuys passt nicht ins Bild, noch heute strahlt er nicht die Langeweile und Antriebslosigkeit eines beliebigen Feuilletons in der *Zeit* aus, deren Redakteur Haug von Kunheim dann auch konsequent statt *TransAtlantik* »Transatlantic« schreibt. Gleich dem Verleger und der Herausgeberin Marianne Schmidt ist die Zeitschrift selbst dagegen würdig gealtert – bei Autoren wie Burroughs (übersetzt von Carl Weissner) und Tom Wolfe (übersetzt von Harry Rowohlt) auch kein Wunder.

Seltsam an *TransAtlantik* war, dass es zwar eine Herausgeberin und eine fünfköpfige Redaktion gab, auf der Zwischenebene aber zwei Literaten saßen, die laut Impressum für die »Konzeption« verantwortlich waren sowie über ein »Vetorecht« verfügten. Dieses Recht sei geschaffen worden, zitiert *Die Zeit* zum Start der Zeitschrift im Oktober 1980 Heinz van Nouhuys, um Enzensberger fest an das Blatt zu binden, der dann allerdings mit seinem Freund Gaston Salvatore das dem Vorbild *New Yorker* nachsegelnde Schiff bereits nach zwei Jahren verließ.

Eine Tirade über die Anfänge von *TransAtlantik* liefert März-Verleger Jörg Schröder in seinem Buch *Cosmic*.[10] Schröder war von den beiden »hochorganisierten Leichenschnüfflern« Enzensberger und Salvatore zu einem Beitrag über »Die Eingeweide der SPD« in seiner Vogelsberger Wohngegend überredet worden, der dann in der Ausgabe 11/1980 auch erscheint. Als es ans Bezahlen geht, gibt es Schwierigkeiten. Schröders Fazit: »Ich wußte in dem Moment, mit dem Ding ist Ende. Enzensberger, Schmenzensberger – aus Ende, Amen. Die pfeifen ja schon aus dem letzten Loch. So kann man keinen *New Yorker* machen.«

Jörg Fauser rezensiert Jörg Schröders, in Uwe Nettelbecks Zeitschrift *Die Republik* vorveröffentlichtes Buch unter dem sprechenden Pseudonym Jockel Butzbach im *Tip* 13/1982 als »Ökopax in Hosenfeld«. Ob Fauser zunächst ein Pseudonym wählt, weil er sich als ständiger Mitarbeiter des NewMag-Verlags in einem Loyalitätskonflikt sieht? Oder denkt er daran, dass März-Chef Schröder einst *Top-Hane* nicht verlegen wollte? Jedenfalls zieht er sich aus der Affäre. Er lobt das Buch, aber nicht den Autor (»völlig humorlos«, »unfähig zur Selbstironie«). Man könne »das klägliche Hickhack außer acht lassen, das Schröders Mitarbeit in der Redaktion in Gang setzte, es zieht ja dieser Mann mit dem ›dumpfen Hut‹ eine Müllspur aus Querelen durch 20 Jahre in der Branche«.[11]

Drei Jahre später bildet Fauser zusammen mit Reinhard Hesse die Redaktion von *TransAtlantik*. Als Anti-Autoritärer, beschreibt Heinz van Nouhuys Fausers Einstellung, habe er unter der »Autorität« Enzensberger nicht für das Blatt schreiben wollen. Zwei seiner großen *TransAtlantik*-Reportagen widmen sich 1984 und 1987 dem Phänomen der Grünen in Gestalt von Joschka Fischer:

»Herrgott, dachte ich, du hast ja wieder einen Abgeordneten in Bonn«,[12] begeistert sich Fauser über den vier Jahre jüngeren Fischer bei dessen Einzug in den Bundestag 1983, und sieht in ihm einen Nachfolger seines Jugendidols Herbert Wehner. Er schätzt Fischer als den professionellen Sänger des »radikalreformistischen Großstadtblues« vor einer fundamental-pietistischen, letztlich apolitischen grünen Müsli-Basis. »Ich kannte ihn nicht, ich kannte auch seine Bücher nicht«, erzählt Joschka Fischer. Er beschreibt Fauser als »stillen, sehr sympathischen Typen – keiner, der groß kommuniziert, eher ein Beobachter.«

Ob sich Fischer denn auch schon in ein Spezialgebiet reingewühlt habe in Bonn, fragt Fauser in der Reportage und erhält die bemerkenswerte Antwort: »Mein Spezialgebiet ist die politische Strategie.« In seinem ersten Porträt versucht Fauser in Fischer mehr als den Berufspolitiker zu entdecken, etwas, das über die »ordinäre Vernunft« hinausgeht, über die »fundamentale Erkenntnis, daß man auch in der Politik nur dann die Katze aus dem Sack lassen kann, wenn man sie vorher hineingetan hat.« Zwanzig Jahre später, im Gespräch mit den Autoren dieses Buches, verändert Joschka Fischer nur das Bild, wenn er von Fauser sagt, »er hatte seine Grundsätze, aber der Unterschied war ihm gewiss, dass man eine normative Wahrheit braucht im Leben, aber dass deswegen analytisch eins und eins dennoch zwei bleiben und nicht drei, vier oder fünf, auch wenn man sich das manchmal wünschen würde, normativ. Und das ging bei den Grünen halt lange durcheinander. Wenn der Parteitag beschließt, der Mond ist viereckig und bellt den Hund an, dann ist es so. Wenn dann einer sagt, der Hund bellt den Mond an, und er ist immer noch rund, stand man schnell im Verdacht des Verrats. Fauser war einfach praktisch.«

Dass die Grünen entgegen Fausers Prognose von 1984 – »die Macht werden sie nie erringen« – Regierungspartei mit einem Vizekanzler und Außenminister Fischer wurden, ist auch darauf zurückführen, dass sich in einen grünen Sack allerlei Katzen stecken ließen. Mit ausreichend »ordinärer Vernunft« ausgestattet, konnte man die dann überall hintragen. Anders gesagt: Fauser hatte recht, denn die Grünen der achtziger Jahre, auch der Joschka Fischer der achtziger Jahre, haben tatsächlich die Macht nicht errungen.

Drei Jahre später – 1987, Joschka Fischer ist inzwischen Umweltminister in Hessen – hat sich an Fausers skeptisch-anerkennendem Blick nichts geändert. Er beschreibt Fischer als »Gourmet der Praxis«,[13] an seiner Person ließe sich noch einmal der Aufbruch der 68er-Generation festmachen, jenseits von Suizid, Psychosekten und Schickeria. Der subjektive Eindruck enger persönlicher Nähe, den die *TransAtlantik*-Porträts hinterlassen, bestätigt sich im Gespräch mit Joschka Fischer nicht. Fauser war Profi und wollte genau diesen Eindruck erwecken: Was Joschka Fischer mir erzählt, erfährt nicht jeder. Und ein Politiker wie Fischer will sich selbstverständlich dem Reporter wie dem Publikum gegenüber offen und sympathisch präsentieren. Zudem macht Fischer kein Geheimnis daraus, dass in seinen politischen Statements gegenüber Fauser auch »ein Stück Taktik drin« war, weil die Koalition in Hessen schon bröckelte.

Im Oktober 1986 verteidigt Jörg Fauser seine Politikerporträts gegenüber dem skeptischen Vater. Er halte es für Chronistenpflicht, sich gelegentlich um solche Leute zu kümmern. »Illusionen habe ich da, glaube ich auch nicht viele.« Dafür besitzt er umso mehr Instinkt beim Aufspüren politischer Talente. Denn Joschka Fischer ist nicht die einzige Verkörperung linker Reformpolitik in dieser Zeit. In *Ich setze auf Sieg* (*lui* 10/1985) begleitet Fauser den SPD-Kandidaten für das Amt des Niedersächsischen Ministerpräsidenten auf Wahlkampfreise durch die Provinz und bescheinigt ihm, neben »blitzblauen Augen« und »burschikosem Charme«, »genau der richtige Mann« zu sein für die Ochsentour zur Macht. »Der Kennedy aus Lippe« Gerhard Schröder verdanke seinen Aufstieg aus ärmlichen Verhältnissen »den praktischen Ergebnissen des Reformismus« – und das ist es ja, was Fauser zum SPD-Mitglied gemacht hat, die Strategie der kleinen, scheibchenweisen Verbesserungen. Die SPD ist für Fauser, dessen Verhältnis zum Proletariat sein Freund, Kollege und heutige Redenschreiber Gerhard Schröders Reinhard Hesse »kultisch« nennt, die einzige Institution, die eine solche Karriere ermöglicht. Bei einem Fest auf dem niedersächsischen Schloß Gümse, das die »linke Medien-Schickeria« um Günter Grass für den Kandidaten ausrichtet, kommen ihm allerdings Zweifel, ob die Zeit für die SPD schon wieder reif sei: »Aufbruchstimmung? Reifenspuren quer durchs Land.«

Abends im Hotel – »die Wirtin geweckt, Fauser sich über das Bettzeug beschwert, alle noch einen Gin im Zahnputzglas« (Reinhard Hesse) – wird dann gezecht. Als die anderen genug haben und sich schlafen legen, macht Fauser weiter und verirrt sich volltrunken auf der Suche nach Nachschub im finsteren Wald. Reinhard Hesse: »Morgens um zehn beim Frühstück sagte die Wirtin, der Jäger habe sich schon gemeldet, der läuft durch den Wald, und wenn man da erstmal verloren geht...« Als Fauser sich auch im Lauf des Tages nicht meldet, ruft Hesse abends bei Gabriele Fauser an und erfährt von ihren Kindern, sie sei auf dem Weg, ihn abholen, aus Dannensee, Bahnhofskneipe, von dort habe er angerufen. Das sei ungefähr sechsmal vorgekommen, in der Zeit, die sie sich kannten. Mit der Zeit aber mit größeren Intervallen.

Fischer und Schröder: Zwei Macher mit Machtinstinkt auf der grundsätzlich richtigen Seite, mit dem richtigen Riecher für Themen, für Mehrheiten – Fauser spürt das instinktiv: Die könnten das. »Er wäre durchaus ansprechbar, für Gerhard Schröder was zu schreiben«, glaubt Reinhard Hesse heute.

Bad Deutschland (*Die Tournee*)

Als er die Leiter des Erfolgs aus dem Urschlamm des Comicbuchs heraus erkletterte, kam er schließlich in einer Luft an, die zu dünn war: Jack Cole, ein Comicgenie, starb am Erwachsenwerden.   Art Spiegelman über Jack Cole, der bei *Playboy* Karriere machte – und sich umbrachte.

Als Jörg Fauser Ende 1986 mit der Arbeit an seinem letzten, Fragment gebliebenen Roman *Die Tournee* beginnt, weiß er ganz genau, wo er hinwill. Schon im Juni hat er an die Eltern geschrieben: »Ja, obwohl ich gar keinen Verlag habe, drängt es mich geradezu unwiderstehlich an einen neuen Roman, der natürlich auch noch größer und noch besser und überhaupt herausragender werden soll als alles bisherige (das große Format!)« Im Januar 1987 heißt es dann: »Nach 1½ Jahren nur Redaktion fällt mir das Einstimmen auf einen neuen Roman – noch dazu bei einem neuen Verlag, mit neuen Leuten – gar nicht so leicht. Ich hab mir also Dostojewski vorgenommen und angefangen, *Schuld u Sühne* zu lesen und dazu die Erinnerungen seiner Frau.« Ironische Demutsgesten und zur Orientierung Dostojewski: Aus der Ecke des Unterhaltungsschriftstellers steigt Fauser mit einem neuen Verlag in den Ring der Weltliteratur.

1985, nach Erscheinen von *Das Schlangenmaul*, ist der Ullstein-Verlag, liberales Aushängeschild der Springer-Gruppe, zu fünfzig Prozent vom Imperium des – von jeher »hart am rechten Rand«(*SZ*[14]) sich bewegenden – Großverlegers und CSU-Mitglieds Herbert Fleissner übernommen worden. Dafür, dass Fauser in diesem Kontext seine Bücher nicht verlegt sehen wollte, gibt es Hinweise, aber keinen Beleg. Bei Ullstein setzt zu der Zeit ein Exodus ein. »Ich ging weg«, so Viktor Niemann, »als Dr. Fleissner sich im Verlag engagierte, ein Mann, der den Zweiten Weltkrieg noch mal auf dem Papier gewinnen wollte.«[15] Mit, vor oder nach dem Verleger und »Fauser-Fan Niemann« (Compart) verlassen Fausers Lektorin Hanna Siehr, Compart und andere das Verlagshaus. »Von Ullstein wollte er weg, als da der Fleissner kam«, meint Reinhard Hesse, »das wäre für ihn sicher nie gegangen.«

Allerdings schreibt Jörg Fauser im Januar 1987 an die Eltern: »Die großen Versprechen des Ullstein Verlags haben bis heute, vier Wochen danach, zu keinem greifbaren Ergebnis geführt, ich werde also den Vertrag, den mir Hoffmann und Campe nächste Woche schicken, unterschreiben. Schade, ich wäre gern bei Ullstein geblieben.«

Lionel von dem Knesebeck, der als Literarischer Agent im Januar 1987 begann, Jörg Fauser zu vertreten, sagt zum Thema Verlagswechsel: »Zunächst war Fauser lange an mir als Agent überhaupt nicht interessiert. Wir kannten uns aus dem Schumann's, da haben wir manches Bier miteinander getrunken, das war's dann aber auch schon. Als unsere Zusammenarbeit begann, habe ich ihn sofort zu Hoffmann und Campe gebracht, die dann auch einen Vertrag über drei Bücher abgeschlossen haben. Wie gesagt, er war zögerlich, und als es losging und wir vierzehn Tage später hier saßen mit Frau Siegmund-Schultze, und die sagten, sie wollten das machen, war er schon beeindruckt.«

Für den Roman, so die Presse[16] im Juli 1987, »konnte er 100.000 DM Honorar verlangen«.[17] Renate Nelson, Assistenz der Verlagsleitung von Hoffmann und Campe, bestätigt heute »dass wir in der Tat im Februar 1987 mit Jörg Fauser einen Vertrag geschlossen haben, aber nur für einen Roman, nämlich *Die Tournee*, dessen Erscheinen für Herbst 1988 vorgesehen war. Die vereinbarte Vorschußsumme lag absolut im Rahmen des Üblichen, und bei den DM 100.000, die in den Nachrufen der Boulevardpresse kursierten, handelt es sich um ein Gerücht.«

Die vorliegende »1. Fassung« von *Die Tournee* ist datiert auf den 14. April 1987 und bricht bei Seite 169 ab. Auch für einen fleißigen, besessenen Schriftsteller wie Jörg Fauser, ist eine solche Arbeitsleistung nicht ohne Vorarbeiten denkbar – zumal er im März noch einen Urlaub auf Zypern einschiebt. Vielmehr lassen sich gerade an *Die Tournee* noch einmal exemplarisch Fausers Arbeitsprinzipien der Recherche und der Mehrfachverwertung der Stoffe verfolgen.

Die Tournee besteht aus vier Handlungssträngen. Gleich auf der ersten Seite erscheint ein alter Bekannter, Harry Lipschitz. Der Schauspieler Stephan Franke berichtet, dass dieser Name schon in Fausers erster Münchner Zeit Gemeingut war und zu Geschichten, Anekdoten und Plots animierte. In *Mann und Maus* agiert Lipschitz (hier 53) dann in den Erzählungen »Miramare«[18] und »Wenn er fällt, dann schreit er«,[19] eine dritte Lipschitz-Erzählung erscheint in *lui* 6/83 unter dem Titel »Flieg, Vögelchen, flieg«.[20] In allen drei Stories ist Lipschitz ein kleiner Gauner, seit dreißig Jahren Vertreter in der Kriminalitätsbranche, sein Leben eine Pechsträhne. Irgendwie endet Lipschitz immer auf einer Polizeiwache, und die Frage ist in allen Sprachen die gleiche: »What is your business, Mister Lipschitz?« In »Wenn er fällt, dann schreit er« kommt er nach fünfzehn Jahren Abwesenheit zurück nach Berlin, ins Milieu, an den Stuttgarter Platz in Charlottenburg. Dort trifft er Ellie wieder, die hier seit siebzehn Jahren steht und zwei Generationen von Freiern abgefertigt hat. »Flieg, Vögelchen, flieg« ist dann ein regelrechter Prolog zu *Die Tournee*. Hier wie dort begegnen wir den beiden aus der neuen Zeit gefallenen Helden in einem Häuschen in Buckow am Westberliner Stadtrand, das Ellie geerbt hat. Zusätzliches Ruhegeld steuert Harry von einer Abfindung bei, »die er aus der Abteilung rausgequetscht hatte.« Denn die Figur Harry Lipschitz wird in dieser Erzählung erweitert, sein Erfinder schenkt ihm die Erlebnisse und Erfahrungen der Berliner Jahre, SPD-Mitgliedschaft und Agentenmilieu. So wie Harry Gelb aus Fausers Essay »Der Weg nach El Paso« ist Lipschitz Mitglied im SPD-Ortsverein Berlin-Schöneberg. Das Versammlungslokal liegt in der geliebten Potsdamer Straße. »Die Abteilung« ist das sogenannte »Ost-Büro« der SPD, einer Institution des Kalten Kriegs für BND- und CIA-unterstützte, antikommunistische Geheimdienstaktivitäten, für die Lipschitz die Dreckarbeit erledigte.

Der Roman *Die Tournee* beginnt an einem Frühlingsabend Mitte der achtziger Jahre. Lipschitz (hier 57) macht sich auf den Weg zur Ortsvereinssitzung, um seinen Beitrag für die Erneuerung der SPD nach dem Machtverlust in Bonn zu leisten: »Wir müssen jetzt die Reihen schließen«, erklärt er der besorgten Ellie. Doch die Nacht bringt nichts Gutes. Der Termin der Sitzung ist verlegt, ein alter Genosse, der trotzdem vor Ort ist, rät Lipschitz, sich endgültig aufs Altenteil zurückzuziehen, und schließlich erleidet er in Ellies ehemaliger Stammkneipe am Stuttgarter Platz einen Herzinfarkt. Ein paar Tage später ist er zwar halbwegs genesen, der behandelnde Arzt rät aber dringend zu einer Kur – ein letztes Mal wird die Abteilung Ost-Büro für ihren alten Haudegen zahlen. Lipschitz willigt schließlich ein, nach Bad Harzburg zu fahren.

Auf ein Treffen in diesem geschichtsträchtigen Kurstädtchen laufen auch die anderen drei Stränge der Romanhandlung zu. Guido Franck, 42, geschiedener, erfolgloser Galerist im Münchner Gärtnerplatzviertel und Kolumnist der Mode- und Zeitgeistzeitschrift *Creme*, will sich aus seinem finanziellen und privaten Desaster befreien und gerät dabei an den euroasiatischen Kriminellen Charles Kuhn. Dessen Vorgeschichte hat Fauser in der Erzählung »Stadt der Desperados«[21] (*lui* 3/1987) entwickelt, die in Bangkok spielt. In *Die Tournee* will Franck einen Heroindeal durchziehen, zu dem Kuhn ihm den Stoff liefern soll. Das dazu nötige Bargeld liefert ein anderer alter Bekannter: der halbseidene Pseudoaristokrat Felix Esterhazy[22] aus *Kant*. Die ganze Sache fliegt auf, Franck wird verhaftet, Kuhn kann fliehen und sich nach Frankfurt absetzen. Der erfolglose Dealer und Galerist kommt allerdings glimpflich davon, da Kuhn statt Drogen reines Milchpulver geliefert hat.

Guido Franck ist jedoch nicht nur ein desolater Nachfolger Siegfried Blums. Als Ex-Schwager des alternden Schauspielstars Natascha Liebling fungiert er als Verbindungsmann zu dem Handlungskomplex, der dem Roman seinen Titel gibt.

Natascha Liebling braucht dringend eine Rolle, denn der deutsche Film gibt für sie nichts her, und beim Fernsehen gilt sie als schwierig. Ihr alter Agent Otto Malenski – jüdischer Überlebender der Nazizeit – vermittelt sie zu einem Tourneetheater. Sie bekommt die Hauptrolle in einer französischen Boulevard-Komödie, mit der die Truppe auch in Bad Harzburg gastieren wird. Die Schilderung dieses Milieus geht zurück auf Fausers Reportage »Die Wunde der Komödianten«.[23] Bei Lieblings zweiter Leidenschaft neben ihrem Beruf, dem regelmäßigen Casinobesuch, greift Fauser auf das Motiv des in Würde alles verzockenden Spielsüchtigen aus der Story »Das Glück der Profis«[24] zurück sowie auf Einblicke, die ihm seine Spielbanken-Recherchen für die Reportage »Sie ritten den Goldesel«[25] verschafft haben. Bei ihrem Spielbankbesuch trifft die nobel verlierende Natascha Liebling auf Charles Kuhn – auch sie sollten sich wohl in Bad Harzburg wiedersehen.

Die in die Krise geratene Diva ist jedoch nicht die einzige weibliche Protagonistin der *Tournee*. Die junge Hamburger Journalistin Vicky Borchers-Bohne, Autorin der Zeitschrift *Creme*, wirbt bei ihrer Chefredakteurin in München für eine Idee: Eine Reportage über Tourneetheater, »Die Tournee als Symbol« in »Bad Deutschland«. Die Chefin ist keine andere als Evelyn Harder, Exfrau Heinz »Joe« Harders aus *Das Schlangenmaul*, und ihr gefällt das Thema. Während Vicky in Evelyns mondänem Büro sitzt und – wie es Fauser von *Trans-Atlantik*-Chefin Marianne Schmidt kennt – sich einen vormittäglichen Aperitif schmecken lässt, kommt Guido Franck frisch aus der U-Haft entlassen herein, gibt seine Kolumne ab und bietet Vicky an, den Kontakt zu seiner Schwägerin Liebling und ihrer Truppe herzustellen. Vicky stellt sich bei dem

Theaterunternehmen vor und verabredet sich anschließend telefonisch mit Franck.

Hier endet das Fragment des großangelegten Romans – und der Plot zu einem Theaterstück: Dass nämlich Fauser sich mit einer Dramatisierung seines Stoffs beschäftigte, bestätigt neben Gabriele Fauser auch sein Freund Rainer Weiss, der einige Jahre zuvor vom Münchner Piper Verlag zu Suhrkamp nach Frankfurt gewechselt war und dort Leiter des Theaterverlags wurde. Die Dramatisierung der *Tournee* war das gemeinsame Projekt von Fauser und Weiss. »Wir haben uns deshalb hier in Frankfurt häufiger getroffen, getrunken... und dann starb er. Er hat – typisch Fauser – eben gleich nicht an Stadt- oder Landes- oder was-weiß-ich-Bühnen gedacht, sondern wenn schon, dann fürs Volk: Tourneetheater.«

Gegen Ende der *Tournee* lässt Jörg Fauser seine Heldin Vicky[26] Grundsätzliches sagen: »Schreiben war gut. Besser als die Gemeinschaft mit Menschen war, über sie zu schreiben, und dann nicht an ihnen haften zu bleiben, sondern weiterzuhüpfen wie die Kugel im Roulettekessel.«

Schon in dem Fragment von *Die Tournee* ist zu erkennen, dass Fauser immer noch Lust und Können hatte, die Kugel rollen zu lassen. Obwohl es sich um eine 1.Fassung handelt, ist der Roman flüssig geschrieben, die einzelnen Handlungsstränge sind souverän miteinander verbunden, es gibt interessante Fakten, schlüssige Details, Action und Gesellschaftssatire. Ein Buch, das unterhaltend und umfassend erzählen soll vom Deutschland der achtziger Jahre.

Dem Roman stellt Fauser einen Satz aus Heinrich Heines *Harzreise* voran: »Das ist schön bei uns Deutschen; keiner ist so verrückt, daß er nicht noch einen Verrückteren fände, der ihn versteht.« Im Juni 1987 ist er vor Ort unterwegs, recherchiert für das Zusammentreffen seiner Geschöpfe in Bad Harzburg. Von hier schreibt er den Eltern am 22.6.87 eine Postkarte, das letzte im Briefband überlieferte Dokument: »Liebe Mami, lieber Paps: eine immer noch teils idyllische, romantische Landschaft. Aber die Zivilisation in den kleinen Städtchen... oh Heine. Und Göttingen schmiß mich regelrecht in tiefe Depressionen. Laßt es euch gut gehen, Euer Jörg«.

Zehn nach vier
Der 17. Juli 1987

No llores, mi querida / Dios nos vigila / Soon the horse will take us to Durango   Bob Dylan: »Romance in Durango«

Jörg Fausers 43. Geburtstag fällt auf einen Donnerstag. Er gibt keine gesonderte oder organisierte Party. So wie an vielen Tagen trifft er sich mit seiner Frau und Reinhard Hesse im Biergarten des Hofbräukeller am Wiener Platz. Mit Hesse ist er oft hier. Gelegen am Park des Isarhochufers zwischen Maximilianeum und Deutschem Museum ist der Hofbräukeller in der Inneren Wiener Straße 19 nur einen Katzensprung entfernt von Fausers Arbeitsklause. Mit von der Partie sind Ulf und Angelika Miehe, Hesses Freundin sowie Gabriele mit ihren Söhnen. Es wird gefeiert und getrunken, geredet und gelacht.

Sommer in München. Alle sind ausgelassen, es ist ein Tag wie jeder andere.

Abends geht es weiter zu Schumann's, wo Heinz van Nouhuys wie an jedem Abend an seinem Tisch residiert. Der *TransAtlantik*-Stammtisch ist Legende, das entsprechende Kärtchen schmückt Jahrzehnte später die Website von Schumann's. Nouhuys dazu: »Ich wollte nicht tagsüber wie andere Redaktionschefs sagen: Wo ist der Terminkalender?, um fünfzehn Uhr ist Besuchszeit. Tagsüber habe ich so gut wie keinen empfangen. Ich habe gesagt: Wenn ihr mich sehen wollt, kommt ins Schumann's, wenn ich in der Redaktion bin, mache ich Redaktion, wenn ihr mit mir reden wollt, kommt abends zu Schumann's, da sitze ich ab neun.«

Außer Heinz van Nouhuys und Marianne Schmidt sind bei Schumann's an diesem wie jedem Abend alle möglichen Vagabunde und Tagediebe, Autoren und Journalisten, Nachtfalter und einsame Wölfe, die wegen Charles Schumann kommen, wegen seinen Stories oder seinen Speisen und Drinks, oder um Freunde und Bekannte von Film und Fernsehen zu treffen. Von *TransAtlantik* ist auch Wolfgang Spielhagen da, der sich mit Fauser wegen irgendeiner Kleinigkeit foppt, aber nicht streitet, wie sich Hesse erinnert.

Im Normalfall weiß am nächsten Tag niemand so recht, wer war da, wer kam wann, wer ging mit wem wohin weg. Dieser Abend wird im Nachhinein ein unvergesslicher: ein Abend, nach dem man versucht, alles zu rekapitulieren, noch einmal und noch einmal den Ablauf in der Erinnerung Revue passieren zu lassen. Auf der Suche nach einem Sinn, den es vielleicht nie gab. Später ruft man sich diesen Abend wieder und wieder in Erinnerung, bis irgendwann nur noch die Erinnerungen an Erinnerungen kommen, bis sich irgendwann das, was war, übereinander schiebt mit dem, was gewesen sein könnte, müsste, mit dem, was andere meinen.

»Weil ich am nächsten Tag arbeiten musste«, sagt Gabriele Fauser, »bin ich um zwei gegangen, mit der Freundin von Reinhard Hesse.«

Nouhuys: »Er stand irgendwann auf – wir haben da schon seit Stunden gesessen –, und sagte: Du, ich brauch' jetzt mal frische Luft, ich glaub', ich lauf' jetzt nach Hause. Das war der letzte Satz, den er gesagt hat. Völlig unauffällig sonst, auch für die anderen am Tisch. Er war nicht betrunken. Also, er war ein bisschen angetrunken, aber... für seine Verhältnisse war er nicht betrunken. Es war stickig in der Kneipe, gerade an meinem Tisch, mit zuviel Personen wurde zuviel geraucht, es war eng. Nun sind wir alle keine Frischluftmenschen, aber ich habe verstanden, dass da mal einer sagte, du ich muss mal an die Luft. Das war der letzte Satz, den er gesagt hat. Und dann ist er gegangen.«

Charles Schumann: »Ich kann nicht sagen, wann genau er gegangen ist, aber es war auf jeden Fall vor zwölf.«

An einen Abschied erinnert sich auch Reinhard Hesse nicht: »Irgendwann, nachdem Ulf Miehe weg war, habe ich gemerkt, dass Jörg nicht mehr da war. Das war nix Besonderes. Dann habe ich mich allein auf den Heimweg gemacht. Dort war ich so um vier, und eine Stunde später kam dann der Anruf.«

Noch bevor der nächste Tag anbricht, rasen Einsatzwagen zu einem Unfall auf die Bundesautobahn A94. Der Notarzt stellt nur noch den Tod Fausers fest. Die Todesursache: Verkehrsunfall. Um 4:35 Uhr laut Todesbescheinigung, 4:10 laut einer Telexmeldung, die Stunden später über den Ticker geht. Im Pressebericht heißt es: »04.20 Uhr [...] In der Höhe der Anschlußstelle Feldkirchen wurde ein Fußgänger von einem Lkw erfaßt. Der Feuerwehr-Notarzt Ost konnte nur noch den Tod des 43-jährigen Mannes bestätigen.«[27] Der Mittelwert mag der ideale Kompromiss sein, wahrhaftig macht es ihn nicht.

Man sieht daran, dass es die Presse nicht sonderlich genau nimmt mit den Fakten. Aber auch gegenüber dem toten Fauser lässt man nicht immer große Sorgfalt walten. Ein nicht sehr freundlicher Nachruf von Renée Zucker in der *taz* immerhin wird registriert und mit einem Leserbrief bedacht, der die Verhältnisse wieder gerade rückt:

Wenn die Frau Zucker Jörg Fauser als »nicht sympathisch« bezeichnet und ihn darüberhinaus in eine Reihe mit den trübsten Nasen deutscher Feder stellt, dann liegt das ja wohl daran, daß er ihr mal mit dem Ausdruck seines schönsten Bedauerns ein Manuskript zurückgeschickt hat, oder? Nein? Na, dann nicht. Aber warum schreibt sie dann einen Nachruf auf ihn? Soll sie doch einen Nachruf auf jemanden schreiben, der nicht schreiben konnte und der nicht sympathisch war; solche Leute sterben doch auch manchmal. Jörg Fauser war ein Profi, der alles schreiben konnte, was angesagt war, und er war ein guter Mensch, ein Bruder, Genosse und Freund.

Harry Rowohlt, Hamburg

Jenseits der Kolportage aber ist ohnehin die Frage wichtiger, die fast jeder der für diese Biografie interviewten Gesprächspartner früher oder später gestellt hat: Wie kommt einer um diese Uhrzeit als Fußgänger auf die Autobahn? Die Antwort ist unbekannt. Und sie wird es bleiben. Zu viel Zeit ist vergangen, um widersprüchliche Aussagen und Erinnerungen zu entwirren, zu viel Tränen sind geflossen, um den Hergang des Unfalls zu rekonstruieren. Die bereits Stunden später kursierenden unterschiedlichen Angaben zur Todeszeit dokumentieren, wie unmöglich die Wahrheit einzufangen ist. Dass der Mensch nach Gründen sucht, nach einem kausalem Ablauf von Ursache und Wirkung, unterscheidet ihn vom Tier. Dass die plausiblen Erklärungen, nach denen jeder im Großen wie im Kleinen tastet, nicht zwingend der Wirklichkeit entsprechen, ist nicht nur Erkenntnistheoretikern klar.

Zusätzlich ist der Tod eines Schriftstellers aber auch ein Medienereignis. Für einige schreibt sich die Geschichte zu diesem so fürchterlich gewaltvollen Tod des alleine auf der Autobahn im Morgengrauen umherstiefelnden Krimiautors fast von selbst. Weder diese Versionen noch zusätzliche Spekulationen sollen hier abgehandelt werden. Stattdessen Tatsachen, die Jörg Fausers Leben und Biografie so traurig enden lassen, die zugleich aufzeigen, weshalb sich jeder seinen Reim auf die Ereignisse der letzten Stunden macht – und dabei zwangsläufig ins Spekulieren kommt.

Von Schumann's zu der Unfallstelle fährt man fast schnurgerade ostwärts. Mit Ampeln braucht ein Auto für die 13,4 Kilometer lange Strecke um die fünfzehn Minuten. Der Weg von Schumann's in der Maximilianstraße 36 zu Fausers Wohnung in der Trogerstraße 17 beginnt fast identisch, nach Überquerung der Isar auf der Maximiliansbrücke biegt man halb rechts in die Max-Planck-Straße ein, auf der Einsteinstraße geht es weiter geradeaus – und dann hat man schon fast die 2,7 Kilometer hinter sich. Wenn Jörg Fauser Schumann's nach zwei Uhr verlassen hat, ist daraus abzuleiten, dass er auf dem Heimweg in ein Auto gestiegen ist. »Normalerweise«, sagt Gabriele Fauser, »wäre er nicht mit dem Taxi gefahren, sondern zu Fuß gegangen. Denn wir wohnten ja ganz nah. Wenn er ein Taxi genommen hätte, wäre das ungewöhnlich, aber nicht auszuschließen. Er hätte natürlich sagen können, okay, jetzt gehe ich noch mal in eine andere Kneipe oder fahr noch mal da rum... das ist natürlich möglich.«

»Man fragte sich, was macht er morgens um vier auf der Autobahn?«, schreibt denn auch Wolf Wondratschek im *FAZ-Magazin*.[28] »Mir war das nicht rätselhaft. Er war aus dem Puff rausgeworfen worden – zwischen München und dem Flughafen Riem im Gewerbegebiet –, dort draußen gibt es kein Taxi, und dann ist er auf der Autobahn Richtung München gegangen, betrunken [...] Die Wahrheit hat niemand erzählt, aus Takt.«

Der telegrafierten Ereignismeldung zufolge ging Fauser in der Mitte des rechten Fahrstreifens in Richtung München. Daraus wäre abzuleiten, er habe in Riem, vermutlich Schatzbogen, wo auch andere Münchner Weggefährten einen damaligen »Stammclub« vermuten, höchstens eine Stunde verbracht. Vorausgesetzt, er hat Schumann's nach zwei Uhr verlassen.

Nach vier Uhr erfasst ein Lkw aus dem achtzig Kilometer entfernten Altötting Jörg Fauser und kommt nach circa vierzig Meter Bremsweg auf der Überholspur zum Stehen. Die vorangegangene Geschwindigkeit von um die 80 km/h entspricht dem Gewicht und Typ des Fahrzeugs. Fauser: nicht überrollt, sondern vor dem Lkw. »Auf gewaltsame Weise verstorben«, so die letzten Worte der zuständigen Mediziner.

Polizeiakten ist zu entnehmen, dass sich vor dem Unfall ein Zeuge meldete, dem auf dem Standstreifen der A94 zwei männliche Fußgänger aufgefallen waren.

Wie üblich bei Unfällen mit tödlichem Ausgang ermittelt die Staatsanwaltschaft gegen den Lkw-Fahrer wegen fahrlässiger Tötung. Er sagt, er habe niemanden gesehen, »und plötzlich gab's einen Knall«. Auf Anraten eines Beamten der Autobahnpolizei nimmt sich Gabriele Fauser einen Anwalt: »Das hätte ich normal nicht gemacht. Durch den Anwalt bekam ich Einsicht in die Akten. Darin waren so viele Ungereimtheiten – wie sie ja häufig vorkommen –, dass ich mich entschlossen habe, einen Detektiv zu engagieren. Der hat mit seinem Team alle Kneipen, alles, was von der Unfallstelle zu Fuß erreichbar ist, abgeklappert. Die fanden nichts heraus.«

Das Verfahren wird eingestellt, da der Fahrer kurze Zeit später stirbt. So wurde der Lkw-Fahrer nicht erneut verhört, widersprüchliche Zeugenaussagen niemals überprüft.

Am Dienstag, dem 21. Juli 1987 wird Jörg Christian Fauser auf dem Münchner Ostfriedhof beigesetzt. Die Trauergemeinde umfasst neben der Familie Freunde und Bekannte der letzten Jahrzehnte, darunter viele, die sich zuvor nie begegnet sind. Zu den Trauernden, die nicht anwesend sind, zählt ein 9600 Kilometer entfernter Dichter, der dem gemeinsamen Freund Carl Weissner später einen Brief schreibt. O-Ton Bukowski:

Der Tod von Joe Fauser hat mich wirklich durchgerüttelt. Irgendwie erschien er mir immer so dauerhaft wie eine Betonmauer. Aber gegen einen Lkw kommt keiner an. Es ist verdammt bitter, mit 43 abtreten zu müssen, besonders für einen Schriftsteller. In dem Alter hat man genug erlebt und Material gesammelt, dass man sich einen großen Brocken vornehmen kann... Ich weiß, Ihr zwei habt euch sehr nahe gestanden. Tut mir leid für dich, Mann. Es gibt Verluste, da bleibt einem die Luft weg.
Aber ich bin sicher, du hast recht: Joe würde sagen »Vergesst es, und macht eure Arbeit...« Mein Farbband hat versagt, als ich grade »Ver-« getippt habe.
Goodbye, Joe, Ich bin froh, dass wir dich hatten.[29]

V.

Anhang

Danksagungen

Beweismittel und Materialien beschafften und vermittelten:
Thomas Hau, Johannes Ullmaier, Thomas Seeliger, Martin Stein, Lutz Hagestedt, Peter Eckert, Lilith Rosenberg, Monika Martin
Informanten, Vermittler und Kontakter:
Bettina Seifried, Nils Folckers, Peter Kühl (*Kozmik Blues* am Tor 3), Axel Haase, Julia Weber, Thomas Baumann, Klaus Berndl, Carola Feist, Corina Danckwerts, Hans Borchert, Daniel Keel sowie Susanne Dorn, Oliver Bopp, Heidi Buschhaus, Ulf Schleth, Andreas Waibel, Gerhard Waibel, Marlies Hebler, Luke Kelly, Ute Erb, Dr. Thomas Kraft, Anna Funke (Funke & Stertz Medien Agenten), Claudia Hanssen und Dr. Berit Böhm, Dr. Michaela Röll (Eggers & Landwehr) sowie Michael Kumpfmüller, Robsie Richter, Lisi Körbler und Frank Schäfer, Nathalie Vautier (swissandfamous), Hilal und Dr. Ursula Sezgin, Marcus Weber, Manfred Luckas, Dr. Dieter Stolz und Frau Rieger (LCB), Ingo R. Stoehr und Kirsten L. Belgum (Department of Germanic Studies/University of Texas at Austin), Frank Bröker, Kersten Flenter, Ida Schöffling, Ekkehard Skoruppa...
   ...und die Kriminologen: Susanna Mende, Christian Koch (Hammett, Berlin), Manfred Sarrazin (Alibi, Köln), Jan Christian Schmidt (kaliber.38, Internet).
Unermüdlich in Archiven und Kellern am Ausgraben:
Prof. Dr. Rolf Lindner, Eva Kuby und Monika Wolf (Archiv für Alternativkultur am Institut für Europäische Ethnologie, Berlin), Jürgen Bacia (Archiv für alternatives Schrifttum in NRW, Duisburg), Innsbrucker Zeitungsarchiv, Amerikanische Gedenk-Bibliothek, Staatsbibliothek zu Berlin, insbesondere die Zeitungsabteilung am Westhafen, Christina Voigt und Andreas Rühl (Deutsches Rundfunkarchiv, Frankfurt/Main), Klaus Heimann (WDR-Printarchiv). Roger Berger (*Basler Zeitung*), Imke Dustmann (Bayerischer Rundfunk), Tatjana Süß und Martina Gerdes (Bayerisches Fernsehen), Sigried Wesener und Frau Nagel (DeutschlandRadio Berlin), Daniel Guthmann (Deutschland-Funk Köln), Alexander Larcher (*Facts*), Hans Peter Dieterich (*Frankfurter Neue Presse*), Florian Vollmer (Hessischer Rundfunk), Martin Michalski (*Hannoversche Allgemeine Zeitung*), Martin Herrchen (*Journal Frankfurt*), Gerald Podgornig und Michael Kraiger (Lisa

Film Vertrieb GmbH), Petra Schwarze (Redaktionsarchiv M. DuMont Schauberg), NDR Wort Dokumentation, Binia Salbrechter (ORF), Carina Rey und Marina Bauernfeind (Playboy Deutschland Publishing GmbH), Veronika Zapp (SR2 Kulturradio Saarbrücken), Frau Philipp (SWR Wort Dokumentation), Bernd Sauer und Kai Schmidt (*Tip*), Herbert Hoven, Dr. Volkmar Kramarz und Ingrid Herloff (WDR), Herbert Staub und Monica Lierhaus-Laubscher (*Die Weltwoche*), Ule Will (Korrekturen, Register).

Last but not least:
Coca Cola Hinterland: Jürgen Ploog
Rogner & Bernhard: Thomas Hack
Bitter Lemon Press: François von Hurter
Alexander Verlag: Alexander Wewerka

Brief Charles Bukowskis an Carl Weissner vom 25.8.1987: Abdruck mit freundlicher Genehmigung von Linda Bukowski.

Abdruck aller Zitate Jörg Fausers mit freundlicher Genehmigung von Gabriele Fauser

Rebell im Cola-Hinterland ist eine Gemeinschaftsarbeit von Matthias Penzel und Ambros Waibel. Ambros Waibel schrieb Kapitel 1, Kapitel 5 (außer *Kassensturz...*), Kapitel 7 (außer *Boulevard...*), Kapitel 9, Kapitel 10, Kapitel 12 (außer *Zehn nach vier*). Matthias Penzel schrieb Kapitel 2 (außer *Ich möchte...*), Kapitel 3 (außer *Mein Haus...*), Kapitel 4, Kapitel 6, Kapitel 8, Kapitel 11.

Die Fotos auf S. 11, 95, 165 und 233 wurden mit freundlicher Genehmigung von Maria Fauser und Gabriele Fauser abgedruckt.

Zeittafel

1944 16. Juli: Jörg Fauser in Bad Schwalbach/Taunus geboren. Kindheit bei den Eltern der Mutter.
1950 Einschulung und Umzug zu den Eltern nach Frankfurt.
1951-1956 Mitwirkung in Produktionen des Hessischen Rundfunks.
1962 Bekanntschaft mit Stella Margrave.
1963 Gedichtveröffentlichung in *konkret*. Sommer: Bei Stella Margrave in London. Mitarbeit bei *Frankfurter Heften* (bis 1976).
1964 Juli: London. Erste Artikel für Anarchistenzeitung *Freedom*.
1965 März: Abitur. Reist nach Spanien und England. Mai: Universität Frankfurt (bis Sommer).
1966 März-April: Griechenland und Türkei mit Barbara Hirschfeld. 11. Juni: Geburt der Tochter, Petra Margrave.
1967 Januar: Dienstflucht, Istanbul-Aufenthalt. Winter: Erneute Dienstflucht, diesmal für ein Jahr in Tophane/Istanbul.
1968 Herbst: Rückkehr nach Frankfurt. Übersiedlung nach Berlin, wo Fauser in der Bülow- und Anarsch-Kommune wohnt. Bekanntschaft mit Andreas Baaders Freundin Ello Michel u.a.
1969 April: Umzug nach Göttingen zu Nadine Miller. Erste Kapitel für *Top-Hane*.
1970 Bekanntschaft mit Carl Weissner. Sommer: Umzug nach Groß-Lengden. In London Treffen mit William S. Burroughs.
1971 Istanbul-Trips, Trennung von Nadine Miller. Umzug nach Frankfurt, Redakteur bei *Zoom*. Mai: *Aqualunge*. Herbst: Beteiligung an Hausbesetzung in Bockenheimer Landstraße.
1972 August: *Tophane*. Jobs als Gepäckarbeiter, Packer, Nachtwächter usw.
1973 April: Mit Ploog und Weissner Herausgabe der Literaturzeitschrift *Gasolin 23*. September: *Die Harry Gelb Story*.
1974 Mai: Mitarbeit bei Basler *National-Zeitung* (bis 1979). Im Juni Gast bei *Auskünfte–Autoren im Dialog*. Sommer: Umzug nach München. Dezember: WDR sendet Hörspiel *Café Nirwana*.
1975 Fauser pendelt zwischen München und Köln, wo er bei Gretel Rieber wohnt. 2. März: Tod von Broder Boyksen. Juni-Juli: Marokko-Aufenthalt.
1976 Erzählungen für Bayerischen Rundfunk. Mai-Juli: In den USA für Dreharbeiten (*C'est la vie Rrose*), in Los Angeles erstes Treffen mit Charles Bukowski.
1977 Im ersten Halbjahr Übersetzungen. September: Interviewt Bukowski für *Playboy*. 14. Oktober: Premiere von *C'est la vie Rrose*, das beim Deutschen Filmpreis mehrfach prämiert wird.
1978 März: Tod des Halbbruders Michael Razum (geb. 1935). Mai: *Der versilberte Rebell*. Oktober: *Der Strand der Städte*.

1979 Bekanntschaft mit Heinz van Nouhuys. März: *Trotzki, Goethe und das Glück*. Texte für Achim Reichel, erste Beiträge für den Berliner *Tip* und *lui*. 18. August: In der *FAZ* stellt Wolf Wondratschek Fausers Gedicht »Der Zwang zur Prosa« vor. September: *Alles wird gut* und *Requiem für einen Goldfisch*.

1980 Januar: Als »Caliban« erste Kolumne für *Tip*. Recherchiert für *Der Schneemann* auf Malta, im März in Zürich, Amsterdam und Ostende.

1981 Januar: Umzug nach Berlin. Redakteur beim *Tip* (bis April 1984). März: *Der Schneemann*. Interviewt mit Werner Mathes für *Tip* Günter Grass.

1982 Februar: Deutschlandtournee mit Reichel. Juli: *Mann und Maus*. Auf Paros erste Kapitel für *Rohstoff*. Dezember: In Loccum bei der Tagung »Der neue deutsche Kriminalroman«.

1983 Januar: *Tip*-Kolumne »Wie es euch gefällt« (bis Juni 1984). Frühjahr: Erste Kapitel für Terroristen-Thriller. Fauser pendelt zwischen Berlin und Hannover, wo er bei Gabriele Oßwald wohnt. 17. Oktober: Mit Reichel bei *ZDF Hitparade* (»Boxer Kutte«), die LP *Nachtexpress* wird mit dem Deutschen Kritikerpreis ausgezeichnet.

1984 Januar: Mit Gabriele Oßwald auf Zypern. Februar: *Rohstoff*, mit Joschka Fischer in Bonn und Möhringen. Mai: *Blues für Blondinen*. Juni: Beim Ingeborg-Bachmann-Wettbewerb liest Fauser in Klagenfurt »Geh nicht allein durch die Kasbah«. Im September zu Gast bei Hellmuth Karaseks *Autor-Scooter*.

1985 22. März: Premiere von *Der Schneemann*. Mai: Mit Dagobert Lindlau auf Elba, um *Der Rattenschwanz* zu schreiben. Porträt über den SPD-Spitzenkandidaten für Niedersachsen, Gerhard Schröder. 9. Juli: Heirat mit Gabriele Oßwald in Hannover, Umzug nach München. Juli: *Das Schlangenmaul*. Herbst: Redakteur bei *TransAtlantik* (bis September 1986).

1986 Februar: Thailand-Aufenthalt für Recherche über Opiumhandel. Sommer: Auf Theater-Tournee mit Doris Kunstmann. Mai-Oktober: Der Krimi *Kant* erscheint als Fortsetzungsroman in der Zeitschrift *Wiener*. September-Oktober: Mit Joschka Fischer unterwegs in Bonn usw.. Interviewt mit Reinhard Hesse für *TransAtlantik* den ehemaligen BND-Präsidenten Heribert Hellenbroich. November: Indonesien-Tournee mit Reichel.

1987 Januar: Erste Kapitel für den Roman *Die Tournee*. März: Mit Gabriele Fauser in Zypern. April: Deutschlandreise (Göttingen, Bad Harzburg, in Bergisch-Gladbach bei Martin Compart, in Berlin bei Y Sa Lo, Detlef B. Blettenberg u.a.). Mai: *Kant*. 17. Juli: Jörg Fauser stirbt in München.

Bibliografie

Jörg Fauser – Rebell im Cola-Hinterland ist keine akademische Abhandlung. Dehalb haben wir in der vorliegenden Fassung die Quellenangaben so weit reduziert, wie es uns vertretbar erschien.

Jörg Fauser: Bei dem in Buchform vorliegenden Werk Fausers beziehen wir uns auf die achtbändige Werkausgabe von Rogner & Bernhard sowie den Ergänzungsband *Das leise lächelnde Nein*; weitere Angaben hierzu sowie zu den Erstausgaben in der Bibliografie.

Bei Zitaten aus anderswo veröffentlichten Artikeln und Erzählungen verweisen wir in den Fußnoten auf die Quelle. Wenn wir Fauser aus Interviews zitieren, geht die Quelle aus dem Text und / oder die Fußnote hervor. Sofern nicht explizit anders angegeben, sind alle anderen Zitate Fausers dem Briefband *»Ich habe eine Mordswut«* entnommen.

Zeitzeugen: Sofern nicht anders angegeben entstammen diese Zitate Interviews und Gesprächen, die Matthias Penzel und Ambros Waibel mit den entsprechenden Personen führten.

Andere: Zitate aus Artikeln, Zeitungen, Büchern usw. sind entsprechend gängigen Konventionen markiert.

Eine vollständige Auflistung von Jörg Fausers Werk würde den hier gegebenen Rahmen sprengen, daher im Folgenden ein Überblick seiner Veröffentlichungen sowie einige Details zu literarischen Texten, die nicht in Fausers bisherigen Büchern enthalten sind.

Editionen:
Jörg Fauser Edition, Werkausgabe in 8 Bänden plus Beiheft. Hrsg.: Carl Weissner. Rogner & Bernhard bei Zweitausendeins, Hamburg/Frankfurt 1990. In gebundenen Ausgaben erschienen 1994 die Bände 1 bis 4 (Romane und Erzählungen) als *Edition I*, die Bände 5 bis 8 (Essays, Reportagen, Gedichte) als *Edition II*.
Das leise lächelnde Nein, Ergänzungsband zu *Jörg Fauser Edition*. Hrsg.: Carl Weissner, mit einem Vorwort von Michael Althen. Rogner & Bernhard bei Zweitausendeins, Hamburg/Frankfurt 1994.

Romane:
Der Schneemann. Rogner & Bernhard, München 1981; Rowohlt Taschenbuch Verlag, Reinbek 1983 & 1985; Luchterhand, Darmstadt und Neuwied 1992; Verlag der Criminale, 2000. Auch in R&B Bd. 1. Vorab erschienen Auszüge in *Tip* 1/1981 bis 4/1981. Auszug aus Kapitel 39 als »Die große Hure« in *Das literarische Barbuch* (Hrsg.: Gerald Sammet. Eichborn Verlag, Frankfurt/Main 1999).

Rohstoff. Ullstein Verlag, Frankfurt-Berlin-Wien 1984; Ullstein Taschenbuch, Frankfurt/M.-Berlin-Wien 1988 & 1997. Auch in R&B Bd. 2. Auszug aus Kapitel 36 als »Niko weiß, wie man Filme macht« in *Die Welt*, 4.2.1984.
Der dritte Weg, Fragment. 1994 erstmals veröffentlicht in *Das leise lächelnde Nein* (Rogner & Bernhard).
Das Schlangenmaul. Ullstein Verlag, Frankfurt-Berlin-Wien 1985; Ullstein Taschenbuch, Frankfurt/M.-Berlin-Wien 1990 & 1997. Auch in R&B Bd. 2. Auszug aus Kapitel 1 als »Besuch vom Finanzamt« in *Die Welt*, 27.7.1985; Auszug aus Kapitel 9 in *Baby, won't you drive my car?* (Hrsg.: Rüdiger Kremer und Wolfgang Rumpf. Fischer Taschenbuch Verlag, Frankfurt/Main 1999).
Kant. Wilhelm Heyne Verlag, München 1987. Auch in R&B Bd. 1. Erstveröffentlichung in *Wiener*, Ausgabe 5/1986 bis 10/1986.
Die Tournee. Fragment. Bislang unveröffentlicht.

Essays, Reportagen usw.:
Der versilberte Rebell, Marlon Brando Biographie. Verlag Monika Nüchtern, München 1978; Rowohlt Taschenbuch Verlag, Reinbek 1981; Ullstein Taschenbuch, Frankfurt/M.-Berlin-Wien 1986. Auch als R&B Bd. 8.
Der Strand der Städte, Zeitungsartikel und Radioessays 1975-77. Verlag Eduard Jakobsohn, Berlin 1978; Verlag Nachtmaschine, CH-Basel 1985. Auch in R&B Bd. 7.
Blues für Blondinen, Essays zur populären Kultur. Ullstein Taschenbuch, Frankfurt/M.-Berlin-Wien 1984. Auch als R&B Bd. 6.
Lese-Stoff, Von Joseph Roth bis Eric Ambler. Mit einem Vorwort von Friedrich Ani. Verlag Neue Kritik, Frankfurt 2003.

Erzählungen und Kurz-Prosa:
Aqualunge, ein Report/Pamphlet. Verlag Udo Breger, Göttingen 1971. Auszugsweise in *Das leise lächelnde Nein*.
Tophane. Maro Verlag, Gersthofen 1972. Auch in R&B Bd. 3.
Road to Morocco – Audio-Revue, C-90-Cassette mit Theo Romvos. The Matsoukas Real Life Company, Frankfurt 1973.
Junk City Express. Eine Reise mit Harry Gelb und John Coltrane, C-60-Cassette. expanded media editions, Göttingen 1974. Gekürzte Fassung von »Wer erschoß Graham Greene?« (*Spökenkieker* 1/1973; leicht verändert in R&B Bd. 3). Auszüge als »One-Way Ticket« in *National-Zeitung*, 4.5.1974, und als »Der Alte Bange« in R&B Bd. 3.
Alles wird gut, Erzählung. Rogner & Bernhard, München 1979; Fischer Taschenbuch, Frankfurt/M. 1982; Beltz-Verlag, Weinheim und Basel 1990. Auch in R&B Bd. 3. Vorab erschienen Auszüge als »Die Reservate der Dunkelheit« in *Playboy* 6/1979.

Requiem für einen Goldfisch, 5 Stories. Verlag Nachtmaschine, CH-Basel 1979.
Mann und Maus, Erzählungen. Rogner & Bernhard, München 1982; Beltz-Verlag, Weinheim und Basel 1983. Auch in R&B Bd. 4.

Prosa-Einzelveröffentlichungen (die in keinem der oben genannten Werke enthalten sind):
»Anfang der dreißiger Jahre fährt sich Bogey mit dem Daumen über die Lippen und tritt die Tur nach Eden ein«, Auszüge und Variationen von *Top-Hane*. *Melzer's Surf Rider*, Darmstadt 1970.
»Schwarze Zelle Junk«. *UFO* 2, Frankfurt 1971.
»Haemorrhoiden Blues«, *Frankfurter Gemeine* 5, Frankfurt 1972.
»Wartezimmer von Tox & Co«, *POT No. 7 * No. 1*, A-Linz 1972.
»Die ersten Tage der Raumfahrt«, *Gasolin 23* Nr.2, Frankfurt 1973; als »Der innere Kontinent« auszugsweise in R&B Bd. 3.
»The Vienna Festival« mit Karl Kollmann, *The Rappottenstein Oracle* 11, A-Linz 1973.
»The Austria Connection«, *POT „9-3"* (C-60-Cassette), A-Linz 1973.
»Keine Chance in Fat City«, *Big Table* Nr. 9, Frankfurt 1973.
»Good Night Ladies oder Das aussichtslose Ich«, Counterscript zu »Good Afternoon / Dream Road« von Jürgen Ploog, *Big Table* Nr. 10, Frankfurt 1973.
»Marlowe City« mit Jürgen Ploog und Carl Weissner, *Gasolin 23* Nr.4, Frankfurt 1976.
»Alle Gringos dieser Welt«, gesendet vom Bayerischen Rundfunk, 29.3. und 16.5.1976, 13.5.1983.
»Die Hand des Todes«, gesendet vom Bayerischen Rundfunk, 3.10.1976.
»Harvey trinkt kein Bier mehr«, gesendet vom Saarländischen Rundfunk, 7.11.1976.
»Tote, die nicht gestorben sind«, *Gasolin 23* Nr.7, 1979.
»Der Blick nach drüben« in *Die Außerirdischen sind da* (Matthes & Seitz, München 1979).
»Geh nicht allein durch die Kasbah«, *Metropolitan* 1/1989.

Gedichte:
Die Harry Gelb Story. Mit einem Vorwort von Carl Weissner. Maro Verlag, Gersthofen 1973; giftzwerg-presse, NL-Heerhugowaard 1979 (Zusammenstellung mit 21 Gedichten); Auch in R&B Bd. 5. Maro Verlag, Augsburg 1985 & 2001 (Neuausgabe, ergänzt mit »All you need is Istanbul«).
Open End, Fünf Gedichte. Mit Radierungen von Uli Kasten, Josef Steiner und Klaus Seitz; Auflage: 30 Stück. King Kong Press, München 1977.

Trotzki, Goethe und das Glück. Rogner & Bernhard, München 1979; Beltz-Verlag, Weinheim und Basel 1983 Auch in R&B Bd. 5.
Jörg Fauser, Acht Gedichte. Mit Radierungen von Franziska Hufnagel, Uli Kasten, Georg Oßwald und Daniel Kojo Schrade; Auflage: 50 Stück. München 1997.

Gedicht-Einzelveröffentlichungen (die weder in einem der genannten Gedichtbände noch R&B Bd. 5 enthalten sind):
Saarländischer Rundfunk, 1.6.1974: »Tod eines Anarchisten« (auch in *National-Zeitung*, 10.8.1974. Übersetzt als »Death of an Anarchist« in *The Coldspring Journal* 10, Baltimore/USA 1976).
Saarländischer Rundfunk, 7.11.1976: »Nachmittag in Gustl's Bierstubn«, auch auf CD *Fauser O-Ton*, 1997.
TJA Literaturmagazin Heft 4, Wuppertal 1977: »Montana Wind«, »Baltimore«
Literaturwerkstatt Nr. 2, Hrsg. Frank Brunner. Klett, Stuttgart 1978: »Und immer wieder«, »Letzte Nacht in L.A.«, »Nächte«, »Beitrag zum täglichen Irrsinn«.
Gegengift, Pfaffenhofen 1990: »An London« (auch in *Frankfurter Hefte* 7/1964), »Geschichten«, »Etwas Teures« (auch in *Nachtmaschine* Nr.4, 1979), »An der Nidda«.
Cocksucker Nr. 10, Riedstadt 1994: »Spaziergang in Hackney«.

Briefe:
»*Ich habe eine Mordswut*«, Briefe an die Eltern 1957-1987. Hrsg.: Maria Fauser und Wolfgang Rüger. Paria Verlag, Frankfurt/Main 1993. Auszug als »„Seid umarmt!"« in *Deutsches Allgemeines Sonntagsblatt*, 30.7.1994.

Hörspiele:
Cafe Nirwana. Erstausstrahlung: 13.12.1974, WDR, in der Reihe »Hörspiel in der Diskussion«. Regie: Hein Bruehl; 42'45".
Die von der Reservebank / Wenn wir drankommen, ist das Spiel hoffentlich verloren, mit Broder Boyksen. Erstausstrahlung: 7.3.1976, Saarländischer Rundfunk. Regie: Carl Weissner; 35'45".
Der Tod der Nilpferde. Erstausstrahlung: 15.9.1977, Saarländischer Rundfunk. Regie: Peter Michel Ladiges; 60'55". Abdruck in *Nachtmaschine (Burroughs Special)*, Basel 1978.
Für eine Mark und acht. Erstausstrahlung: 31.7.1978, Hessischer Rundfunk. Regie: Hermann Treusch; 54'10". Abdruck in *Das leise lächelnde Nein*. Verfilmt als *Frankfurter Kreuz*.
Romanze. Erstausstrahlung: 14.10.1979, Saarländischer Rundfunk.
Der Fall Arbuckle, Übersetzung des Theaterstücks von Louis James Phillips. Erstausstrahlung am 8.5.1979, WDR (Kurzfassung: 26.10.2003, WDR5). Regie: Klaus Mehrländer; 72'40".

Filme, Verfilmtes:
C' est la vie Rrose Dialoge. Kino-Start: 14.10.1977. Erstausstrahlung im ZDF: 1.6.1978. Regie: Hans Christoph Stenzel; 82'00".
Der Schneemann, Romanvorlage. Kino-Start: 22.3.1985. Regie: Peter F. Bringmann.
Das Frankfurter Kreuz, nach dem Hörspiel *Für eine Mark und acht*. Uraufführung: 17.2.1998. Regie: Romuald Karmakar, 56'00".

Tonträger:
Fauser O-Ton, Doppel-CD mit vornehmlich von Fauser gelesenen Texten. Hrsg.: Christian Lyra. Trikont, München 1997.

Achim Reichel, *Ungeschminkt*, 1980: drei Texte.
Achim Reichel, *Blues in Blond*, 1981: alle Texte.
Achim Reichel, *Nachtexpress*, 1983: sechs Texte.
Veronika Fischer, *Sehnsucht nach Wärme*, 1984: ein Text.
Achim Reichel, *Eine Ewigkeit unterwegs*, 1986: sieben Texte.
Veronika Fischer, *Spiegelbilder*, 1987: ein Text.
Veronika Fischer, *Veronika Fischer*, 1989: drei Texte.
Einige der Songs für Achim Reichel sind auch auf Zusammenstellungen erschienen – beispielsweise *Herz ist Trumpf* (1997), *Der Spieler* (2000) und *100% Leben* (2004).

Anmerkungen

I. 1944-1974

[1] Fauser, Jörg: Brief an Helmut Maria Soik vom 14.11.1979 in: Booklet zu Doppel-CD *Fauser O-Ton* (Hrsg.: Lyra, Christian) Trikont 1997, S. 11

[2] Helene Weigel, Ehefrau Bertolt Brechts, Gründerin und Leiterin des Berliner Ensembles. Maria Fauser berichtet, dass ein amerikanischer Kulturoffizier sie nach dem Krieg an die Brecht-Bühne vermitteln wollte – das Engagement kam jedoch nicht zustande.

[3] Schmidt, Doris: »Dauernde Gegenwart« in: *Arthur Fauser*. Anderland Verlag 1989, S. 6

[4] Jörg Fauser im Interview mit Ralf Firle, 12.10.1985

[5] Benn, Gottfried in: *Menschheitsdämmerung. Ein Dokument des Expressionismus* (Hrsg.: Pinthus, Kurt). Rowohlt 1959 (zuerst Rowohlt 1920), S. 9

[6] Nach Böttcher, Karin-Anne: »Arthur Fauser – ein Klassiker mit Reutlinger Wurzeln.« *Schwäbisches Tagblatt* v. 12.7 und 18.7.1993

[7] Compart, Martin in: Vorwort zu Hyde, Chris: *Rock' n' Roll Tripper* Zero Verlag 1983

[8] *Vier Frankfurter Künstler im Widerstand: Arthur Fauser, Leo Maillet, Friedrich Wilhelm Meyer, Samson Schames. Katalog herausgegeben im Auftrag des Dezernats für Kultur und Freizeit*, Frankfurt a.M. 1995, S. 30

[9] Brief von Arthur an Jörg Fauser in: *Dokumenten-Mappe anlässlich der Ausstellung Arthur* Fauser – Städtische Galerie im Rathaus Reutlingen, (Hrsg.: Rossipaul, Günther), März 1997

[10] *Arthur Fauser*. Anderland Verlag 1989, S. 6

[11] Fauser, Jörg: »Kranichzüge über dem Schlachthof« in: *Lesestoff*, Verlag Neue Kritik 2003, S. 50

[12] Fauser, Jörg: *Rohstoff*, R&B Bd. 2, S. 15

[13] Fauser, Jörg: *Der versilberte Rebell*, R&B Bd. 8, S. 113

[14] Die folgenden Zitate aus Fauser, Jörg: »Das Tor zum Leben«, R&B Bd. 4, S. 141 f.

[15] Freud, Sigmund: »Trauer und Melancholie« in: *Trauer und Melancholie*, Essays, Volk und Welt 1982, S. 39

[16] Vgl. Heider, Ulrike: *Keine Ruhe nach dem Sturm*. Rogner & Bernhard 2001, S. 27 f.

[17] Etwa in den Filmen »Kopfgeld« (Regie: Rolf Hädrich, darin Maria Fauser als Hebamme) und mit dem selben Regisseur »Ein unbeschriebenes Blatt« 1959 (darin Maria Fauser als Putzfrau.)

[18] 1953 beispielsweise »Die das Unmögliche lieben«, 1954 Marie Luise Kaschnitz' »Catarina Cornaro«, »Wildwest«, »Das Gericht«, »Der Schornsteinfeger« (in der Reihe »Leute, die uns begegnen«), 1956 »Die getreue Magd Christa«, »Wir sind die entrechteten Bürger – Ein Neger über das Negerproblem in den Vereinigten Staaten«, »Das Postamt« und Walter Jens' »Ahasver«, das mit dem Schleussner-Schüller-Preis ausgezeichnet wird.

[19] Etwa in Dr. Peter Coulmas' Dokumentarbericht »Zehn Jahre deines Lebens« (Jörg Fauser in der Hauptrolle, Regie: Fritz Umgelter), gesendet am 10.5.1955

[20] Heider, Ulrike: *Keine Ruhe nach dem Sturm*. Rogner & Bernhard 2001, S. 38 f.

[21] Walter K. Gußmann: 1931/32 Schauspielhaus Frankfurt/Main; nach 1934 Ausschluß aus der Reichstheaterkammer, Emigration in die Tschechoslowakei. Nach dem Krieg in der BRD Filmrollen.

[22] Jörg Fauser im Interview mit Ralf Firle, 12.10.1985

[23] Fauser, Jörg: Grabbe – zum 121. Todestag des Dichters, in: *TUBA* (Schülerzeitung der Klasse Quarta b des Lessing-Gymnasiums). Zit. nach Bednarczyk, Helmut: *Jörg Fausers Literaturauffassung*, S. 21

[24] Fauser, Jörg: »Kein schöner Land«, R&B Bd. 6, S. 34

[25] Fauser, Jörg: »Kein schöner Land«, R&B Bd. 6, S. 38

[26] Abdruck mit freundlicher Genehmigung von Maria Fauser

[27] Am 2.7.1959 »Die Blumen von Lyon« über einen Schüleraustausch, am 20.8.1960 »Das Gelöbnis von Verdun« über ein Jugendlager des Volksbundes Deutsche Kriegsgräberfürsorge bei Verdun.

[28] *Monokel* (Schülerzeitung der OIIIc – Lessing-Gymnasium) Nr. 2, Juli/August 1959 in: Bednarczyk, Helmut: *Jörg Fausers Literaturauffassung*, S. 27

[29] Fauser, Jörg: »Wie eine große Liebe. Stationen des grünen MdB Joschka Fischer« R&B Bd. 7, S. 272-274

[30] Bakunin, Michael: *Gesammelte Werke*, Bd. 1, Karin Kramer Verlag 1975. Vorwort von Hansjörg Viesel, S. XI

[31] Bakunin, Michael: *Gesammelte Werke*, Bd.1, Karin Kramer Verlag 1975, S. 117

[32] Enzensberger, Hans Magnus: *Der kurze Sommer der Anarchie*. Suhrkamp 1972. Hier zitiert nach dem Abdruck des Auszugs »Über das Altern der Revolution« in: *Unter dem Pflaster liegt der Strand. Anarchismus heute,* Karin Kramer Verlag 1975, S. 113-116

[33] Fauser, Jörg: »Die Legende des Duloz«, R&B Bd. 7, S. 63

[34] Dorothea Rein, damals noch Dorothea Hage: Ihre Mutter war Sekretärin bei den *Frankfurter Heften*.

[35] *Frankfurter Hefte* 11/1963, S. 796/797

[36] Jörg Fauser zitiert bei Mathes, Werner: »Tristano in den Städten«, *Tip*, 1/1980

[37] Erst 1973 wird der »Wehrersatzdienst« in »Zivildienst« umbenannt und damit dem Wehrdienst gleichgestellt. Entsprechend wird auch das Amt des Bundesbeauftragten für den Zivildienst geschaffen. Jörg Fauser ist in seinem Jahrgang einer von 2777 Verweigerern. Im Jahr 1967 werden es schon 6000, 1968 dann, dem veränderten gesellschaftlichen Klima geschuldet, knapp 12.000 sein.
[38] Fauser, Jörg: »Beruf: Rebell«, R&B Bd. 6, S. 128
[39] Fauser, Jörg: »Zehn Jahre später« R&B Bd. 5, S. 175
[40] Fauser, Jörg: »Café de la Paix« , R&B Bd. 5, S. 177
[41] Vgl. Fauser, Jörg: »Das Oberland von Burma«, R&B Bd. 4, S. 34 f.
[42] Fauser, Jörg: »Junk City I«, R&B Bd. 3, S. 9
[43] Fauser, Jörg: »Vom Anfang und vom Ende«, R&B Ergänzungsband, S. 68
[44] Zit. nach *Menschheitsdämmerung. Ein Dokument des Expressionismus* (Hrsg.: Pinthus, Kurt). Rowohlt 1959 (zuerst Rowohlt 1920) S. 96
[45] Fauser, Jörg: »Das Oberland von Burma«, R&B Bd. 4, S. 38
[46] Fauser, Jörg: »Junk City I«, R&B Bd. 3, S. 10
[47] Fauser, Jörg: *Rohstoff*, R&B Bd. 2, S. 9
[48] Fauser, Jörg: *Der versilberte Rebell*, R&B Bd. 8, S. 129
[49] Äußerung John Lennons in *Evening Standard*, 4.3.1966
[50] Miles, Barry: *Paul McCartney: Many Years From Now*. Secker & Warburg 1997
[51] Interview mit Don DeLillo, 25.9.2003
[52] Fauser, Jörg: *Der versilberte Rebell*, R&B Bd. 8, S. 116
[53] Sandner, Wolfgang: *Frankfurter Allgemeine Zeitung*, 1992: »Kein Podium in dieser Republik kann sich rühmen, auch nur annähernd so viele national und international bekannte Jazzmusiker beherbergt zu haben.«
[54] Helmut Bednarczyk im Gespräch mit Dorothea Rein, 9.3.1994
[55] Sommer, Theo: »Denken, was man fühlt. Tun, was man denkt«, *Die Zeit*, 3.4.2003
[56] Leonhardt, Rudolf Walter: *77mal England – Panorama einer Insel*, R. Piper & Co. Verlag 1962, S. 11
[57] Fauser, Jörg: »Spaziergang in Hackney«, *Cocksucker* Nr. 10, 1994
[58] Waine, A.E. u. Woolley, J.: »Blissful, torn, intoxicated. Brinkmann, Fauser, Wondratschek and the Beats« in: *Teaching Beat Literature*, Issue 27.1, College Literature 2000
[59] Wondratschek, Wolf: »Sie schreiben eben, wie sie leben«, *Menschen Orte Fäuste*, Diogenes 1987, S. 278
[60] Waine, A.E. u. Woolley, J.: »Blissful, torn, intoxicated. Brinkmann, Fauser, Wondratschek and the Beats« in: *Teaching Beat Literature*, Issue 27.1, College Literature 2000
[61] Napier-Bell, Simon: *Black Vinyl, White Powder*, Ebury Press 2002, S. 40

[62] *Protest! Literatur um 1968* (Hrsg.: Ott, U. u. Pfäfflin, F.), Marbacher Kataloge 51, 1998, S. 206f

[63] Siehe: Burroughs, William S.: »Mein Rausch gehört mir« in *Trans-Atlantik*, April 1990, S. 56; Amendt, Günter: »Drogen und Staat«, Kapitel 4 zu »Handel und Wandel« in *Sucht Profit Sucht*, Zweitausendeins, 1984, S. 267 ff. und *Die Droge, Der Staat, Der Tod*, Rowohlt 1996

[64] Saunders, Nicholas: *alternative London*, Index printers 1970, S. 165

[65] Ammon, G., El-Safti, M.S., Hameister, H.-J., Kries, D.v.: »Bewußtseinserweiternde Drogen in psychoanalytischer Sicht«, *Sonderheft 1, Dynamische Psychiatrie*. Pinel-Publikationen 1971

[66] Fauser, Jörg: *Der versilberte Rebell*, R&B Bd. 8, S. 9

[67] Ambler, Eric: *Topkapi*, Büchergilde 1971, Klappentext

[68] »Übertriebene Generation – Jugend 1967«, *Der Spiegel*, 3.10.1967

[69] Fauser, Jörg: *Rohstoff*, R&B Bd. 2, S. 27

[70] Zitiert nach *Linkeck* Nr.3 in: *Linkeck-Reprint* (Hrsg.: Halbach, Robert) Karin Kramer Verlag 1987, ohne Seitenangaben

[71] Hobsbawm, Eric: *Das Zeitalter der Extreme. Weltgeschichte des 20. Jahrhunderts*, dtv 1995, S. 554

72 Sander, Hartmut u. Christians, Ulrich (Hrsg.): *Subkultur Berlin: Selbstdarstellung, Text-, Ton-, Bilddokumente / Esoterik der Kommunen Rocker subversiven Gruppen*, März Verlag 1969

[73] Knorr, Peter: »3 sind geplatzt – 3 leben weiter. Bei Kommunarden in Berlin und Hamburg« in: *Pardon*, 5/1969

[74] Fauser, Jörg: *Rohstoff*, R&B Bd. 2, S. 30

[75] Kunzelmann, Dieter: *Leisten sie keinen Widerstand! Bilder aus meinem Leben*, Transit-Verlag 1998, S. 101

[76] Fauser, Jörg: *Rohstoff*, R&B Bd. 2, S. 40

[77] Knorr, Peter: »3 sind geplatzt – 3 leben weiter. Bei Kommunarden in Berlin und Hamburg« in: *Pardon*, 5/1969

[78] Fauser, Jörg: *Rohstoff*, R&B Bd. 2, S. 32

[79] Kunzelmann, Dieter: *Leisten sie keinen Widerstand! Bilder aus meinem Leben*. Transit-Verlag 1998, S. 107

[80] Hübsch, Hadayatullah: *Keine Zeit für Trips. Autobiographischer Bericht*, Koren & Debes 1991, S. 70-77

[81] Fauser, Jörg: *Rohstoff*, R&B Bd. 2, S. 45

[82] Fauser, Jörg: »Mister Go goes kaputt«, R&B Bd. 5, S. 32

[83] Fauser, Jörg: »Hommage à Speedy« R&B Bd. 5, S.37

[84] Knorr, Peter: »3 sind geplatzt – 3 leben weiter. Bei Kommunarden in Berlin und Hamburg« in: *Pardon*, 5/1969

[85] Fauser, Jörg: »Sommeranfang«, R&B Bd. 4, S. 84

[86] Fauser, Jörg: *Rohstoff*, R&B Bd. 2, S. 45 u. 46

[87] Knorr, Peter: »3 sind geplatzt – 3 leben weiter. Bei Kommunarden in Berlin und Hamburg« in: *Pardon*, 5/1969

[88] Fauser, Jörg: *Rohstoff*, R&B Bd. 2, S. 47
[89] Fauser, Jörg: »Anfänger«, *Das leise lächelnde Nein*, S. 303
[90] Fauser, Jörg: *Tophane*, R&B Bd. 3, S. 74
[91] Schröder, Jörg u. Herhaus, Ernst: *Siegfried*, Rowohlt 1983, S. 183
[92] Schröder, Jörg u. Herhaus, Ernst: *Siegfried*, Rowohlt 1983, S. 138
[93] Ackermann, Kathrin u. Greif, Stefan: »Pop im Literaturbetrieb«, *Pop-Literatur*, Text+Kritik, Richard Boorberg Verlag 2003, S. 61
[94] Fauser, Jörg: *Rohstoff*, R&B Bd. 2, S. 76
[95] Weigoni, A.J.: »Statt eines Vorworts« in *Kollegengespräche*, 1999
[96] Hübsch, Hadayatullah: »Die Literatur ist tot«, *Die ersten 100*, Ariel-Verlag 2003, S. 33
[97] Hübsch, Hadayatullah: »Eingespritzte Worte«, *Frankfurter Allgemeine Zeitung*, 27.11.1972
[98] Hoven, Herbert: »Die Optik des Direkten«, 15.6.1994 bei WDR3
[99] Ploog, Jürgen: »Zeit der Reisen«, *Journal Frankfurt* 10/93
[100] Fauser, Jörg: »Sommeranfang«, *Mann und Maus*, R&B Bd. 4, S 86
[101] Fauser, Jörg: *Rohstoff*, R&B Bd. 2, S. 43
[102] Karakayali, S.: »Across Bockenheimer Landstraße«, *diskus* 2/00
[103] Koetzle, Michael: *twen. Revision einer Legende*, Klinkhardt & Biermann 1997, S. 9
[104] *twen* 3/1971: Harte Drogen: »Warum wir schießen. Wie man uns helfen könnte.« / Wir bieten an: Billige Bauernhäuser in Italien / Gemacht, gemacht, kaputt gemacht: Veruschka / Mädchen von der Ruhr: »Husch ins Bett, dann kriegste 'n Tritt.« / Revolution in Spanien? twen sprach mit den Führern des Untergrunds
[105] Amitai, M., Dickhaut, H.H., Hasenknopf, P.: »Behandlung des Entzug-Syndroms bei ›Fixern‹ (Rauschmittelmißbrauch Jugendlicher p. Inj.)«, *Der Nervenarzt*, Heft 3, 1972, S. 157-160
[106] Fauser, Jörg: *Rohstoff*, R&B Bd. 2, S. 135
[107] Amitai, M., Dickhaut, H.H., Hasenknopf, P.: »Behandlung des Entzug-Syndroms bei ›Fixern‹ «,*Der Nervenarzt*, Heft 3, 1972, S. 158
[108] Fauser, Jörg: »Apomorphin«, *UFO*, Juni 1971, S. 10
[109] Dr. Dent, John: »Anxiety and its Treatment«, London 1955, p. 138
[110] Brief an Carl Weissner vom 30.9.1971
[111] Ackermann, Kathrin u. Greif, Stefan: »Pop im Literaturbetrieb«, *Pop-Literatur*, Text+Kritik, Richard Boorberg Verlag 2003, S. 58
[112] Ploog, Jürgen: »Zeit der Reisen«, *Journal Frankfurt* 10/93, S. 71
[113] Brief an Benno Käsmayr vom 6.3.1972
[114] *The Moving Times presents: The Rappottenstein Oracle*, Nr. 11, 23.8.1973 (Hrsg.: Fauser, Jörg u. Kollmann, Karl), Nova Press, The Matsoukas-Real-Life Company and POT/The Austria Connection.
[115] Wesel, Uwe: *Die verspielte Revolution. 1968 und die Folgen*, Karl Blessing Verlag 2002, S. 248

[116] Kraushaar, Wolfgang: *Frankfurter Schule und Studentenbewegung 1946-1995*, R&B 1988, Bd. 1, S. 539
[117] Daniel Cohn-Bendit in: Stamer, Sabine: *Daniel Cohn-Bendit. Die Biografie,* Europa-Verlag 2001, S. 127
[118] Fauser, Jörg: *Rohstoff*, R&B Bd. 2, S. 146
[119] »Der organisierte Städteabriß, den man in der Bundesrepublik Sanierung nennt, hat bis heute erschreckende Ausmaße erreicht. Es gibt kaum noch eine Altstadt, deren Garaus von Banken, Baufirmen, Kaufhäusern und Behörden nicht emsig geplant würde. Die durch Gesetzeskraft legalisierte Vernichtung von Wohngebieten übertrifft bereits die Zerstörungen des Krieges.« *Deutsche Zeitung (Christ und Welt)*, 2. November 1973.
[120] Pohrt, Wolfgang: *Kreisverkehr, Wendepunkt*, Edition Tiamat 1984, S. 101
[121] Kraushaar, Wolfgang: *Frankfurter Schule und Studentenbewegung 1946-1995*, R&B 1988, Bd. 1, S. 499
[122] Schmidt, Christian: *Wir sind die Wahnsinnigen. Joschka Fischer und seine Frankfurter Gang*, Aktualisierte Taschenbuchausgabe, Econ 1998, S. 76
[123] Kraushaar, Wolfgang: »Vom Außenseiter zum Außenminister. Ein für Deutschland einzigartiges gesellschaftliches Cross-over: Joschka Fischers politische Karriere.« *FR* vom 20.1.2001
[124] Fauser, Jörg: *Rohstoff*, R&B Bd. 2, S. 187
[125] Fauser, Jörg: *Rohstoff*, R&B Bd. 2, S. 147
[126] Fauser, Jörg: »Homage à Speedy«, R&B Bd. 5, S. 37
[127] Hübsch, Hadayatullah: *Keine Zeit für Trips. Autobiographischer Bericht*, Koren & Debes 1991, S. 20
[128] Fauser, Jörg: »Trotzki, Goethe und das Glück«, R&B Bd. 5, S. 105
[129] Fauser, Jörg: »Stakkato ohne Maschinengewehr. Ein Vorwort« zu Kurt Stalter: *Frankfurter Depressionen*
[130] Fauser, Jörg: *Rohstoff*, R&B Bd. 2, S.174
[131] Fauser, Jörg: *Rohstoff*, R&B Bd. 2, S.201
[132] Matthias Beltz zitiert bei Schmidt, Christian: *Wir sind die Wahnsinnigen. Joschka Fischer und seine Frankfurter Gang*, Aktualisierte Taschenbuchausgabe, Econ 1998, S. 115
[133] Schmidt, Christian: *Wir sind die Wahnsinnigen. Joschka Fischer und seine Frankfurter Gang*, Aktualisierte Taschenbuchausgabe, Econ 1998, S. 197
[134] Jörg Fauser im Interview mit Ralf Firle, 12.10.1985
[135] Fauser, Jörg: »Kurzes lächelndes Solo«, R&B Bd. 5, S. 32
[136] Fauser, Jörg: »Zum Thema UFO und ZOOM. Zerschlagt den Überbau für den Aufbau der Revolutionären Presse!«, *Ulcus Molle Info* 11-12/1971

[137] Fauser, Jörg: »Zum Thema UFO und ZOOM. Zerschlagt den Überbau für den Aufbau der Revolutionären Presse!«, *Ulcus Molle Info* 11-12/1971, S. 24
[138] »Intermedia 69 – Richtig kühn«, *Der Spiegel*, 26.5.1969
[139] Brinkmann, Rolf Dieter: »Der unbescheidene Einzelne und das solide Mittelmaß«, *Tintenfisch 19 – Jahrbuch: Deutsche Literatur 1980* (Hrsg.: Hans Christoph Buch, Lars Gustafsson, Michael Krüger, Klaus Wagenbach), Verlag Klaus Wagenbach 1980
[140] Brief an Benno Käsmayr vom 20.6.1972
[141] Brief an Benno Käsmayr vom 13.12.1972
[142] Brief an Benno Käsmayr vom 4.1.1973
[143] Brief an Benno Käsmayr vom 22.2.1973
[144] *Pardon* 4/1977
[145] Brief an Benno Käsmayr vom 29.1.1973
[146] Brief an Benno Käsmayr vom 27.11.1972
[147] Brief an Jürgen Ploog vom 12.6.1973
[148] Pott, Gregor, *Sounds* 9/76, S. 48
[149] *Ulcus Molle Info* Nr. 11/12, 1976
[150] Buselmeier, Michael: »Aus dem Untergrund. Der Poet als Lumpensammler«, *Die Zeit*, 30.11.1979, S. 52
[151] Ambler, Eric: »Der Romanautor und die Filmleute«, *Über Eric Ambler* (Hrsg.: Gerd Haffmans unter Mitarbeit von Franz Cavigelli), Diogenes 1989, S. 195
[152] http://de.groups.yahoo.com/group/Maroverlag/files/Aus dem Archiv des Verlegers/Fauserbriefe aus 1972-1974 an den Verlag
[153] Brief an Benno Käsmayr vom 14.3.1974
[154] Wolf Wondratschek im Interview mit Daniel Guthmann, 1997. *Cut-up Connection*
[155] Fauser, Jörg: »Heiße Kartoffel«, *Lese-Stoff*, Verlag Neue Kritik 2003, S. 121

II. 1974-1980

[1] Fauser, Jörg: »Der Weg nach El Paso«, R&B Bd. 4, S. 328
[2] Fauser, Jörg: »Hamlet oder der Frankfort State of Mind«, R&B, Bd. 6, S. 78
[3] Brief an Walter Hartmann vom 13.12.1974
[4] Boyksen, Dimitrius: »Berlin 03 11 66. Interview mit einem Callgirl«, *konkret* 4/1966, S. 19ff
[5] Fichte, Hubert: *Detlevs Imitationen »Grünspan«*, Rowohlt 1971, Kapitel 143
[6] Brief an Jürgen Ploog vom 5.11.1975
[7] Regie und Drehbuch: Gary Walkow. Mit: Kiefer Sutherland als William S. Burroughs, Courtney Love als Joan Vollmer, Ron Livingston

als Allen Ginsberg, Daniel Martinez als Jack Kerouac, Norman Reedus als Lucien Carr, Kyle Secor als Dave Kammerer © 2000
[8] Schümann, Matthias: »Jeder kocht für sich allein«, *Frankfurter Allgemeine Zeitung*, 19.1.2001
[9] *Die Harry Gelb Story* sollte ursprünglich außer Weissners Vorwort auch ein Counterscript Ploogs enthalten.
[10] Fauser, Jörg: »Für eine Mark und acht«, R&B Ergänzungsbd, S. 93
[11] Fricke, Harald: »Blues im Büdchen«, *taz*, 17.2.1998
[12] Dunne, John Gregory: *Monster. Living Off The Big Screen*. Random House 1997, New York, S. 7
[13] Bob Dylan: »Romance in Durango« auf *Desire* (1976)
[14] Brief an Jürgen Ploog, ca. Juni 1976
[15] Fauser, Jörg: »Die Vision vor dem Tode«, R&B, Bd. 7, S. 18
[16] Stenzel, Hans-Christof: »Ich tat das nicht aus Liebe zur Wissenschaft... – Widerrede mit dem Autor vom Juli 2001«, http://www.kannibalenblut.de/interview.html
[17] Wondratschek, Wolf, *Menschen Orte Fäuste*, Zürich 1987, S. 281
[18] Jörg Fauser im Interview mit Ralf Firle, 12.10.1985
[19] Fauser, Jörg: Brief an Jürgen Ploog vom 6.8.1976
[20] Fauser, Jörg: »24.12.1977«, R&B Bd. 5, S.92
[21] Fauser, Jörg: R&B Bd. 4, S. 98 ff
[22] Gespräch mit Werner Thal: »Jörg Fauser. Der letzte Dinosaurier«, *Stadtmagazin München*, ohne Datum [1990 anlässlich der R&B-Ausgabe]
[23] Fauser, Jörg: »Der Weg nach El Paso«, R&B BD. 4, S. 324 f
[24] Überliefert von seiner Enkelin, der Übersetzerin Kathrin Razum
[25] Fauser, Jörg: R&B Ergänzungsband, S. 282
[26] Fauser, Jörg: »Die Indizien der Fahrzeuge auf der Autobahn«, *Tip* 26/1983
[27] Fauser, Jörg: »Hans Fallada. Recherche über ein deutsches Leben« R&B Bd. 6, S. 113
[28] Fauser, Jörg: Brief an Jürgen Ploog vom 5.11.75
[29] Werner Mathes: »Tristano in den Städten«, *Tip* 1/1980
[30] Brief an Walter Hartmann vom 11.10.1977
[31] Henning, Peter: »Er war einer der Furchtlosen«, *Weltwoche*, 7.7.1994
[32] Drews, Jörg: »Jörg Fausers Favoriten«, *Süddeutsche Zeitung*, vom 20.1.1979
[33] Jenny, Matthyas: »Strand ohne Sonne«, *Ulcus Molle Info* 1-2/79
[34] Kellner, Michael: »Der Strand der Städte«, *Ulcus Molle Info* 1-2/79
[35] Hoven, Herbert: »Die Optik des Direkten«, WDR, 15.6.1994
[36] Hoven, Herbert: »Die Optik des Direkten«, WDR, 15.6.1994
[37] Hoven, Herbert: »Die Optik des Direkten«, WDR, 15.6.1994
[38] Fauser, Jörg: »Der Strand der Städte«, R&B Bd. 7, S. 101

[39] Montaigne: »Über Bücher« in: *Essais* (Hrsg.: Wuthenow, Ralph-Rainer), Insel TB 1976, S. 113
[40] Jörg Fauser im Interview mit Ralf Firle, 12.10.1985
[41] Brief an Ingo Hooge vom 26.12.1985
[42] Fauser, Jörg: *Der versilberte Rebell*, R&B Bd. 8, S. 19
[43] Fauser, Jörg: *Der versilberte Rebell*, R&B Bd. 8, S. 19f
[44] Weissner, Carl: »Der Schatten zwischen Leben und Leinwand«, *Kulturmagazin (Stadtillustrierte für Wuppertal, Solingen und Remscheid)* 9/1978
[45] Jörg Fauser im Interview mit Ralf Firle, 12.10.1985
[46] Thal, Werner: »Der letzte Dinosaurier«, *Stadtmagazin München* 5/90
[47] Auf deutsch von Carl Weissner vorgetragen am 23.9.1997 bei *Poets Lounge*, Kampnagel, Hamburg. Langfassung des Originals in *Gargoyle* #35; Pub date: 10/19/1988, Washington DC
[48] Biller, Maxim: »Thomas Hettche: Die poetische Null-Lösung«, *Die Tempojahre*, dtv 1991, S. 222
[49] Fauser, Jörg: »Auf der Suche nach der verborgenen Wahrheit«, R&B Bd. 7, S. 30
[50] Compart, Martin: »Der schwarze Zug nach Gijon«, *TransAtlantik* 4/1988
[51] Fauser, Jörg: »Ein Kölsch mit Kettenbach«, *Tip* 7/1984, und »Seine Helden sind anders«, *stern*, 10.4.1986
[52] Kettenbach, Hans Werner: »Ein Autor ohne Dünkel«, *Kölner Stadt-Anzeiger*, 21.7.1987
[53] Powers, Richard: »Vorrede« zu »Im Labor der Nomaden«, *Schreibheft, Zeitschrift für Literatur 60*, Mai 2003
[54] Interview mit Perry Farrell, geführt am 28.8.1990
[55] Penzel, Matthias: »...vielleicht bin ich auch nur ein blöder Snob«, *Rough* 1/91
[56] »Wim Wenders ans Telefon!«, *Der Spiegel* 15/93
[57] Burroughs, William: *Word Virus: The William S. Burroughs Reader*, Klappentext
[58] Fauser, Jörg: *Rohstoff*, R&B Bd. 2, S. 93
[59] Kadrey, Richard u. Stefanac, Suzanne: »J.G. Ballard on William S. Burroughs' Naked Truth«, salon.com
[60] Roth, Joseph: *Radetzkymarsch*, S. 133 & 137
[61] Fauser, Jörg: »Schlaflos in der Zwischenzone«, *Kulturmagazin* 12/1978
[62] Bopp, Oliver: »Intro«, *Cocksucker* Nr. 10, Juli 1994
[63] Flenter, Kersten: »Partyservice«, SUBH 38, S. 6ff
[64] Ohnemus, Günter: »Mann auf Durchreise«, *Die Zeit* 44/2003
[65] Hartmann, Andreas: »Trivial ist besser«, *taz*, 10.1.2004

[66] Braun, Michael: *Gegenwartsliteratur* (Hansers Sozialgeschichte der deutschen Literatur, Band 12) Hanser 1992, S. 438
[67] Fauser, Jörg: »Vor der Tagesschau«, R&B Bd. 5, S. 55
[68] Jörg Fauser in: Der Autor im Gespräch, Süddeutscher Rundfunk, 24.5.1985
[69] Fauser, Jörg: »Kontinuum der Trauer« in: *Frankfurter Hefte* 6/1976
[70] Fauser, Jörg: *Alles wird gut*. R&B Bd. 3, S. 192
[71] Interview mit Ralf Firle, R&B Beiheft, S. 16
[72] Fauser, Jörg: *Alles wird gut*, R&B Bd. 3, S. 166
[73] Interview mit Ralf Firle, R&B Beiheft, S. 17
[74] Schmidt, Aurel: »Ohne Illusionen leben«, *Basler Zeitung* 23.2.1980; Kosler, Hans Christian: »Tristano, Tristesse«, in *Süddeutsche Zeitung* 29.11.1979
[75] Kosler, *Süddeutsche Zeitung* vom 29.11.1979
[76] Hartung, Harald: »Durch die Münchner Nacht« in: *Frankfurter Allgemeine Zeitung* 30.11.1979
[77] Mathes, Werner: »Tristano in den Städten. Der Schriftsteller Jörg Fauser«, *Tip* 1/1980
[78] Fauser, Jörg: »Das Glück der Profis«, R&B Bd. 4, S. 215
[79] Fauser, Jörg: »Fallada«, R&B Bd. 6, S. 96
[80] Fauser, Jörg: »Junk. Die harten Drogen«, R&B Ergänzungsbd, S. 11
[81] Fauser, Jörg: *Alles wird gut*, R&B Bd. 3, S. 201
[82] Zimmer, Dieter E.: »Fichte und Beat. Dichterlesung ohne Verlegenheit«, *Hubert Fichte, Materialien zu Leben und Werk* (Hrsg. Beckermann, Thomas), Fischer Taschenbuch Verlag 1985
[83] gm in *Musik Express* 5/1980
[84] »Hoffnung aus Pappe«, *Der Spiegel* Nr. 2, 11.1.1982, S. 140
[85] Fauser, Jörg: »Haemorrhoiden Blues«, *Frankfurter Gemeine* Nr. 5, September 1972
[86] Fauser, Jörg: »Rock'n'Roll in Goethes Namen«, *stern* 15/1987

III. 1980-1985

[1] dpa-Meldung: »Krimiautor Jörg Fauser tödlich verunglückt« z.B. in *taz*, 20.7.1987; »Berühmter Krimi-Autor von LKW zermalmt«, *Bild*, 18.7.1987; »Vor zehn Jahren starb Deutschlands wichtigster Krimiautor«, *Deutsches Allgemeines Sonntagsblatt*, 11.7.1997
[2] Shaheen, Amir: »›Ich schreibe nicht für die Toten.‹ – Jörg Fauser zum Fünfzigsten«, *foglio*, Juni/Juli 1994, S. 17
[3] Brief an Helmut Maria Soik vom 14.11.1979. Der Erzählband erscheint als *Mann und Maus* im Juli '82
[4] Fauser, Jörg: »Lob der Maschine«, *Tip* 12/1983
[5] Fauser, Jörg: »Das Tor zum Leben«, *Mann und Maus*, R&B Bd. 4, S. 159f

[6] Fauser, Jörg: »Das Tor zum Leben«, *Mann und Maus*, R&B Bd. 4, S. 144
[7] Brief an Helmut Maria Soik vom 14.11.1979, CD-Booklet *Fauser O-Ton*
[8] Fauser, Jörg: *Der Schneemann*, R&B Bd. 1, S. 55
[9] Brief an Ingo Hooge vom 26.12.1985
[10] Roth, Joseph: *Die zweite Liebe – Geschichten und Gestalten*, Kiepenheuer & Witsch, 1993
[11] Fauser, Jörg: »Das leise lächelnde Nein«, R&B Ergänzungsband, S. 55ff
[12] Fauser, Jörg: »Durch Deutschland«, R&B Bd. 7, S. 125
[13] Axel Matthes im Interview mit Cornelia Niedermeier, *Der Standard*, 18.8.2001
[14] Fauser, Jörg: »Mit einem großen Bäng«, R&B Ergänzungsband, S. 253
[15] Fauser, Jörg: »Etwas Teures«, *Nachtmaschine* 4/1979
[16] Fauser, Jörg: *Der Schneemann*, R&B Bd. 1, S. 62
[17] Amendt, Günter: *Sucht Profit Sucht*. Zweitausendeins Verlag 1984. S. 210
[18] »The King of Cocaine«, *taz*, 31.8.1989, S. 2
[19] Fauser, Jörg: *Der Schneemann*, R&B Bd. 1, S. 96
[20] UNIC Bonn Pressemitteilung 314 vom 22.1.2001 und 319 vom 16.2.2001
[21] Fauser, Jörg: »Junk – Die harten Drogen«, R&B Ergänzungsband, S. 16
[22] Fauser, Jörg: *Der Schneemann*, R&B Bd. 1, S. 64
[23] Fauser, Jörg: *Der Schneemann*, R&B Bd. 1, S. 79
[24] Benn, Gottfried: »O Nacht! Ich nahm schon Kokain...«
[25] Fauser, Jörg: »Das leise lächelnde Nein«, R&B Ergänzungsband, S. 60
[26] *Hamburger Abendblatt*, 29.1.2003
[27] Seidl, Claudius: »Lila Nächte, dunkle Augen«, *Der Spiegel*, 19.11.1990, S. 270
[28] Shaheen, Amir: »›Ich schreibe nicht für die Toten.‹ – Jörg Fauser zum Fünfzigsten«, *foglio*, Juni/Juli 1994, S. 17
[29] Brief an die Eltern vom 31.7.1980; *Ich habe eine Mordswut*, S. 129
[30] Fauser, Jörg: »Mit einem großen Bäng«, R&B Ergänzungsband, S. 253ff
[31] Fauser, Jörg: *Der Schneemann*, R&B Bd. 1, S. 164
[32] Seifert, Heribert: »Ein Desperado auf der Schattengrenze«, *Deutsches Allgemeines Sonntagsblatt*, 1.2.1991, S. 24
[33] Rühle, Alex: »Das Lächeln der Hyänen«, *Süddeutsche Zeitung*, 3.9.2001

[34] Schäfer, Frank: »Der richtige Auftakt – ›Der Schneemann‹ von Jörg Fauser (1981)« in *Kultbücher. Von »Schatzinsel« bis »Pooh's Corner« – eine Auswahl*. Hrsg.: Frank Schäfer; Schwarzkopf & Schwarzkopf Verlag, Berlin 2000

[35] Fauser, Jörg: *Der Schneemann*, R&B Bd. 1, S. 79

[36] -ky: »Abrechnung mit den Alternativen«, *Nürnberger Zeitung*, 22.9.1984

[37] Brief an Dr. Rainer Weiss vom 26.10.1982

[38] Kosler, Hans Christian: »Mit dem Schnee im Regen stehen«, *Süddeutsche Zeitung*, 9.5.1981

[39] Rotzoll, Christa: »Den Kopf voll Schnee«, *Frankfurter Allgemeine Zeitung*, 13.5.1981

[40] Compart, Martin: »Der Tequilla kommt heute gut – Mit Jörg Fauser auf der Piste«, *2000 Light Years From Home*, Kopfzerschmettern-Verlag 2004

[41] Becker, Rolf: »Schnee in Dosen«, *Der Spiegel*, 22.6.1981

[42] Bitter, Rudolf von: »Jörg Fauser: *Rohstoff*«, *LeseZeichen*, Bayerisches Fernsehen, 26.5.1984

[43] Rowohlt als Taschenbuch 1983 und 1985, erneut Rogner & Bernhard als Teil der *Edition*, kurz darauf Luchterhand, im Jahr 2000 der Verlag der Criminale.

[44] »Nackenbeißer« in *Süddeutsche Zeitung*, 21.3.2002

[45] http://www.spiegel.de/kultur/literatur/0,1518,135553,00.html

[46] Fauser, Jörg: »Die Legende des Duluoz«, *Der Strand der Städte*, R&B Bd. 7, S. 78

[47] Fauser, Jörg: »Kalte Fakten, kühle Träume«, R&B Ergänzungsband, S. 52

[48] Fauser, Jörg: »Pantopon Rose«, *Trotzki, Goethe und das Glück*, R&B Bd. 5, S. 140

[49] Seidl, Claudius: »Der Dichter als Dealer«, *Süddeutsche Zeitung*, 29.3.1985, S. 14

[50] Schulze, Hartmut: »Melancholischer Reißer«, *Der Spiegel* 13/1985 (25.3.1985), S. 203

[51] Seidel, Hans-Dieter: »Der Schneemann oder Siegfried ohne Heldenpose«, *Frankfurter Allgemeine Zeitung*, 1.4.1985

[52] Biller, Maxim: »Wär Deutschland doch Amerika«, *Die Zeit* vom 5.4.1985, S. 62

[53] Wilmes, Hartmut: »Trumpfkarte im Toupet«, *Die Welt* vom 29.3.1985, S. 23

[54] Schmitz, Helmut: »Der dornige Theo«, *Frankfurter Rundschau*, 22.3.1985, S. 7

[55] Metzner, Jochen in *Der Tagesspiegel*, 19.3.85, S. 4

[56] Waine, A.E.: »Anatomy of a serious thriller – Jörg Fauser's ›Der Schneemann‹ «,*Neophilologus* 77, Kluwer Academic Publishers 1993

[57] Hooge, Ingo: »Vergleichende und gattungstypische Untersuchungen zu Jörg Fausers Romanen *Der Schneemann* und *Rohstoff*«. Schriftliche Hausarbeit im Rahmen der Ersten Staatsprüfung für das Lehramt, 1986

[58] Waine, A.E.: »Anatomy of a serious thriller – Jörg Fauser's ›Der Schneemann‹ «, S. 111

[59] Seiler, Bernd W.: *Die leidigen Tatsachen. Von den Grenzen der Wahrscheinlichkeit in der deutschen Literatur seit dem 18. Jahrhundert*, Klett-Cotta 1983, S. 263

[60] Baßler, Moritz: *Der deutsche Pop-Roman: Die neuen Archivisten*, Verlag C.H. Beck 2002, S. 165-166

[61] Waine, A.E.: »Anatomy of a serious thriller – Jörg Fauser's ›Der Schneemann‹ «, S. 105

[62] Waine, A.E.: »Anatomy of a serious thriller – Jörg Fauser's ›Der Schneemann‹ «, S. 110

[63] Fauser, Jörg: *Der Schneemann*, R&B Bd. 1, S. 33

[64] Koss, Ralf: »Spielart der Freiheit – Kurze Geschichte des neuen deutschen Kriminalromans«, *Spiegel-Special* 10/1995, S. 72

[65] *Die Bundesrepublik in den siebziger Jahren. Versuch einer Bilanz*, (Hrsg: Glaessner, Holz, Schlüter), Leske und Budrich 1984, S. 71-91

[66] Fauser, Jörg: »Bürger Kunzelmann«, *Tip* 23/1983

[67] Rose, Mathew D. in: *Die Stütze. Berliner Strassenmagazin* 2/2004.

[68] Kunzelmann, Dieter: *Leisten sie keinen Widerstand! Bilder aus meinem Leben*. Transit-Verlag 1998, S. 148

[69] Fauser, Jörg: »Der Weg nach El Paso«, R&B Bd. 4, S. 324

[70] Fauser, Jörg: »150 km bis Westdeutschland. Jörg Fauser über schriftstellerische Chancen in Berlin«, *Titel* (München) 2/1984

[71] Hobsbawm, Eric: *Das Zeitalter der Extreme*, dtv 1994, S. 311/312

[72] »Atomkrieg rückt näher. Chef von Kontrollbehörde: Gefahr war nie so groß wie heute«, in *Der Tagesspiegel*, 25.1.2004

[73] Mathes, Werner: »Die Letzte Runde«, in: *Metropolitan*, Sonderheft 1, 1989, S. 134-137

[74] Mathes, Werner: »Die Letzte Runde«, in: *Metropolitan*, Sonderheft 1, 1989, S. 134-137

[75] Pasterny, Udo; Gehret, Jens: *Deutschsprachige Bibliographie der Gegenkultur 1950-1980*, Verlag AZID Presse 1982. S. 298

[76] Fauser, Jörg: »Die Ambler-Lektion«, R&B Bd. 6, S. 171

[77] Fauser, Jörg: »Spanien 1936 – Das Chaos und die Macht«, R&B Bd. 6, S. 147

[78] Fauser, Jörg: »Spanien 1936 – Das Chaos und die Macht«, R&B Bd. 6, S. 148

[79] Fauser, Jörg: »Der Fragebogen« [Wie es Euch gefällt], *Tip* 8/83

[80] Rocker, Rudolf: »Zur Betrachtung der Lage in Deutschland«. Zitiert nach: Bartsch, Günther: *Anarchismus in Deutschland 1945-1965*, Bd. I, Fackelträger-Verlag 1972
[81] Fauser, Jörg: »Krieg der Freaks« und »Intro«, *Tip* 20/79
[82] Fauser, Jörg: Die letzte Kolumne, *Tip* 10/1984
[83] Fauser, Jörg: »Blick in den Spiegel«, *Tip* 5/84
[84] Fauser, Jörg: »Der Preis der Zimmerlinden«, *Tip* 1/84
[85] Fauser, Jörg: »Mit Hecheln und Harren«, *Tip* 25/1983
[86] Fauser, Jörg: »Hitler, wer sonst?« *Tip* 11/1983
[87] *Metropolitan* 1/1987
[88] *Spiegel*, 28/1984 und Schultz-Gerstein, Christian: *Rasende Mitläufer*. Mit einem Vorwort von Wolfgang Pohrt, Edition Tiamat 1987
[89] *Frankfurter Allgemeine Sonntagszeitung* 11/2002
[90] »[...] die Geschichte eines jungen Mannes, der auszog, um das Schreiben zu lernen, ein modernes Märchen gewiß etwas zum Gruseln,« Jörg Fauser in: Pressemitteilung des Ullstein Verlags zu *Rohstoff*, Berlin 1984
[91] Fauser, Jörg: »Leichenschmaus in Loccum«, R&B Bd. 6, S. 257
[92] Maxim Biller im Gespräch mit Josef Bielmeier, BR-Alpha-Forum 11.10.1999
[93] *taz*, 28.4.1984
[94] Hooge, Ingo: *Vergleichende und gattungstypologische Untersuchungen zu Jörg Fausers Romanen »Der Schneemann« und »Rohstoff«*. Darin 25 von Jörg Fauser beantwortete Fragen.
[95] Jörg Fauser im Interview mit Ingo Hooge
[96] Dobler Franz: »Schreib um Dein Leben, Poet« in: *Münchner Buch-Magazin*, Mai 1984
[97] Fauser, Jörg: »Auf der Suche nach der verborgenen Wahrheit«, R&B Bd 7, S. 34
[98] Fauser, Jörg: *Die hohe Kunst des Komplotts*, R&B Ergänzungsband, S. 236-249
[99] Fauser, Jörg: »Machs nochmal, Harry«, R&B Ergänzungsband, S. 219
[100] Fauser, Jörg: *Der dritte Weg*, R&B Ergänzungsband, S. 217
[101] Fauser, Jörg: *Der dritte Weg*, R&B Ergänzungsband, S. 157
[102] Gover, Robert: *Ein Hundertdollar Mißverständnis*, Rowohlt 1965
[103] Rohde, Hedwig: »Berlin zeigt es einem«, *Der Tagesspiegel* vom 3.6.1983
[104] Fauser, Jörg: »Sie ritten den Goldesel«, *lui* 9/1983. Als »Besser als die Bank erlaubt«, in R&B, Bd. 7, S. 340
[105] Fauser, Jörg u. Hesse, Reinhard: »Die Macht der Dienste«, *TransAtlantik* 1/1987, S. 30-38
[106] Petschner, Raimund: »Die echte heiße Sonne sehen – Leben und Werk Jörg Fausers«, DeutschlandRadio Berlin, 14.10.1994

[107] Terhart, Franjo: »...wenn's nicht zu germanistisch ist«, *Marabo* 4/1984

[108] Bayerisches Fernsehen, 26.5.1984 im Rahmen von *LeseZeichen*

[109] Norddeutscher Rundfunk/Radio Bremen/Sender Freies Berlin, 25.9.1984 im Rahmen von *Autor-Scooter*

[110] Fauser, Jörg: »Der Geist von Oggersheim trägt jetzt auch Grün«, *Die Weltwoche* vom 10.5.1984 erschien als »Emmas Rache« in *Tip* 8/1984

[111] »Jeder ein Verräter«, *Der Spiegel*, 1.2.1988, S. 196f

[112] Compart, Martin: »Reisen zum Ende der Nacht: Die Unterwelten des Jean-Pierre Melville«, *Noir 2000*, DuMont 2000, S. 318

[113] Brief an Dr. Rainer Weiss vom 9.11.1984

[114] Brief an Dr. Rainer Weiss vom 28.11.1984

[115] »Berliner Dschungel«, *stern*, 12.9.1985; S. 72

[116] Fauser, Jörg: »Ballett der bösen Buben«, R&B Ergänzungsband

[117] Hagestedt, Lutz: »Lesenswert wie am ersten Tag«, 1997

[118] Fauser, Jörg: »Spurlos verschwunden«, R&B, Bd. 7

[119] Fauser, Jörg: Kapitel 14, *Das Schlangenmaul*, R&B, Bd. 2, S. 378

[120] Paul, Wolfgang: »Der Stoff, aus dem die harten Träume sind«, *Berliner Morgenpost*, 13.9.1985; S. 7

[121] Althen, Michael: »Marlowes deutscher Enkel Heinz«, *Süddeutsche Zeitung*, 9.10.1985

[122] Neumann, Hans-Joachim: »Berliner Schlangenbeschwörer«, *Der Tagesspiegel*, 8.9.1985

[123] Kück, Michael: »Die Abenteuer eines Lokalreporters«, *Hannoversche Allgemeine Zeitung*, 19.10.1985

[124] Hgs: »Berlin von innen«, *Literaturtip*, Beilage in *Tip* 21/1985

[125] Zucker, Renée: »Kein Geistesballast«, *die tageszeitung*, 7.12.1985

[126] Echte, Bernhard: »Lohnt sich nicht«, *Neue Zürcher Zeitung*, 18.1.1986

[127] »Mittelstandsmonster«, *Der Spiegel*, 23.6.1986, S. 168

[128] Waldenmair-Lackenbach, M.: »Noch keine Konkurrenz der großen Thriller-Autoren«, *Die Presse*, 19.7.1986

[129] *Lexikon der deutschsprachigen Gegenwartsliteratur seit 1945* (Hrsg.: Kraft, Thomas u. Kunisch, Hermann), Nymphenburger Verlag 2004

[130] Hagestedt, Lutz: »Lesenswert wie am ersten Tag«, 1997

[131] Fauser, Jörg: »Die Nacht, als mir keiner glaubte, daß ich Philip Marlowe war«, *Requiem für einen Goldfisch*, Verlag Nachtmaschine 1979

[132] »Der Autor im Gespräch«, *LeseZeichen*, Süddeutscher Rundfunk, 24.5.1985

[133] »›Literatur in den Supermarkt‹ – Interview mit dem Schriftsteller Jörg Fauser«, *Marabo* 2/1985

[134] Schmidt, Jochen: *Gangster – Opfer – Detektive: eine Typologie des Kriminalromans*, Ullstein 1989, S. 649
[135] Tantow, Lutz: Biogramm, Essay, Bibliografien, *Kritisches Lexikon zur deutschsprachigen Gegenwartsliteratur – KLG* (Hrsg.: Arnold, Heinz Ludwig), 40. Nlg. 1991
[136] »›Literatur in den Supermarkt‹ – Interview mit dem Schriftsteller Jörg Fauser«, *Marabo* 2/1985

IV. 1985-1987

[1] Jörg Fauser im Interview mit Rudolf von Bitter, *LeseZeichen*, Bayerischer Rundfunk, 26.5.1984
[2] Thal, Werner: »Jörg Fauser – Der letzte Dinosaurier«, *Stadtmagazin München*, ohne Datum [1990 anlässlich der R&B-Ausgabe]
[3] Fauser, Jörg: »Hommage an Hans Frick«, *Tip* 1/1979 (überregionale Ausgabe) bzw. 14/1979
[4] Fauser, Jörg: »Hommage an Hans Frick«, *Tip* 1/1979 (überregionale Ausgabe) bzw. 14/1979
[5] Blettenberg, Detlef: *Farang*, Ullstein 1988, S. 7
[6] Benn, Gottfried: »Doppelleben«, Gesammelte Werke Bd. 8, Limes 1968, S. 1974
[7] Im Gespräch mit den Autoren am 27.1.2004
[8] Ankündigungsprospekt von *TransAtlantik*. Zitiert Nach Gremliza, Hermann L.: »Journal des Luxus und der Moden«, *Literatur Konkret* 1980
[9] Kuenheim, Haug von: »Mann mit vielen Eigenschaften. Wie kommt Herr N. von ›Lui‹ auf ›Transatlantic‹ ?«*Die Zeit* 24.10.1980
[10] Schröder, Jörg; Nettelbeck, Uwe: *Cosmic*, März Verlag 1982
[11] Fauser, Jörg: »Ökopax in Hosenfeld«, R&B Bd. 6, S. 210
[12] Fauser, Jörg: »Wie eine große Liebe. Stationen des grünen MdB Joschka Fischer«, R&B Bd. 7, S. 273
[13] Fauser, Jörg: »Joschka, übernehmen Sie. Der grüne Minister und die Atomindustrie«, R&B Ergänzungsband S. 332
[14] »Des CSU-Mitglieds rechtsradikale Zeitung. Münchner Großverleger Herbert Fleissner ist Mitbesitzer von ›Zur Zeit‹. Das österreichische Blatt predigt offen Antisemitismus – Neonazi-Autor steht im Verlagsprogramm«, *Süddeutsche Zeitung* 28.11 2003. 1995 übernahm der Springer-Verlag Ullstein wieder zu 100%.
[15] »Piper-Chef Viktor Niemann im Zehn-Fragen-Interview«, *Die Gazette* Nr. 3, Mai 1998
[16] Jenny, Matthyas, »Im Frühnebel am Strand der Stadt«, *Basler Zeitung* 27.7.1987
[17] »Autor Jörg Fauser tödlich verunglückt«, *Westfälische Rundschau* Nr. 166, 20.7.1987

[18] Fauser, Jörg: R&B Bd. 4, S. 173
[19] Fauser, Jörg: R&B Bd. 4, S. 235
[20] Fauser, Jörg: R&B Ergänzungsband, S. 219 unter dem Titel »Machs nochmal, Harry«
[21] Fauser, Jörg: R&B Ergänzungsband, S. 332
[22] Vgl etwa: *Kant* R&B Bd. 1, S. 286: »Ob pleite oder dick im Geschäft, Esterhazy wurde im Roma bedient, als gehöre ihm der Laden – oder mindestens der Tisch, an dem er zu frühstücken pflegte.« Esterhazy ist nicht zuletzt auch ein Wiedergänger des Schiebers Bornheim aus *Alles wird gut.*
[23] Fauser, Jörg: R&B Bd. 7, S. 381
[24] Fauser, Jörg: R&B Bd. 4, S. 208
[25] Fauser, Jörg: R&B Bd. 7, S. 340
[26] In einer Aufstellung seiner Lieblingsautoren nennt Fauser bei Hooge, Ingo als einzige Frau »Vicky [statt korrekt: Vicki] Baum«.
[27] Althen, Michael: »Schnüffler in den Städten«, *Süddeutsche Zeitung*, 20.7.1987, S. 313
[28] Freitag, Michael: »Warum lieben die Menschen den Klatsch, Herr Wondratschek?«, *FAZ-Magazin*, 31.5.1988
[29] Charles Bukowski an Carl Weissner, 25.8.1987. Abdruck mit freundlicher Genehmigung von Linda Bukowski.

Register

Abmeier, Armin 82
Acker, Kathy 88, 149
Adenauer, Konrad 16, 29, 39
Algren, Nelson 39, 49, 57, 141, 152, 169
Allbeury, Ted 223
Ambler, Eric 48, 92, 146
Amendt, Günter 59, 173
Amitai, Menachem 67 f., 83
Andersch, Alfred 187, 223
Aragon, Louis 170
Arjouni, Jakob 207 f.
Armstrong, Louis 38
Artaud, Antonin 140, 171
Aschenbeck, Nils 187
Astel, Arnfried 80, 97, 105
Augstein, Jakob 171
Augstein, Rudolf 171, 205

Baader, Andreas 15, 40, 49, 79, 89
Bachmann, Ingeborg 204 f.
Bachmann, Josef 50
Bädekerl, Klaus 180
Baez, Joan 121, 136
Baker, Chet 30, 38
Bakunin, Michail 27, 59, 111 f.
Ballard, J.G. 62, 149 f.
Balzac, Honoré de 230, 239
Bangs, Lester 161
Bär, Klaus 89
Baßler, Moritz 188 f.
Bataille, Georges 171
Baudelaire, Charles 25
Baum, Vicki 168
Baumgartner, Monika 101
Baye, Nathalie 200
Beach, Mary 62, 84, 109
Beach, Pamela 109
Beatles 43, 53
Becker, Jürgen 155
Becker, Rolf 97, 182 f.
Becker, Uli 63
Becker, Wolfgang 219
Beethoven, Ludwig van 101
Bell, Anthea 184
Beltz, Matthias 75, 80
Benjamin, Walter 170 f.
Benn, Gottfried 16, 25, 31, 33, 175, 202, 240
Bernhard, Marianne 170

Bernhard, Thomas 158
Bichsel, Peter 181
Bienek, Horst 59
Biermann, Wolf 126
Biller, Maxim 143, 185, 207, 210
Bitter, Rudolf von 221
Black Sabbath 173
Blechschmidt, Christian 100, 102
Blettenberg, Detlef B. 147, 239
Böll, Heinrich 28, 35, 144, 153, 185, 222
Born, Nicolas 173, 176
Börner, Holger 27
Bopp, Oliver 152
Bowie, David 149
Bowles, Paul 63, 148
Boyksen, Broder Dimitri 99 f., 102, 105 f., 123 f.
Bradatsch, Peter 117
Brando, Marlon 111, 131, 133 ff., 138 ff.
Brandt, Willy 39, 125
Brautigan, Richard 63
Brecht, Bertolt 21, 29, 31, 68, 122, 159
Breger, Udo 64, 69 f., 83 ff., 93 f.
Breschnew, Leonid 212
Bringmann, Peter F. 114, 185
Brinkmann, Rolf Dieter 15, 42, 44, 60, 85 f., 89, 91, 125, 153
Broder, Henryk M. 99
Brückner, Christian 103
Brunner, Frank 120
Brussig, Thomas 188
Bubis, Ignatz 73
Buchloh, Benjamin 53
Bukowski, Charles 31, 39, 57, 62, 70, 77, 79, 83, 86 f., 90, 93 f., 107 f., 110, 112, 119, 127, 132, 136, 140 ff., 151, 154, 168, 171, 254
Bukowski, Linda 108, 142
Bullert, Axel 100, 102
Burgess, Anthony 149
Burke, James Lee 227
Burroughs, William S. 39, 57, 60, 62, 64, 66 ff., 77, 82, 84 f., 90, 103 f., 110, 132, 135, 140 f., 148 ff., 159, 161, 169, 175, 206, 220, 241

Buselmeier, Michael 91
Bush, George 173, 212

Cage, John 110
Cain, Michael Scott 109
Cale, J.J. 173
Canetti, Elias 41
Carlos (Ilich Ramirez Sanchez) 219
Carr, Lucien 103
Carré, John le 146, 218, 220, 225
Casati, Rebecca 184
Cassady, Neal 90
Cave, Nick 161
Celan, Paul 88
Chandler, Raymond 89, 108, 119, 140 f., 143 ff., 149, 155, 169, 182, 208, 220, 223, 225, 227
Christians, Ulrich 53
Christie, Agatha 145
Christo 83
Cobain, Kurt 161
Cohen, Leonard 161, 237
Cohn-Bendit, Daniel 51, 73, 75
Cole, Jack 244
Colette, Sidonie Gabrielle 57
Coltrane, John 30, 38, 93
Compart, Martin 16, 134, 147, 172, 182, 213, 225, 228, 231, 245
Conrad, Joseph 144

Dahl, Volker 81
Dahlmeyer, André 152
Dali, Salvador 88
Davis, Angela 57
Davis, Spencer 36
Dean, James 47, 120 f., 135, 137, 185
Debord, Guy 84, 123
Degen, Michael 104
Dehm, Dieter 127
Deighton, Len 139, 146
DeLillo, Don 37, 215
Demski, Eva 22, 25
Dennis, Felix 83
Derschau, Christoph 161
Devlin, Bernadette 57
Devo 149
Dickens, Charles 40, 43, 230
Didion, Joan 149
Diederichsen, Diedrich 198
Dilloo, Rüdiger 65 f.
Dobler, Franz 210, 221
Döblin, Alfred 144, 183
Don King 98

Dostojewski, Fjodor M. 41, 49, 57, 79, 111, 175, 189, 230, 245
Drews, Jörg 133
Drexel, Ruth 139
Dubbe, Daniel 221
Duchamp, Marcel 106, 110 ff.
Dunne, John Gregory 106
Dutschke, Rudi 50
Dylan, Bob 82, 107, 140, 250

Eco, Umberto 208
Eggers, Dave 88
Eichinger, Bernd 116, 214
Eisendle, Helmut 91, 129, 157
Ellermann, Antje 170f., 173
Ellermann, Heinrich 171
Ellersiek, Christa 219
Ellis, Bret Easton 188
Ende, Michael 208
Engels, Friedrich 41
Ensslin, Gudrun 50, 79
Enzensberger, Hans Magnus 15, 27, 29, 31, 62, 91, 160, 240 ff.
Ermert, Karl 146
Escobar, Pablo 174

F., Christiane 176
Faecke, Peter 97
Falcke, Eberhard 221
Fallada, Hans (Rudolf Ditzen) 16, 45, 49, 57, 81, 127, 152, 158 ff., 186, 189, 220, 239
Fante, John 63
Farrell, Perry 148
Fassbinder, Rainer Werner 15, 111, 137, 142
Fauser, Arthur 12 ff., 16 ff., 21 ff., 28 ff., 32 ff., 40, 45 ff., 55 f., 59 f., 69 f., 73, 88 f., 92, 96, 114, 119, 125 f., 131, 156 ff., 167, 173, 177, 180, 185, 194 f., 201, 205, 235, 243 ff., 249
Fauser-Oßwald, Gabriele 224, 226, 230, 235 f., 239, 244 f., 249 ff., 253 f.
Fauser, Maria (geb. Weisser) 12 ff., 17 f., 21 ff. 30, 32, 39 f., 45 ff., 55 f., 60, 67, 69, 73, 77, 88 f., 92, 114 f., 119, 125 f., 134, 156 ff., 167, 173, 177, 180, 185, 194 f., 201, 205, 235, 244 f., 249
Ferlinghetti, Lawrence 82
Feuchtwanger, Lion 168
Fichte, Hubert 100, 102, 153, 161

Fink, Humbert 205
Firle, Ralf 157
Fischer, Joschka 73 f., 75, 80, 192, 203, 240, 242 ff.
Fischer, Veronika 164
Fitzgerald, F. Scott 38
Fleckhaus, Willy 66
Fleissner, Herbert 245
Flenter, Kersten 152
Flesch, Richard K. 144
Foreman, George 98
Forsyth, Frederick 146
Fowler, Gene 166
Franke, Stephan 128 f., 155, 237, 246
Franz Ferdinand 137
Franz Joseph I. 137
Frazier, Joe 98
Freud, Sigmund 19 f., 41, 230
Freund, Gisèle 170 f.
Frick, Hans 139, 141, 168, 237, 239
Friedell, Egon 132
Furtwängler, Florian 112 ff.
Furtwängler, Maria 113
Fussenegger, Gertrud 205

Garski, Dietrich 191 f.
Gauguin, Paul 137
Geffen, David 107
Gehlen, Reinhard 216
Geier Sturzflug 212
Gehret, Jens 198
Gerhardt, Rainer Maria 44
Gillespie, Dizzy 38
Ginsberg, Allen 28, 83 ff., 102 f., 109, 148
Godard, Jean-Luc 228
Goetz, Rainald 207
Göhre, Frank 115, 161
Goldmann, Emma 57
Goppel, Alfons 125
Gorki, Maxim 49
Grabbe, Christian Dietrich 20, 24 f., 139
Grandville (J.I.I. Gérard) 171
Grass, Günter 15, 90, 91, 185, 222, 244
Greene, Graham 40, 88, 146, 169, 186
Gregor-Dellin, Martin 205
Gremliza, Hermann L. 240
Greno, Franz 82
Grieshaber, HAP 14
Grlic, Danko 159

Groethuysen, Anette 234
Gruppe 47: 43 f.
Gryphius, Andreas 29, 31
Guggenheimer, Walter Maria 34
Gülden, Jörg 161
Gußmann, Walter 24

Habermas, Jürgen 73
Hacks, Peter 207
Haffner, Sebastian 41
Hagestedt, Lutz 228
Halasz, Piri 43
Hammett, Dashiell 143, 145 f., 208, 225, 227
Handke, Peter 15, 43
Hansen, Niko 171
Harprecht, Klaus 35
Härtling, Peter 205
Hartmann, Walter 81, 85, 87, 90 f., 94, 98, 132
Haug, Hans-Jürgen 99
Heck, Dieter-Thomas 163, 212
Hefner, Hugh 216
Heider, Ulrike 23, 76
Heine, Heinrich 225, 240, 249
Hellenbroich, Heribert 220
Hemingway, Ernest 111, 151, 169, 185
Hendrix, Jimi 66, 86
Henning, Peter, 133
Hermann, Kai 176
Herr, Michael 168, 201
Hesse, Hermann 144
Hesse, Reinhard 118, 192, 220, 239, 242, 244 f., 250 f.
Hilsbecher, Walter 103
Himes, Chester 111, 144 ff., 182, 187
Hinck, Walter 205
Hirschfeld, Barbara 32 f., 45 f., 49, 99
Hitler, Adolf 122, 170, 204, 216
Hobsbawm, Eric 196
Höke, Bernhard 82
Höllerer, Walter 44, 91
Hoffmann, Hilmar 17
Hoffmann, Sieglinde 212
Hooge, Ingo 186 f.
Hornby, Nick 188
Hoven, Herbert 134
Howlett, John 120, 137
Hübsch, Hadayatullah 53, 63 f., 76, 86, 109, 148, 221

Hufnagel, Karl Günther 106, 110, 121 ff., 126 f., 129, 147, 157 f.
Humann, Klaus 132, 161
Huncke, Herbert 103, 161
Huxley, Aldous 175

Illies, Florian 184

Jackson, Michael 90
Jakobsohn, Eduard 120
Jane's Addiction 148
Jankowicz, Brigitta 129 f.
Jarchow, Klaas 171
Jelinek, Elfriede 15
Jenny, Matthyas 90, 103, 134, 172
Jenny, Zoe 172
Jens, Walter 205
Jesus And The Mary Chain 149
Jones, Brian 161
Jones, LeRoi 61
Joris, Pierre 82, 84 f., 89
Joyce, James 189
Jünger, Ernst 200 f., 206
Just, Renate 65

Kammerer, Dave 103
Karasek, Hellmuth 204, 219, 222 f., 228
Karmakar, Romuald 104
Käsmayr, Benno 63 f., 85, 92 ff.
Kasten, Uli 124, 133
Keel, Daniel 223
Kekulé, Sylvia 115, 124
Kellner, Michael 134
Kennedy, Jacquline 62
Kennedy, John F. 37, 215
Kerouac, Jack 25, 39, 61, 63, 71, 86, 90, 102 f., 119, 141, 148, 172, 184, 220
Kertész, Imre 181
Kettenbach, Hans Werner 147
Kinski, Klaus 139
Kinski, Nastassja 139
Kirchhoff, Bodo 88
Kirn, Richard 26
Klar, Christian 212
Klausenitzer, Jürgen 38
Kleist, Heinrich von 25
Klippert, Werner 101, 105
Klocke, Nikolaus 97
Knesebeck, Lionel von dem 231, 245
Knorr, Wolfram 147, 221, 223
Kolb, Walter 75

Kollmann, Karl 71, 84 f., 90, 93
Kosler, Hans Christian 181, 221
Koss, Ralf 190
Kotzwinkle, William 170
Kraft, Thomas 227
Krahl, Hans Jürgen 77
Kramer, Bernd 51 f.
Kramer, Karin 27, 51
Krapp, Helmut 115
Kraus, Wolfgang 205
Kraushaar, Wolfgang 75
Kroth, Lutz 171
Krüger, Hardy 231
Krüger, Michael 59, 120
Kunheim, Haug von 240
Kuntze, Klaus 97
Kunzelmann, Dieter 52, 55, 123, 192 f.
Kurras, Karl-Heinz 50
-ky 179, 221

Ladiges, Peter M. 102
Landshoff, Fritz H. 168
Landshoff, Thomas 139, 167 f., 170 f., 173, 177, 180 f.
Landshoff-Ellermann, Antje, siehe Ellermann, Antje
Langguth, Ulrich 221
Langhans, Rainer 52
Lasker-Schüler, Else 25, 31
Lazzaroni, Gianluca 113 f.
Leary, Timothy 84
Leiris, Michel 171
Lemke, Tom 119, 124, 128 f., 236
Leonard, Elmore 227
Leonhardt, Rudolf Walter 40 f.
Lindenberg, Udo 173, 231
Lindlau, Dagobert 116
Lo, Y Sa 106 ff., 111, 142, 176
Loest, Erich 147
Louistal, Jacques de 177
Love, Courtney 103
Lowry, Malcolm 130
Lummer, Heinrich 193
Luther, Martin 171

Maier, Wolfgang 230
Mailer, Norman 98, 149
Mann, Klaus 168
Mann, Thomas 61, 90, 168, 208
Manthey, Jürgen 120, 132
Manzel, Dagmar 104
Margrave, Petra 32, 46, 88, 132, 172

Margrave, Stella 28 ff., 40 f., 46
Marx, Karl 40, 111
Mathes, Werner 16, 158, 194, 197, 201, 205
Matthes, Axel 170 f.
Matussek, Matthias 133, 150
Maugham, Somerset 140
McCartney, Paul 37
MacDonald, Ross 145
Mcdonald, Gregory 230 f.
McLuhan, Marshall 48, 149
Meinecke, Thomas 188
Meinhof, Ulrike 89, 100
Melville, Jean-Pierre 180, 213, 228
Melzer, Abraham 62, 91
Melzer, Joseph 60 ff., 82
Micheline, Jack 90, 109
Miehe, Angelika 250
Miehe, Ulf 147, 161, 180, 228, 250f.
Miller, Henry 150, 216
Miller, Nadine 12, 32, 47, 52, 55 ff., 65 f., 71 f., 77 f., 81, 88, 123, 159
Ministry 149
Mixner, Manfred 205
Mohnhaupt, Brigitte 212
Molsner, Michael 113 f.
Mönninghoff, Wolfgang 147
Monroe, Marilyn 62
Montaigne, Michel de 135
Montfort, Michael 141 f.
Morrison, Jim 63
Morrison, Van 36
Müller, Knut 73
Müller-Westernhagen, Marius 114, 161, 185
Muhammad, Ali 98
Muschg, Adolf 181
Mutzenbacher, Josefine 171

Naipaul, V. S. 49
Nannen, Henri 176
Nelsen, Renate 246
Nettelbeck, Uwe 241
Neutert, Natias 100
Niemann, Viktor 245
Nitribitt, Rosemarie 214
Nixon, Richard 37
Nocker, Hilde 115
Norse, Harold 63, 86
Noteboom, Cees 181
Nouhuys, Heinz van 171, 198 ff., 214 ff., 240 ff., 250 f.

Nüchtern, Monika 121, 137 ff.
Nüchtern, Rüdiger 139

Obermaier, Uschi 79
Obermüller, Klara 205
Ohnemus, Günter 152
Ohnesorg, Benno 34, 50, 72
Oliver, Paul 132
Orwell, George 41 f., 111, 135, 148, 150 f., 158, 169, 196, 203 f., 213

Papenfuß, Bert 236
Parker, Charlie 44
Parker, Dorothy 146
Paull, Silke 84
Pélieu, Claude 82, 84 ff., 109
Petschner, Raimund 218, 220
Phillips, Louis 97
Pinthus, Kurt 16
Pitigrilli (Dino Serge) 169 ff., 175
Ploog, Jürgen 7, 44, 61 f., 65, 69 f., 73, 85 ff., 90, 92, 94, 97 f., 102, 120 f., 137, 147 ff.
Plymell, Charles 90, 109, 210
Poe, Edgar Allen 48, 82
Pohrt, Wolfgang 74, 234
Pönack, Hans Ulrich 200
Ponnier, Matthias 103
Ponto, Jürgen 212
Porno for Pyros 148
Pound, Ezra 25, 84
Povigna, Carlo 82
Powers, Richard 148
Presley, Elvis 137
Pretty Things 36
Priessnitz, Reinhard 71
Proll, Heike 53
Proll, Thorwald 49 f., 53

Quest, Christoph 103

Rattay, Klaus-Jürgen 193
Razum, Hannes 13
Razum, Michael 13, 136, 157
Reagan, Ronald 62, 158, 173, 196, 212
Reavis, Edward 61
Reed, Lou 148
Reich, Wilhelm 52
Reichel, Achim 114, 132, 161 ff., 239
Reich-Ranicki, Marcel 205
Rein, Dorothea 29 f., 38 f., 77
Remarque, Erich Maria 201

Rezzori, Gregor von 231
Richter, Gerhard 53
Rieber, Gretel 99, 119, 224
Rimbaud, Arthur 25, 45, 238
Rocker, Rudolf 200
Rogner, Klaus Peter 170 f.
Rolling Stones 43, 46, 82, 86, 90, 120, 161
Rollins, Henry 161
Romvos, Theo 92 f.
Rose, Mathew D. 191
Rosei, Peter 157
Roth, Friederike 205
Roth, Joseph 25, 73, 126 f., 130, 133, 135, 137, 151 f., 168 f., 181, 186, 220
Rotzoll, Christa 181, 183, 188
Rowohlt, Harry 241, 252
Rüger, Wolfgang 23, 134
Rühmkorf, Peter 29, 31
Rygulla, Ralf-Rainer 61

Sabbag, Robert 175, 231
Sade, Marquis de 171
Sander, Hartmut 51, 53, 55 f., 58
Sausse, Georg 198
Salvatore, Gaston 160, 241
Salzinger, Helmut 121
Sare, Günther 80
Schäfer, Frank 178
Scheck, Denis 63
Schifferli, Peter 59
Schirnding, Albert von 180
Schleyer, Hanns Martin 90, 136
Schlöndorff, Volker 228
Schmid, Thomas 75
Schmidt, Arno 8,
Schmidt, Aurel 93 f., 120, 127, 145, 158, 201
Schmidt, Hans-Jürgen 81
Schmidt, Helmut 125, 195
Schmidt, Marianne 216 f., 241, 248, 250
Schmidt, Peter 231
Schneider, Peter 15
Schnitzler, Arthur 24
Schönberg, Brigitte 12, 32 f.
Schoenberger, Frances 142
Schöning, Klaus 97
Schopenhauer, Arthur 135, 232
Schrade, Ewald Karl 173
Schröder, Gerhard 15, 240, 243 f.
Schröder, Jörg 55, 58, 60 ff., 65, 241

Schröder, Tom 99
Schühly, Thomas 116 f.
Schultz-Gerstein, Christian 204 f., 234
Schulz, Adelheid 212
Schumann, Charles 171, 215, 236, 245, 250 f., 253
Schünemann, Walter H. 171
Schütte, Ingo 194
Schwaner, Teja 120
Scorsese, Martin 228
Screaming Lord Sutch 36
Seelig, Matthias 114, 185 f.
Seghers, Anna 168
Seidl, Claudius 177, 185
Seiler, Bernd W. 188
Seitz, Claus 171
Seitz, Rudi 17
Selby, Hubert 216
Self, Will 149
Sexauer, Manfred 101
Sex Pistols 43
Shaheen, Amir 177
Shakespeare, William 25, 42, 143, 146
Sharpe, Tom 170
Shepard, Sam 90
Sieke, Peter 81
Sievers, Rudolf 74
Siehr, Hanna 245
Sjöwall, Maj 146
Skai, Hollow 221
Smith, Walter 176
Söhnlein, Horst 50
Soik, Helmut Maria 91, 168
Sonderhoff, Joachim 99
Sontag, Susan 149
Spiegelmann, Art 244
Spielhagen, Wolfgang 250
Spielmann, Helmut 46
Stalter, Kurt 77 ff., 85
Steel, Ronald 61
Stegentritt, Erwin 84
Steinbeck, John 47
Stemmler, Klaus 201
Stenzel, Hans-Christof 106 f., 110ff.
Stiller, Thomas 115
Stingl, Kiev 161
Strauß, Botho 15, 231
Strauß, Franz Josef 26, 125 f., 192
Stricker, Tiny 63, 86
Ströbele, Hans-Christian 30
Stobbe, Dietrich 191 ff.

Stoiber, Edmund 124
Stuckrad-Barre, Benjamin von 188, 207
Sugarman, Danny 63
Süskind, Patrick, 207 f.
Sutherland, Kiefer 103
Swain, Bob 200

Tantow, Lutz 232
Tarantino, Quentin 228
Taylor, James 121
Thal, Werner 115, 124, 128 f., 142, 236
Thatcher, Margret 212
Theobaldy, Jürgen 91, 154, 161
Thomas, Ross 146 f., 182, 213
Thompson, Hunter S. 48, 98, 149
Tomm, Jürgen 222
Treitschke, Heinrich von 169
Trenczak, Heinz 101
Trocchi, Alexander 84
Truffaut, François 228
Turner, William 40

Unseld, Siegfried 181
Updike, John 216
Urbach, Peter 219 f.

Veit, Jochen 226
Velvet Underground 86
Vogel, Hans-Jochen 193 f.
Voigt, Helmut 219
Voigt, Karsten 126
Vollmer, Joan 103

Wagenbach, Klaus 120, 135
Wagner, Ernst 166
Wagner, Richard L. 161
Wahlöö, Per 146
Waine, Anthony 42 f., 154, 187 f.
Waits, Tom 161
Walesa, Lech 213
Walkhoff, Klaus-Dieter 225
Wallraf, Rainer 137
Wallraff, Günter 15, 208
Walser, Martin 15, 222
Warhol, Andy 84

Wecker, Konstantin 173
Wehner, Herbert 26 f., 192, 242
Weidermann, Volker 207
Weigel, Helene 13
Weininger, Otto 171
Weinrich, Johannes 219
Weisenborn, Günther 14
Weiss, Heipe 79
Weiss, Rainer 118, 134, 180, 204 f., 221, 224, 249
Weisser, Richard 13
Weissner, Carl 8, 15, 44, 60 ff., 68, 70, 73, 82, 85 f., 88 ff., 93 f., 96 f., 101, 108, 115, 121, 134, 137, 139 f., 151, 170, 173, 177, 181 f., 205, 211, 219, 241, 254
Weizsäcker, Richard von 193, 203 f.
Wellershof, Dieter 187
Welsh, Irvine 187
Wenders, Wim 139
Wesel, Uwe 72
Whitman, Walt 84
Wich, Anne 92
Wicki, Bernhard 112
Widmer, Urs 128
Wilde, Oscar 40, 81
Wilkes, Hannah 110
Williams, William Carlos 25
Wilson, Kenneth 115
Wintjes, Josef Biby 63, 82, 90, 134
Wolfe, Tom 241
Wolff, Frank 76
Wolff, KD 59, 76
Wondratschek, Wolf 15, 42 ff., 59, 86, 94, 112, 129, 147, 163, 166, 181, 236, 253
Woo, John 228
Woolley, Jonathan 42 f., 154, 187

Zahl, Peter-Paul 15, 91, 161
Zapatka, Manfred 104
Zetkin, Clara 57
Zimmer, Katharina 220 f., 224
Zola, Emile 230
Zucker, Renée 227, 252
Zweig, Arnold, 168

Aus der Reihe Critica Diabolis

21. *Hannah Arendt,* Nach Auschwitz, 13,- Euro
45. *Bittermann (Hg.),* Serbien muß sterbien, 14.- Euro
47. *Georg Seeßlen,* Tanz den Adolf Hitler, 14.- Euro
55. *Wolfgang Pohrt,* Theorie des Gebrauchswerts, 17,- Euro
57. *Georg Seeßlen,* Natural Born Nazis, 14.- Euro
60. *Guy Debord,* Panegyrikus, 16.- Euro
65. *Guy Debord,* Gesellschaft des Spektakels, 20.- Euro
66. *Fritz Eckenga,* Kucken, ob' s tropft, 12.Euro
68. *Wolfgang Pohrt,* Brothers in Crime, 16.- Euro
75. *Eike Geisel,* Triumph des guten Willens, 10.- Euro
77. *Fritz Eckenga,* Ich muß es ja wissen, 12.- Euro
83. *Roger Willemsen,* Bild dir meine Meinung, 10.- Euro
86. *Bittermann,* Wie Joseph Fischer lernte, die Bombe zu lieben, 15.- Euro
90. *Wiglaf Droste,* Bombardiert Belgien!, 14.- Euro
91. *Fritz Tietz,* Die Kunst, einen Papst zu erlegen, 10.- Euro
97. *Wolfgang Nitschke*, Bestsellerfressen II., 13.- Euro
98. *Guy Debord* präsentiert die Zeitschrift Potlach, 22.- Euro
99. *Wiglaf Droste*, Die Rolle der Frau, 14.- Euro
100. *Jon Savage*, England's Dreaming, Punk & Sex Pistols, 14.95 Euro
101. *Hartmut El Kurdi*, Mein Leben als Teilzeit-Flaneur, 13.- Euro
102. Who' s who peinlicher Personen, Jahrbuch 2001, 5.Euro
103. *Georg Seeßlen*, Der Tag, als Mutter Beimer starb, 17.- Euro
104. *Harry Rowohlt & Ralf Sotscheck*, In Schlucken-zwei-Spechte, 17.- Euro
105. *Jean-Michel Mension*, Die unfertigen Abenteuer, 17.- Euro
106. *Seeßlen & Metz*, Krieg der Bilder – Bilder des Kriegs, 14.- Euro
107. *Michela Wrong*, Auf den Spuren von Mr. Kurtz, 19.- Euro
108. *Rebecca West*, Schwarzes Lamm und grauer Falke, 20.- Euro
109. *Wolfgang Nitschke*, Bestsellerfressen III, 13.- Euro
110. *Guillaume Paoli* (Hg.), Mehr Zuckerbrot, weniger Peitsche, 14.- Euro
111. *Wiglaf Droste*, Der infrarote Korsar, 14.- Euro
112. *Fanny Müller*, Für Katastrophen ist man nie zu alt, 13.- Euro
113. *Fritz Tietz*, Zwischen Gourmetstation und Suppenhaarmuseum, 12.- Euro
114. *Jane Kramer*, Der einsame Patriot, 24.- Euro
115. *Richard Grant*, Ghost Riders. Reisen mit Nomaden, 20.- Euro
116. *Vincent Kaufmann*, Guy Debord – Biographie, 28.- Euro
117. *Klaus Bittermann* (Hg.), Auf Lesereise, 14.- Euro
118. *Franz Dobler*, Sterne und Straßen, 12.- Euro
119. *Wolfgang Pohrt*, FAQ, 14.- Euro
120. *Wiglaf Droste*, Wir sägen uns die Beine ab ... 14.- Euro
121. *Penzel & Waibel*, Jörg Fauser – Biographie, 16.- Euro
122. *Alex Bellos*, Futebol. Die brasilianische Kunst des Lebens, ca. 18.- Euro
123. *Wolfgang Nitschke*, Bestsellerfressen IV, 13.- Euro

http://www.edition-tiamat.de